大学生健康教育

谢英慧　姚海燕　高文花　主　编
王　群　秦　文　谢英莉　副主编

山东大学出版社

图书在版编目(CIP)数据

大学生健康教育/谢英慧,姚海燕,高文花主编.
—2版.—济南:山东大学出版社,2002.9
(2018.5重印)
ISBN 978-7-5607-2528-4

Ⅰ.①大… Ⅱ.①谢… ②姚… ③高… Ⅲ.①大学生
—健康教育—高等学校—教材 Ⅳ.①G647.9

中国版本图书馆CIP数据核字(2018)第101758号

责任编辑:毕文霞
封面设计:张 荔

出版发行:山东大学出版社
社 址 山东省济南市山大南路20号
邮 编 250100
电 话 市场部(0531)88364466
经 销:山东省新华书店
印 刷:泰安金彩印务有限公司
规 格:720毫米×1000毫米 1/16
19.75印张 376千字
版 次:2018年5月第2版
印 次:2018年5月第3次印刷
定 价:36.00元

前 言

2016年10月，中共中央、国务院发布了《"健康中国2030"规划纲要》，这是中华人民共和国成立以来首次在国家层面提出的健康领域中长期战略规划，是今后一段时间内推进健康中国建设的行动纲领。《"健康中国2030"规划纲要》明确提出"加大学校健康教育力度。将健康教育纳入国民教育体系，把健康教育作为所有教育阶段素质教育的重要内容"。

为了贯彻落实《"健康中国2030"规划纲要》对学校健康教育提出的工作要求，加强高校健康教育，提高高校学生健康素养和体质健康水平，促进学生身心健康，教育部于2017年6月颁布了《普通高等学校健康教育指导纲要》，并对高校实施健康教育的总体要求、主要内容、实施途径以及保障措施做了明确的阐述，是高校开展健康教育的重要依据。

本教材针对当前大学生中存在的健康问题，总结前期开展大学生健康教育的实践，紧密围绕高等学校人才培养目标，以国家对大学生健康教育的基本要求为依据，重新对《大学生健康教育》教材进行了编写，旨在帮助大学生树立健康意识，优化心理品质，增强心理调控能力，掌握维护健康的知识和技能，形成文明、健康的生活方式，提高自身健康管理能力，增强维护全民健康的社会责任感，促进身心健康和全面发展。

本教材共分为5个单元22章，涉及生理学、心理学、教育学、社会学以及临床医学等多个学科，围绕当代大学生存在的各种健康问题，从健康生活方式、疾病预防、心理健康、性与生殖健康和安全应急与避险5个方面对大学生健康相关知识做了较为详细的介绍，从而使本教材具有较强的针对性、指导性、操作性和可读性。同时，为了提高学习效果，我们在每一章节都设置了学前思考题，便于同学们学习时参考。

承担本教材编写的作者全部都是长期从事大学生健康或临床一线工作的工作人员。谢英慧和姚海燕负责组织策划、提出教材提纲等工作，各位作者参与了不同章节的编写，全书由谢英慧负责统稿、定稿。

本教材在编写过程中，参考了大量文献资料和多位专家和学者的研究成果；山东大学体育学院的刘俊杰老师为本教材提供了配图，在此一并表示诚挚的谢意。

由于我们水平有限，书中难免存在不足之处，敬请同行和读者批评指正，以便进一步修订完善。

编　者

2018 年 1 月

目　录

第一单元

培养健康的生活方式

世界卫生组织(WHO)曾经对影响人体健康的众多因素进行了统计分析。结果显示,人们的生活方式和生活习惯对人体健康的影响远远大于遗传因素、社会因素、医疗因素与气候地理因素的总和,占到了60%。因此,要维护我们的身体健康,就需要选择和培养健康的生活方式。健康的生活方式也是获取健康,减少疾病最简便、最经济、最有效的途径。本单元通过对健康相关知识的介绍,让大学生认识不健康的行为表现及带来的不良后果,引导大学生践行科学的饮食营养,远离物质滥用,积极参加运动锻炼,进而培养健康的生活方式,为人生起航奠定坚实的健康基础。

第一章　健康概述

学前思考题

1. 健康的基本概念是什么？
2. 影响健康的主要因素有哪些？
3. 什么是健康素养？提高公众健康素养有什么意义？
4. 健康教育的概念是什么？
5. 健康决策与健康管理在促进个体健康方面有什么意义？

健康是人类生存和发展的最基本条件之一，是人生的第一财富。有句名言说得好："有了健康不等于有了一切，但失去健康必定失去一切。"西方的艺术家柯蒂斯也说过："幸福的首要条件在于健康。"可见，健康是人们最关心和最珍惜的生活需要，人们对于健康的认识已经达到一个非常高的状态。然而，什么是健康？健康的标志是什么？哪些因素可以影响健康？我们又如何才能维护自己的健康？下面我们就将大家关心的健康问题做一简单叙述。

第一节　健康的概念

一、什么是健康

人们对于健康的理解随着社会生产力、科学技术的发展及医学模式的转变不断演变和完善。远古时代，由于社会生产力发展水平十分低下，与医学相关的科学技术知识非常贫乏，人们对人体的结构、生命活动、疾病现象的认识也非常肤浅和粗糙。人们根据直观的医疗经验，辅之以神话、宗教及巫术，认为生命是神所赐，健康由神主宰，把疾病和灾祸看成鬼神作祟，天谴神罚，对疾病的治疗方法是有限的药物与祈求神灵的巫术混杂交错。这是原始、粗糙的健康观，但它是人类早期的医学产物，体现了人类的探索精神及与疾病做斗争的精神。

欧洲文艺复兴后，随着科学技术的发展，生物科学得到迅速发展，形成了疾病细菌学理论，认为疾病主要是由生物因素造成的，认为健康就是“身体无病、无残，体格健壮不虚弱”。这是生物医学模式时期的健康观，是建立在科学基础上的健康观。生物医学模式引导医学家注重观察和实验，从科学事实出发来认识人体的生命和疾病，使其对人体的结构、生理、病理及致病因素等进行了深入的探究，对疾病进行诊断和治疗，也形成了一套行之有效的方法和技术。然而，生物医学模式只注重人的生物属性而忽视了人的社会属性，只注重生理功能而忽视了心理因素，只注重外界环境中的致病因素而忽视了生活方式和行为习惯的作用，只从局部的病灶出发而忽视了有机整体的相互制约。因此，这一阶段人们对健康的认识是“只见树木，不见森林”，是不全面的。

随着人们对健康内涵认识的不断深化，1948 年，世界卫生组织在宪章中明确指出：“健康不仅仅是没有疾病或虚弱，而且是在身体上、精神上和社会适应方面的完美状态。”我国《宪法》也明文规定：“维护全体公民的健康，提高各族人民的健康水平，是社会主义建设的重要任务之一。”

1989 年，联合国世界卫生组织对健康的含义重新进行了调整，即“健康不仅是没有疾病，而且包括躯体健康、心理健康、社会适应良好和道德健康。”由此可知，个人只有在躯体、心理、社会适应等多方面同时健全时，才能达到真正的健康。上述 4 个层次的健康，相辅相成，相互渗透，共同构成了健康的基本内涵，不仅是对健康概念的新发展，也对人类文明和进步起到了积极的促进作用。

二、健康的标准

世界卫生组织提出了衡量健康的 10 条标准：

(1)有充沛的精力，能从容不迫地应付日常生活和工作的压力而不感到过分紧张。

(2)处事乐观，态度积极，乐于承担责任。

(3)善于休息，睡眠良好。

(4)应变能力强，能适应外界环境中的各种变化。

(5)能够抵抗一般性感冒和传染病。

(6)体重适当，身材匀称而挺拔；站立时，头、肩、臂的位置协调。

(7)眼睛明亮，反应敏捷，眼睑不发炎。

(8)牙齿清洁，无龋齿，无痛感；牙龈颜色正常，无出血现象。

(9)头发有光泽，无头屑。

(10)肌肉、皮肤有弹性，行走轻松有力。

三、影响健康的主要因素

人类的健康受多种因素的影响。20世纪70年代，加拿大学者从预防保健角度提出了环境、生物、行为与生活方式和卫生服务四大影响健康的因素，得到了国内外学者的普遍认可。

（一）环境因素

环境因素包括自然环境和社会环境。

1.自然环境

自然环境又称物质环境，是指人类生存的客观物质世界，如水、空气、土壤及其他生物条件等，是人类生存的必要条件。自然环境中影响人类健康的因素主要有生物因素、物理因素和化学因素。

生物因素包括动物、植物及微生物，它们为人类的生存提供了必要的保证。但其中有的也是人类疾病的致病因素或传播媒介，通过直接或间接的方式影响甚至危害人类的健康。如病原微生物可以引发霍乱、伤寒、出血热等疾病，或作为传播媒介而传播疟疾、流行性乙型脑炎等等。物理因素包括温度、气压、噪声、电离辐射、电磁辐射等。化学因素主要指各种生产性毒物、废物、粉尘、农药、废气排放等。上述因素如果没有得到有效治理和处置，将会对我们的环境和人类造成严重的污染和危害。

2.社会环境

社会环境又称非物质环境，是指人类在生产、生活和社会交往活动中相互间形成的生产关系、阶级关系和社会关系等。它包括社会政治制度、经济状况、文化教育水平、人口状况等，广义的社会环境还包括人的行为方式、心理状态和医疗服务等。优越的社会制度、良好的经济状况、较高的文化素养、充裕的社会福利以及健全的医疗服务，都会对人的健康起到积极的促进作用；相反，则会给健康带来消极和负面的影响。社会环境不仅可直接影响人的生理健康状况，而且还可以影响自然环境和人的心理活动，已成为某些疾病发生和死亡的主要原因。

（二）生物因素

影响健康的生物因素包括两大类。一类是与人类自身有关的因素，包括人体各系统的功能状态、机体对各种致病因素的抵御能力以及遗传作用等。其中遗传因素是最主要的因素，有时甚至是决定性因素。据调查，目前全国出生婴儿缺陷总发生率为13.7%，其中严重智力低下者每年有200万人。遗传还与高血压、糖尿病、肿瘤等疾病的发生有关。另一类生物因素是病原微生物引发的传染病。随着医疗技术的发展和人类生存环境的改变等，那些曾经严重威胁人类健康的传染性疾病已被消灭或明显减少，如天花、脊髓灰质炎等，但随着当今社会国际间交流的日益频繁，新的传染病在不断出现，如艾滋病、重症急性呼吸综合征(SARS)、禽流感等,甚至有些已经被控制的传染性疾病也死灰复燃,如脊髓灰质炎、血吸虫病等,继续威胁着人类的健康,所以我们不能掉以轻心。

(三)行为与生活方式

行为是个体或群体对环境的反应,生活方式则是由社会、经济、文化等因素所决定的日常行为模式。行为生活方式因素对健康的影响是指由于人们自身的不良行为和生活方式给个人、群体乃至社会的健康带来直接或间接的影响。它对机体具有潜袭性、累积性和广泛影响的特点。

不良行为和生活方式涉及相当广泛,如不合理饮食、吸烟、酗酒、久坐不动、性乱、吸毒、药物依赖等。联合国世界卫生组织曾经对发达国家疾病谱和死亡谱的变化进行过详细的调查,认为20世纪70年代以后,在发达国家导致死亡的主要疾病已经变成心脑血管病、恶性肿瘤、猝死以及由环境污染所致的疾病等,而这些疾病的起因均与人们滥用酒精、药物,过度饮食,缺乏体育锻炼,吸烟,吸毒,性淫乱等不良生活方式和行为有关。有学者报道,美国排行前十的疾病死因中,不良行为和生活方式在致病因素中占70%。美国通过30年的努力,使心血管疾病的死亡率下降了50%,其中2/3是通过改善行为和生活方式而取得的。反观我国目前的疾病流行趋势,则恰恰相反。第三次全国死因调查显示,随着我国社会经济的快速发展,城乡居民生活水平、饮食营养、环境状况等发生了实质性的变化,尤其是人口城市化、老龄化和生活方式等诸多变化因素,使得城乡居民的生活方式和疾病模式都发生了很大变化。我国因传染性、营养不良和母婴疾病等导致的人口死亡率持续下降,而由慢性非传染性疾病导致的死亡率逐年上升,慢性非传染性疾病死亡率占总死亡率的比例从20世纪90年代初的76.5%上升到现在的82.5%。由此可见,健康的行为和生活方式在预防疾病和促进健康方面具有很重要的作用。

行为和生活方式受社会、家庭、经济、文化、民族、风俗等影响,因此不同国家、不同民族,健康生活方式的具体内容也不尽相同。世界卫生组织提出的5项健康生活方式包括:不吸烟,不酗酒,平衡膳食,锻炼身体,心理平衡。我国专家提倡的健康生活方式有:不吸烟,不酗酒;营养适当,防止肥胖;坚持锻炼,劳逸结合;生活规律,善用闲暇;心胸豁达,情绪乐观;与人为善,自尊自重;家庭和谐,适应环境;爱好清洁,注意安全。

(四)卫生保健服务

卫生保健服务是指社会卫生医疗设施和制度的完善状况,是卫生机构和卫生专业人员为防治疾病、增进健康,运用卫生资源和各种手段,有计划、有目的地向个人、群体和社会提供必要服务的活动过程。良好的社会医疗保险制度、健全的医疗卫生服务体系、合理的卫生资源配置以及必要的卫生经费的投入,对卫生保健服务的质量和人群健康水平的提高发挥着重要作用。

中华人民共和国成立以来，特别是改革开放以来，我国在卫生保健服务方面取得的成效举世公认。根据《“健康中国 2030 年”规划纲要》，2015 年我国人均预期寿命已达 76.34 岁，婴儿死亡率、5 岁以下儿童死亡率、孕产妇死亡率分别下降到 8.1‰、10.7‰和 0.2‰，总体上优于中高收入国家平均水平，为全面建成小康社会奠定了重要基础，也为提高全民族的健康水平和保障公民的健康提供了有力的保障。

在上述这些影响健康的因素中，它们对健康影响的权重是不同的。世界卫生组织对影响人体健康的众多因素统计分析的结果表明，遗传因素对人体健康的影响为 15%；而人的生活方式和生活习惯对人体健康的影响远远高于遗传因素，为 60%，并高于社会因素（10%）、医疗因素（8%）与气候地理因素（7%）的总和（见图 1-1）。

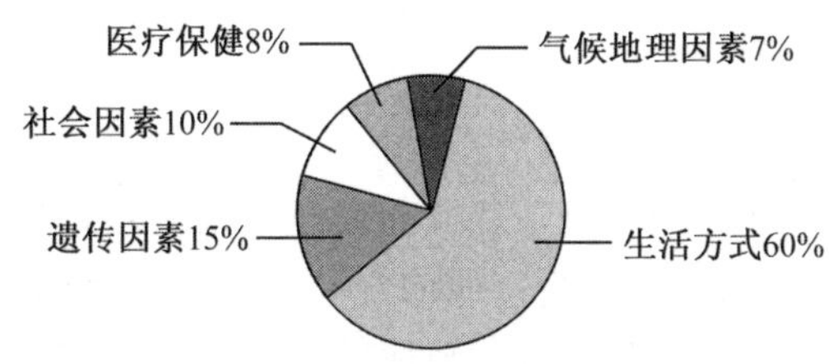

图 1-1 影响人体健康的相关因素比例图

因此，生活方式和生活习惯是影响人体健康的最主要因素。由于生活方式而引发的疾病已经成为人类的头号杀手，由此而导致的死亡人数在发达国家占死亡总人数的 70%以上，在发展中国家占 50%，在我国也已达到了 67%，应当引起人们的高度重视。

第二节 健康素养

健康素养是近年来研究的一个新领域，既是健康教育和健康促进的目标，也可以衡量健康教育和健康促进工作的成果与产出，在国际上被公认为是维持全民健康的最经济有效的策略。健康素养是衡量健康素质的重要指标，直接影响人的生命和生活质量，进而影响社会生产力的水平和整个经济社会的发展。

一、健康素养的概念

健康素养一词最早由西蒙兹（Simonds）在 1974 年提出，随着研究的不断深入，不少研究者对健康素养都给出了自己的解释，但截至目前，国际上尚没有形成一个统一的定义。2000 年，美国国家医学图书馆提出健康素养是“个体获得、理解和处理基本的健康信息或服务并做出正确的健康相关决策的能力”。该定义在美国政府的健康目标《健康国民 2010》和 2003 年美国全国成人素养评估中被采用。而世界卫生组织对健康素养的解释是:“健康素养代表着人的认知和社会技能,这些技能决定了个体具有动机和能力去获得、理解和利用信息,并通过这些途径能够促进和维持健康。”加拿大的研究者则认为健康素养是“人们拥有查找、理解、评价、交流信息的能力,利用这些技能来寻求良好的卫生环境,从而促进健康的过程”。这些概念的共同特征是它们都关注了个体技能的获得、对健康信息与服务的理解和做出正确的决策。目前,使用比较广泛的是美国国家医学图书馆和世界卫生组织对健康素养的解释,我国采取类似美国国家医学图书馆的定义。中国健康教育中心认为健康素养是指个人获取和理解基本健康信息的能力,是健康的重要决定因素,是经济社会发展的综合反映,受多种因素的影响。

二、健康素养的内涵

从健康素养的概念我们可以看出,健康素养实际上是一种能力,是在卫生大背景下个人完成基本的阅读和计算,获取和理解健康信息并运用这些信息维护和促进自身健康的能力。它包含两个方面的含义。一是健康认知元素、认知结构与认知过程等健康认知能力;二是获得和适应社会支持等维护健康的能力。有些学者认为健康素养包括 3 个方面的内涵:①健康知识、技能等健康认知元素;②处理健康问题的科学态度,包括对健康的理解、健康观、健康价值观、健康相关态度;③运用科学方法处理健康问题的过程,包括正确理解并且处理健康问题和健康危险因素,正确理解与处理个人健康和公共健康,适应并且积极谋求社会支持(包括社会环境与自然环境的支持)等。

但是,健康素养内涵并不仅限于单纯的知识和技能,而是一个多层次、融合多种素养的内涵体系。有人将健康素养分为 3 个层次:基本/技能素养、交流/沟通素养和批判素养。基本/技能素养指具有充足的阅读与书写技能,并在日常生活中能有效地自觉执行。交流/沟通素养和批判素养都是和社会技能相联系的高级认知和素养,前者是指在日常生活中通过各种传播方式,积极寻求和获得健康信息并应用新知识改变健康状况,而后者则是采用批判思维分析健康信息,并将其健康知识运用到日常事件和生活中,属于更高一级的认知和社会技能。

综合各种有关健康素养的研究和共识,可以将健康素养归纳为 7 个方面的内容:①健康素养反映一个国家或地区经济社会的发展水平;②健康素养反映一个国家或地区的教育水平;③健康素养反映一个国家或地区的医疗卫生发展水平;④健康素养是健康的主要决定因素,是群体健康状况的一项较强的预测指标;⑤提升健康素养是减少健康不公平的重要策略;⑥提升健康素养是降低社会成本的重要策略;⑦健康素养与群体的发病率、死亡率、健康水平、平均期望寿命高度相关。

三、提升公众健康素养的意义

（一）有助于提升公民的科学健康观

提升公众健康素养，可以使公民树立科学的健康观和健康意识，可以提高公民的健康知识水平和自我保健技能，进而增强公民应对健康问题的能力，最终达到提升全民健康水平和生命质量的目标。健康观决定处理健康问题的态度和健康需求。健康相关行为取向、社会生活态度（包括人际关系处理、工作态度、学习态度、休闲态度、对社会的态度、对集体的态度等）都与健康观相关。

（二）有助于减少各种不必要的医疗花费和负担

目前，世界上绝大多数国家的经济发展水平还不能充分满足社会群体对卫生资源的需求。在卫生资源有限的情况下，提升公民的健康素养可以从根本上提升全社会健康水平，使卫生资源的使用更加有效合理。首先，健康素养较低的个体不能做到合理有效地利用卫生资源，其平均每年用于医疗的花费要远远高于全人群的平均花费。其次，近年来我国慢性病呈“井喷”态势。慢性病不仅发病广，致残致死率高，严重危害健康和生命，而且给个人、家庭和社会带来沉重负担。要遏制慢性病快速增多的发病趋势，主要的应对措施应该包括两个方面：一是改变人们不健康的生活行为方式，从源头上遏制慢性病的发生和发展；二是提升患者的疾病自我管理能力，减少病残和死亡。这两个方面都依赖于个体健康素养的不断提高才能实现。

（三）有助于预防传染病

相对城市而言，目前我国农村地区的卫生条件仍然还较差，呼吸道传染病、消化道传染病、接触性传染病等仍然是农村地区的常见病、多发病。提高农村居民的卫生意识，养成良好的卫生习惯，可以有效地预防这些疾病的发生，降低传染病的发病率。

（四）有助于减少健康危险行为，促进疾病的早诊早治

目前，我国城乡居民疾病的早期发现率还普遍较低，成为疾病预后差、致死致残的主要原因，而疾病的早发现、早治疗与人民群众的健康意识、健康知识水平密切相关。提高人民群众的健康素养，树立健康风险意识，掌握疾病早期识别知识，可有效提高疾病的早期发现率。

需要指出的是，健康素养虽然关注的是个人技能，但是提升公众健康素养不仅仅是个人的事情，也不是单纯卫生部门的事情，需要全社会的共同参与和努力。即公民个人要加强学习提高技能，健康教育工作者要提供普通公众易于接受和利用的健康相关信息和服务，而社会其他部门都要各司其职，为提高公众健康素养水平贡献各自的力量。只有这样，才能使我国公民的健康素养得到不断提高，才能提高整个中华民族的人口素质，这是强国强民的百年大计。

四、我国健康素养研究现状及建议

(一)我国健康素养研究现状

我国对健康素养的研究起步较晚，目前主要是开展了健康素养水平的测量、影响健康素养的因素分析、健康素养评价指标体系研究等，并且取得了一定的成果。

为了普及我国公民当前阶段健康生活方式和行为应具备的基本知识和技能，促进公民健康素养水平的提高，2008 年，卫生部公布了《中国公民健康素养——基本知识与技能(试行)》，并且组织编印了《健康 66 条：中国公民健康素养读本》，简称《健康 66 条》，提出了我国公民应具备的 66 条基本健康知识和健康技能，其中包括基本知识和理念 25 条、健康生活方式与行为 34 条和基本技能 7 条。2008 年 8 月，卫生部办公厅下发了《中国公民健康素养促进行动工作方案(2008～2010 年)》，为我国全面开展健康素养促进工作奠定了坚实的基础，是现阶段评价个人健康素养及普及健康知识的实施标准，也是我国评估各地城乡居民健康素养状况的重要依据，并且是世界上第一份界定公民健康素养的政府性文件。

(二)提高健康素养的建议

1. 健康教育是提高健康素养的有效手段

通过系统的学校教育、社区教育、医患教育和大众媒体传播等措施，增进人们的健康常识，促使人们形成良好的生活方式。患者的主动参与将提高教育的效果，应采取措施使患者、家属主动地参加到决策以及教育和信息的提供过程中，比如开展个体和医护人员之间书面的和口头的交流、网络互动以及使患者获得健康档案信息等，可以提高干预措施的效果；慢性病自我管理的成功经验证明患者在健康传播中有重要作用。同时，健康素养的提高是一个终身的、渐进的过程，必须从青少年做起，形成系统的、可行的学校健康课程体系，才是治本之策。因此，健康教育也要从青少年做起，开展健康教育，鼓励青少年参与健康知识传播。

2. 提高人群健康教育的可及性

研究表明，公众对信息的接受，不仅受到个人接受程度、判断信息能力的影响，更取决于信息本身的难易程度、表达的方式和传播技巧。利用现代通讯技术和信息技术快速发展的优势，以视听的形式形象、生动地广泛传播，有助于提高健康教育的效果和扩大健康知识的普及范围，提高人群健康教育的可及性。

3. 定期对国民健康素养进行调查监测

开展人群健康素养监测可以动态地了解我国国民的健康素养变化，找出影响健康素养的因素，检验健康促进和健康教育措施的效果，促进公民健康素养的不断提高。

4.鼓励全社会参与健康素养工作

健康素养对健康有深远的影响，健康素养应该成为有关健康问题中优先考虑的方面。政府应该鼓励全社会参与到健康素养的工作中。健康相关部门以及教育部门等要将健康素养纳入其日常工作之中，切实发挥各专业部门和健康教育专业机构的作用；建立良好的体制和机制，切实发挥医院、社区卫生服务中心、妇幼保健院、疾病预防控制中心等机构专业人员在开展健康咨询、行为指导、健康管理、健康传播和健康教育方面的作用。

第三节 健康教育与健康促进

我们已经讨论了健康和健康素养的话题，但是通过什么途径来提高整个社会公民的健康素养而最终到达健康的目的呢？接下来就让我们来讨论一下这个话题。

一、健康教育

（一）健康教育的概念

健康教育（health education）是通过信息传播和行为干预，帮助个人和群体掌握卫生保健知识，树立健康观念，自愿采纳有利于健康行为和生活方式的教育活动与过程。其目的是消除或减轻影响健康的危险因素，预防疾病，促进健康和提高生活质量。其核心是帮助人们养成健康行为习惯，形成良好的生活方式。其方法主要通过行为干预来改善健康相关行为。其与传统意义上的卫生宣传有着明显的不同。卫生宣传通常是对人们进行卫生知识的单向传播，宣传对象较为泛化，主要侧重于改变人们的知识结构和态度，对信息反馈和行为改变的效果并不十分关注。而健康教育的对象明确，以双向传播为主，注重信息的反馈和行为改变的效果，通过给人们提供行为改变所必需的知识、技术与服务等，使人们在面临促进健康和疾病预防、治疗、康复等各个层次的健康问题时，在知情同意的前提下，有能力做出行为抉择。可以说，健康教育是卫生宣传在内容上的深化、范围上的拓展和功能上的扩充，对提高公民健康素养有重要作用。

（二）健康教育的意义

1.健康教育是实现初级卫生保健的基础

随着疾病谱的改变，传染性疾病和营养不良已经不再是人类的主要死因，取而代之的是慢性非传染性疾病。研究表明，不良的行为和生活方式是慢性非传染性疾病的主要诱因。解决行为和生活方式问题，不能期望什么药物，而是通过健康教育来促使人们建立新的行为和生活方式，减少危险因素，预防各种“生活方式病”，从而促进健康。因此，1978年，国际初级卫生保健大会为保障并增进世界人民的健康,制定了举世瞩目的《阿拉木图宣言》,宣言中把健康教育列为初级卫生保健各项任务的首位。1985 年,第 42 届世界卫生大会再次强调了《阿拉木图宣言》的重要性,呼吁把健康促进和健康教育作为初级卫生保健的内容,通过了关于健康促进、公共信息和健康教育的决议,充分显示了健康教育和健康促进在实现健康目标中的重要地位和价值。

2. 健康教育是一项低投入、高产出、高效益的保健措施

健康教育通过知识宣传和教育,引导人们了解、掌握并自觉利用卫生保健知识,提高自我保健能力,养成健康行为,纠正不良的行为和生活方式,从而消除危险因素,减少疾病发生,实现健康的目标。从成本-效益角度来看,健康教育是一项投入少、产出多、效益大的保健措施。虽然在实现健康目标的过程中需要一定的资金投入,但其与高昂的医疗费用形成鲜明的对照。经济学分析显示,在疾病预防上每投入 1 元钱,就可以在后期治疗上节约 9 元钱。美国疾病控制中心(CDC)的研究支持了这种分析。如果美国男性公民能够采用健康的生活方式,不吸烟,不过量饮酒,合理饮食并经常进行有规律的身体锻炼,其寿命可望延长 10 年,而美国每年用于提高临床医疗技术的巨额投入,却难以使全美人口平均期望寿命增加 1 年。

3. 健康教育是提高人们自我保健意识的重要渠道

自我保健是指人们为维护和增进健康,为预防、发现和治疗疾病,自觉采取的健康行为以及做出的与健康有关的决定。然而,人的自我保健意识和能力不能自发产生和拥有,只有通过健康教育才能不断提高人们自我保健的自觉性和主动性,进而采取健康行为,进行自我管理和自我约束,促进个体身心健康。所以说,健康教育是提高人们自我保健意识的重要渠道。

(三)学校健康教育的基本原则和主要内容

学校健康教育是全民健康教育的重要组成部分,是提高全民健康素养的有效途径,也是对学生实施素质教育的有效途径。通过健康教育可增进大学生的卫生知识,使其了解健康的价值和意义,增强维护自身健康的责任感和自觉性,提高自我保健和预防疾病的能力;帮助大学生自觉选择健康的行为和生活方式,消除或减少危险因素的影响,从而促进身心健康,提高生活质量。我国政府非常关注大学生的健康状况,重视在大学生中开展健康教育,制定了一系列的政策来保障学校健康教育的贯彻执行。其中《学校卫生工作条例》中明确规定:“学校应当把健康教育纳入教学计划。”“普通高等学校应当开设健康教育选修课或者讲座。”国家教委于 1993 年颁布了《大学生健康教育基本要求(试行)》作为高等学校对大学生开展健康教育的指导法规。2017 年 6 月,教育部为贯彻落实《“健康中国 2030”规划纲要》的工作要求,对《大学生健康教育基本要求(试行)》进行了重新修订,印发颁布了《普通高等学校健康教育指导纲要》。该纲要对高校开展健康教育应遵循

的基本原则和主要内容提出了明确的要求。

基本原则：

(1)问题导向与健康需求相衔接。

(2)知识传授与行为养成相促进。

(3)课堂教学与课外实践相协调。

(4)维护个体健康与增强社会责任相统一。

(5)总体要求与地方实际相结合。

主要内容包括健康生活方式、疾病预防、心理健康、性与生殖健康、安全应急与避险5个方面。通过上述内容的健康教育，争取实现以下目标要求。

(1)树立现代健康意识，掌握健康管理和健康决策的基本方法，养成文明健康的生活方式，提高自觉规避、有效应对健康风险的能力。

(2)增强防病意识，掌握常见疾病的预防原则和常规措施，提高防控传染病和慢性非传染性疾病的能力。

(3)树立自觉维护心理健康的意识，掌握正确应对学业、人际关系等方面的不良情绪和心理压力必需的相关技能，提高心理适应能力。

(4)树立自我保健意识，掌握维护性与生殖健康的知识和技能，提高维护性与生殖健康的能力。

(5)树立安全避险意识，掌握常见突发事件和伤害的应急处置方法，提高自救与互救能力。

《普通高等学校健康教育指导纲要》的颁布与实施，对加强我国高校健康教育，提升学生健康素养，促进学生身心健康具有非常重要的指导意义。

二、健康促进

(一)健康促进的含义

健康促进(health promotion)一词早在20世纪20年代就已出现在公共卫生文献中。20世纪70年代以来，随着世界卫生事业不断进步和发展，人们越来越清楚地认识到，人类的健康受政治、经济、社会、文化、环境、行为和生物等多种因素的影响，仅仅通过健康教育难以达到显著的效果，只有把健康教育同强有力的政府承诺和支持结合起来才能收到预期的效果。政府的承诺和支持实质上就是从政策、法律、组织、管理、财政等各个方面，创造有利于健康的条件，把健康教育的目标纳入政府的议事日程，保证其全面实施和完成。也正是基于这一点，1986年，在加拿大渥太华召开的第一届国际健康促进大会发表的《渥太华宪章》中指出："健康促进是促使人们提高、维护和改善他们自身健康的过程。"表达了健康促进的目的、哲理，也强调了范围和方法，强调运用行政的或组织的手段，广泛协调社会各相关部门以及社区、家庭和个人，使其履行各自对健康的责任，共同维护和促进健康的一种社会行为和社会战略。宪章中同时提出了健康促进的5点策略,即制定促进健康的公共政策;创造支持健康的环境;加强社会行为;发展个人技能;调整卫生服务方向。

1995年,WHO西太平洋区发表的《健康新地平线》再次强调指出:"健康促进是指个人及其家庭、社区和国家共同采取措施,鼓励健康的行为,增强人们改进和处理自身健康问题的能力。"其内涵包括个人行为的改变和政府行为的改变,要求建立包括政策、立法、财政、组织、社会开发等方面的支持系统,同时,重视并发挥社会各方面积极因素促进健康。

(二)健康促进的内容

健康促进是一个综合的教育,是调动社会、经济和政治的广泛力量改善人群健康状况的活动过程。它不仅包括旨在增强个体和群体知识技能的健康教育活动,更包括直接改变社会、经济和环境条件的活动。健康促进包括以下5个方面的内容。

1.制定促进健康的公共政策

健康促进的含义已经超出卫生保健的范畴,涉及多个方面,包括立法、财政、组织、社会开发等。这就要求非卫生行政部门建立和实行健康促进政策,目的是使人们更容易做出有利于健康的选择。

2.创造支持健康的环境

健康促进必须为人们创造舒适、安全、愉快、满意的生活环境。创造支持健康的环境要求系统地评估变化的环境对健康的影响,以保证社会和自然环境有利于健康的发展。

3.加强社会行为

健康促进工作是通过具体有效的社会活动来实现的。应充分发挥社会力量,挖掘社会资源,让居民积极有效地参与卫生保健计划的制订和执行,以有效促进健康。

4.发展个人技能

通过提供健康信息,教育并提高人们做出健康选择的技能,以支持个人与社会的发展。使人们能更好地控制自己的健康与环境,不断地从生活中学习健康知识,有准备地应对人生各个阶段可能出现的健康问题,并很好地应付慢性病和外伤。学校、家庭、工作单位和社会都要帮助人们做到这一点。

5.调整卫生服务方向

健康促进中的卫生服务责任由个人、社会团体、卫生专业人员、卫生部门、工商机构和政府等共同分担。各机构必须共同努力,建立一个有利于健康的卫生保健系统,优化资源配置,调整卫生服务类型和方向,让最广大的人群受益。

三、健康教育与健康促进的关系

健康教育与健康促进相互依托,不可分割。健康教育的作用是激发领导者对健康教育的重视与支持,促进公众的积极参与,寻求社会的全面支持,扩大健康促进的成效。而健康促进包括健康教育和能够使人们行为和环境改变的行政、经济、政策法律等一切支持系统。它不仅涵盖了健康教育信息传播和行为干预的内容,还强调行为改变所需要的组织支持、政策支持、经济支持等环境改变的各项策略。它对健康教育起维护和推动作用,与健康教育相比具有更深一层的含义。健康教育是健康促进的基础,健康促进如不以健康教育为先导,则是无源之水;而健康教育如不向健康促进发展,其作用就会受到极大限制。以控烟为例,在有计划地向公众进行烟草危害相关知识的宣传教育下,制定《烟草专卖法》,提高烟草税收,禁止向16岁以下人群售烟,设立无烟区等。同时,在必要的情况下,推广有些国家的做法,对违犯控烟法规者施以巨额罚款。再如,在创建文明卫生城市的过程中,首先对群众通过新闻、报纸等多种手段进行城市环境卫生重要性的知识宣传和健康教育,制定文明公约,对脏乱差的地区进行曝光,提高群众的健康意识和健康觉悟,同时对经多次教育仍无改观的脏乱差部门,采取行政措施,直至罚款。这两个例子很好地说明了健康教育与健康促进两者之间的关系,首先要以健康教育作为前期说服和动员,使人们意识到吸烟、环境污染对健康的危害,号召人们选择有益于健康的观念和行为,然后才以行政措施保证教育效果或干预教育无效的有害行为。只有以教育为先导,行政法律措施才能得到广泛的支持,否则任何强硬的立法措施都将可能是一纸空文。

第四节 健康决策与健康管理

一、健康决策与健康管理的概念

(一)健康决策

决策是一个在各种层次上被广泛使用的概念。我们在日常生活中,总会面对各种各样的选择,因而也必然要对这些选择做出相应的决策。对于大学生来说,在科学技术快速发展的今天,良好的决策能力是不可缺少的一种基本生活技能。

那么,什么是决策?美国著名的心理学家、管理科学家、诺贝尔经济学奖获得者赫伯特·西蒙(Hebert Simon)教授认为,决策就是实际做出决定的人的一种行为,也就是行为者为实现其行为目标,从诸多可能的行为方案中抉择最佳的选项加以实现的过程。也就是说,决策是一个提出问题、研究问题、拟订方案、选择方案并实施方案的全过程。即决策是决策主体以问题为导向,对组织或个人未来行动的方向、目标、方法和原则所做的判断和抉择。决策者、决策目标、决策方案和决策环境等构成了决策的基本要素。其中,决策者也称为决策主体,是决策行为的发出者。决策者可以是个体,也可以是群体。决策者受社会、政治、经济、文化、科学等因素的影响,具有特定的知识结构和心理结构;决策者的知识、经验、判断力、个性、价值观,甚至个人感情等都直接影响其决策的质量。决策目标是决策者的期望,决策目标的合理性直接影响决策结果的合理性。决策方案是达到目的的手段,是选择的对象。决策方案的制订是整个决策过程中极为重要的一个阶段,特别是在人力、财力、物力花费巨大的决策项目中更为重要。决策环境指各种方案可能面临的自然状态或背景,即不以人的意志为转移的客观条件,如天气状况、市场需求、政策影响等。

健康决策(health decision)就是对有关健康的问题做出的判断和抉择。随着社会的发展、环境的变化和人们健康意识的不断增强,人们需要做出健康决策的事情越来越多,情况也变得越来越复杂,包括饮食起居、生活方式、疾病预防、就医选择、预后抉择等多个方面,这就需要我们了解和掌握更多健康的相关知识,运用科学的方法,进行合理的决策,不断增进我们的身心健康。

(二)健康管理

健康管理(health management)的思路和实践最初出现在美国。作为一门新兴的学科和行业,健康管理虽然在美国已经有几十年的实践和应用性研究,但是还较少见到全面系统的理论研究成果和权威性专著。健康管理在中国的出现只有 20 年左右的时间,也是实践应用先行于理论研究。为了便于对健康管理有一个较为清晰的认识,我们首先来了解一下管理的含义。

所谓管理就是指通过计划、组织、指挥、协调和控制,达到资源配置和使用的最优化,目标是能在最合适的时间里把最合适的东西用在最合适的地方发挥最合适的作用,从而实现某种目的。具体来说,管理包括制订战略计划和目标,管理资源,使用完成目标所需要的人力和财务资本以及衡量结果的组织过程。管理还包括记录和储存为供以后使用的和为组织内其他人使用的事实和信息的过程。因此,管理事实上是一个过程,实质上是一种手段,是人们为了实现一定的目标而采取的手段和过程。完成管理的最基本方法就是:收集被管理目标的信息,分析评估被管理目标的情况,最后根据分析去执行,即解决被管理目标中存在的问题。

而健康管理则是针对健康需求对健康资源进行计划、组织、协调和控制,以求达到最大的健康效果的过程。要计划、组织、协调和控制个体和群体的健康,就需要全面掌握个体和群体的健康状况(可以通过全面监测、分析、评估来完成),采取措施维护和保障个体和群体的健康(可以通过确定健康风险因素提供健康咨询和指导,对健康风险因素进行干预来完成)。换句话说,就是保护健康资源,节约健康资源,最大限度地合理利用健康资源并让其发挥最大的作用,这就是健康管理。

因此，综合国内外关于健康管理的代表性定义，结合我国《健康管理师国家职业标准》中关于健康管理师的职业定义，可以将健康管理定义概括为：利用现代生物医学和信息化管理技术，从社会、心理、生物学的角度，对个人或群体的健康状况、生活方式、社会环境等进行全面监测、分析、评估，提供健康咨询、指导，并对健康危险因素进行干预管理的全过程。健康管理的宗旨是调动个体和群体及整个社会的积极性，有效地利用有限的资源来达到最大的健康效果。健康管理的具体做法就是为个体、群体和政府提供有针对性的科学健康信息，并创造条件采取行动来改善健康。

二、健康决策与健康管理的方法与技能

（一）健康决策的方法与技能

1. 健康决策的基本方法

正确、有效地决策是建立在全面认真分析各种情况的基础之上的，合理的决策程序是决策科学化的一个重要保证。一般来说，决策的基本程序包括以下几个方面。

（1）发现问题和确定目标。发现问题和确定目标是决策的前提。发现问题后，还要对问题进行判断和分析，明确问题的性质与范围，找出问题产生的原因，以便有针对性地确定决策目标。如果问题判断错了，决策目标也不能正确确定，这就可能导致整个决策的失误。发现了问题，搞清了问题的性质，找到了存在的差距及产生差距的原因，才能确定目标，并进行决策。确定与选择决策目标是决策全过程中首要的也是极为繁重的一步，决策目标确定准确了，这个决策问题也就解决了一半。

（2）分析矛盾，制订方案。有了决策目标，就要从多方面寻找实现目标的有效途径。这一步完成好了，目标的实现就有了坚实可靠的基础。一切决策都是在已经形成的各种方案中，经过选优而做出的。所以说，制订可供选择的各种方案，是决策的一个关键步骤。

（3）综合评价，方案选优。这是科学决策的最后步骤。就某一决策问题而言，最终决定采用哪一种方案，将直接影响个人或组织今后一段时期内的活动内容、行动方式和所取得的成果。在已经制订出多种方案的条件下如何选择一个优化的方案是科学决策的关键。方案要选择得好，一是要有一个合理的选择标准，能够满足兼顾全局、技术合理、经济上划得来（经济效益）、时间见效快（时间效益）的条件。二是要有一个科学的选择方法。在可供选择的方案中，通过权衡利弊，综合评价，最后选出满意方案，做出决策。

2. 大学生进行健康决策时应注意的事项

（1）全面了解情况，掌握充足的信息。这是做出合理决策的前提。主动获取、

交流、理解、加工处理有关健康信息对做出健康决策不可或缺。因此，在进行健康决策时，应尽可能地通过各种方式和渠道收集与决策有关的信息，无论好坏利弊。其中最为大学生喜欢和经常利用的信息渠道就是网络，它的确可以在较大范围和程度上提供更多的经验、教训和建议。然而，需要注意的是，在面对庞大杂乱的信息时，一定要注意辨别真伪，对信息的时效性、可靠性、科学性等认真进行识别与判断。

(2)权衡各种选择的优点与不足。当你列出并发现应对策略可以有多种选择时，要学会对其进行比较，实事求是地客观思考个人的现状，在这些已有的选择中发现哪些是可行的，哪些是可以自己掌控的，明确每种选择存在的优势和不足。

(3)认真考虑决策的后果。从理论上讲，任何合理的决策，应该能给自己的健康带来好处，同时不会给他人带来伤害，也不会破坏社会秩序和环境。

总之，健康决策也是一个解决问题的过程，需要首先明确自己面对的健康问题，在此基础上，产生可以解决问题的多种方案，并在其中选择最有益、最合理的方案予以实施。如果在方案的实施过程中发现该方案确实对自己、他人或社会的健康不利，则需要再去探索其他可行的解决方案。

(二)健康管理的方法与技能

1.健康管理的基本步骤

健康管理是一种前瞻性的卫生服务模式，它以较少的投入获得较大的健康效果，从而增加了医疗服务的效益，提高了医疗保险的覆盖面和承受力。一般来说，健康管理有以下 3 个基本步骤。

第一步是了解个人的健康状况。只有了解个人的健康状况才能有效地维护个人的健康。因此，具体地说，第一步是收集服务对象的个人健康信息。个人健康信息包括个人一般情况、目前健康状况、疾病家族史、生活方式(膳食、运动、吸烟、饮酒等)、体格检查和血、尿实验室检查结果等。

第二步是进行健康及疾病风险性评估。即根据所收集的个人健康信息，对个人的健康状况及未来患病的危险性用数学模型进行量化评估。其主要目的是帮助个体综合认识健康风险，鼓励和帮助人们纠正不健康的行为和习惯，制定个性化的健康干预措施并对其效果进行评估。

第三步是进行健康干预。在前两部分的基础上，以多种形式来帮助个人采取行动，纠正不良的生活方式和习惯，控制健康危险因素，实现个人健康管理计划的目标。与一般健康教育和健康促进不同的是，健康管理过程中的健康干预是个性化的，即根据个体的健康危险因素由健康管理师进行个体指导，设定个体目标，并动态追踪效果，如糖尿病管理等。通过个人健康管理日记，参加专项健康维护课程及跟踪随访等措施来达到改善健康的效果。

应该强调的是，健康管理是一个长期的、连续不断的、周而复始的过程，即在实施健康干预措施一定时间后,需要评价效果并调整计划和干预措施。只有周而复始,长期坚持,才能达到健康管理的预期效果。

2.大学生自我管理的要点

对大学生而言,健康管理更多的是针对个人的行为、生活方式、饮食起居、疾病预防、服务利用等方面进行的自我管理,主要体现在两个方面。一是有效感知个人的健康状况。这包括培养和建立自觉关注健康的意识,自觉对个人健康负责;经常进行自我观察、自我监督,定期参加体检,充分利用专业服务等。二是积极对个人行为和生活方式进行管理。自觉对个人不健康的行为和生活方式进行干预和改变,是健康管理的重要内容,也是维护健康、预防疾病的有效措施。同时,大学生也必须清楚地认识到,健康行为的养成是一个缓慢的过程,而改变不良的行为和生活方式更需要付出艰苦的努力。在这个过程中,要增强信心,强化意识,对自己取得进步不断给予肯定和奖励,持之以恒,循序渐进。

第二章 培养健康的生活方式

学前思考题

1. 健康的生活方式包括哪些方面?
2. 举例说明大学生中常见的不良的生活方式有哪些?
3. 与生活方式有关的疾病有哪些? 如何预防?

随着经济的发展,人们的日子越过越好。但是随着生活水平的提高,越来越多的人开始追求健康的生活方式,那么什么样的生活方式是健康的呢?

第一节 健康的生活方式概述

一、健康的生活方式概念

(一)什么是健康的生活方式

健康的生活方式是美好生活的基本,是有一个好身体的基础。健康的生活方式可以减少疾病的发生。

健康的生活方式是指有益于健康的习惯化的行为方式,具体表现为生活有规律,没有不良嗜好,讲究个人、环境和饮食卫生,讲科学、不迷信,平时注意保健,生病及时就医,积极参加有益的健康文体活动和社会活动等。

(二)生活方式决定健康

人的健康15%由父母遗传的基因决定,环境因素占17%,医生医疗水平和高科技占8%,自己的生活方式占60%。健康的生活方式是在个体的成长过程中形成的,所以健康钥匙在自己手里。总结4句话:我的健康我做主;生命在我不在天;从来没有救世主;全靠自己爱自己。

（三）健康的生活方式内涵

1. 合理膳食

合理膳食指提供全面、均衡营养的膳食。卫生部发布的新版《中国居民膳食指南》，为平衡膳食提出了权威性的指导意见。

2. 适量运动

每天抽出30～60分钟的时间，用来进行适合于自身的体育运动，可以改善心血管系统，降低血液中低密度脂蛋白含量，减少心脏疾病的发生，降低肥胖的程度，延长寿命；适当的肌肉力量训练和运动可以有效地改善或预防背痛，增进身体活动能力，提高睡眠的质量；运动还让人感觉美好、心情愉快，能有效地解除工作的紧张和压力，更好地迎接每天的挑战，增强适应能力。

3. 充足的睡眠

睡眠是大脑的主要休息方式。睡眠充分才能使人消除疲劳，保证大脑正常工作，使人身心愉快，有较高的学习效率。一般来说，15～18岁的青少年每天要睡9～10个小时，成年人要保证8个小时的睡眠，有条件的话，中午可以小睡，使脑细胞得到暂时休息，以充沛精力投入到下午的工作当中。大学生一般应以每天睡7～8小时为宜。

4. 戒烟限酒

每一个吸烟的人都应戒烟，如戒不掉的话，可少抽一点或抽电子烟。饮酒不宜过量。在节假日、喜庆和交际场合，可少量饮用低度酒。日常生活中，青少年不应饮酒。

5. 心理平衡

心理平衡指能够客观地评价自己，正确应对日常生活中的压力，有效率地工作和学习，对家庭和社会有所贡献。

6. 文明生活

文明生活指健康文明的生活方式，杜绝黄赌毒。

二、如何培养良好的生活方式和行为习惯

（1）在行为定型之前，给予足够多的健康行为条件刺激，使之形成良好的健康行为。大学生正处在生活方式和行为习惯形成阶段，外界各种行为刺激对其良好的生活方式和行为习惯形成具有重大影响，其中包括书刊、电影、电视等大众媒介及日常生活中多种行为表率等。只有这样才能使一个人在行为定型之后有良好的行为，使这些行为根据自己的环境及变化形成和调整相应的健康行为模型。

（2）培养个人的行为判断能力。这包括合理的、健康的卫生知识在内的学习和教育，即人工免疫，以及广泛的社会接触，即自然免疫。要在教育的基础上，接触除健康行为之外的许多通过适当“减毒”但仍保持免疫源性的东西，这样来培养

自我和超我,使人成为健康行为的自觉承担者。

(3)通过强大的社会力量、社会习惯,形成健康行为的社会压力。比如戒烟问题,许多针对个人的矫正措施往往很难奏效,包括有坚强决心的戒烟者。任何人都很难完全摆脱社会塑型作用对自己的影响。因而一些发达国家就通过巨大的社会力量,包括立法、传播媒介、道德规范等来限制不健康行为和发展健康行为。

(4)在行为发展过程中要注意提供尽可能多的行为刺激,但要注意不同的行为刺激要适应不同年龄阶段或不同发展阶段。

(5)个体化原则。由于遗传的差异和早期环境的不同,每个人对不同类型行为的亲和性有巨大差异。同时,在健康行为的标准下,健康行为模型也可以五花八门。此外,每个人的智力、体力也有很大差异。因此,行为培养在个人遗传允许的前提下,按个体化原则进行,尽可能地发挥人的行为潜能,尽量地适宜个人特点,培养出一套健康的行为模型。

第二节　大学生常见的不良生活方式

日常生活中常见的不良生活方式主要表现在饮食生活习惯和行为习惯两个方面,现代大学生或轻或重存在着这些问题。

一、不良饮食生活习惯

(一)不吃早餐与暴饮暴食

长期不吃早餐可使胆固醇积累在胆囊中而易形成胆结石。此外,不吃早餐会形成更多的血栓蛋白,能导致血栓形成,诱发心肌梗死。暴饮暴食会使消化器官的功能发生紊乱,从而使有机体代谢失去平衡,产生许多疾病,影响学生身体的正常成长发育和健康。

(二)饮水不足

水是构成人体的重要成分。水能润滑关节,防止眼球过干;唾液和胃液能帮助消化;水亦能调节体温,通过排汗带走体内过高的热量。摄水过少可增加体内的尿酸含量,容易引起痛风发生。饮水不足还容易使尿中的钙浓度升高,从而产生尿路结石。

(三)小吃当正餐

街边小吃摊店,尤其是临时摊位,缺乏卫生条件,食品易受灰尘、废气、细菌等污染,加上有的油炸食品原料来源不明,长期食用这样的食品,将给大学生带来很大的健康隐患。

(四)熬夜

从健康的角度讲,熬夜的害处很多。经常熬夜容易导致疲劳、精神不振,人体的免疫力也会跟着下降，感冒、胃肠感染、过敏等疾病的发病率较高。

（五）长时间使用电脑

长时间看电脑屏幕，会影响眼睛健康，引起视力疲劳，导致视力下降，形成近视眼。长时间对着电脑，坐在电脑桌前，会诱发颈椎病、肩周炎等“过劳病”。尤其是青少年，长时间泡在网上，很少与周围的同龄人游玩交谈，很容易在生活中被孤立，进而不愿与人交往，从而引发心理疾病。

（六）常坐不动

现代医学研究表明，久坐不动会严重危害人的身体健康。大学生主要任务是学习，有些学生一旦坐下来，除非上厕所，就轻易不站起来。久坐，不利于血液循环，会引发很多新陈代谢和心血管疾病；坐姿长久固定，也是颈椎、腰椎发病的重要因素。

（七）有病不求医

调查显示，将近一半的人在有病时自己买药解决，有 1/3 的人则根本不理会任何表面的“小毛病”。许多人的疾病被拖延，错过了最佳的治疗时间，一些疾病被药物表面缓解作用掩盖而积累成大病。

二、不良的行为

（一）吸烟

吸烟是目前严重危害人类健康的不良行为因素之一。烟草的化学成分十分复杂，仅有毒物质就有 20 多种。吸烟是多种疾病的独立致病因素。吸烟者易患肺癌以及舌、口腔、喉、食道和膀胱等多种癌症。慢性阻塞性肺疾病、冠心病、溃疡病等均是与吸烟相关的疾病。吸烟还会严重影响被动吸烟者的身体健康。此外，由于身体发育还未成熟，青少年吸烟对身体的危害尤为严重。

（二）酗酒

酗酒是指无节制地过量饮酒。长期酗酒会造成慢性酒精中毒，损害口腔、胃、肠黏膜，诱发胰腺炎、食道炎、胃炎及十二指肠溃疡；酒精对肝脏的影响非常大，它会使肝脏及结缔组织增生，从而导致肝硬化；酒精对生殖系统也有危害。另外，经常酗酒会导致智力下降、记忆力减退。世界卫生组织的资料显示，20 世纪 90 年代因酗酒而死亡的人约有 75 万，长期酗酒者的死亡率比一般人高 1.3 倍。

（三）赌博

赌博是一种丑恶的社会现象，是利用赌具，以钱财作赌注，以占有他人利益为目的的违法犯罪行为，其危害是多方面的。首先，赌博时耗费大量精力、体力，损害了身体健康，浪费了时间，荒废了事业、学业。其次，一旦参与赌博，赢了不会满足，输了总想着“翻本”，这样往往会无休止地继续下去，势必会影响与周围人的关系，从而影响正常的社会秩序。再次，赌桌上认识的多是不良朋友，易产生好逸恶劳、尔虞我诈、投机侥幸等不良的心理品质,容易引导人走上违法犯罪之路。

(四)吸毒

毒品通常是指能使人成瘾的药物,其种类很多。毒品对人体健康有着巨大的危害。首先,绝大多数毒品均有抑制食欲的作用,可引起某些人体必需的维生素和矿物质缺乏,从而引起一系列的营养不良综合征。其次,吸食毒品后,会引起一些系列的神经系统病变,长期吸毒可引起智力减退和个性改变。再次,很多毒品可以对心血管系统产生直接的毒害,可引起各种心律失常、血管痉挛、冠状动脉粥样硬化和脑血栓。最后,滥用毒品还可以引起肺炎、肺水肿、肺泡出血等疾病,严重的可出现呼吸抑制而死亡。因此,大学生一定要爱惜生命,远离毒品。

(五)不洁性行为

不洁性行为是引发和传播性疾病的主要途径。性传播疾病感染率和发病率逐年上升,流行范围不断扩大,危害程度日益严重。大学生正值青春期,如今面对黄毒渗透的电脑光盘、网络的包围,普及性知识和树立正确的性观念显得尤为重要。调查显示,在当前大学课程设置中,关于性知识方面的课程较为少见,更不用说性观念、性道德教育了。首都师范大学性健康教育中心对中国近30所大学一万名在校大学生性行为观念的调查表明:有性行为的男大学生为15.7%,女大学生为5%;赞成婚前性行为的男大学生为57%,女大学生为26.7%。而现实中发生婚外性行为以及由此引发的人工流产、性病更是非常普遍。

(六)反复减肥

多次减肥会使人体的免疫力持续下降。尽管尚未找出具体原因,但研究人员发现,反复减肥会降低细胞活力和对抗感冒、感染和早期癌细胞的能力。大学生尤其是女大学生中,“我要减肥”“我在减肥”更是潮流趋势。她们往往会忽视个人的体形特征,依据个人体重评价是否肥胖。在减肥的时候,大多数女生会采用饥饿节食减肥法,认为吃肉会长胖,于是只吃素,不吃肉,长此以往会对身体造成很大的伤害,甚至引发各类疾病。

(七)生活过度紧张

从事脑力劳动的一些中青年人在过度的脑力劳动后,随之而来的是抗疲劳和防病能力的减弱,而可能引发多种身心疾病。在如今这个竞争万分激烈的时代,学习压力过大已成为了一个十分普遍的问题。压力过大不仅可导致身体疾病,还可导致焦虑、抑郁等一系列心理疾病,更为严重者会对社会造成极大危害。有些大学生因为不能承受过大的学习压力,而走上轻生之路甚至犯罪之路的事件屡屡发生。

(八)经常处于嘈杂环境

年轻人酷爱摇滚音乐,喜欢到歌厅等娱乐场所。经常处于嘈杂环境容易造成听觉系统对中波声音接收能力下降。

第三节　与生活方式相关的疾病

一、肥胖

肥胖是指一定程度的明显超重与脂肪层过厚，是体内脂肪，尤其是三酰甘油积聚过多而导致的一种状态。肥胖主要是由于食物摄入过多或机体代谢的改变而导致体内脂肪积聚过多，造成体重过度增长并引起人体病理、生理改变。

（一）肥胖病因

(1)摄入的热量大于消耗的热量。

(2)新陈代谢紊乱，三大产能营养素（蛋白质、脂肪、糖类）转化为脂肪并储存起来形成肥胖。

(3)遗传导致的家族性肥胖。这主要是因为生活习惯的遗传（母亲爱吃肥肉，做菜时经常放肥肉，导致孩子长大成家后做菜也爱放肥肉）或脏器机能的遗传（能否充分代谢脂肪）。

(4)环境影响。如厨师等工作经常吸入油烟，导致脂肪沉积。

(5)生理作用。男性到中年以后和女性到了绝经期后，由于各种生理功能减退，体力活动减少，可引起肥胖。

(6)运动太少（每天连 500 m 的路都走不上），虽能量摄入不过量但因身体消耗得少也会引起肥胖。

(7)患内分泌疾病或代谢障碍性疾病。如皮质醇增多症、甲状腺功能减退症、胰岛 β 细胞瘤、性腺功能减退、多囊卵巢综合征、颅骨内板增生症等。

(8)使用某些药物。如应用肾上腺皮质激素类药物、治疗精神病的吩噻嗪类药物等。

（二）肥胖分型

1.单纯性肥胖

单纯性肥胖是各类肥胖中最常见的一种，约占肥胖人群的 95%，大学生中的肥胖多为此类肥胖。这类患者全身脂肪分布比较均匀，没有内分泌性疾病，也无代谢障碍性疾病，主要是由遗传因素及营养过度引起的肥胖。

2.继发性肥胖

继发性肥胖是由内分泌疾病或代谢障碍性疾病引起的一类肥胖，占肥胖病的 2%～5%。肥胖只是这类患者的重要症状之一。

3.药物性肥胖

有些药物在有效地治疗某种疾病的同时，还有使患者身体肥胖的作用。一般情况而言，只要停止使用这些药物后，肥胖情况可自行改善。

(三)肥胖的临床表现

单纯性肥胖可见于任何年龄。幼年型者自幼肥胖;成年型者多起病于20～25岁;肥胖临床以40～50岁的中壮年女性为多,60岁以上的老年人亦不少见。约1/2的成年肥胖者有幼年肥胖史。单纯性肥胖一般体重呈缓慢增加(女性分娩后除外),若短时间内体重迅速地增加,应考虑继发性肥胖。

男性脂肪分布以颈项部、躯干部和头部为主,而女性则以腹部、下腹部、胸部乳房及臀部为主。肥胖者的特征是身体外形显得矮胖、浑圆,脸部上窄下宽,双下颏,颈粗短,向后仰头时枕部皮褶明显增厚,胸圆,肋间隙不显,双乳因皮下脂肪厚而增大。站立时,腹部向前凸出而高于胸部平面,脐孔深凹。手指、足趾粗短,手背因脂肪增厚而使掌指关节突出处皮肤凹陷,骨突不明显。短时间内明显肥胖者,在下腹部两侧、双大腿和上臂内侧上部和臀部外侧可见紫纹或白纹。

轻至中度原发性肥胖可无任何自觉症状,重度肥胖者则多有怕热,活动能力降低,甚至活动时有轻度气促,睡眠时打鼾。

(四)判断肥胖的标准

1.身体质量指数(BMI)

检测是否为肥胖的方法有好几种,国际通用指标是BMI值。BMI值的算法为:体重(kg)/身高的平方(m^2)。比如某人的身高为1.7 m,体重为65 kg,那么BMI值为:65/(1.7×1.7)=22.5。BMI值小于18.5为偏瘦,18.5～23.9为正常,24～27.9为超重,28及以上就属于肥胖了。

2.腰围

腰围可以大致测出脂肪在体内的分布状况,可以检测出是否患有中心性肥胖。腰围的测量指标分为世界卫生组织指标和中国指标。世界卫生组织的指标是男性腰围应小于95 cm,女性腰围应小于80 cm;中国的指标是男性腰围应小于85 cm,女性腰围应小于80 cm,超过这个范围则为肥胖。

3.腰臀比

腰臀比是腰围与臀围的比值。亚洲人的标准是男性应小于0.9,女性应小于0.8,如果超出则为肥胖。

4.标准体重

标准体重是反映和衡量一个人健康状况的重要标志之一。过胖和过瘦都不利于健康,也不会给人以健美感。可用公式:身高(cm)-105=标准体重(kg)来进行简单计算。体重处于标准体重的正负10%范围内均算作正常。如果超过标准体重10%,则为超重;超过20%～30%,则为轻度肥胖;超过30%～40%,为中度肥胖;超过50%,则为重度肥胖。

5.皮下脂肪测量

皮下脂肪测量部位分别为肩胛骨下方、上臂肱三头肌、肚脐旁边2 cm处。指标是男性小于 10 mm 为偏瘦，10～40 mm 为中等，大于 40 mm 为肥胖；女性小于 20 mm 为偏瘦，20～50 mm 为中等，大于 50 mm 为肥胖。

（五）减肥方法

1. 饮食调控方法

轻度肥胖者，仅需限制脂肪、甜食（如蛋糕）、啤酒等，多做体力活动或体育锻炼，体重会逐渐减轻。以每月减重 1～2 kg，不发生症状，逐渐减至正常范围较好。中度以上肥胖必须严格控制总热量，可采用低热能饮食减肥法，按每日每千克体重热量 62.78 kJ(15 kcal)的标准进食。此种饮食强调水果、蔬菜、谷类的应用，以蛋白质食物为主，可吃鸡肉、牛肉等脂肪低的食物，以及白菜、冬瓜等体积大的菜。另外，豆类、海产品等也属于低热能食物，这些食物有热量低、纤维素水平高的特点。总之，低热能饮食强调每日脂肪的供能占总热量的 10％以下，每日进食总热量 4185～5022 kJ(1000～1200 kcal)。

2. 运动疗法

运动疗法和饮食疗法一样，也是肥胖的基础治疗方法。运动疗法应与饮食治疗同时配合，长期坚持，否则体重不易下降或下降后又复上升。尽量多创造运动的机会，鼓励多步行，减少静坐时间，还可做一些减肥操。

3. 药物减肥

(1)用药减重适应证。2003 年公布的《中国成人超重和肥胖症预防控制指南》建议用药物减重的适应证为：①食欲旺盛，餐前饥饿难忍，每餐进食量较多；②合并高血糖、高血压、血脂异常和脂肪肝；③合并负重关节疼痛；④肥胖引起呼吸困难或有阻塞性睡眠呼吸暂停综合征；⑤BMI 大于等于 24 并有上述合并情况，或 BMI 大于等于 28 不论是否有合并症，经过 3～6 个月单纯控制饮食和增加活动量处理仍不能减重 5％，甚至体重仍有上升趋势者，可考虑用药物辅助治疗。

(2)药物减重的目标。使原体重减轻 5％～10％，最好能逐步接近理想体重；减重后维持体重，不再反弹或增加；使降压、降血糖、调节血脂的药物能更好地发挥作用。

(3)不宜使用减肥药物的情况。儿童、孕妇、乳母、原有对该药物有不良反应者以及正在服用一些不能和减肥药一起服用的药物等。

(4)药物分类。减肥药物有多种，目前已较成熟的有两大类：食欲抑制剂和脂肪吸收阻滞剂。以往曾用过的代谢增强剂如甲状腺激素制剂因其心血管系统的不良反应已经停用。近年来美国食品药品监督管理局（FDA）仅批准了两种减肥药物上市，即西布曲明和奥利司他。

4. 中医中药减肥

可在医生的指导下使用中药代茶饮、针灸、拔罐等方法辅助减肥。

二、高血压

高血压是一种以体循环动脉压升高为主要特点的临床综合征。

高血压根据病因可分为原发性高血压(即高血压病)和继发性高血压(即症状性高血压)两大类。

(一)发病现状

近年来,我国高血压患病形势严峻,呈现发病率逐年上升,且年轻化的趋势。《中国居民营养与慢性病状况报告(2015)》显示,2012年我国成人高血压患病率为25.2%。北京市成人慢性病及危险因素调查显示,2011年18~34岁的人群高血压患病率较2002年翻了一番,从6.3%上升到13.3%,表明高血压年轻化趋势明显。

(二)病因

1.遗传和基因因素

高血压病有明显的遗传倾向,被认为是一种多基因遗传疾病。

2.环境因素

高血压可能是遗传易感性和环境因素相互影响的结果。体重超重、膳食中钠盐摄入量过高和中度以上的饮酒已被确认为与高血压发病密切相关的危险因素。世界卫生组织建议健康成年人每天的食盐摄入量不宜超过5 g,而我国北方居民每天吃盐量为15~20 g,南方居民吃盐量为10~12 g,这直接导致钠的摄入量偏高,容易引发高血压等疾病。

(三)临床表现

1.血压的变化

患病初期血压呈波动性,可暂时性升高,以后血压逐渐稳定而持久性升高。如医院或诊所内血压持续和明显升高而在院外环境中血压正常,称为"单纯性诊所高血压"或"白大衣高血压"。此种状况可通过家庭自测血压或动态血压监测加以证实或排除。

2.症状

该病大多起病隐匿,症状不明显,有的可出现头痛、头晕、心悸、失眠、记忆力减退、耳鸣等症状。

3.并发症的表现

心脏受累时可有左心室肥厚的体征,晚期可发生心力衰竭;合并冠心病时可有心绞痛、心肌梗死和猝死;脑血管并发症早期可有一过性脑缺血发作,以后可发生脑血栓形成、脑梗死、高血压脑病以及颅内出血等;累及眼底血管可出现视力进行性减退;肾脏受累严重者可出现肾功能减退的表现。

(四)高血压的诊断标准

世界卫生组织规定成人高血压的诊断标准如下。

(1)正常血压值:收缩压大于等于 90 mmHg,小于 140 mmHg;舒张压大于等于 60 mmHg,小于 90 mmHg。

(2)轻度高血压:收缩压 140~159 mmHg,舒张压 90~99 mmHg。

(3)中度高血压:收缩压 160~179 mmHg,舒张压 100~109 mmHg。

(4)重度高血压:收缩压大于等于 180 mmHg,舒张压大于等于 110 mmHg。

(五)高血压的治疗

1.治疗目的

降低血压到正常值或接近正常值,防止或减少心脑血管及肾脏并发症,降低病死率和病残率。

2.治疗原则

帮助患者保持心情平静、愉悦,纠正心血管的危险因素,长期甚至终身服用合适的降压药物,尽可能保持患者较高的生活质量。

3.治疗方法

高血压的治疗包括非药物治疗和药物治疗两大类:

(1)非药物治疗。非药物方法对各级高血压患者均适用,轻度高血压如无糖尿病及靶器官损害者均以非药物治疗为主。①合理膳食:首先要注意烹调方法,减少烹调用盐,食盐的摄入量控制在 6 g/d 以内为宜;其次,对酒类饮料严格限制;此外,患者还应注意减少脂肪摄入,适量补充蛋白质,多吃蔬菜和水果,补充足量的钾、镁、钙等。②增加运动,减轻或控制体重:体重增加与高血压密切相关,临床上常通过降低每日热量及盐的摄入、加强体育活动等方法控制体重。③戒烟:吸烟能明显增加心血管疾病的发病率和死亡率。动物实验证实尼古丁是致动脉粥样硬化的助长因素,还可增加儿茶酚胺的释放和血小板的活力,故高血压患者应尽快戒烟。

(2)药物治疗。根据年龄、高血压的程度等选择药物及用量。常用药物有利尿剂、β 受体阻滞剂、钙通道阻滞剂、血管紧张素转化酶抑制剂、血管紧张素受体拮抗剂等。

(六)高血压的预防

对某些已较为明确的发病因素,如精神因素、钠摄入量过多及肥胖等可进行有针对性的预防。此外,提高人民大众对高血压及其后果的认识,做到早发现和有效治疗,提高对高血压的知晓率、治疗率、控制率,同时积极开展大规模人群普查以及对高血压患病人群的长期监测、随访,对本病的预防也具有十分重要的意义。

三、糖尿病

糖尿病是一组以高血糖为特征的代谢性疾病。高血糖则是由于胰岛素分泌缺陷或其生物作用受损，或两者兼有引起。长期的高血糖状态可导致各种组织器官，特别是眼、肾、心脏、血管、神经的慢性损害、功能障碍。近年来一项近10万人的大型调查表明，我国18岁及以上成人中，根据国际最新临床诊断标准进行诊断的糖尿病估测患病率为11.6%，糖尿病已是我国重大的公共卫生问题之一。

(一)病因

1.遗传因素

1型或2型糖尿病均存在明显的遗传异质性。糖尿病存在家族发病倾向，1/4～1/2的患者有糖尿病家族史。临床上至少有60种以上的遗传综合征可伴有糖尿病。1型糖尿病有多个DNA位点参与发病，其中以HLA抗原基因中DQ位点多态性关系最为密切。在2型糖尿病中，已发现多种明确的基因突变，如胰岛素基因、胰岛素受体基因、葡萄糖激酶基因、线粒体基因等。

2.环境因素

进食过多，体力活动减少导致的肥胖是2型糖尿病最主要的环境因素，使具有2型糖尿病遗传易感性的个体容易发病。1型糖尿病患者存在免疫系统异常，在感染某些病毒如柯萨奇病毒、风疹病毒、腮腺炎病毒等后，导致自身免疫反应，破坏胰岛β细胞。

(二)临床表现

1.多饮、多尿、多食和消瘦

严重高血糖时出现典型的“三多一少”症状，多见于1型糖尿病。发生酮症或酮症酸中毒时“三多一少”症状更为明显。2型糖尿病发病前常有肥胖，若得不到及时诊断，体重会逐渐下降。

2.疲乏无力

该表现多见于2型糖尿病。

(三)诊断标准及分型

糖尿病的诊断一般不难，空腹血糖大于等于7.0 mmol/L和(或)餐后两小时血糖大于等于11.1 mmol/L即可确诊。诊断糖尿病后要进行分型：

1. 1型糖尿病

发病年龄较小，大多小于30岁，起病突然，多饮、多尿、多食、消瘦症状明显，血糖水平高，不少患者以酮症酸中毒为首发症状，血清胰岛素和C肽水平低下，胰岛细胞抗体(ICA)、胰岛素自身抗体(IAA)或谷氨酸脱羧酶抗体(GAD-AB)可呈阳性。单用口服药无效，需用胰岛素治疗。

2. 2 型糖尿病

常见于成年人，肥胖者发病率高，常可伴有高血压、血脂异常、动脉硬化等疾病。起病隐袭，早期无任何症状，或仅有轻度乏力、口渴，空腹血糖增高不明显者需做糖耐量试验才能确诊。血清胰岛素水平早期正常或增高，晚期低下。

（四）治疗

目前尚无根治糖尿病的方法，但通过多种治疗手段可以控制好糖尿病。主要包括 5 个方面：糖尿病患者的教育，自我监测血糖，饮食治疗，运动治疗和药物治疗。

1. 一般治疗

（1）教育：要教育糖尿病患者懂得糖尿病的基本知识，如何控制糖尿病以及控制好糖尿病对健康的益处，树立战胜疾病的信心。根据每个糖尿病患者的病情特点制订恰当的治疗方案。

（2）自我监测血糖：随着小型快捷血糖测定仪的逐步普及，患者可以根据血糖水平随时调整降血糖药物的剂量。1 型糖尿病进行强化治疗时每天至少监测 4 次血糖（餐前及晚上睡觉前），血糖不稳定时要监测 8 次（三餐前、后，晚睡前和凌晨 3:00）。强化治疗时空腹血糖应控制在 7.2 mmol/L 以下，餐后两小时血糖小于 10 mmol/L，糖化血红蛋白（HbA1c）小于 7%。2 型糖尿病患者自我监测血糖的频度可适当减少。

2. 饮食治疗

饮食治疗是各种类型糖尿病治疗的基础，一部分轻型糖尿病患者单用饮食治疗就可控制病情。

（1）总热量。总热量的需要量要根据患者的年龄、性别、身高、体重、体力活动量、病情等综合因素来确定。儿童、青春期、哺乳期、营养不良、消瘦以及有慢性消耗性疾病应酌情增加总热量。肥胖者要严格限制总热量和脂肪含量，给予低热量饮食，每天总热量不超过 6277.5 kJ（1500 kcal），一般以每月降低 0.5～1.0 kg 为宜，待接近标准体重时，再按前述方法计算每天总热量。另外，年龄大者较年龄小者需要热量少，成年女子比男子所需热量要少一些。

（2）糖类。糖类每克产热 16.74 kJ（4 kcal），是热量的主要来源，现认为糖类应占饮食总热量的 55%～65%。根据我国居民生活习惯，可进主食（米或面）250～400 g。可作如下初步估计，休息者每天主食 200～250 g，轻度体力劳动者 250～300 g，中度体力劳动者 300～400 g，重体力劳动者 400 g 以上。

（3）蛋白质。蛋白质每克产热量 16.74 kJ（4 kcal），宜占总热量的 12%～15%。蛋白质的需要量在成人每千克体重约 1 g。在儿童、孕妇、哺乳期妇女、营养不良、消瘦以及有消耗性疾病者宜增加至每千克体重 1.5～2.0g。糖尿病肾病者应减少蛋白质摄入量，每千克体重 0.8 g；若已有肾功能不全，应摄入高质量蛋白质，摄入量应进一步减至每千克体重 0.6 g。

(4)脂肪。脂肪的能量较高，每克产热量 37.67 kJ(9 kcal)，约占总热量的 25%。脂肪的需要量为每日每千克体重 0.8～1 g。动物脂肪主要含饱和脂肪酸。植物油中含不饱和脂肪酸多，糖尿病患者易患动脉粥样硬化，应以植物油为主。

3. 运动治疗

增加体力活动可改善机体对胰岛素的敏感性，降低体重，减少身体脂肪量。运动的强度和时间长短应根据患者的总体健康状况来定。运动形式可多样，如散步、快步走、健美操、跳舞、打太极拳、跑步、游泳等。

4. 药物治疗

2 型糖尿病患者经饮食控制、运动、降低体重等治疗后，疗效尚不满意者均应使用降糖药物；1 型糖尿病患者需要用胰岛素治疗，加用双胍类降糖药、α 葡萄糖苷酶抑制剂等可减少胰岛素用量。

(五)预防

生活有规律；不暴饮暴食，吃饭要细嚼慢咽，多吃蔬菜，尽可能不在短时间内吃含葡萄糖、蔗糖量大的食品；防止感染性疾病；不要吃过量的抗生素；注意锻炼身体，控制体重；少熬夜，避免疲劳。

四、高脂血症

血脂主要是指血清中的胆固醇和三酰甘油。无论是胆固醇含量增高，还是三酰甘油的含量增高，或是两者皆增高，统称为高脂血症。高脂血症是一种全身性疾病，可直接引起一些严重危害人体健康的疾病，如动脉粥样硬化、冠心病、胰腺炎等。

有调查显示：大学生五项血脂生化指标异常的人数占调查人数的 36.2%，说明大学生的健康状况不容乐观，且男生较女生问题严重，应当引起社会、家庭及个人的足够重视。高脂血症的年轻化，除遗传因素外，与年轻人不健康的工作生活方式有关，比如工作压力过大、久坐、长期熬夜、精神紧张、焦虑等，还和过量食用高脂肪食物、酗酒、吸烟等因素有关。

(一)病因

1. 可控因素

超重或肥胖；患糖尿病、甲减、库欣综合征、肾病、多囊卵巢综合征等疾病；饮酒过量；高饱和脂肪酸和反式脂肪酸饮食；体力运动不足；吸烟；药物引起(避孕药、雌激素、糖皮质激素、抗焦虑药、利尿剂、β 受体阻滞剂等)。

2. 不可控因素

遗传性因素，如家族性脂蛋白异常血症；年龄和性别。

（二）临床表现

根据程度不同，高脂血症的症状也表现不一。高脂血症的症状主要可表现为以下两个方面：

（1）轻度高脂血症通常没有任何不舒服的感觉，但没有症状不等于血脂不高，定期检查血脂至关重要。

（2）一般高脂血症的症状多表现为头晕、疲乏无力、失眠健忘、肢体麻木、胸闷、心悸等，还会与其他疾病的临床症状相混淆。有的患者血脂高但无症状，常常是在体检化验血液时发现高脂血症。另外，高脂血症常常伴随着体重超重或肥胖。

（三）治疗

1.改变生活方式

低脂饮食、运动锻炼、戒烟、行为矫正等，可使血清总胆固醇和低密度脂蛋白胆固醇水平分别降低24.3％和37.4％。

（1）控制理想体重。许多流行病学资料显示，肥胖人群的平均血浆胆固醇和三酰甘油水平显著高于同龄的非肥胖者。一般来说，中心型肥胖者更容易发生高脂血症。肥胖者的体重减轻后，血脂紊乱亦可恢复正常。

（2）运动锻炼。体育运动不但可以增强心肺功能，改善胰岛素抵抗和葡萄糖耐量，而且还可减轻体重，降低血浆三酰甘油和胆固醇水平，升高高密度脂蛋白胆固醇水平。

（3）戒烟。吸烟可升高血浆胆固醇和三酰甘油水平，降低高密度脂蛋白胆固醇水平。停止吸烟1年，血浆高密度脂蛋白胆固醇可上升至不吸烟者的水平，冠心病的危险程度可降低50％，甚至接近于不吸烟者。

（4）饮食治疗。血浆脂质主要来源于食物，通过控制饮食，可使血浆胆固醇水平降低5％～10％，同时有助于减肥。饮食结构可直接影响血脂水平的高低。通常，肉食、蛋及乳制品等食物（特别是蛋黄和动物内脏）中的胆固醇和饱和脂肪酸含量较多，应限量进食。食用油应以植物油为主，每人每天用量以25～30 g为宜。

2.药物治疗

目前国内外常用的药理机制清楚、疗效明确的调脂药物有4类。其中以降低血清总胆固醇和低密度脂蛋白胆固醇为主的有他汀类和树脂类。以降低血清三酰甘油为主的药物有贝特类和烟酸类。治疗药物应以临床血脂异常分型为依据进行选择。

（四）预防

肥胖者要控制饮食，减少摄入量，增加消耗，使体重逐渐恢复到标准体重；饮食要以低脂、低胆固醇、适量蛋白质的食物为宜，少食动物内脏及一些含胆固醇高的食物；减少食入肥肉、黄油、鸡蛋，增加瘦肉、鱼肉的摄入，能使人的血清胆固醇平均含量明显降低；多吃新鲜绿色蔬菜和水果及含碘丰富的食物（如海带、紫菜等）；多吃含纤维素高的蔬菜（或芹菜、韭菜等），少吃盐和糖；每餐饮食要适当，不宜暴饮暴食，忌烟、酒；积极治疗原发病，如糖尿病、胆结石等；规律的体育锻炼。

五、肿瘤

肿瘤是机体中正常细胞在不同的始动与促进因素长期作用下所产生的增生与异常分化所形成的新生物。

第三次全国居民死亡原因调查结果显示，我国城乡居民的肿瘤死亡构成正在发生变化，与环境、生活方式有关的肺癌、肝癌、结直肠癌、乳腺癌、膀胱癌死亡率呈明显上升趋势。国家癌症中心发布的《2012中国肿瘤登记年报》显示，全国肿瘤登记地区恶性肿瘤发病第一位的是肺癌，其次为胃癌、结直肠癌、肝癌和食管癌；死亡第一位的是肺癌，其次为肝癌、胃癌、食管癌和结直肠癌。

（一）肿瘤的病因

目前认为，肿瘤的发生和发展是多因素、多阶段与多基因作用的结果。

1.内因

内因指机体的内在因素，包括免疫状态、内分泌、代谢和遗传等因素。

2.外因

外因指直接作用致癌物、间接作用致癌物、非共价作用致癌物等化学致癌因素，电离辐射、热辐射与慢性刺激紫外线等物理致癌因素，细菌、真菌、寄生虫、病毒、内毒素等生物致癌因素。同一种肿瘤可由不同的外因所引起，有时几种外因同时起作用；同一种外因也可引起不同的肿瘤。

（二）肿瘤的预防

肿瘤的预防主要包括通过远离各种环境致癌风险因素，预防肿瘤发病相关的感染因素，改变不良生活方式，适当的运动，保持精神愉快以及针对极高危人群或者癌前病变采用一定的医疗干预手段来降低肿瘤的发病风险。世界卫生组织认为40%以上的癌症是可以预防的。恶性肿瘤的发生是机体与外界环境因素长期相互作用的结果，因此肿瘤预防应该贯穿于日常生活中并长期坚持。

（三）大学生在生活中如何预防肿瘤发生

1.调整体液酸碱平衡

调整体液酸碱平衡，防止酸性废物的累积是预防癌症的有效途径。

（1）常吃碱性食物：食物多样化，常食葡萄、茶叶、葡萄酒、海带、天然绿藻类、大豆、胡萝卜、番茄、香蕉、橘子、香瓜、草莓、蛋白、梅干、柠檬、菠菜、红豆、苹果、甘蓝菜、洋葱、豆腐等。

（2）不要过多地吃咸而辣的食物，不吃过热、过冷、过期及变质的食物。

（3）养成良好的生活习惯，戒烟限酒。长期吸烟喝酒的人，极易导致酸性体质。

(4)有良好的心态应对压力,劳逸结合,不要过度疲劳。压力是重要的癌症诱因,中医学认为压力可导致过劳体虚从而引起免疫功能下降,内分泌失调,体内代谢紊乱,导致体内酸性物质的沉积。

(5)加强体育锻炼,增强体质,多在阳光下运动。多出汗可将体内酸性物质随汗液排出体外,避免形成酸性体质。

(6)生活要规律。生活习惯不规律的人,如彻夜唱“卡拉 OK”、打麻将以及夜不归宿等,都会加重体质酸化,容易患癌症。应当养成良好的生活习惯,从而保持弱碱性体质,使各种癌症疾病远离自己。

2.了解家族病史

家族病史是肿瘤的最大诱因,遗传可能导致基因缺失或突变。如果直系亲属(父母、兄弟姐妹、子女)有过肿瘤,那么你可能需要在比较年轻的时候就做定期检查。

第三章　饮食营养与健康

学前思考题

1. 各类营养素的生理作用是什么？
2. 如何做到合理膳食？
3. 如何养成良好的饮食卫生习惯？

人的生命必须通过饮食来维持，人通过饮食获得所需要的各种营养素和能量，人的生命过程、生命质量和精神心理都与饮食营养有不可分割的关系。

第一节　食物中的营养素与营养价值

人体通过摄取食物中的营养素，利用食物的营养价值，来维持身体的生长发育和新陈代谢。

一、营养、营养素、营养价值的概念

（一）营养的概念

营养是指人体摄入、消化、吸收和利用食物中营养成分，维持生长发育、组织更新和良好健康状态的动态过程。

（二）营养素的概念及分类

食物中具有营养功能的物质称为营养素，包括蛋白质、脂类、糖类、无机盐、维生素及水六大类。蛋白质以构成机体组织为主，脂肪和糖类以供给能量为主，维生素、无机盐和水以调节代谢为主。

（三）营养价值的概念

食品的营养价值通常是指其所含营养素和热能可满足人体营养需要的程度，包括营养素种类是否齐全，含量及相互比例是否合适，是否易于被人体消化、吸收和利用。

二、各类营养素的作用

(一)蛋白质

氨基酸是组成蛋白质的基本单位。蛋白质是构成人体组织、调节各种生理功能不可缺少的物质,可促进机体生长发育,参与许多重要物质的转运,并供给热能。蛋白质缺乏时可致生长发育迟缓、易疲劳、贫血、易感染、病后恢复缓慢等;严重缺乏时可致营养不良性水肿。而蛋白质过多则可增加肾脏负担。

1.蛋白质的生物学价值

蛋白质的生物学价值是指蛋白质经消化吸收后,进入人体可以储存和利用的部分。蛋白质生物学价值的高低主要取决于必需氨基酸的含量和比值。

2.必需氨基酸

必需氨基酸是指人体内不能合成或合成数量不足,必须每日由膳食供给才能满足机体生理需要的氨基酸。人体必需氨基酸共有 8 种,即缬氨酸、亮氨酸、异亮氨酸、苏氨酸、苯丙氨酸、色氨酸、蛋氨酸、赖氨酸。食物蛋白质在必需氨基酸的种类和含量上存在着差异,当该种食物蛋白质必需氨基酸比值与人体必需氨基酸需要量比值愈接近,该食物蛋白质生物学价值愈高。

3.蛋白质的互补作用

由于各种蛋白质中必需氨基酸的含量和比值不同,故可将富含某种必需氨基酸的食物与缺乏该种必需氨基酸的食物互相搭配而混合食用,使混合蛋白质的必需氨基酸成分更接近合适比值,从而提高蛋白质的生物学价值,称之为蛋白质的互补作用。

4.蛋白质的来源和参考摄入量

优质蛋白质主要存在于动物性食物、大豆及其制品中,每天摄入的优质蛋白质应占推荐摄入量的 1/3 以上。我国成人蛋白质摄入量以每天 0.8 g/kg 为宜。

(二)脂类

脂类包括脂肪和类脂。组成天然脂肪的脂肪酸种类很多,可分为饱和脂肪酸、单不饱和脂肪酸和多不饱和脂肪酸 3 种。类脂包括磷脂和固醇类。

1.脂类的主要生理作用

(1)供能和储能:1 g 脂肪在体内彻底氧化可产生大约 37.67 kJ(9 kcal)热能。研究发现,维持安静空腹状态下成年人所需要的能量,大约 25%来自于游离脂肪酸,15%来自葡萄糖代谢,而其余则由内源性脂肪提供。

(2)提供脂溶性维生素并促进其消化吸收。

(3)增加食物美味,促进食欲,增强饱腹感,延缓胃排空。

(4)供给必需脂肪酸。

2.脂类的来源和反式脂肪酸

(1)脂类的来源:一般来说,动物脂肪含40%~60%的饱和脂肪酸,30%~50%的单不饱和脂肪酸,多不饱和脂肪酸含量极少。相反,植物油含10%~20%的饱和脂肪酸,80%~90%的单不饱和脂肪酸和多不饱和脂肪酸,其中多数植物油中多不饱和脂肪酸较多。

我国成人推荐脂类产能占总能量的20%~30%,胆固醇的摄入量小于300 mg/d。

(2)反式脂肪酸:是食物中常见的顺式脂肪酸的异构体,通常在植物油氢化制成人造奶油过程中形成。一般来说,口感很香、脆、滑的多油食物就可能使用了部分氢化植物油,富含氢化植物油的食品就可能有反式脂肪酸。如饼干、巧克力派、蛋黄派、布丁蛋糕、糖果、冰淇淋、人造奶油、油炸食品、乳酪产品、花生酱等等。

反式脂肪酸摄入量多时可增加患动脉粥样硬化和冠心病的危险性,还会造成血栓形成,对青少年中枢神经系统的生长发育造成不良影响,影响男性生育等。

(三)糖类

糖类旧称碳水化合物。糖类一般分为4类:单糖、双糖、寡糖和多糖。食物中的单糖主要是葡萄糖、果糖和半乳糖;双糖常见的有蔗糖、乳糖和麦芽糖;寡糖又称低聚糖,如异麦芽低聚糖、低聚果糖、大豆低聚糖等;多糖分为淀粉和非淀粉多糖两类,淀粉可以被人体消化吸收,非淀粉多糖不能被人体消化吸收,是对人体有益的膳食纤维。

1.糖类的生理功能

(1)供给热能:是人体主要的供能营养素。大脑、血细胞、皮肤、睾丸等组织都以葡萄糖为能源。大脑活动需要相对恒定的血糖供能。

(2)为其他有机物代谢提供条件。

(3)参与构成重要的生命物质:如人体中的多种酶、多种血清蛋白等都属于糖蛋白,结缔组织、皮肤、血管等组织器官中有非常丰富的蛋白多糖。

2.膳食纤维的分类、来源和生理作用

(1)常见的膳食纤维及其来源。①纤维素:是植物细胞壁的主要成分。燕麦、全豆中含量多。纤维素具有吸水且不溶于水的特性,可以增加肠内容物体积。②半纤维素:谷物中可溶的半纤维素被称为戊聚糖,可形成黏稠的水溶液并具有降低血清胆固醇的作用。③木质素:植物细胞壁的成分,食草动物也不能消化。④果胶与藻胶:果胶在水果和某些蔬菜中含量较多,藻胶在海带等水生植物中含量较多。⑤抗性淀粉:是指健康人小肠不吸收的淀粉及其降解产物。可降低餐后血糖及促进肠道益生菌的生长。

(2)膳食纤维的主要生理作用。①通便防癌:膳食纤维对肠道有刺激作用,可促进肠道蠕动,还具有很强的吸水性,可以增加粪便的体积,利于排便。能吸附由细菌分解生成的致癌、促癌物质。②降低血清胆固醇：膳食纤维可吸附胆酸，减少胆酸的重吸收，促进肝内胆固醇代谢转变为胆酸排出。③降低餐后血糖，辅助防治糖尿病：增加食糜黏度使胃排空速度减慢，使消化酶与食糜的接触减少，平稳升高餐后血糖。④吸附化学物质：能吸附某些食物添加剂、农药、洗涤剂等化学物质，有利于人体健康。

目前尚未制定膳食纤维的供给量，成人 15～35 g/d 为宜。膳食纤维摄入过多，影响食物的消化吸收，也影响其他营养素如钙、铁、锌等元素的吸收。

3. 食物血糖生成指数

食物血糖生成指数是指含 50 g 可利用糖类的食物与相当量的葡萄糖在一定时间(一般为 2 个小时)内，体内血糖反应水平的百分比值，可反映食物与葡萄糖相比升高血糖的速度和能力。通常把葡萄糖的血糖生成指数定为 100。一般来说，食物血糖生成指数大于 70 为高血糖生成指数食物，55～70 为中血糖生成指数食物，小于 55 为低血糖生成指数食物。

馒头的血糖生成指数为 88，大米饭为 83，小麦面条为 81，全麦面包为 69，小米粥为 62，荞麦为 54，煮甘薯为 77，马铃薯为 62，山芋为 54，绿豆为 27，黄豆为 15 等。

4. 糖类的来源和参考摄入量

糖类主要来源于粮谷类，膳食纤维主要来源于蔬菜和水果。每天糖类摄入量应占总能量的 55％～65％。

(四)无机盐

体内各种元素，除碳、氢、氧、氮主要以有机化合物形式存在外，其余元素无论含量多少，统称为无机盐，也称矿物质或灰分。无机盐占人体体重的 4％～5％，其中含量较多的有钙、镁、钾、钠、磷、硫和氯等，占无机盐总量的 99.9％，称常量元素，又称宏量元素；此外，还有很多含量极微的元素称为微量元素。

1. 钙

成人体内含钙量占体重的 1.5％～2.0％，其中约 99％集中在骨骼和牙齿中，1％的钙维持机体正常生理状态所必需。

食物中钙的来源是奶和奶制品，海带、虾皮、芝麻酱中含钙量也非常丰富。

钙缺乏主要影响骨骼的发育，表现为婴儿的佝偻病和成年人的骨质软化症及老年人的骨质疏松症。钙过量会增加肾结石的危险，可干扰其他矿物质的吸收利用。

成人钙需要量为 1000 mg/d。

2. 铁

成人体内有 3～5 g 铁，60％～70％存在于血红蛋白中，参与氧在体内的运输，促进生物氧化还原反应，其余的 26％～30％为储备铁。

膳食中铁的来源是动物肝脏、全血和肉类，海带、木耳、绿色蔬菜中含铁量亦较多。

铁缺乏可致缺铁性贫血。早期表现为疲乏、无力、头晕、记忆力减退，中度贫血可表现为心跳加快、心搏增强，心电图可见改变。

铁的成年男子适宜摄入量为 15 mg/d，成年女子适宜摄入量为 20 mg/d。

3. 碘

碘是合成甲状腺素的主要原料，主要作用是维持机体的正常代谢，促进生长发育，维持脑正常发育、骨骼生长以及影响各种营养素的代谢。

碘的主要食物来源为海产品，如海带、紫菜、海鱼等，还有加碘食盐。

碘缺乏可致碘缺乏症、地方性甲状腺肿和地方性克汀病。碘过量可引起甲状腺疾病。

碘的安全剂量为成人 50～1000 μg/d。

4. 锌

锌主要存在于肌肉、骨骼、皮肤、头发、视网膜、前列腺、精子等组织器官，参与蛋白质、核酸的合成和代谢，骨骼的正常骨化，生殖器官的发育和功能维持，能维护正常的味觉、视觉、听觉、嗅觉功能和皮肤的健康。

动物性食物是锌的主要来源。牡蛎、鱼贝类、动物肝脏、肉、蛋类含锌量丰富。

缺锌可出现食欲减退、生长发育停滞、性发育迟缓、味嗅觉下降、伤口愈合不良等，急性锌过量可引起胃部不适、眩晕和恶心，慢性锌过量可损害免疫器官和免疫功能，并影响体内铜、铁代谢。

锌的推荐摄入量：成人男性 15.5 mg/d，成人女性 11.5 mg/d。

5. 硒

成人体内含硒 14～20 mg，肝、肾中含量最高。硒具有清除自由基和过氧化氢的作用，可与维生素 E 协同发挥抗氧化作用，还与机体免疫有关。

硒的主要来源是动物肝脏、肾脏、海产品、大蒜和肉类等。

硒缺乏时机体免疫功能下降。过量硒可抑制免疫功能，也可引起中毒，可表现为头发和指甲脱落，皮肤损伤及神经系统异常。

成人硒的推荐摄入量为 50 μg/d。

（五）维生素

维生素是人体必需的一类微量的低分子有机化合物，在人体内既不构成组织，也不能提供热能，参与机体重要的生理过程，是生命活动不可缺少的物质。人体每日维生素需要量很少，但机体不能合成或合成数量不能满足生理需要，必须由食物供给。

维生素根据溶解性分为脂溶性维生素和水溶性维生素两大类。脂溶性维生素包括维生素 A、维生素 D、维生素 E、维生素 K 4 类。水溶性维生素有 B 族维生素和维生素 C 两大类。B 族维生素包括硫胺素(维生素 B_1)、核黄素(维生素 B_2)、烟酸(维生素 B_3,尼克酸,维生素 PP)、吡哆素(维生素 B_6)、钴胺素(维生素 B_{12})、叶酸(维生素 B_{11})、泛酸(维生素 B_5)和生物素(维生素 H)8 种。

1. 维生素 A 和胡萝卜素

维生素 A 存在于动物体内,植物中不含已形成的维生素 A,而含有类胡萝卜素,可在体内转化为维生素 A。

维生素 A 可以维持正常视力,维持上皮细胞的正常发育与分化,促进生长发育并维持正常生殖能力,调节机体免疫功能。

维生素 A 的主要来源是动物肝脏、鸡蛋、鱼肝油、牛奶;胡萝卜素的主要来源为胡萝卜、红薯及雪里红、菠菜等深绿色或红黄色蔬菜及水果。

维生素 A 缺乏可导致夜盲症、毛囊角化、皮肤干燥。长期过量摄取可致维生素 A 过多症,主要表现为厌食、恶心呕吐、过度激动、毛发稀少、肝大等症状,停止补充可逐渐恢复。

维生素 A 的推荐摄入量:成年男性为 800 μg/d,成年女性为 700 μg/d。

2. 维生素 D

维生素 D 包括维生素 D_2 和维生素 D_3,主要功能是促进钙、磷吸收,调节钙、磷代谢和促使骨骼和牙齿硬化。

维生素 D 的主要食物来源是鱼肝油、蛋黄、动物肝脏、鱼类等。

缺乏维生素 D 可延缓牙齿萌出,影响牙齿钙化;严重缺乏时儿童可患佝偻病,成人可患骨质软化症,加剧骨质疏松,增加骨折危险。过量摄入可致中毒,表现为食欲缺乏、无力、恶心呕吐、腹泻、多尿、血清钙磷增高等,停服维生素 D 可恢复。

维生素 D 的推荐摄入量:成人 5 μg/d。

3. 硫胺素(维生素 B_1)

硫胺素溶于水,在酸性环境中比较稳定,主要作用于糖代谢。

硫胺素的主要食物来源是谷类、豆类、干果、绿色蔬菜、动物内脏、瘦肉和蛋类。

缺乏硫胺素时可发生脚气病。干性脚气病有多发性神经炎症状,湿性脚气病可表现为水肿,急性暴发性脚气病以心血管系统症状为主。缺乏原因有:长期摄入精白米和面粉,缺乏其他杂粮和多种副食的补充,吸收障碍和需要量增加等。

硫胺素的推荐摄入量:成年男性为 1.4 mg/d,成年女性为 1.3 mg/d。

4. 核黄素(维生素 B_2)

核黄素主要由胃肠道吸收,参与机体组织呼吸及氧化还原过程,并与视网膜感光作用、生长发育有关。

核黄素在动物性食物中一般含量较高,尤其在肝、肾和心脏中最多,奶类及蛋类中含量也较多。

核黄素缺乏时可引起代谢障碍和皮肤炎症，常见有口角炎、唇炎、舌炎、脂溢性皮炎、阴囊炎等，也可引起生长受阻、生殖力下降。

核黄素的推荐摄入量：男性为 1.4 mg/d，女性为 1.2 mg/d。

5. 烟酸

烟酸又名尼克酸、抗癞皮病因子，与脂肪和糖类的代谢有关。烟酸在食物中广泛存在，豆类、粮食、肝、肾、瘦肉、鱼、酵母中含量较多。

烟酸缺乏时可致癞皮病，表现为腹泻、皮肤炎和神经性痴呆。

烟酸的推荐摄入量：成年男性为 14 mg/d，成年女性为 13 mg/d。

6. 抗坏血酸（维生素 C）

维生素 C 可维持牙齿、骨骼、血管的正常功能，增加机体对疾病的抵抗力，促进外伤愈合，有利于铁的吸收。

维生素 C 的主要食物来源是新鲜蔬菜和水果，特别是绿色蔬菜、野生植物、樱桃、枣类中含量丰富。

人体缺乏维生素 C 可引起坏血病，主要表现为毛细血管脆性增强，牙龈肿胀、出血、萎缩，常有鼻出血、月经过多、便血等。

维生素 C 的推荐摄入量：成人 100 mg/d。

7. 其他维生素（见表 3-1）

表 3-1　　其他维生素简介

维生素	主要功能	来源
维生素 K	催化凝血酶原合成	苜蓿、菠菜、生菜、白菜、豆油、肠道细菌合成
维生素 B_6	构成辅酶，参与色氨酸代谢，保护神经组织	蛋黄、肉、鱼、豆、蔬菜
钴胺素（维生素 B_{12}）	增强叶酸利用，促进红细胞成熟	肝、肾、瘦肉、鱼
叶酸（维生素 B_{11}）	参与蛋白质、核酸合成，促进红细胞、白细胞成熟	肝、酵母、绿色蔬菜
泛酸	辅酶 A 的功能，参与机体代谢、能量转化	肝、蛋、花生、酵母、马铃薯
肌醇	防止毛发脱落及肝脂肪变	肝、酵母、麦胚
胆碱	抗肝脂肪变	蛋黄、大豆、菠菜、卷心菜
生物素（维生素 H）	参与羧化酶，与脂肪酸合成有关	蛋黄、肝、牛奶、酵母
生物类黄酮（维生素 P）	维持血管正常通透性	柠檬、芸香、橘皮

（六）水

水占人体重的50%～70%。水是维持生命的最基本的营养素，是构成机体的重要原料，是各种物质的溶剂。水在体内具有输送氧气和各种物质、调节体温、滋润器官等重要作用。人体的新陈代谢、系统平衡都必须依赖水，水是构成生命细胞的基础。

第二节 合理膳食

人体需要40多种营养物质，没有一种天然食物能满足人体所需的全部营养，因此，膳食必须由多种食物组成。中国早在2000年前的《黄帝内经·素问》一书中就提出“五谷为养，五果为助，五畜为益，五菜为充”的配膳原则，体现了食物多样化和合理膳食的要求。

合理膳食又称“平衡膳食”“健康膳食”，是指能使营养的需要与供给之间保持平衡状态，热能及各种营养满足人体生长发育和各种生理及体力活动的需要，且各种营养素之间保持适宜比例关系的膳食。

拓展阅读

世界膳食结构介绍

膳食结构是指人们摄入主要食物种类和数量的构成。它是膳食质量与营养水平的物质基础，也是衡量一个国家和地区工农业水平和国民经济发展水平的重要标志。世界膳食结构类型包括：

1. 以动物性食物为主的膳食结构

以动物性食物为主，是多数欧美发达国家的膳食模式，属于营养过剩型。优点是膳食质量好，缺陷是容易发生营养过剩，导致肥胖病、高血压、冠心病、糖尿病等疾病高发。

2. 以植物性食物为主的膳食结构

这是以印度、印度尼西亚、巴基斯坦等大多数发展中国家为代表的膳食模式。以植物性食物为主，蛋白质和脂肪摄入不足，来自于动物性的营养素常显不足，易患营养缺乏病；但从另一方面看，膳食纤维较多，有利于高脂血症和冠心病的预防。

3. 动植物食物平衡的膳食结构

植物和动物类食品并重，膳食结构比较合理，是以日本为代表的膳食模式。这种膳食结构有利于预防营养缺乏病和营养过剩性疾病，促进健康。

4.地中海膳食结构

地中海膳食结构为居住在地中海地区的居民所特有,意大利、希腊可作为此种膳食结构的代表。膳食中富含植物性食物,橄榄油是主要的食用油,每天食用适量奶酪和酸奶,每周食用适量鱼、禽、蛋,每月食用几次红肉,新鲜水果作为典型的每日餐后食品,大部分成年人有饮用葡萄酒的习惯。

一、《中国居民膳食指南(2016)》核心推荐

根据我国居民膳食特点、营养健康状况和基本膳食要求,为提高居民健康保健意识,国家卫生计生委疾控局于 2016 年 5 月 13 日发布了《中国居民膳食指南(2016)》。

(一)食物多样,谷类为主

食物多样是平衡膳食模式的基本原则,谷类为主是平衡膳食的基础。

人体必需的营养素有 40 余种,这些营养素均需要从食物中获得。人类需要的基本食物一般可分为谷薯类、蔬菜水果类、畜禽鱼蛋奶类、大豆坚果类和油脂类五大类,不同食物中的营养素及有益膳食成分的种类和含量不同。

(1)每天的膳食应包括谷薯类、蔬菜水果类、畜禽鱼蛋奶类、大豆坚果类等食物。

(2)平均每天摄入 12 种以上食物,每周 25 种以上。若量化一日三餐的食物"多样"性,其建议指标为:谷类、薯类、杂豆类的食物品种数平均每天 3 种以上,每周 5 种以上;蔬菜、菌藻和水果类的食物品种数平均每天有 4 种以上,每周 10 种以上;鱼、蛋、禽肉、畜肉类的食物品种数平均每天 3 种以上,每周 5 种以上;奶、大豆、坚果类的食物品种数平均每天有 2 种,每周 5 种以上。按照一日三餐食物品种数的分配,早餐至少摄入 4~5 个品种,午餐摄入 5~6 个品种,晚餐 4~5 个品种,加上零食 1~2 个品种。

(3)每天摄入谷薯类食物 250~400 g,其中全谷物和杂豆类 50~150 g,薯类 50~100 g。

(4)食物多样,谷类为主。不同食物的营养特点不同,一日三餐食物多样化,才有可能达到平衡膳食。谷类为主,就是谷类食物所提供的能量要占膳食总能量的一半以上。每餐都应该有米饭、馒头、面条等主食类食物,各餐主食可选不同种类的谷类食材。谷类食物是提供人体所需能量的最经济、最重要的食物来源,也是提供 B 族维生素、矿物质、膳食纤维和蛋白质的重要食物来源,在保障青少年生长发育,维持人体健康方面发挥着重要作用。

(二)吃动平衡,保持健康体重

吃和动是影响体重的两个主要因素。吃得过少或(和)运动过量,能量摄入不足或(和)能量消耗过多,可导致营养不良、体重过低(低体重、消瘦)、体虚乏力,增加患感染性疾病的风险;吃得过多或(和)运动不足,能量摄入过量或(和)消耗过少,会导致体重超重、肥胖,增加患慢性病的风险。

如何做到摄入和消耗的能量平衡,保持正常体重呢?

1. 各年龄段人群都应天天运动,保持健康体重

通常采用体质指数(BMI)来判断体重是否健康。BMI 的计算是体重(kg)除以身高的平方(m^2)。我国成人正常的 BMI 值应在 18.5～23.9 之间,如果小于 18.5 为体重不足,如果大于等于 24 为超重,大于等于 28 为肥胖。

2. 食不过量,控制总能量摄入,保持能量平衡

身体活动消耗的能量至少应占每日所需总能量的 15%,对一般人群而言,也就是 1004.4～1506.6 kJ(240～360 kcal)。除日常家务、职业活动之外,还需要再加主动身体活动 40 分钟,即快步走 6000 步(5.4～6.0 km/h)的运动量。

(1)如何计算每日需要能量?首先根据体质指数判定属于何种体型,然后根据每日的活动强度判断每千克体重需要多少热量:卧床休息的人中标准体重、肥胖、消瘦的人分别需要 62.78～83.7 kJ、低于 62.78 kJ、83.7～104.63 kJ(15～20 kcal、低于15 kcal、20～25 kcal)热量;轻体力活动(如办公室工作、家务)的人中标准体重、肥胖、消瘦的人分别需要 125.55 kJ、83.7～104.63 kJ、146.48 kJ(30 kcal、20～25kcal、35 kcal)热量;中等体力活动(如司机、农务活动)的人中标准体重、肥胖、消瘦的人分别需要 146.48 kJ、125.55 kJ、167.4 kJ(35 kcal、30 kcal、40 kcal)热量;重体力活动(如搬运、装卸工作)的人中标准体重、肥胖、消瘦的人分别需要 167.4 kJ、146.48 kJ、188.33～209.25 kJ(40 kcal、35 kcal、45～50 kcal)热量。

例如一个 60 kg 的男性,身高 1.75 m,从事办公室工作(轻体力活动),体重指数 BMI－60÷1.75^2－19.6 kg/m^2,在 18.5 和 23.9 之间,属正常体型,每日所需的热量＝60 kg×126 kJ/kg＝7560 kJ。

(2)如何在日常生活中做到食不过量?①定时定量进餐,以避免过度饥饿引起进食过快,进而进食过量。②分餐制。根据个人的生理条件和身体活动量,进行标准化配餐,记录自己的食物份和量。③每顿少吃一两口,对预防能量摄入过多进而引起的超重和肥胖有重要作用。④减少高能量食品的摄入,学会看食品标签上的“营养成分表”,了解食品的能量值,少选择高脂肪、高含糖量的高能量食品。⑤减少在外就餐次数。在外就餐或聚餐易于进食超量,并且高能量类食物较多。

(3)三大产能营养素提供的能量。①糖类:糖类是人类最基本的营养物质,每克糖类能提供 16.74 kJ(4 kcal)热量;②蛋白质:包括植物蛋白和动物蛋白。在糖类和脂肪不足的情况下,蛋白质也能提供能量,每克蛋白质能提供 16.74 kJ

(4 kcal)热量;③脂肪:脂肪是人体内最大的热量来源。人体饥饿时,会大量消耗脂肪以提供能量,每克脂肪能提供 37.67 kJ(9 kcal)的热量。

(4)不要盲目节食减肥。当今社会,身材苗条已经成为一种时尚,以至于几乎每个人都在减肥的道路上。我们可以通过自己的体质指数值,来明确自己是否需要减肥。对于减肥措施,公认有效的应该是“管住嘴,迈开腿”,不要盲目通过节食来达到减轻体重的目的。

3. 每周至少进行 5 天中等强度身体活动,累计 150 分钟以上

身体活动强度指单位时间内身体活动的能耗水平或对人体生理刺激的程度,一般可使用最大心率的百分数或自觉疲劳程度来表示(见表 3-2)。

表 3-2　　运动强度的判断

运动强度	相当于最大心率百分数(%)	自觉疲劳程度(RPE)
低强度	40～60	较轻
中强度	61～70	稍累
高强度	71～85	累
极高强度	>85	很累

注:最大心率=220－年龄。

中等强度身体活动是指需要一些用力但是仍可以在活动时轻松讲话的活动。如快步走、跳舞、休闲游泳、打网球等,常用快步走作为代表。中等强度的下限为中速(约 4 km/h)的步行。

每天进行中等强度运动 30 分钟以上,每周 5～7 天,如快走、游泳、乒乓球、羽毛球、篮球、跳舞等;每 2～3 天进行一次肌肉力量锻炼,每组 8～10 个动作,每个动作做 3 次,每组重复 8～15 次,如二头弯举、颈后臂屈伸、俯卧撑、深蹲等;天天进行伸展和柔韧性运动 10～15 分钟,如颈、肩、肘、腕、髋、膝、踝各关节的屈曲和伸展活动,上、下肢肌肉的拉伸活动。

4. 坚持日常身体活动,身体活动总量至少相当于每天 6000 步

身体活动量是决定健康效益的关键,6000 步可以一次完成,也可以分 2～3 次完成。

以下活动相当于 1000 步的运动量:骑自行车 7 分钟、跳绳 3 分钟、练瑜伽 7 分钟、打网球 5 分钟、中速步行 10 分钟。

5. 减少久坐时间,每小时起来动一动

培养运动意识和习惯,有计划地安排运动,循序渐进,逐渐增加运动量。

(三)多吃蔬果、奶类、大豆

新鲜蔬菜水果、奶类、大豆及豆制品是平衡膳食的重要组成部分,坚果是膳食

的有益补充。

(1)蔬菜水果是平衡膳食的重要组成部分,奶类富含钙,大豆富含优质蛋白质。

(2)餐餐有蔬菜,保证每天摄入 300～500 g 蔬菜,深色蔬菜应占 1/2。

(3)天天吃水果,保证每天摄入 200～350 g 的新鲜水果,果汁不能代替鲜果。

(4)吃各种各样的奶制品,相当于每天液态奶 300 g。常见的奶制品有液态奶、奶粉、酸奶、奶酪和炼乳等。达到每天 300 g 液态奶的目标并不难,每天早餐饮用牛奶一杯(200～250 mL),午饭加一杯酸奶(100～125 mL)即可。对于乳糖不耐受的人(饮用牛奶后出现肠鸣、嗳气和腹泻症状),可以选用酸奶或低乳糖奶制品。对于确认牛奶蛋白过敏的人,应避免食用牛奶。

(5)经常吃豆制品,适量吃坚果。坚果富含脂类和多不饱和脂肪酸、蛋白质等营养素,是膳食的有益补充。推荐每周坚果摄入量为 50～70 g(平均每天 10 g 左右)。

拓展阅读

几种食品的营养价值

蔬菜水果是维生素、矿物质和膳食纤维的重要来源,且能量低,对于满足人体微量营养素的需要,保持人体肠道正常功能以及降低慢性病的发生风险等具有重要作用。蔬果中还含有各种植物化合物、有机酸、芳香物质和色素等成分,能够增进食欲,帮助消化,促进人体健康。

奶类富含钙,是优质蛋白质和 B 族维生素的良好来源,每天摄入 300 g 奶或相当量的乳制品可以较好补充不足。增加奶类摄入有利于儿童少年生长发育,促进成人骨健康。

大豆富含优质蛋白质、必需脂肪酸、维生素 E,并含有大豆异黄酮、植物固醇等多种植物化合物。

(四)适量吃鱼、禽、蛋、瘦肉

鱼、禽、蛋和瘦肉含有丰富的蛋白质、脂类、维生素 A、B 族维生素、铁、锌等营养素,是平衡膳食的重要组成部分,是人体营养需要的重要来源。

1. 鱼、禽、蛋和瘦肉摄入要适量

把握好“适量摄入”的关键,是要注意控制摄入总量。应将这些食物分散到每天各餐中,避免集中食用。最好每餐可见到肉,每天可见到蛋,以便更好地发挥蛋白质互补作用。建议成人每周摄入鱼和畜禽肉的总量不超过 1.1 kg,鸡蛋不超过 7 个。

每周吃鱼 280～525 g，畜禽肉 280～525 g，蛋类 280～350 g，平均每天摄入总量 120～200 g。

2. 优先选择鱼和禽

禽类和鱼脂肪含量相对较低，水产品还含有较多的不饱和脂肪酸，对人体健康有益。

3. 吃鸡蛋不弃蛋黄

蛋黄富含磷脂和胆碱，对健康有益。

4. 少吃肥肉、烟熏和腌制肉制品

烟熏和腌制肉在加工过程中，易受多环芳烃类和甲醛等多种有害物质的污染，过多摄入可增加某些肿瘤的发生风险。

（五）少盐少油，控糖限酒

食盐过量与高血压、胃癌和脑卒中有密切关系，应该减少食盐摄入。

烹饪油包括植物油和动物油，是人体必需脂肪酸和维生素 E 的重要来源，并且有助于食物中脂溶性维生素的吸收利用。但油脂摄入过多会导致肥胖，增加慢性病的发病风险。

添加糖是纯能量食物，过多摄入可导致能量过剩，引发超重或肥胖。

过量饮酒和多种疾病相关，可增加肝损伤、痛风、心血管疾病和某些癌症的发生风险。

（1）培养清淡饮食习惯，少吃高盐和油炸食品。成人每天食盐摄入量不超过 6 g，每天烹调油摄入量 25～30 g。

（2）控制添加糖的摄入量，每天摄入不超过 50 g，最好控制在 25 g 以下。日常生活中可以通过减少含糖饮料和糕点、甜点、冷饮的摄入来控制添加糖的摄入量。减少糖的摄入量，可以使龋齿的发生率下降。

（3）每日反式脂肪酸摄入量不超过 2 g。对于有包装的食品，可通过食品标签中的“配料表”关注反式脂肪酸的含量。

（4）足量饮水，成年人每天 7～8 杯（1500～1700 mL），提倡饮用白开水和茶水，不喝或少喝含糖饮料。口渴是人体明显缺水的信号。补充水分的最好方式是饮用白开水。饮水方式最好是少量多次，每次 1 杯（200 mL），不鼓励一次大量饮水，尤其是在进餐前，大量饮水会冲淡胃液，影响食物的消化吸收。除了早、晚各 1 杯水外，在三餐前后可以饮用 1～2 杯水，分多次喝完；也可以饮用较淡的茶水替代一部分白开水。此外，在炎热夏天或运动大量出汗后，饮水量也需要相应地增加。

（5）儿童少年、孕妇、乳母不应饮酒。成人如饮酒，男性一天饮用酒的酒精量不超过 25 g，女性不超过 15 g。酒是纯能量物质，没有任何营养元素。经常饮酒会造成能量过剩；同时，酒会影响食物营养素的吸收，可造成营养素缺乏。

(六)杜绝浪费,兴新食尚

勤俭节约是我们中华民族的光荣美德。减少食物浪费,注重饮食卫生,兴饮食新风对我国社会可持续发展,保障公众健康,促进家庭亲情具有重要意义。

(1)珍惜食物,按需备餐,提倡分餐不浪费。

(2)选择新鲜卫生的食物和适宜的烹调方式。

(3)食物制备生熟分开,熟食二次加热要热透。

(4)学会阅读食品标签,合理选择食品。

选购食品要注意看标签,在食品外包装上的食品标签通常标注了食品的生产日期、保质期、保存条件、配料、质量等级等,我们通过食物标签可以了解食物的新鲜度、产品特点和营养信息等。选择食物,要选择在保质期内、存放条件符合标识储存条件的食物;看清食物配料表和营养成分表,了解食品的主要原料和营养信息。特别是对于某些食物成分过敏的人群,一定要看清食品的配料表,避免食物过敏。

中国居民平衡膳食宝塔(2016)如图 3-1 所示。

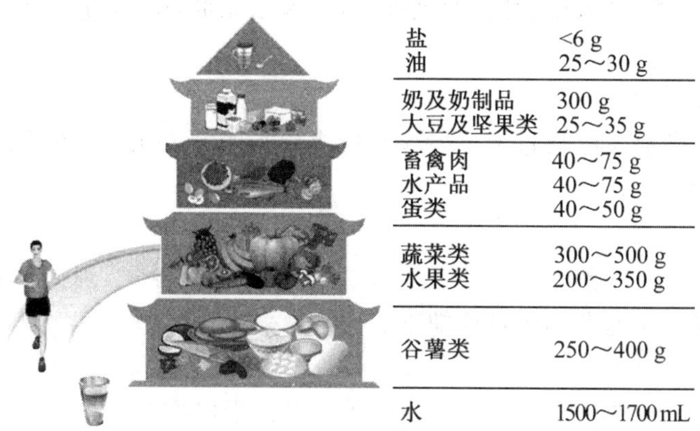

图 3-1　中国居民平衡膳食宝塔(2016)

第三节　养成良好的饮食卫生习惯

良好的饮食卫生习惯是我们饮食健康的基础。

1.饮食卫生

饭前便后要洗手,接触食物时要先洗手后拿取,养成手卫生习惯,保障饮食卫生。

2.合理分配餐次及进食量

根据我国人民的生活习惯,正常情况下,一般每日三餐比较合理,两餐的间隔以 4～6 小时合适。各餐数量较适宜的分配为:早餐占全天总热能的 25%～30%,

午餐占全天总热能的30%～40%，晚餐占全天总热能的30%～40%。

3.用餐时要专心，保持良好的情绪

用餐时不要看书、看电视，故事情节可能影响情绪，精力分散可导致食欲减退，人的情绪会影响进食及食后的消化吸收。

4.进餐时要少喝水

人在咀嚼固体食物时需要充分地咀嚼，使唾液与食物充分混合，以利于滑润和吞咽。如果边进食边饮水，咀嚼时间短，造成食物在口腔“消化”不完全，加重胃肠负担，水分冲淡胃酸，使消化液稀释，进而使食物不能很好消化与吸收，久而久之，会引起胃病。

5.养成吃饱、吃好早餐的习惯

(1)大学生每天上午学习任务重，不吃早餐，大脑活动缺乏能量供应，会出现注意力不集中、头昏疲乏、思维迟钝，影响学习。

(2)长时间空腹易引起消化系统疾病，如胃十二指肠溃疡、胆结石等。

(3)不吃早餐，加大中、晚餐的进食量，易导致肥胖，引起高血压、心脏病、糖尿病等。

6.不暴饮暴食

饮食要有节制。吃得过饱不但容易造成胃肠的额外负担，还可引发一些慢性病和急性胰腺炎等。

7.不偏食挑食

没有任何一种天然食品包含人体所需要的各种营养素，因此饮食宜多样化。长期偏食挑食可引起营养不足或缺乏。

8.不嗜细喜精

在日常饮食中不同食物混合食用，可以起到蛋白质互补作用，从而提高营养价值。精米细面营养物质丢失过多，易造成营养失衡。

9.不贪食甜腻

贪食过甜和过腻的食物，会使糖和脂肪的摄入过量，造成身体发胖。同时过于油腻的食物不利消化，加重胃肠负担。

10.不过冷过热

饮食温度要适中，过冷、过热都会造成消化不良。过冷可致腹痛、腹泻；过热易损伤消化道黏膜，甚至引起某些癌症。

11.食盐要适量

根据世界卫生组织的指南，成年人每天食盐摄取量应低于5 g。食盐过量与高血压有关。

12.少或不饮酒

酒精除提供热量外，不含任何营养素，常饮影响食欲，甚至造成肝、肾、心、脑等脏器损害。

13. 细嚼慢咽,不囫囵吞食

细嚼慢咽有利于食物在口腔内进行初步消化,减轻了胃肠的消化负担;咀嚼的次数可以刺激大脑的饱食中枢,避免由于进食过快造成摄入过量,导致肥胖。

14. 生食蔬菜水果要清洗干净,鱼、虾、贝、肉类食物要熟透后食用

第四节 掌握食品安全技能,远离垃圾食品

食品安全是饮食健康的保障。我国食品安全法定义:食品安全,指食品无毒、无害,符合应当有的营养要求,对人体健康不造成任何急性、亚急性或者慢性危害。

如何在日常生活中保障食品安全,就要掌握避免食源性疾病和食物中毒的基本技能。

一、食品安全五大要点

为保障饮食安全,世界卫生组织提出了"食品安全五大要点"。

(1)保持清洁。

(2)生熟分开。

(3)完全煮熟。

(4)食物要保存在安全温度下。

(5)确保水和食物原材料安全。

二、学会辨别常见的有毒食物和了解预防措施

甄别日常生活中常见的有毒食物,是避免食物中毒的基本措施。如避免食用发芽的马铃薯、苦杏仁、桃仁、枇杷仁、木薯、新鲜黄花菜、未熟的四季豆等,进食河豚鱼肉要到有经营许可的餐馆,不采摘不认识的蘑菇食用,等等。

三、远离垃圾食品

垃圾食品是指营养成分少,添加剂多(或者含有害成分),且没有特殊保健功效的食品。长期食用垃圾食品有可能损害身体健康。因此,应该尽量少食用或者不食用垃圾食品。

世界卫生组织公布的十大垃圾食品包括:油炸类食品、腌制类食品、加工类肉食品(肉干、肉松、香肠、火腿等)、饼干类食品(不包括低温烘烤和全麦饼干)、汽水可乐类饮料、方便类食品(主要指方便面和膨化食品)、罐头类食品(包括鱼肉类和水果类)、话梅蜜饯果脯类食品、冷冻甜品类食品(冰淇淋、冰棒、雪糕等)、烧烤类食品。

(一)油炸类食品

代表食品:油条、油饼、薯片、薯条等。油炸类食品能量较高,经常食用易导致肥胖。高温过程可以破坏维生素,使蛋白质变性,亦会产生大量致癌物质。油条中含有对人体有害的物质——明矾,可使记忆力减退、抑郁和烦躁,可导致心血管疾病。炸油在反复使用过程中会生成过氧化脂等致癌物。

(二)腌制类食品

在腌制食品的过程中需要大量放盐,导致此类食物钠盐含量超标,经常食用可加重进食者肾脏负担,发生高血压的风险增加。另外,食品在腌制过程中可产生大量的致癌物质亚硝酸胺,可增高鼻咽癌等恶性肿瘤的发病风险。此外,由于高浓度的盐分可严重损害胃肠道黏膜,常进食腌制食品者,胃肠炎症和溃疡的发病率升高。

(三)加工肉类食品

代表食品:熏肉、腊肉、肉干、鱼干、香肠、火腿等。这类食品含有一定量的亚硝酸盐,故有导致癌症的潜在风险。此外,由于添加防腐剂、增色剂和保色剂等,这类食品可造成人体肝脏负担加重。此类制品大多为高盐食品,大量进食可导致盐分摄入过多,造成血压波动及肾功能损害。

(四)汽水可乐类饮料

汽水、可乐等饮料,是由香料、色素、二氧化碳等合成的含糖饮品,含大量碳酸及糖分,人体所需的其他营养成分极少,糖量超过每天每个人正常需要,过量饮用可导致能量过剩。

(五)饼干类食品

代表食品:饼干、糖果等,低温烘烤和全麦饼干除外。此类食品食用香精和色素过多,对健康有害;热量过多,营养成分低;过多摄入糖会使胰腺负担加重,易导致糖尿病。

(六)方便类食品

方便类食品主要包括方便面和膨化食品。此类食品属于高盐、高脂、低维生素、低矿物质的一类食物,热量高,营养价值低。一方面,因盐分含量高增加了肾负荷,升高血压;另一方面,含有一定量的反式脂肪酸,对身体有害。加之含有防腐剂和香精,可能对肝脏等有潜在的不利影响。

(七)罐头类食品

不论是水果类罐头,还是肉类罐头,其中的营养素都遭到大量的破坏,特别是各类维生素几乎被破坏殆尽。另外,罐头制品中的蛋白质常常出现变性,使其消化吸收率大为降低,营养价值大幅度“缩水”。还有很多水果类罐头含有较高的糖分,加重胰腺负荷。同时,由于能量较高,易导致肥胖。

(八)话梅蜜饯果脯类食品

话梅蜜饯果脯类食品在加工过程中,水果中所含的维生素C完全被破坏;除了热量外,几乎没有其他营养。这类食物含有亚硝酸盐,在人体内可结合胺形成潜在的致癌物质亚硝酸胺;含有香精、防腐剂等添加剂,对健康不利;含有较高盐分,可能导致血压升高和肾脏负担加重。

(九)冷冻甜品类食品

冷冻甜品类食品包括冰激凌、冰棍、雪糕等。这类食品有三大问题:因奶油含量较高,易导致肥胖;因糖分含量高,可降低食欲,影响正餐的摄入,造成营养失衡;还可能因为温度低对胃肠道造成刺激。

(十)烧烤类食品

代表食品:羊肉串、铁板烧等。此类食品在制作过程中会使维生素、氨基酸遭到破坏,蛋白质发生变性,产生致癌物质,长期食用,可能增加罹患癌症的风险;如果食用未烤熟的肉类还可能会感染寄生虫。

第四章 睡眠与健康

学前思考题

1. 良好睡眠对身体健康有什么重要作用？
2. 人体正常睡眠包括哪几期？各期之间是如何演变的？
3. 影响正常睡眠的常见因素有哪些？如何改善？

睡眠是人类生存所必需，是人体维持正常生理功能的基础和保障，是人体生命活动的重要组成部分。人的一生中大约有 1/3 的时间是在睡眠中度过的，睡眠质量与人的生命质量直接相关，睡眠质量的好坏决定了人体的生活状态。中医养生名著《养生三要》(清・袁开昌)里说："安寝乃人生最乐。古人有言：不觅仙方觅睡方……睡足而起，神清气爽，真不啻无际真人。"充足的睡眠、均衡的饮食和适当的运动是国际社会公认的 3 项健康标准。

第一节 睡眠对健康的重要意义

睡眠是人类大脑的重要功能之一。

清代医家李渔曾指出："养生之诀，当以睡眠居先。睡能还精，睡能养气，睡能健脾益胃，睡能坚骨强筋。"

人体通过睡眠恢复体力和精力，增强人体免疫力，促进生长和发育，增强学习和记忆能力，有助于保持情绪稳定等。良好充足的睡眠对促进人体生理和心理健康，保持正常生活和工作能力具有至关重要的作用。

一、消除疲劳，恢复体力

睡眠是消除身体疲劳的主要方式。睡眠期间人体可以合成能量物质，用于活动时使用。另外，睡眠期间基础代谢率降低，可恢复体力。

二、保护大脑，恢复精力

大脑在睡眠状态下耗氧量减少，有利于脑细胞能量贮存。睡眠不足者，可能出现烦躁、激动或精神萎靡，注意力涣散，记忆力减退等；长期缺少睡眠则会导致出现幻觉。而睡眠充足者，精力充沛，思维敏捷，办事效率高。

三、增强免疫力，促进机体康复

人体在正常情况下，能对侵入的各种抗原物质产生抗体，并通过免疫反应将其清除，保护人体健康。睡眠能增强机体产生抗体的能力，从而增强机体抵抗力；同时，睡眠还可以使各组织器官自我康复加快。现代医学中常把睡眠作为一种治疗手段，用来帮助患者渡过最痛苦的时期，以利于疾病的康复。

四、促进生长发育

睡眠与婴幼儿大脑发育和儿童生长发育密切相关。

五、延缓衰老，促进长寿

许多调查研究资料表明，健康长寿的老年人均有正常良好的睡眠。

六、保护人的心理健康

睡眠有利于保护人的心理健康与维护人的正常心理活动。短时间的睡眠不佳，会出现注意力涣散；长期睡眠不足可能影响大脑的创造性思维和处理事物的能力。

七、有利于皮肤健康

睡眠过程中皮肤毛细血管循环血量增多，其分泌作用和清除过程加强，可加快皮肤再生，有益于皮肤健康。

拓展阅读

世界睡眠日

为唤起全民对睡眠重要性的认识，2001 年，国际精神卫生和神经科学基金会发起了一项全球性的睡眠和健康计划活动，将每年的 3 月 21 日定为“世界睡眠日”。此项活动的重点在于引起人们对睡眠重要性和睡眠质量的关注。2003 年，中国睡眠研究会把“世界睡眠日”正式引入中国。

2017 年 3 月 21 日是第 17 个“世界睡眠日”，此次世界睡眠日的中国主题为“健康睡眠，远离慢病”。

第二节　睡眠生理与人体生物钟

人类在漫长的进化过程中，形成了自身的睡眠规律和生物节律。生物节律即人体生物钟。睡眠是一个复杂的生理和心理变化过程，在睡眠过程中，许多生理功能都会发生明显变化。

一、人体正常睡眠分期及其演变过程

1. 正常睡眠的分期

人在睡眠时会出现周期性的快速眼球运动，依此可将睡眠分为非快眼动睡眠（亦称慢波睡眠、同步化睡眠、NREM）和快眼动睡眠（亦称快波睡眠、异相睡眠、REM）。

根据脑电图的特点，非快眼动睡眠分为 4 期：Ⅰ期为入睡期，脑电波表现为低幅 θ 波和 β 波，实际上是由完全清醒至睡眠之间的过渡阶段，对外界刺激的反应减弱，精神活动进入飘浮境界，思维和现实脱节；Ⅱ期为浅睡期，脑电图呈持续 0.5～1 秒的睡眠梭形波（即 σ 波）及若干 κ 复合波，实际上人已经进入了真正的睡眠，而属于浅睡；Ⅲ期为中度睡眠期，脑电波中出现高幅 δ 波，δ 波占 20%～50%，为中等深度睡眠；Ⅳ期为深度睡眠期，脑电波 δ 波占 50%以上，属于深睡，不易被唤醒。

快眼动睡眠：脑电呈现与觉醒相似的不规则 β 波，表现为皮层活动的去同步化，但在行动上却表现为睡眠状态。

2. 各期睡眠的过程演变

睡眠并非是由“浅睡”到“深睡”的连续过程，而是上述两种睡眠状态的交替过程。入睡后，一般先进入慢波睡眠，由Ⅰ期逐渐过渡至Ⅱ期、Ⅲ期、Ⅳ期睡眠，持续 80～120 分钟后转入快波睡眠，快波睡眠持续 20～30 分钟后又转入慢波睡眠，形成一个慢波睡眠-快波睡眠循环周期，两种睡眠状态在整个睡眠过程中有 4～5 次交替。慢波睡眠主要出现在前半夜的睡眠中，在睡眠后期的周期中逐渐减少甚至消失，快波睡眠在睡眠后期的周期中比例逐渐增加。两个时相的睡眠均可直接转为觉醒状态，但由觉醒转为睡眠则通常先进入慢波睡眠，而不是直接进入快波睡眠。如图 4-1 所示。

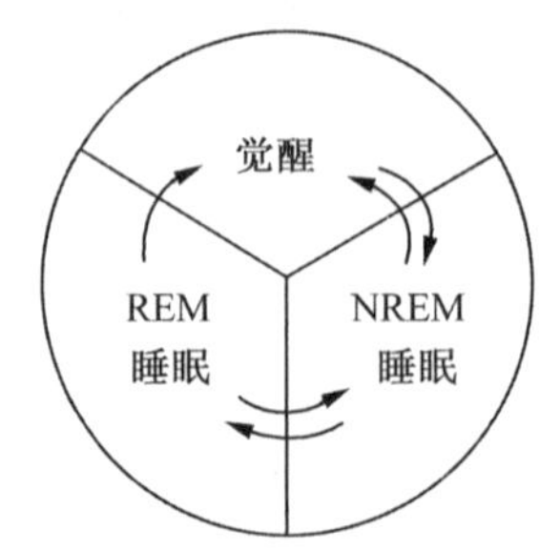

图 4-1　觉醒和睡眠时相的交替

二、睡眠中人体各器官系统功能状态

非快眼动睡眠阶段，视、听、嗅和触等感觉以及骨骼肌反射、循环、呼吸和交感神经活动等均随睡眠的加深而降低，且相当稳定。脑垂体分泌的生长激素和促肾上腺皮质激素以及肾上腺分泌的肾上腺皮质激素比白天清醒时增多，特别是生长激素在深度睡眠期分泌达高峰，因而此期睡眠有利于促进生长发育和体力恢复。全身肌肉松弛，没有眼球运动，内脏副交感神经活动占优势。心率、呼吸均减慢，血压降低，胃肠蠕动增加，胃液分泌量增多，闭眼、缩瞳，发汗功能有所增加，基础代谢率低，脑部温度较觉醒时稍降低。

在快眼动睡眠期，机体的各种感觉进一步减退，肌紧张减弱，交感神经活动进一步降低，下丘脑体温调节功能明显减退，可出现眼球快速运动，面部及四肢肌肉有很多次发作性的小抽动，有时或出现嘴唇的吸吮动作，喉部发出短促声音，手足徐动，呼吸不规则，心率经常变动，胃酸分泌增加，脑各个部分的血流量都比觉醒时明显增加，脑耗氧量也比觉醒时明显增加。若在此期间被唤醒，74%～95%的人诉说正在做梦，但其中仅有7%的人能回忆起梦中的情景。

三、生物钟的概念及其生理意义

1.生物钟的概念

生物钟又称生理钟。它是生物体内的一种无形的“时钟”，实际上是生物体生命活动的内在节律性，由生物体内的时间结构序所决定。

人体随时间节律有时、日、周、月、年等不同的周期性节律。例如，人体的体温在24小时内并不完全一样，早上4时最低，18时最高，但相差在1℃以内。人体的正常的生理节律发生改变，往往是疾病的先兆或危险信号，矫正节律可以防治某些疾病。许多学者的研究指出，按照人的心理、智力和体力活动的生物节律，来安排一天、一周、一月、一年的作息制度，能提高工作效率和学习成绩，减轻疲劳，预防疾病，防止意外事故的发生。如果突然不按体内的生物钟节律安排作息，人就会在身体上感到疲劳，在精神上感到不舒适等。

2.根据生物钟安排日常生活

每个人都有自己的“生物钟”，如果人长时间改变自己的生活节律，就会改变体内激素分泌量，导致神经紊乱，影响体内生物钟。因此，要尽可能提倡顺应人体内部规律的生物钟养生法。例如：最佳起床时间为早晨5～6点钟，此时起床会精神抖擞；最佳工作时间为上午10点至下午3点，此时工作效率最高；最佳锻炼时间一般为下午4点以后，等等。

第三节　健康睡眠时间因人而异

一、健康睡眠

健康睡眠就是人体在一夜睡眠后感觉精力充沛，无其他任何不适。

人体每天最佳睡眠时间：晚上 10 点～次日清晨 6 点。

优质睡眠判定标准：30 分钟内入睡，睡眠沉，呼吸深长无打鼾，夜间不易惊醒，睡眠起夜少，无惊梦现象，醒后很快忘记梦境，早晨起床后精神好，白天头脑清晰，工作效率高，不困乏。

二、睡眠时间的个体化

最佳的睡眠持续时间因人而异，即睡眠时间的长短存在着个体差异。不同年龄所需睡眠时间不一样，不同的个体差异也非常大。一般情况，青壮年需睡眠 7～9 小时，少年幼儿增加 1～3 小时，老年人减少 1～3 小时。睡眠时间长者大于等于 9 小时，睡眠时间短者小于等于 7 小时，一般需要 7～9 小时。

人的正常睡眠时间随着年龄的增长而逐渐减少。大学生处在青春期，每天睡眠应该保持 8 小时左右为宜。此外，睡眠效果的判定，不仅要看睡眠时间的长短，更重要的是决定于睡眠的深度。

第四节　睡眠障碍的分类

睡眠障碍是指入睡困难或维持睡眠状态障碍（易醒、早醒及再入睡困难），导致睡眠时间减少或质量下降，不能满足个体生理需要，明显影响个体日间社会功能或生活质量。

拓展阅读

睡眠障碍的危害

有研究发现，成人被全部剥夺睡眠 60 小时后，会出现一系列不适应症状，如疲乏、焦虑、激动、发怒或不友好、注意力涣散、记忆力降低、思维迟钝、动作笨拙、头痛耳鸣和复视等；全睡眠剥夺 100 小时以上，大脑将无法工作，嗜睡极为严重，有人出现意识障碍或明显的幻觉等。长时间睡眠剥夺还会引起眼球震颤、眼睑下垂和肌张力下降等症状。个别人会出现类似于精神病患者的行为。

常见的睡眠障碍包括失眠、异态睡眠障碍、睡眠呼吸暂停综合征、发作性睡病、不安腿综合征及其他睡眠障碍。其中，失眠是最常见的睡眠障碍。

一、失眠

（一）概念及分类

失眠指睡眠的始发和维持发生障碍，致使睡眠的质和量不能满足个体的生理需要。根据睡眠障碍持续的时间可分为暂时性失眠、短期性失眠、慢性失眠；如果按照失眠的表现形式又可分为入睡性失眠、睡眠维持性失眠、早醒性失眠。

（二）常见导致失眠的因素

1. 心理生理性失眠

心理生理性失眠指过分注意睡眠问题引起的失眠。情绪应激可诱发，青年起病，女性常见，失眠自觉症状突出。

2. 睡眠卫生习惯不良性失眠

睡眠卫生习惯不良性失眠指由不良日常生活行为习惯诱发的入睡困难而导致的睡眠紊乱。不良的生活行为习惯包括睡眠时间无规律、卧室光线强、室温不合适、噪声、睡前从事易兴奋活动等。可通过纠正不良睡眠卫生习惯与环境缓解失眠。

3. 入睡相关性障碍

入睡相关性障碍指入睡需要某些不恰当的条件或环境。如成人入睡时需要开灯或开着电视、收音机等。

4. 主观性失眠

主观性失眠表现为睡眠状态自我感知不良；自述失眠，但缺少客观证据；可伴焦虑抑郁症状。多导睡眠图显示睡眠时间及睡眠结构均正常。此类睡眠障碍的诊断主要依据主观感觉与客观睡眠的不一致性。

5. 睡眠调节性障碍

睡眠调节性障碍指急性应激、冲突或环境变化导致的短暂性睡眠障碍。个体平日对心理刺激、环境变化、内心冲突和季节变化适应困难；应激后急性起病，失眠伴焦虑、易激惹等。应激源消除、逐渐适应可使睡眠好转。

6. 抑郁、焦虑相关性失眠

此类患者入睡困难、易醒突出。日间可有乏力无趣等抑郁表现或烦躁不安、紧张等焦虑表现，抗抑郁、抗焦虑治疗可改善症状。

（三）睡眠不足的主要危害

1. 影响大脑的创造性思维

科研人员研究认为，人的大脑要思维清晰、反应灵敏，必须要有充足的睡眠。如果长期睡眠不足，大脑得不到充分的休息，就会影响大脑的创造性思维和处理事物的能力。

2. 影响青少年的生长发育

青少年的生长发育除了遗传、营养、锻炼等因素外，还与生长激素的分泌有一定关系。由于生长激素的分泌与睡眠密切相关，即在人熟睡后生长激素分泌较多，而在非睡眠状态，生长素分泌减少。所以，青少年要发育好，长得高，睡眠必须充足。

3. 影响皮肤的健康

人的皮肤之所以柔润而有光泽，是依靠皮下组织的毛细血管来提供充足的营养。睡眠不足会影响皮肤的新陈代谢，加速皮肤的老化，使皮肤颜色显得晦暗无光泽，眼圈发黑，且易生皱纹。

4. 导致疾病发生

经常睡眠不足，会使人心情忧虑焦急，免疫力降低，由此会导致各种疾病发生，如神经衰弱、感冒、胃肠疾病等。睡眠不足还会引起血中胆固醇含量增高，使发生心脏病的概率增加。人体的细胞分裂多在睡眠中进行，睡眠不足或睡眠紊乱，会影响细胞的正常分裂，由此可能产生细胞突变而导致癌症的发生。

5. 睡眠不足可引起肥胖

有关研究表明，睡眠不足可以导致人体内消脂蛋白浓度的下降。消脂蛋白是在血液系统中活动的一种物质，具有抑制食欲的功能，能够影响大脑做出是否需要进食的决定。睡眠不足同时能引起人体内食欲激素浓度的上升。食欲激素是由胃分泌的一种物质，能够引起人的进食欲望。人体进食过多可导致肥胖。

（四）治疗措施

1. 消除导致失眠的各种原因

2. 营造舒适的睡眠环境

卧室保持安静，光线与温度适当；床铺应该舒适、干净、柔软度适中；睡眠时穿着的衣物柔软、舒适。

3. 养成良好的睡眠习惯

不困不上床；尽量定时起床，醒了不赖床；不在床上做睡眠以外的事情，如读书、看电视或听收音机等；规律运动，但避免睡前 2 小时剧烈运动；限制咖啡、茶等兴奋性饮料的摄入；勿使用酒精等物质帮助睡眠；睡前避免进行过度兴奋的活动。

4. 药物及其他治疗

(1)药物治疗：药物治疗原则为应用最小有效剂量；间断用药，每周 2～4 次；短期用药，长期用药不宜超过 3～4 周；停药时要逐步停药；防止停药后反弹。治疗失眠最常见的药物是苯二氮䓬类药物，如地西泮、艾司唑仑片、阿普唑仑片等。

(2)其他疗法：康复治疗、推拿疗法、饮食疗法、中草药疗法、针灸疗法等。

二、异态睡眠障碍

异态睡眠障碍指睡眠期间出现的精神或行为异常，包括睡眠麻痹、睡行症（梦游症）、夜惊、梦魇、快波睡眠期睡眠行为异常。

三、睡眠呼吸暂停综合征

睡眠呼吸暂停综合征是指各种原因导致的睡眠状态下反复出现的呼吸暂停，每晚发作 30 次以上，进而使机体发生一系列病理生理改变的临床综合征。呼吸暂停是指口和鼻气流停止 10 秒以上。一般将睡眠呼吸暂停综合征分为中枢型、阻塞型和混合型。

四、发作性睡病

发作性睡病是日间出现不能克制的短暂睡眠发作，有遗传倾向，少年多见。主要表现为不可抗拒的睡眠，猝倒发作，睡眠幻觉，睡眠麻痹。主要的治疗措施是对症和药物治疗。

五、不安腿综合征

不安腿综合征是指夜间睡眠时出现双下肢极度不适感导致睡眠剥夺。人群患病率 1.2%～5%，中老年多见，活动或击打下肢可减轻症状。治疗主要为药物治疗。

六、其他睡眠障碍

其他睡眠障碍包括特发性睡眠增多症、夜间遗尿症、夜间磨牙、睡眠时周期性腿运动、病理性觉醒等。

第五节　影响正常睡眠的因素和保持良好睡眠的措施

一、影响睡眠的因素

（一）环境因素

1. 睡眠周围的环境干扰

如周围环境施工、马路边行车过多等影响正常睡眠。

2. 睡眠环境变化

如出差时由于睡眠环境发生变化，或出国时差调整不佳等情况，影响正常睡眠。

(二)个体因素

1.个体体质性格因素

由于个体体质较为敏感,对外界事物的变化也比较敏感,或性格比较内向,多思多虑。此类体质性格特质的人易有睡眠障碍。

2.精神因素

人的精神心理受到外界的刺激或干扰时,易导致睡眠障碍。如人际关系紧张,或工作压力大,常常会使人多思多虑,引起睡眠障碍。

3.生理疾病因素

有些机体疾病,如心脑血管病、胃肠病、哮喘、手术后等都可导致睡眠障碍。

4.个体睡眠习惯不良

经常在床上做与睡眠无关的活动,如看书、打电话、看电视等,会破坏定时睡眠的习惯;睡眠姿势不良及睡前饮用茶、咖啡、酒等具有兴奋作用的饮品均可导致睡眠障碍;等等。

二、调节睡眠的方法

1.调整睡眠环境

睡眠应该有一个舒适的环境,尽量做到冬暖夏凉,要求清静的卧室和舒适的卧具。白天开窗通风,夜间睡觉时关窗。选择一张舒适的床,一般以软硬适中的棕绷床或木板加褥子为宜。枕头软硬要适中。

2.养成良好的睡眠习惯

睡眠在相当大的程度上是一种习惯,形成良好的作息时间,遵循睡眠的自然规律,是预防睡眠障碍的最好办法。每天晚上10点到早晨6点是睡眠的最佳时间。睡眠时间不够的人,提倡午睡半个小时,以补充夜间睡眠不足。经常在床上进行如看书、打电话、看电视等与睡眠无关的活动,会破坏定时睡眠的习惯。

3.做好睡前准备

睡前不过饱或饥饿,不要过于兴奋;晚饭后散步,让自己有疲劳感,会感觉入睡容易;睡觉前泡个热水澡,使手脚暖和,也有助于睡眠;睡眠时穿的衣服要宽松柔软。

4.要有正确的睡眠姿势

一般主张向右侧卧,微屈双腿,全身自然放松,一手屈肘放枕前,一手自然放在大腿上。

5.心理暗示法

睡前放松心情,不让白天的事情影响自己的情绪。睡眠是人身体的自然反应,困了就想睡觉,要顺其自然,不要人为地去控制它。如果天天都在担心“今天是不是睡不好”,可能就会成为真正的失眠者。假如反过来暗示自己“今天准能香甜地睡一觉"的话，效果就会不一样。

6.把补觉的时间用来运动

许多失眠者总觉得自己晚上觉没有睡够，一有时间就要补觉。正确的做法应该是多参加户外的体力活动，多做一些散步、爬楼、跳绳、洗衣服、拖地等简单的枯燥乏味的体力活动，感到累了，再上床睡觉。

三、中医保证良好睡眠的"五不"

引起失眠的原因多种多样，但其根本在于物质身体的失衡。为了保证良好的睡眠，睡前需要做到"五不"：

1.不过饱

中医讲"胃不和则寝不安"，因为晚上人要休息，脾胃也需要休息，晚餐吃得过饱会加重脾胃的负担，扰动脾胃的阳气，从而影响睡眠。因此，晚餐宜吃七八分饱，并且尽量清淡，以顾护脾胃清阳之气。

2.不过动

睡前不宜剧烈运动而扰动阳气，包括睡前看电视、说话聊天等扰动心阳的活动。而且电视、音响等电器本身的辐射会干扰人体的自律神经。因此，睡前半小时不宜做剧烈运动、看电视、聊天等。

3.不过思

脾主思，多思伤脾，且多思易扰动心神。思、动为阳，静、眠为阴。因此，睡前宜静养心神，做到"先睡心后睡眼"，助阳入阴以利于睡眠。

4.不过点

晚上 11 点后胆经开阳气动，人容易精神而睡不着，且极易耗散肝胆之气，引动外邪侵入体内。因此，最好在晚上 9 点、最晚不要超过晚上 10 点半睡觉。

5.不受风

风为百病之始，无孔不入。晚上睡觉开窗、开空调等会吹散卫护体表的阳气，吹散以后阳气再生，再生以后又被风吹散，这样一夜过去就会把人的阳气掏干，第二天反而更加疲惫。因此睡前应关门窗和空调，以保护体表的阳气。

第六节　大学生睡眠问题常见原因及改善措施

一、常见睡眠障碍原因

1.睡眠习惯不良

作息时间不规律，睡前进食过多，进行剧烈运动，饮用茶及咖啡等具有兴奋作用的饮品等都会影响睡眠。

2.心理压力大

心理压力包括学习心理压力、就业心理压力、人际关系压力、家庭经济压力等。

3.身体健康状况欠佳

身体生理疾病影响睡眠。

4.个人情绪不佳

5.睡眠环境差

局部环境嘈杂、脏、乱,有强光线照射等,睡眠的床具不舒适。

6.睡眠姿势不良

二、改善措施

1.创造适宜的睡眠环境

保持环境卫生,保证睡眠环境通风、安静,环境温度、湿度适宜,光线适宜等。

2.合适的睡具和正确的睡姿

选择软硬合适的床铺和高低合适的枕头,采取右侧卧位利于安睡。

3.保持正常的入睡心态

顺其自然,不要在床上消磨太长入睡时间,不要强迫自己入睡。

4.养成良好的睡眠习惯

定时上床睡觉,规律作息,不熬夜,保证7～8小时的充足睡眠时间;早晨醒后不赖床;睡前不喝茶、咖啡等有兴奋作用的饮品。

5.积极参加体育锻炼

平时积极参加体育锻炼,增强体质,可以改善睡眠。

6.培养加强自身抗压能力

有心理压力时找人倾诉,排解压力;遇事尽量往好的方面想,不要钻牛角尖;有条件时可找专业人员咨询。

第五章　运动与健康

学前思考题

1. 运动有益健康体现在哪些方面？
2. 体育运动应遵循哪些原则？
3. 如何预防运动损伤？
4. 运动处方的概念及内容是什么？

处在当今信息化和全球化的时代，社会的竞争越加激烈，人们的生活节奏明显加快，整天忙碌于工作、学习和人际交往之中，压力悄然增加。同时，现代科技的发展，使人出门坐汽车，上楼乘电梯，以车代步、以梯代步的现象越来越普遍，因缺乏运动所导致的亚健康状态、各种非传染性疾病及心理疾患日益增多，人们的身心健康受到严重威胁。因此，崇尚健康、重视运动成了越来越多人的生活追求。运动不仅可以消除疲劳、强身健体，而且可以培养人们的顽强意志、竞争意识和拼搏精神，可以使我们的生活更加健康和美好。

第一节　生命在于运动，运动有益健康

一、生命在于运动

生命在于运动是由法国思想家伏尔泰（Voltaire）提出的具有重要哲理的格言，是体育哲学运动观和生命观的重要命题。伟大的哲学家恩格斯也说过“生命的存在首先在于运动”。生命在于运动的内涵是：生命的产生在于运动，运动是生命诞生的前提条件，没有物质运动就不会有生命的产生；生命的存在在于运动，运动也是生命存在的基础，要维持生命体存在，同样离不开物质运动；生命的发展在于运动，运动又是生命发展的动力和源泉。可以说，没有了运动，生命就无法得到延续。

二、运动有益健康

经常参加运动锻炼，可以陶冶人的情操，使人的身心愉悦，充满活力，同时还可以使我们身体从中受益。

(一)对呼吸系统的影响

运动可以有效地增加肺脏毛细血管的数量和密度，改善生理无效腔，保持较高的最大通气能力，提高机体的肺活量和肺容量，增加肺与毛细血管的气体交换，满足机体新陈代谢的需要。例如，正常成人肺活量男性约为 3500 mL，女性约为 2500 mL，如果经常参加锻炼可使肺活量增加到 5000 mL 以上。一般人安静时呼吸频率为 12～18 次/分，而经常参加体育锻炼的人，呼吸深而慢，呼吸频率只有8～12次/分。当肌肉工作需氧量增加时，一般人靠增加呼吸频率来满足机体需要，因而运动时出现气喘。而经常锻炼的人，相同条件下呼吸频率只略有增加就可以满足机体的需要。此外，运动对提高呼吸道的抵抗力，预防呼吸系统疾病也具有非常积极的作用。

(二)对心血管系统的影响

经常运动可以使心肌收缩蛋白和肌红蛋白的含量增加，心肌纤维变粗，心肌肥厚，心脏收缩力增强，心输出量增大，从而满足机体的需要。同时，经常参加体育锻炼可使人在安静状态下的心率变慢，而心率变慢可以使心肌耗氧量减少，心脏获得更多的休息时间，从而使心脏的心力储备功能增强。另外，经常参加体育锻炼的人心脏冠状动脉血管变粗，侧支循环丰富，对改善心脏供血十分有利。研究表明，适宜的运动还可以改善高血压、高血脂状态，减轻肥胖与超重现象，预防动脉粥样硬化，增强心脏功能。

(三)对神经系统的影响

体育锻炼可以使大脑的血液供应增加，促进神经系统的发育，提高大脑对兴奋和抑制的调节能力，获得和增强对自然环境变化的适应能力，从而使机体对周围环境和各种刺激的神经反射更加灵敏，判断更加准确，使人思维敏捷、精力充沛、注意力集中。同时，参加体育锻炼可以陶冶情操，磨炼意志，增强集体观念，有益于身心健康。

(四)改善运动系统功能

运动系统由骨骼、关节和肌肉组成。通过运动可以使骨骼变粗，肌肉、韧带能够更好地附着于骨骼上，提高了骨的抗弯、抗压、抗折能力，也使关节的灵活性和稳定性大大增强。同时运动可使肌纤维增粗，肌肉重量占体重的比例增加，可以有效地保持肌力，使体态更加健美。另外，运动还可以明显地增加骨密度，有助于预防骨质疏松。

（五）维持和增进心理健康

体育运动可以提高人的注意力、记忆力、想象力和思维反应能力，促进智力发育。通过体育锻炼，不仅可以合理宣泄不良情绪，放松身心，改善情绪状态，让人充分享受运动带来的快感和美感，而且还可以缓解焦虑和紧张状态下的应激水平，转移情绪指向，使人获得更多社会支持，有利于预防和治疗心理疾病。同时，体育锻炼不但可以增加社会交往，改善人际关系，还可以培养坚强的意志品质，使个体的自我意识显著增强，提高自信心。所以说，体育运动是维持和增进心理健康，预防和治疗心理疾病的一种重要方法。

（六）其他

人体的消化功能与人体的活动息息相关。经常参加运动，可以使人的食欲增加，消化酶的活性增强，消化功能得到改善。运动时腹肌的收缩运动对胃肠产生良好的按摩作用，也可以促进消化道中食物的搅拌和排空。同时，长期坚持运动，有益于增强机体的免疫功能，提高机体对疾病的抵抗力，减少患感染性疾病的概率。另外，长期坚持运动对于预防肥胖、高脂血症、糖尿病等慢性非传染性疾病也有明显的效果。

拓展阅读

有氧运动的好处

有氧运动是指人体在氧气充分供应的情况下进行的体育锻炼，即在运动过程中，人体吸入的氧气与需求相等，达到生理上的平衡状态。有氧运动的好处是：可以提升氧气的摄入量，能更好地消耗体内多余的热量。像慢跑、步行、快走、长距离游泳、骑自行车、打太极拳、跳健身舞、球类运动等，都是有氧运动。它的特点是强度低，有节奏，持续时间较长。要求每次锻炼的时间不少于 1 小时，每周坚持 3～5 次。通过这种锻炼，可以充分利用体内的糖分，还可消耗体内脂肪，增强和改善心肺功能，预防骨质疏松，调节心理和精神状态，是健身的主要运动方式。

第二节　运动过程中的卫生保健

运动必须讲究科学，只有科学地进行体育锻炼，才能使身体各系统之间更加协调，促进健康。否则，不仅达不到锻炼的目的，反而可能对机体产生不良作用，影响或损害健康。

一、体育锻炼应遵守的原则

体育锻炼原则是人们在长期体育运动理论研究与实践中形成和发展起来的。正确理解和运用这些原则,对指导人们科学地进行体育锻炼,取得最佳锻炼效果有着积极作用。

(一)自觉性原则

体育锻炼是人类特有的一种有目的、有意识的健身手段和方法。要达到预期的目的,参加者就必须要有主动性,自觉地进行锻炼,在锻炼中调节情绪、陶冶情操、锻炼意志、提高成绩,进而达到强身健体的目的。大学生在校学习期间的学习生活是紧张而繁重的,而走向社会所面临的一切更是充满了竞争和挑战,要适应这一切,首先要有一个健康的体魄,所以自觉地参加体育锻炼,使自己在德、智、体、美各方面都得到全面发展,是大学生义不容辞的责任和义务。要在锻炼中逐渐培养自己的兴趣,把锻炼变为一种习惯和自觉行动。

(二)循序渐进原则

循序渐进原则是指体育锻炼的内容、方法、运动量的大小、技术的难易等都必须符合人体生理机能,由少到多,由简到繁,量力而行,逐步进行,不断提高,而不能急于求成,“一口吃个胖子”,否则就会欲速而不达,甚至会损害健康。那么应如何判断运动负荷是否过量呢?最简单的方法是根据每次锻炼后的主观感觉进行判断。锻炼后,如果感觉精力充沛,情绪饱满,食欲睡眠良好,工作效率高或即使有点疲劳,休息后能很快恢复,不影响正常的工作和学习,即表示运动负荷适量。相反,如果锻炼后感到疲乏无力,精神萎靡不振,胸闷心慌,食欲下降,睡眠不佳,工作效率降低,则表示运动负荷过量,应及时进行调整。此外,也可通过检验自己的脉搏来判断运动负荷是否合适。如果锻炼后的晨脉(即早晨醒后在安静状态下测得的每分钟脉搏跳动的次数)与平时无明显变化,则表示运动负荷适宜。相反,如果晨脉明显加快,甚至出现节律不齐,则表示运动过量。

(三)经常性原则

经常性原则是指应长期、不间断、持之以恒地坚持进行体育锻炼。只有经常参加体育锻炼,人体机能才能得到增强。骨的坚实、韧带的牢固、肌肉的粗壮、肺活量的增大等等都是长期坚持锻炼的结果。所以,要想达到锻炼的效果就必须经常参加体育锻炼,持之以恒,反对“一曝十寒”。体育锻炼作用痕迹的积累,促进了机体结构和机能的适应性变化,使人的体质不断增强。如果锻炼“三天打鱼两天晒网”,经常中断,就会使原来的锻炼痕迹消失,失去了积累性的作用,不仅不能保持已取得的锻炼效果,而且还会导致“前功尽弃”,所以运动贵在坚持,坚持必有成效。

（四）与个体相适应原则

与个体相适应原则是指每个参加体育锻炼的人，应根据自己身体的实际状况，选择安排适合自身的锻炼内容、方法及运动负荷。这是因为参加体育锻炼的每个个体的情况和特点不尽相同，如性别、年龄、健康状况、锻炼基础、营养条件、生活作息以及兴趣爱好等都可能存在差异，要使体育锻炼收到实效，就必须依据个体的情况进行综合考虑，在锻炼的方式方法和内容以及锻炼的量和强度上做到因人而异，切不可盲目照搬效仿他人。对于体质较差、身体患慢性病的同学还要在体格检查、医生指导的情况下，慎重选择运动项目和运动强度，从而达到运动康复、促进健康的目的。对于发热、外伤或患急性病未愈的同学则应禁止参加体育锻炼。

（五）全面锻炼原则

全面锻炼原则是指通过体育锻炼使身体形态、机能、素质和心理品质都得到全面和谐发展。人体是在大脑皮层统一调节下的有机整体，进行体育运动锻炼时，应利用多种形式、手段、内容和方法进行全面的锻炼，力求使身体素质和身体各器官系统的机能得到全面发展，使人体整体功能得到不断提高。具体地讲，在体育锻炼时，应注意均衡性、对称性和交替性。

二、运动过程中的卫生保健

（一）运动前的准备及运动后的整理

运动前要做好充分的准备活动。准备活动是在运动前有目的进行的一系列肌肉活动，目的是使人体为即将进行的运动做好机能上的动员和准备。准备活动做得充分，不仅可以提高神经肌肉的兴奋性，减少运动损伤，而且可以加快体内的代谢过程，减轻运动疲劳。运动中一旦出现心慌、气短、身体不适等情况时应马上停止运动并采取相应的处理措施。

运动后也要重视整理活动，通过运动后所做的缓和、放松运动，可以使人体从紧张的运动状态逐步过渡到相对安静状态，有利于肌肉组织排出代谢产物，达到缓解肌肉酸痛，消除疲劳的目的。整理活动应着重于全身性的放松，活动量应逐渐减慢。活动时应配以深呼吸，以加大肺通气量，提高气体交换率，这对神经系统有很好的调节作用。运动后不能马上进行冷水浴或游泳。

（二）运动场地与运动着装

应选择空气新鲜的环境进行锻炼，如运动场、校园、公园等，盛夏酷暑应选择荫凉的地方以防中暑，冬季气温过低也可在室内进行，注意不要在风沙及雾霾天气下进行户外运动。运动时间以晨起和下午 4 点以后为宜。运动着装应舒适轻松，最好选择透气散湿性相对较好的聚丙烯材质，穿适宜的运动鞋。

（三）运动前后的饮食卫生

1.运动前后应注意饮食卫生

在运动时，大脑的运动中枢和交感神经兴奋，血管扩张，大量的血液进入肌肉组织，而胃肠等内脏器官的血液供应相对减少，同时运动时副交感神经受到抑制，消化系统的活动减弱，胃液分泌减少，消化能力降低。所以，运动后立即进食会影响食物的消化与吸收，对胃肠道产生不良影响。同样，进食后食物集中在胃肠道，如果马上运动，运动牵拉肠系膜会引起腹痛、恶心甚至呕吐，长此以往还容易造成胃下垂。因此，进食与运动之间应有一定的时间间隔，饭前半小时及饭后 1 小时不宜进行运动，剧烈运动应该在饭后 2～3 小时才能进行。

2.运动过程中应注意水分的补充

水是人体代谢过程中必不可少的重要成分，运动时因出汗增多，机体对水的需要量也会相应地增加，如不及时补充，会影响正常的生理功能，使人出现口渴、嘴唇发干、全身无力、精神不振和疲劳等症状，因此必须及时补充水分。运动中水的补充应以少量多次为原则，出汗比较多的时候还可以补充含盐饮料。

运动过后也不适宜短时间内大量饮水。这是因为运动时体内盐分随汗液大量丢失，大量饮水而不补充电解质，会使血浆渗透压降低，水盐代谢平衡失调而影响机体的正常生理机能，甚至发生肌肉痉挛（俗称抽筋）等现象，应当引起重视。此外，夏季运动后也不宜过多饮用冷饮，以免因胃肠血管收缩导致胃肠道肌肉痉挛而发生腹痛等症状。

（四）女性经期运动卫生

女性月经来潮时不宜参加剧烈运动，也不要做跳跃和收腹动作以及带有闭气和静力性的练习，以免造成腹内压增高，加重盆腔充血，造成经血过多。可以参加适量的轻微运动，如散步、徒手操、打乒乓球等，以改善盆腔内的血液循环，再加上运动时腹肌、盆底肌收缩与放松对子宫的按摩作用，有助于经血的排出。同时运动通过对大脑皮质的兴奋和抑制过程，可以减轻全身的不适感。另外，女性月经期不要游泳，以防引发感染。

第三节　运动损伤的预防

运动损伤是体育运动过程中各类损伤的总称。运动损伤是体育运动中经常发生的意外事故，不仅会影响学生的健康与学习，而且会对学生造成不良的心理影响，妨碍体育运动的正常开展，因此大学生对此应有所了解并加以预防。

一、运动损伤发生的原因

（1）缺乏预防运动损伤的安全意识和基本知识，运动过程中未能采取有效的措施加以预防。

(2)运动前未做准备活动或准备活动不充分,违反循序渐进的原则。

(3)运动负荷过大或动作要领掌握不正确,缺乏自我保护能力。

(4)不遵守运动规则,动作粗暴或训练时组织不当。

(5)运动中发生急性损伤后未治愈或损伤后过早参加运动等,使急性损伤转化为慢性损伤。

(6)运动时,生理、心理状态不良,缺乏有效的自我监督。

(7)没有及时对运动场地、器械设备等进行安全检查以及气候环境恶劣也是发生运动损伤的原因之一。

二、运动损伤的预防

(1)加强体育运动安全教育,掌握预防运动损伤的相关知识,遵守体育运动的原则,克服麻痹大意思想。同时,运动时身上不要穿戴包括手表等金属类饰品或携带小刀、钥匙等尖锐物品。

(2)合理安排运动计划,运动前做好充分的准备活动,运动过程中注意加强防护和自我保护,运动中和运动后不要马上进食或大量饮水。

(3)掌握运动要领,注意加强机体的全面锻炼,适当控制运动负荷,防止局部负担过重而造成损伤。

(4)加强医务监督,定期进行体格检查,伤病初愈或患慢性病者应在医生的指导下选择适宜的运动项目和运动量,避免过量。

三、常见的运动损伤及处理

(一)开放性软组织损伤

开放性软组织损伤是指肌肉、韧带、皮肤等软组织损伤的同时伴有皮肤、黏膜的破损,有不同程度的创面或伤口。常见类型主要有:

1.擦伤

擦伤是身体表面与粗糙物相互摩擦造成的皮肤组织的损伤。

2.裂伤

裂伤是由钝物打击或摩擦引起皮肤和软组织撕裂,裂口常常不规则,边缘不整齐,软组织损伤较为广泛。常见头面部的裂伤,如运动中眉弓因受碰撞引起的裂伤。

3.刺伤

刺伤由细长而锐利的异物刺入体内所致,如运动跑鞋鞋钉的扎伤等。其特点是伤口不大,但较深,可能伤及深部组织或器官。

上述损伤虽然危害不大,但容易因创面污染或处理不当而引发感染,建议最好到校医院或附近诊所进行及时处理。

(二)急性闭合性软组织损伤及处理

软组织损伤但表面皮肤完整称为闭合性软组织损伤。主要见于以下几种类型:

1.挫伤

挫伤是由于身体局部受钝力打击、挤压、碰撞、摔跌等直接作用而造成的局部软组织的损伤。

2.扭伤及拉伤

扭伤及拉伤是由于外力直接或间接作用,使肌肉或肌腱过度牵拉造成部分肌纤维断裂或外力使关节活动超出正常的生理范围而造成的损伤。常见的有踝关节和膝关节扭伤、肌肉拉伤等。

严重的挫伤或并发内脏损伤或其他合并症者,应及时送医院进行处理。对确无并发症的急性闭合性软组织损伤早期可采取以下办法进行处理。

(1)制动:伤肢制动是急性损伤现场处理的重要措施,是有效减轻伤病疼痛和预防出血,防止因再次活动而加重损伤程度的重要措施。

(2)冷敷:具有止痛、止血和减轻局部水肿的作用。受伤后立即用冰袋、冷毛巾进行冷敷并定时更换,或用自来水冲洗患处15分钟以上,有条件的也可用氯乙烷、镇痛气雾剂喷射受伤部位。冷敷时须防止局部组织冻伤,寒冷季节尤应注意。损伤后48小时内禁止热敷或局部按摩,以免使出血和渗出加重。

(3)加压包扎:具有止血、止痛、减轻局部肿胀、缩短康复时间的作用。冷敷后尽快进行加压包扎。尽量用弹性绷带,包扎的松紧要适度,太松达不到加压的目的,太紧妨碍局部血液循环。包扎后要注意观察肢体循环情况,如果出现末梢青紫、发凉,局部麻木,疼痛加剧,说明包扎太紧,应重新正确包扎。加压包扎24小时后即可解除。

(4)抬高患肢:可促进淋巴液回流,改善血液循环,减轻肿胀。一般情况下,当下肢受伤后,身体半卧位或坐位时,足踝部垫起应超过大腿部水平;卧位时,下肢垫高应超过心脏水平;上肢远端受伤后,手腕部应抬高,并超过心脏水平。

(三)骨折及处理

骨折是指因直接或间接暴力作用致使骨的连续性和完整性遭到破坏,运动中出现的骨折多属外伤性骨折。骨折发生后受伤部位剧烈疼痛,局部迅速肿胀,肢体失去正常功能,明显错位时可出现畸形和假关节。骨折多伴有软组织损伤,严重者可发生休克。骨折是一种严重的创伤,现场应立即进行简单处理后速送医院。处理包括止血、包扎和固定。可因地制宜,就地取材不必过分强调无菌,但应注意不得随意复位和牵拉,更不可将外露组织送回伤口内,以免发生碎骨移位,进一步损伤血管、神经或造成感染。

第四节　运动处方的制定及注意事项

体育运动的目的是增进健康，科学、系统的锻炼计划可以克服体育锻炼的盲目性和随意性，使锻炼从简单到复杂，从不适应到逐渐加大运动负荷，有层次、有系统地进行，进而达到增强体质，有益于健康的目的。为了达到这个目的，我们向大家推荐用运动处方来进行科学锻炼的方法。

一、运动处方的概念

运动处方是针对个人的身体状况，指导人们有目的、有计划、科学地进行锻炼的一种方法。它是由美国生理学家卡波维奇在 20 世纪 50 年代提出。20 世纪 60 年代以来，随着康复医学的发展，运动处方开始受到重视。1969 年，运动处方被世界卫生组织所采用并得到国际上普遍认可。运动处方的完整概念是：康复医师或体疗师，对从事体育锻炼者或患者，根据医学检查资料（包括运动试验和体力测验），按其健康、体力以及心血管功能状况，用处方的形式规定运动种类、运动强度、运动时间及运动频率，提出运动中的注意事项。

二、运动处方的内容

运动处方的内容应包括运动种类、运动强度、运动时间、运动频率、运动进度及运动效果评价等。

（一）运动种类

运动种类可分为耐力性（有氧）运动、力量性运动及伸展性运动 3 类。

（二）运动强度

运动强度是运动处方的核心，也是设计运动处方中最困难的部分，需要适时地进行监控。运动中，心率与运动强度之间存在着线性关系。心率可以帮助了解和控制体育锻炼过程中的运动强度，准确地告诉你运动强度是需要增加还是需要减少。通过触摸桡动脉或颈动脉就可测出心率。为了准确地测量运动时的心率，要在停止运动的 5 秒钟内进行测量，测量 10 秒钟再乘以 6，就可得出运动时的心率。

最大心率：人体做极限运动时所达到的心率。最大心率＝220－年龄。

靶心率：是指获得最佳效果并能确保运动安全的心率。靶心率＝（220－年龄）×（65％～85％），也可按年龄直接计算：50 岁以上或有慢性病史的人，靶心率＝170－年龄；青年人及经常参加体育锻炼的人，靶心率＝180－年龄。

例如：年龄 40 岁的健康人，根据靶心率＝（220－年龄）×（65％～85％），他的靶心率为 117～153 次/分，即锻炼时心率控制在这个范围比较安全。或按年龄计算,靶心率=180－年龄=140次/分。

（三）运动时间

运动持续时间是指每次持续运动的时间。每次运动总时间一般为45～60分钟,准备活动15～20分钟,训练活动20～30分钟,其中达到靶心率的时间须在15分钟以上,整理活动5～10分钟。

运动量由运动强度和运动时间所决定,在总运动量确定的情况下,运动强度较小则运动时间较长。经过一段时间的锻炼需要增加运动量时,先延长运动时间,再提高运动强度。

（四）运动频率

运动频率常用每周的锻炼次数来表示。一般认为,每周锻炼3～4次或隔一天锻炼一次的效率最高。最低的运动频率为每周锻炼2次。小运动量的耐力运动可每天进行;而力量练习的频率可以为每日或隔日练习一次;伸展运动和健身操则可每日1次或每日2次。

（五）运动进度

根据运动处方进行锻炼的人,经过一段时间(6～8周)的运动练习后,心肺功能会有所改善。此时可每隔2～3周调整一次运动强度和运动时间,持续4～5个月即可进入保持阶段。这个阶段锻炼者心肺功能及身体其他方面已经达到较为满意的状态,只要坚持锻炼就可保持体魄强健。同时,为避免运动枯燥无味,便于坚持,可调整运动内容以增加运动的趣味性。

（六）运动效果评价

(1)运动量适宜:运动时稍微出汗,呼吸轻度加快但不影响对话;运动结束后心率在休息5～10分钟后恢复常态;运动后轻松愉快,食欲睡眠良好;无持续的疲劳和不适。

(2)运动量过大:运动结束后心率在休息10～20分钟后不恢复;运动后出现疲劳、心慌、食欲减退、睡眠不佳,休息后不能恢复。

(3)运动量不足:运动后身体无发热感,无汗;心率无明显变化。

第六章　不良嗜好及物质滥用

学前思考题

1. 吸烟有哪些危害？
2. 青少年为什么要远离毒品？
3. 酗酒的危害是什么？
4. 什么是药物滥用？

在人类诸多不良行为中，吸烟、酗酒、吸毒是公认的三大罪魁祸首，其中以吸烟涉及的人数最多，以酗酒的历史最长久，而论及对社会的祸害和对个人后果的严重性，又以吸毒为最。大学生同样受“三害”殃及。

第一节　吸　烟

目前中国已成了世界烟草大国，烟草生产、烟草消费、吸烟人数均为全球首位。我国吸烟人数3.2亿，占世界吸烟总人数(11亿)的1/4还要多。开始吸烟年龄，男性在24岁前开始吸烟者占75%左右，而女性约占50%，与10年前相比，我国人群开始吸烟的年龄提前了3岁，平均年龄为20岁。如今吸烟的大学生比率在逐渐上升，过早的吸烟让青年的体质下降，影响了身心健康。

一、吸烟的危害

烟草燃烧后生成烟气，烟气的化学成分有4000余种，其中明显有害的有尼古丁、一氧化碳、烟焦油以及多种致癌物质和放射性物质。

1. 可引起多种疾病

烟草产生的有害物质可直接损害细胞和组织器官，干扰破坏人体生理功能，造成多种疾病。其中对心血管的危害十分明显，可引起心跳加快、心律失常、血管硬化、冠心病，诱发心绞痛和心肌梗死。尼古丁还可引起头痛、失眠、眩晕、肌肉震颤、视力听力下降、口苦、消化不良和性功能障碍。连续抽烟引起的“烟醉”状态，使人眩晕欲吐、面色发白、四肢无力。口臭、牙龈出血和萎缩、咳嗽、哮喘、口唇发紫、皮肤灰暗也是吸烟常见症状。

2. 致癌

吸烟导致的各种癌中，肺癌居首位，皮肤癌、口腔癌、鼻咽癌、食道癌、胃癌等常见。因吸烟死于白血病的概率比不吸烟者高 53%。在所有肺癌患者中，有吸烟史者占 80%。

3. 削弱人体的防御功能

首先是呼吸道，吸烟可造成慢性支气管感染，出现咳嗽频繁、痰不易咯出等症状；吸烟也削弱消化道的防御能力，引起口腔炎和舌炎，出现口腔黏膜白斑、牙龈出血、牙根松动等症状。

4. 危害妇女、婴幼儿的健康

吸烟能导致月经紊乱；哺乳期妇女吸烟易造成乳腺脓肿；吸烟也明显损害孕妇的健康，导致流产率明显增高；吸烟可通过胎盘影响胎儿，造成发育不良，乃至畸形。

5. 加速衰老，缩短寿命

长期吸烟可以加速衰老，不论外部相貌和内部功能都会受到影响。外部相貌可出现灰暗无光的“香烟面容”，出现眼角的“鱼尾纹”、唇边的“放射纹”、颈后的“卵石纹”。内部功能方面，可出现多系统的功能紊乱和脏器衰老，典型的是动脉硬化引起心、脑、肾等重要器官功能障碍。根据美国文都会保险公司对 100 万人的调查统计，每天吸烟量越大，寿命缩短越明显。

6. 对周围人群造成危害

吸烟不仅对吸烟者本人造成损害，还通过污染空气对周围不吸烟者造成损害，有部分学者认为吸烟“害人”的作用比“害己”更大。

二、大学生戒烟策略

要减少吸烟，直至最后杜绝吸烟是一个全社会的系统工程。大学生是国家的未来，更应关注自身健康，拒绝烟草。戒烟需要制定一个适合于自己的策略。从现在做起，完全戒烟通常 3～4 个月才可以成功。

(1)充分认识吸烟对身心健康的危害。

(2)制订一个可行性戒烟计划，增强戒烟的信念。

(3)丢掉所有的香烟、打火机、火柴和烟灰缸。避免去往习惯吸烟的场所或参与习惯吸烟的活动。餐后喝水、吃水果或散步，摆脱饭后一支烟的想法。

(4)必须在尝试戒烟之前认识到戒断症状的可能性：易怒、缺乏耐心、敌意、焦虑、情绪沮丧、注意力不集中、失眠、坐立不安以及食欲和体重增加，以做好戒烟的思想准备。

(5)烟瘾来时，可以做深呼吸活动，或咀嚼无糖分的口香糖，避免用零食代替香烟，否则会引起血糖升高，身体发胖；坚决拒绝香烟的引诱，经常提醒自己：再吸一支烟足以令戒烟的计划前功尽弃。

(6)与医生交谈、讨论如何防止再度吸烟的药物治疗和策略，增大成功的可能。如用尼古丁替代法(戒烟药丸、贴片或口香糖)来满足吸烟者对尼古丁的需要；非尼古丁药物疗法，像丁普酮，也被证明在帮助吸烟者成功戒烟方面的有效性是常规方法的2倍。

(7)同学和家人的支持与鼓励对戒烟和保持戒烟状态也具有积极的意义。

拓展阅读

戒烟对身体有益，戒烟越早受益越大

美国医学研究发现，控烟已拯救800万个生命，控烟被认为是“现代历史上最成功的公共健康运动”。各年龄段戒烟均有益处。戒烟越早，健康获益越大，寿命延长越多。如果30岁时开始戒烟，可使预期寿命比吸烟者增加约10年；如果40岁时开始戒烟，可使预期寿命增加约9年；如果50岁时开始戒烟，可使预期寿命增加约6年；如果60岁时开始戒烟，可使预期寿命增加约3年。出现威胁生命的疾病后开始戒烟，也可使身体比吸烟时能快速获益。出现心脏病发作后的人员戒烟可使再次发作的概率降低50%。

第二节　吸　毒

吸毒指采取各种方式，使用一些具有依赖性潜力的物质，这种使用与医疗目的无关，其结果是滥用者对该物质产生依赖状态，迫使其无止境地追求使用，一旦吸食成瘾，将无法自拔，由此造成健康损害并带来严重的社会、经济甚至政治问题。当前青少年吸毒已成为一个触目惊心的严重社会问题。

传统毒品主要有鸦片、海洛因等，而新型毒品是相对传统毒品而言，主要指人工化学合成的致幻剂、兴奋剂类物质，是由国际禁毒公约和我国法律法规所规定管制的，直接作用于人的中枢神经系统，使人兴奋或抑制，连续使用能使人产生依赖性的精神药品(毒品)。

一、常见新型毒品

1. 冰毒(甲基苯丙胺)

冰毒对人体的中枢神经系统具有极强的刺激作用,且毒性剧烈。冰毒的精神依赖性极强,已成为目前国际上危害最大的毒品之一。

2. 摇头丸

摇头丸以3,4-亚甲基二氧甲基苯丙胺(MDMA)、4,5-亚甲基二氧基苯丙胺(MDA)等苯丙胺类兴奋剂为主要成分,由于服用后可出现长时间难以控制随音乐剧烈摆动头部的现象,故称为摇头丸。摇头丸外观多为片剂,形状多样,五颜六色。

3. K粉(氯胺酮)

一般人只要足量接触两三次K粉即可上瘾,是一种很危险的精神药品。K粉无臭,易溶于水,可随意勾兑进饮料、红酒中服下。服药开始时身体瘫软,一旦接触到节奏狂放的音乐,便会条件反射般强烈扭动、手舞足蹈,“狂劲”一般会持续数小时甚至更长,直到药性渐散身体虚脱为止。

4. 咖啡因

咖啡因是化学合成或从茶叶、咖啡果中提炼出来的一种生物碱。咖啡因适度使用有祛疲劳、兴奋神经的作用,大剂量或长期使用也会对人体造成损害,可引起阵发性惊厥和骨骼震颤,损害肝、胃、肾等重要内脏器官,诱发呼吸道炎症、妇女乳腺瘤等疾病,甚至导致吸食者下一代智能低下、肢体畸形。

5. 三唑仑

三唑仑又名海乐神、酣乐欣,是一种强烈的麻醉药品,口服后可以迅速使人昏迷晕倒,故俗称迷药、蒙汗药、迷魂药。三唑仑无色无味,可以伴随酒精类共同服用,也可溶于水及各种饮料中。

此外,新型毒品还有安钠咖、氟硝西泮、麦角乙二胺(LSD)、甲喹酮、丁丙诺啡、地西泮及有机溶剂和鼻吸剂等。

二、毒品的危害

1. 毁灭自己

(1)不同的毒品摄入体内,都有各自的毒副反应及产生戒断症状,对健康形成直接而严重的损害,甚至吸毒过量以至死亡。此外,由于毒品对消化系统、呼吸系统、心血管系统、免疫系统的影响,滥用毒品可导致多种疾病的发生,而因吸食毒品引发的性乱还可能导致性病及艾滋病的传播。

(2)毒品不仅对躯体造成巨大的损害,由于毒品的生理依赖性与心理依赖性,使得吸毒者成为毒品的奴隶。他们生活的唯一目标就是设法获得毒品,为此失去工作、生活的兴趣与能力。

2.祸及家庭

一个人一旦吸毒成瘾，就会人格丧失，道德沦落，为购买毒品耗尽正当收入后，就会变卖家产，四处举债，倾家荡产，六亲不认。家中只要有了一个吸毒者，从此全家就会永无宁日，就意味着这个家庭贫穷和充满矛盾的开始。妻离子散，家破人亡往往就是吸毒者家庭的结局。

3.危害社会

(1)吸毒与犯罪如一对孪生兄弟。吸毒者为获毒资往往置道德、法律于不顾，越轨犯罪，严重危害人民生命与社会治安。据报道，在英国有一半吸毒者是靠犯罪获得买毒品的钱。北京市朝阳区人民法院调研发现，毒品犯罪已出现了向大学校园蔓延的现象。2014 年至 2015 年已审结高校大学生毒品犯罪案件 20 件，涉案大学生被告人 21 名，其中有 9 人为“211”甚至“985”等知名重点院校的在读大学生，涉及罪名均为贩卖毒品罪，其中 7 起毒品交易行为甚至发生在学生宿舍、食堂、运动场等大学校园内。

(2)给社会背上了沉重的经济包袱。吸毒者丧失工作能力与正常生活，对吸毒者各种医疗费用、戒毒力量的投入，药物滥用防治工作的开展，这些都给社会经济带来严重的损失。

三、毒品在大学校园存在的原因

(1)高校在读大学生自我约束和管理的能力尚不成熟。大学生刚刚离开高中和父母，自我约束和管理能力还不够成熟，加之大学的学习生活环境较为宽松，缺乏外在的约束，导致部分大学生出于好奇、碍于朋友情面等原因而沾染上毒品。

(2)少部分大学生性格孤僻，不受别人关注，容易产生强烈的自卑心理而通过吸食毒品的方式来麻痹自己。

(3)高校在读大学生对毒品的性质和危害存在错误认识。

(4)网络及手机社交软件的普及导致毒品信息容易传播和获取。大学生群体往往是互联网络和 QQ、微信、陌陌等手机社交软件的活跃用户，由于目前国家对这些平台的监管尚不完善，很多毒品信息可利用这些方式得以传播和获取。

四、禁毒措施

首先通过立法明确把禁毒工作作为基本国策，纳入国民经济和社会发展的总体规划，确定禁毒的领导体制、工作机制、保障机制，有效解决打击毒品犯罪、禁毒宣传教育、可制毒化学品的管理等方面存在的突出问题。

加强禁毒教育，做好超前预防工作，是解决青少年吸毒问题的根本途径和出路，也是大学生远离毒品的重要手段。

1. 加强对高校在读大学生的禁毒教育,提高大学生的禁毒意识

高等院校及全社会应该利用典型案例的警示效果,在校园中加强禁毒宣传和教育,促使大学生提高对毒品的人体危害性以及吸贩毒行为的法律后果的认识,号召大学生自觉抵制互联网络和社交软件中的毒品信息,在纷繁复杂的虚拟社交环境中学会坚守道德防线,拒绝毒品,倡导文明健康的网络环境。

2. 加强对高校涉毒大学生的监管工作,防范大学生毒品犯罪

一方面,公安机关应加强对高校涉毒大学生的监管工作,提升对高校毒品犯罪活动的打击力度,防止吸贩毒现象在高校校园的蔓延。另一方面,高等院校应充分发挥辅导员和学生团体的作用,会同有关部门,帮助吸毒大学生开展戒毒活动,同时鼓励大学生对周围同学中出现的吸毒现象进行举报,通过定期摸排掌握高校吸毒人员基本信息,预防吸毒大学生走上毒品犯罪道路。

3. 重视对涉毒大学生的教育工作,突出刑罚的教育目的

法院在审理此类案件时应该重视对涉案大学生被告人的教育工作,使该类犯罪主体能更深刻地认识到其行为的危害性。同时,法院在案件的量刑方面应突出刑罚的教育目的,对于其中情节较轻的,可在与涉案大学生所在高校进行沟通的前提下对涉案大学生适用缓刑,积极探讨大学生被判处刑罚后重返校园的可能性。

拓展阅读

国际禁毒日的由来

1987 年 6 月 12 日至 26 日,联合国在维也纳召开由 138 个国家的 3000 多名代表参加的麻醉品滥用和非法贩运问题部长级会议。会议提出了“爱生命,不吸毒”的口号,一致同意将每年的 6 月 26 日定为“国际禁毒日”,以引起世界各国对毒品问题的重视,同时号召全球人民共同来解决毒品问题。

第三节　酗　酒

中国的饮酒史源远流长,从某种意义上说,饮酒也是一种人们活动的需要。酒可给人带来欢乐和友谊,也可带来忧患与灾难。

近年来,中国饮酒人数一直呈上升趋势,目前已超过 5 亿人。最新调查数据显示:2015 年,全国 36 个城市白酒消费者比例高达 22.97%。我国饮酒人群平均单次饮酒量为 135 g(以 38 度酒为标准),折算成纯酒精为 41.04 g,比世界卫生组

织"男性每天摄入酒精量不超过 20 g，女性不超过 10 g"的安全饮用标准高了 2 倍之多。目前大学生过量饮酒的问题也越来越突出。

一、酗酒的危害

1. 酒精对人体的致病作用

酒精对人体的致病作用可分为急性与慢性两类。急性酒精中毒又称醉酒，表现有心悸、气急、头晕，脉搏加速，面色由潮红转苍白，瞳孔缩小（或扩大），呕吐，知觉迟钝，动作失衡，严重的有知觉消失、大小便失禁、抽搐、昏迷等，极少数可致死。醉酒并发症则有吸入性肺炎、胃出血、外伤等，也易诱发脑血管破裂。慢性酒精中毒的危害主要表现在胃肠道、肝和神经系统。长期大量饮酒，特别是"一口干"式的豪饮，常使胃肠道黏膜充血、水肿、糜烂，导致多种类型胃炎和消化道溃疡。长期饮酒也是造成肝硬化的重要原因。

2. 肇事和犯罪

有人将酒后分为欣快期、冲动期、抑制期 3 期。冲动期是肇事和犯罪的高发期。酒后谩骂、斗殴、寻衅闹事、亲朋反目成仇的事屡见不鲜。醉酒使人的理解力、判断力、忍耐力降低或丧失。醉汉常妄自尊大，目空一切，对法律和道德显得毫不在乎。醉酒也可使平时压抑的怨恨和不满集中释放出来，甚至做出违反国家法律和规定的事情。

3. 人格改变和工作能力降低

慢性酒精中毒者几乎都有不同程度的性格改变，烦躁、粗暴、固执、夸大、刚愎自用是常见的倾向，也有人变得胆小、猥琐、纠缠不清、缺乏自信。小事神经过敏，大事麻木不仁；注意力不集中，特别难于从事高强度的脑力劳动；以自我为中心，偏执放纵和色厉内荏，构成具有特色的酒鬼心态。

二、合理控制饮酒，预防校园酗酒

1. 认清酗酒恶习的危害性

近年来，大学生因酗酒引发酒后伤身、滋事生非而过"铁窗"生活的案件屡见不鲜，且日趋严重，给学生、家庭、学校和社会造成极大危害。

2. 发挥学生干部率先垂范作用

学生干部要以身作则，同学们才会跟着学，照着做，真正使限酒成为全体同学的共识。

3. 加大高校综合管理力度

高校应按照国家教育行政部门明文规定，校园里不准经营烈性酒，对高校校内食堂、餐馆等加大督查检查力度，如有违反，要给予经济和行政处罚。另外，要加大对学生的管理力度，严禁学生酗酒，对酗酒者根据情节给予相应处理，甚至移交有关部门依法惩处。

4.营造健康高雅的校园文化氛围

不少染上酗酒恶习的大学生主要是由于生活枯燥无味，便想从饮酒中找到一些乐趣。为此要想在校园解除酗酒恶习，就应组织科学的、文明的、健康的、高雅的校园文化活动，提倡文明饮酒，杜绝无节制豪饮，坚决反对酗酒，最大限度减少酒害酒祸。

5.对酗酒大学生采取有效的心理疏导

通过心理疏导减轻或消除大学生不良心理，提高大学生心理承受能力和环境适应能力。

第四节　药物滥用

药物滥用是指反复、大量地使用具有依赖性特性或依赖性潜力的药物，这种用药与公认的医疗需要无关，属于非医疗目的用药。滥用的药物有非医药制剂和医药制剂，其中包括禁止医疗使用的违禁物质和列入管制的药品。

一、大学生常见的药物滥用

(1)镇静催眠药。地西泮(安定)主要用于治疗焦虑、急性应激反应、恐慌发作、惊厥和睡眠障碍(主要是短期应用)，与其他镇静剂相似，需要合理应用，然而在应用中也是经常被滥用的。地西泮停药后会出现一些不良反应，不过不会威胁到生命。

(2)某些常用药如复方止咳药水、感冒药，因其含有阿片、咖啡因、麻黄碱、苯巴比妥等麻醉药品或精神药品成分，长期连用可有积蓄并产生依赖性。

(3)疼痛缓解剂。这些药物并不完全相同，大学生常使用的盐酸羟考酮含有对乙酰氨基酚，复方羟考酮含有阿司匹林。这类药物不能与酒精、巴比妥类、抗组胺剂或者地西泮联合应用，如果联合应用有可能会威胁到生命。

(4)麻醉药品。如阿片类、可卡因类、大麻类等。

二、药物滥用的危害

药物滥用可导致药物成瘾，以及其他行为异常，甚至可以引发严重的公共卫生和社会问题。多药滥用是指非医疗目的滥用两种以上的药物。20 世纪 80 年代以后，多药滥用已成为主要的药物滥用模式，美国和西欧一些国家进入治疗机构的药物滥用者绝大多数为多药滥用。多药滥用，特别是毒品与酒滥用结合，带来了与日俱增的医学问题和社会问题，其危害比一般药物滥用严重得多。

三、如何防范药物滥用

(1)国家层面,要从政策和法律上严禁药物滥用,加强对合法药物流通领域的管理,严格监控药品的生产、批发、销售和处方。对无卫生行政机构批准的单位生产、批发、销售和使用了药品,要依法处理。

(2)医院层面,应该加强药物管理。

(3)医生层面,要加强自身的技能水平和道德水平,要处处为患者考虑,坚决不乱用一颗药。

(4)患者层面,也可以说是社会层面,要加强药品知识的宣传和学习,自己有所判断,对药物有个基本认识,知晓药物滥用对身体的毒害,在医生指导下合理用药。

第二单元

疾病预防

人体是一个充满无限奥秘的复杂有机体。为了帮助同学们预防疾病,保护生命,在本单元我们对人体常用的健康指标、常见的异常症状和体征、大学生常见疾病以及如何合理使用药物等进行了介绍。希望通过我们的介绍,能够唤起同学们对疾病的重视,帮助大家早期发现疾病并进行恰当的及时治疗,从而避免严重疾病的发生,维护身体健康。

第七章　常见症状的识别

学前思考题

疾病常见症状的表现都有哪些?

症状与体征是诊断疾病的主要依据。在多数情况下,先有症状,再由医生检查而发现有关病理性体征。但是,需要注意的是,不同疾病可以表现出相同的症状,同一种症状可能是不同疾病的表现,甚至有些患者发病了但症状并不明显,只是在体检或普查时才被发现。另外,同一症状在不同疾病中所具有的意义也不相同,有的为主要症状,有的仅是伴随症状。因此,疾病的症状对于不同疾病的诊断意义是不相同的,希望大家对此要有正确的认识。

一、发热

发热是指机体在致热源作用下或各种原因引起体温调节中枢的功能障碍,体温升高超出正常范围。

(一)人体正常体温范围

人体腋下正常体温一般为 36～37 ℃,可因测量部位不同而略有差异。正常体温在不同个体之间略有差异,且常受机体内外因素的影响稍有波动。在一天 24 小时内,下午体温较早晨稍高,剧烈运动、劳动或进餐后体温可稍有升高,但一般波动范围不超过 1 ℃。另外,在高温环境下体温也可稍升高。

(二)病因与分类

引起发热的病因甚多,临床上可分为感染性与非感染性两大类。

1.感染性发热

各种病原体如病毒、细菌、支原体、立克次体、螺旋体、真菌、寄生虫等感染引起的发热。

2.非感染性发热

无菌性坏死物质的吸收、抗原-抗体反应、内分泌代谢障碍、皮肤散热减少、体温调节中枢功能失常、自主神经功能紊乱均可引起发热。

（三）临床表现

1. 发热的分度

按体温的高低可分为：低热 37.3～38 ℃，中等度热 38.1～39 ℃，高热 39.1～41 ℃，超高热 41 ℃以上。

2. 发热的过程及特点

（1）体温上升期：常有疲乏无力、肌肉酸痛、皮肤苍白、畏寒或寒战等。

（2）高热期：指体温上升到高峰之后保持一定的时间。此期寒战消失，皮肤发红并有灼热感，呼吸加深加快，开始出汗并逐渐增多。

（3）体温下降期：由于病因的消除，致热源的作用逐渐减弱或消失，散热大于产热，体温降至正常。表现为出汗多、皮肤潮湿。

二、咳嗽与咳痰

咳嗽是一种保护性反射动作。通过咳嗽反射能有效清除呼吸道内的分泌物或进入气道内的异物。咳痰是通过咳嗽动作将呼吸道内病理性分泌物排出口腔的病态现象。

（一）病因

1. 呼吸道疾病

呼吸道各部位受刺激性气体、粉尘、异物、炎症等刺激。

2. 胸膜疾病

胸膜炎、胸膜间皮瘤或胸膜受刺激如自发性气胸等。

3. 心血管疾病

各种原因导致心衰而引起肺瘀血、肺水肿。

4. 中枢神经因素

从大脑皮质发出冲动传至咳嗽中枢，人可随意引起咳嗽或抑制咳嗽，脑炎、脑膜炎也可引起咳嗽。

（二）临床表现

1. 咳嗽的性质

咳嗽无痰或痰量甚少，称干性咳嗽，见于急性咽喉炎、急性支气管炎初期、胸膜炎、肺结核等。咳嗽伴有痰液称湿性咳嗽，见于慢性支气管炎、肺炎、肺脓肿、支气管扩张症等。

2. 咳嗽的时间和节律

发作性咳嗽常见于吸入刺激性气体、气管与支气管异物、百日咳、气管或支气管受压迫刺激等；长期慢性咳嗽，多见于慢性呼吸道疾病。

3. 咳嗽的音色

咳嗽的音色指咳嗽的声音特点。咳嗽声音嘶哑多见于声带炎、喉炎、喉结核等；金属音调咳嗽见于肿瘤或结节病压迫气管等；阵发性连续剧咳伴有高调吸气回声（鸡鸣样咳嗽）见于百日咳、喉部疾患和气管受压；咳嗽声音低微或无声见于极度衰弱或声带麻痹。

4. 痰的性状和量

痰的性状可分为黏液性、浆液性、脓性、血性等。急性呼吸道炎症时痰量较少，支气管扩张症、肺脓肿时痰量较多。根据痰液的特殊颜色和气味还可初步推断出可能感染的细菌种类。

三、咯血

咯血指喉及喉以下呼吸道任何部位的出血，经口排出者。咯血须与口腔、鼻、咽部出血或上消化道出血引起的呕血相鉴别。

（一）病因

咯血的病因以呼吸系统和心血管系统疾病常见。

1. 支气管疾病

常见的有支气管扩张症、支气管肺癌、支气管结核等。

2. 肺部疾病

常见的有肺结核、肺炎、肺脓肿等。在我国，咯血的主要原因首推肺结核。

3. 心血管疾病

较常见的是二尖瓣狭窄导致肺瘀血引起支气管内膜毛细血管或黏膜下血管破裂。

4. 其他

血液病如血小板减少性紫癜、白血病、血友病等，急性传染病如流行性出血热、肺出血型钩端螺旋体病等，风湿性疾病如系统性红斑狼疮、结节性多动脉炎等。

（二）临床表现

1. 年龄

青壮年咯血多见于肺结核、支气管扩张症、风心病二尖瓣狭窄等。

2. 咯血量

每日咯血量在 100 mL 以内为小量，100～500 mL 为中等量，500 mL 以上（或一次咯血 300～500 mL）为大量。

3. 颜色和形状

肺结核、支气管扩张症、肺脓肿、支气管结核、出血性疾病，咯血颜色鲜红；铁锈色血痰主要见于肺炎球菌大叶性肺炎、肺吸虫病等；砖红色胶冻样血痰主要见于肺炎杆菌肺炎。

四、胸痛

胸痛主要由胸部疾病引起，少数由其他部位的病变所致。

(一)病因

1. 胸壁疾病

急性皮炎、带状疱疹、肌炎、非化脓性肋软骨炎、肋间神经炎、肋骨骨折等。

2. 心血管疾病

心绞痛、急性心肌梗死、心肌炎、急性心包炎等。

3. 呼吸系统疾病

胸膜炎、胸膜肿瘤、自发性气胸、肺炎、肺癌等。

4. 纵隔疾病

纵隔炎、纵隔脓肿、纵隔肿瘤、食管炎、食管裂孔疝、食管癌等。

5. 其他

膈下脓肿、肝脓肿等。

(二)临床表现

1. 发病年龄

青壮年胸痛，常见于结核性胸膜炎、自发性气胸、心肌炎、风湿性心瓣膜病等。

2. 胸痛部位

胸痛部位包括疼痛部位及其放射部位。胸壁疾病特点为疼痛部位局限，局部有压痛；炎症性疾病多伴有局部红、肿、热；食管及纵隔病变，胸痛多位于胸骨后，进食或吞咽时加重；心绞痛和心肌梗死的疼痛部位多在心前区与胸骨后或剑突下，可放射至左肩、左臂内侧，亦可放射至左颈与面颊部；自发性气胸、胸膜炎的胸痛多位于患侧腋前线与腋中线附近。

3. 胸痛性质

带状疱疹呈刀割样痛或烧灼样痛，剧痛难忍；食管炎为烧灼痛；心绞痛呈绞榨样并有重压窒息感；心肌梗死的胸痛更为剧烈并有恐惧、濒死感；干性胸膜炎常呈尖锐性刺痛或撕裂痛。

4. 持续时间

平滑肌痉挛或血管狭窄缺血为阵发性胸痛，炎症、肿瘤等所致疼痛为持续性。

5. 影响疼痛因素

影响疼痛因素包括发生诱因、加重与缓解因素。劳累、精神紧张、体力劳动可诱发心绞痛发作，休息、含服硝酸甘油可缓解疼痛，而对心梗疼痛则无效；胸膜炎和心包炎的胸痛可因深呼吸与咳嗽加剧；反流性食管炎的胸骨后灼痛，可在饱餐后出现，仰卧或俯卧位加重。

五、心悸

心悸是一种自觉心脏跳动的不适感或心慌感。当心率加快时感心脏跳动不适，心率缓慢时则感搏动有力。

引起心悸常见的病因：

1. 心脏搏动增强

心脏收缩力增强引起的心悸，可为生理性或病理性。

(1)生理性者：可见于健康人在剧烈运动或精神过度紧张时，饮酒、浓茶或咖啡后，应用某些药物如肾上腺素、麻黄碱、咖啡因、甲状腺片等。

(2)病理性者：可见于各种原因引起的左心室肥大、心脏收缩力增强；甲状腺功能亢进、贫血、发热等也可引起心脏搏出量增加。

2. 心律失常

心动过速、心动过缓、心律不齐时，人体都可感觉心悸。

3. 心脏神经官能症

心脏神经官能症由自主神经功能紊乱引起，心脏本身并无器质性病变，多见于青年女性。

六、恶心与呕吐

恶心、呕吐是临床常见的症状。恶心为上腹部不适、紧迫欲吐的感觉，并伴有皮肤苍白、出汗、流涎、血压降低及心动过缓等迷走神经兴奋的症状，常为呕吐的前奏。呕吐是胃或部分小肠的内容物，经食管、口腔而排出体外的现象。

(一)病因

1. 胃、肠源性呕吐

(1)胃、十二指肠疾病：急慢性胃肠炎、消化性溃疡、急性胃扩张或幽门梗阻、十二指肠壅滞症等。

(2)肠道疾病：急性阑尾炎、各型肠梗阻等。

2. 反射性呕吐

(1)咽部受到刺激：如吸烟、剧咳、鼻咽部炎症或溢脓等。

(2)肝胆胰疾病：急性肝炎、肝硬化、急慢性胆囊炎、胰腺炎等。

(3)腹膜及肠系膜疾病：急性腹膜炎。

(4)其他疾病：肾输尿管结石、急性肾盂肾炎、急性盆腔炎、异位妊娠破裂、心肌梗死、内耳迷路病变、青光眼等。

3. 中枢性呕吐

(1)颅内感染：各种脑炎、脑膜炎。

(2)脑血管疾病：脑出血、脑栓塞、脑血栓形成、高血压脑病、偏头疼等。

(3)颅脑损伤:脑挫裂伤、颅内血肿等。

(4)癫痫持续状态时。

(5)其他疾病:可能因尿毒症、肝性脑病、糖尿病酮症酸中毒或低血糖引起脑水肿、颅压增高等引起呕吐。

(6)药物:抗生素、抗癌药、洋地黄、吗啡等可因兴奋呕吐中枢引起呕吐。

4.神经性呕吐

胃肠神经症、神经性厌食等。

(二)临床表现

1.呕吐的时间

育龄期女性晨起呕吐可见于早期妊娠,晨起呕吐也可见于尿毒症、慢性酒精中毒或功能性消化不良;鼻窦炎患者因起床后脓液经鼻后孔刺激咽部,可致晨起恶心、干呕;晚上或夜间呕吐可见于幽门梗阻。

2.呕吐与进食的关系

餐后不久发生的呕吐,特别是集体发病者,多由食物中毒所致;餐后即刻呕吐,可能为精神性呕吐;餐后1小时以上呕吐称为延迟性呕吐,提示胃张力下降或胃排空延迟;餐后较久或数餐后呕吐见于幽门梗阻。

3.呕吐的特点

精神性或颅内高压性呕吐,恶心症状轻,颅内高压所致呕吐为喷射状。

4.呕吐物的性质

呕吐物有发酵、腐败气味提示胃潴留,有粪臭味提示低位小肠梗阻等。

七、便血

便血指消化道出血,血液由肛门排出。便血颜色可呈鲜红、暗红或黑色,少量出血不造成粪便颜色改变,可经隐血试验确定。

(一)病因

1.上消化道疾病

食管静脉曲张破裂、食管异物、食管炎、消化性溃疡等。

2.小肠疾病

肠结核、钩虫病、小肠血管瘤、空肠憩室炎或溃疡等。

3.结肠疾病

急性细菌性痢疾、溃疡性结肠炎、结肠憩室炎、结肠息肉等。

4.直肠肛管疾病

直肠肛管损伤、非特异性直肠炎、直肠息肉、痔疮、肛裂、肛瘘等。

5.全身性疾病

白血病、血小板减少性紫癜、血友病、流行性出血热等。

（二）临床表现

便血的颜色可因出血部位不同、出血量不同、血液在肠腔内停留时间的长短而异。下消化道出血，如出血量多则呈鲜红色，若在肠道内停留时间较长，可呈暗红色。血色鲜红附于粪便表面或于排便后有鲜血滴出或喷射出者，提示为肛门或肛管疾病出血，如痔疮、肛裂或直肠肿瘤等。上消化道或小肠出血并在肠内停留时间较长，粪便可呈黑色柏油样。食用动物血、肝脏等也可使粪便呈黑色。服用某些药物也可使粪便变黑，隐血试验可鉴别。急性细菌性痢疾多有黏液脓性鲜血便。

八、腹痛

腹痛是临床常见症状，多数由腹部脏器疾病引起，一般可按起病缓急、病程长短分为急性腹痛和慢性腹痛。

（一）病因

1.急性腹痛

(1)腹腔器官急性炎症：急性胃炎、急性肠炎、急性胰腺炎、急性胆囊炎、急性阑尾炎等。

(2)空腔脏器阻塞或扩张：肠梗阻、肠套叠、胆道结石、泌尿系结石梗阻等。

(3)脏器扭转或破裂：肠扭转、卵巢扭转、肝破裂、脾破裂、异位妊娠破裂等。

(4)腹膜炎症：多由胃肠穿孔引起，少数为自发性腹膜炎。

(5)腹腔内血管阻塞：缺血性肠病、夹层腹主动脉瘤等。

(6)腹壁疾病：腹壁挫伤、脓肿及腹壁皮肤带状疱疹。

(7)胸腔疾病所致的腹部牵涉性痛：肺炎、肺梗死、心绞痛、心肌梗死、急性心包炎、胸膜炎、食管裂孔疝。

(8)全身性疾病导致的腹痛：腹型过敏性紫癜、糖尿病酸中毒、尿毒症、铅中毒等。

2.慢性腹痛

(1)腹腔脏器的慢性炎症：反流性食管炎、慢性胃炎、慢性胆囊炎及胆道感染、慢性胰腺炎、结核性腹膜炎等。

(2)空腔脏器的张力变化：胃肠痉挛、胃肠运动障碍等。

(3)胃十二指肠溃疡。

(4)腹腔脏器的扭转或梗阻：慢性胃十二指肠扭转、十二指肠壅滞等。

(5)脏器包膜的牵张：肝瘀血、肝炎、肝脓肿等。

(6)中毒与代谢障碍：铅中毒、尿毒症等。

(7)肿瘤压迫及浸润：以恶性肿瘤居多。

(8)胃肠神经功能紊乱：胃肠神经症。

（二）临床表现

1. 腹痛部位

腹痛部位多为病变所在部位。如胃十二指肠疾病、急性胰腺炎，疼痛多在中上腹部；胆囊炎、胆石症、肝脓肿等疼痛多在右上腹部；急性阑尾炎疼痛在右下腹；小肠疾病疼痛多在脐周；结肠疾病疼痛多在下腹或左下腹部。

2. 腹痛性质和程度

突发的中上腹剧烈刀割样痛、烧灼样痛，多为胃十二指肠溃疡穿孔；中上腹持续性剧痛或阵发性加剧应考虑急性胃炎、急性胰腺炎；胆石症或泌尿系结石常为阵发性绞痛，程度剧烈。

3. 诱发因素

胆囊炎或胆石症发作前常有进食油腻食物史，急性胰腺炎发作前则常有酗酒、暴饮暴食史。

4. 发作时间

餐后痛可能是胆胰疾病或消化不良所致；饥饿痛发作呈周期性、节律性者见于胃窦、十二指肠溃疡；子宫内膜异位者腹痛与月经来潮相关。

九、腹泻

腹泻指排便次数增多，粪质稀薄，或带有黏液、脓血或未消化的食物。腹泻可分为慢性和急性，超过 2 个月者属慢性腹泻。

（一）病因

1. 急性腹泻

（1）肠道疾病：包括由病毒、细菌等感染引起的肠炎，急性出血性坏死性肠炎，溃疡性结肠炎急性发作等。

（2）急性中毒：服食毒蕈、河豚、鱼胆及化学药物（如砷、磷、铅、汞）等引起的腹泻。

（3）全身性感染：败血症、伤寒、副伤寒、钩端螺旋体病等。

（4）其他：过敏性紫癜、服用某些药物等引起的腹泻。

2. 慢性腹泻

（1）消化系统疾病：慢性萎缩性胃炎、肠结核、慢性细菌性痢疾、钩虫病、溃疡性结肠炎、结肠多发息肉、吸收不良综合征、肠道肿瘤、慢性胰腺炎、慢性胆囊炎等。

（2）全身性疾病：甲状腺功能亢进、糖尿病性肠病、系统性红斑狼疮、某些药物的不良反应、肠易激综合征、神经功能性腹泻等。

（二）临床表现

1. 起病和病程

急性腹泻起病急，病程较短，多为感染或食物中毒所致。慢性腹泻起病缓慢，病程较长，多见于慢性感染、非特异性炎症、吸收不良、肠道肿瘤或神经功能紊乱等。

2.腹泻次数和粪便性质

急性感染性腹泻，每天排便次数可多达10次以上。慢性腹泻，多每天排便数次，可为稀便，也可带黏液、脓血，多见于慢性痢疾、炎症性肠病及肠道肿瘤等。

3.腹泻与腹痛的关系

急性腹泻常有腹痛，以感染性腹泻明显。小肠疾病的腹泻疼痛常在脐周，便后腹痛缓解不明显；结肠疾病的疼痛多在下腹，便后疼痛常可缓解。

十、便秘

便秘指排便频率减少，7天内排便次数少于3次，排便困难，粪便干结。

（一）病因

1.功能性便秘

(1)进食量少或食物缺乏纤维素，对结肠运动的刺激减少。

(2)各种原因如时间、地点、生活条件改变以及精神因素等造成排便习惯受干扰或抑制。

(3)长期滥用泻药造成对泻药的依赖，停止使用则不易排便。

(4)结肠运动功能障碍：老年体弱、活动过少、肠痉挛致排便困难，如肠易激综合征。

(5)腹肌及盆肌张力不足，排便推动力缺乏，难以将粪便排出体外。

(6)结肠冗长。

(7)应用吗啡类药、抗胆碱能药、神经阻滞剂、镇静剂等使肠肌松弛引起便秘。

2.器质性便秘

(1)直肠与肛门病变引起肛门括约肌痉挛，排便疼痛造成惧怕排便，如痔疮、肛裂、肛周脓肿和溃疡、直肠炎。

(2)结肠良性或恶性肿瘤、各种原因的肠梗阻、肠粘连、先天性巨结肠症等。

(3)腹腔或盆腔内肿瘤的压迫，如子宫肌瘤。

(4)全身性疾病使肠肌松弛，排便无力，如尿毒症、糖尿病、甲状腺功能低下；血卟啉病及铅中毒引起肠肌痉挛也可导致便秘。

（二）发生机制

食物在消化道经消化吸收后，剩余的食糜残渣从小肠输送至结肠，在结肠内再将大部分的水分和电解质吸收形成粪团，最后输送至乙状结肠及直肠，通过一系列的排便活动将粪便排出体外。从形成粪团到产生便意和排便动作的各个环节，均可因神经系统活动异常、肠平滑肌病变及肛门括约肌功能异常或病变而发生便秘。

(三)临床表现

急性便秘可有原发性疾病的表现,患者多有腹痛、腹胀,甚至恶心、呕吐,多见于各种原因的肠梗阻;慢性便秘多无特殊表现,部分患者述口苦、食欲减退、腹胀、下腹不适或有头晕、头痛、疲乏等神经功能症状,一般不重。

十一、尿频、尿急与尿痛

尿频指排尿次数增多。正常成人白天排尿4~6次,夜间0~2次,每次尿量200~400 mL。尿急指患者一有尿意即要排尿,不能控制。尿痛指患者排尿时膀胱区及尿道受刺激产生疼痛或烧灼感。尿频、尿急、尿痛合称膀胱刺激征。

病因与临床表现:

(一)尿频

1.生理性尿频

生理性尿频见于饮水过多、精神紧张或气候变化。

2.病理性尿频

(1)排尿次数增多而每次尿量正常,因而全日总尿量增多,可见于糖尿病、尿崩症、急性肾衰竭多尿期等。

(2)排尿次数增多而每次尿量减少,或仅有尿意并无尿液排出,见于:①膀胱尿道受刺激:膀胱、后尿道炎症及膀胱结核或结石;②膀胱容量减少:膀胱内占位性病变、结核性挛缩膀胱或妊娠子宫、子宫肌瘤、子宫脱垂压迫膀胱等;③下尿路有梗阻:前列腺增生症、尿道狭窄等,通常表现为排尿困难,排尿开始迟缓,排尿费力,射程缩短,射力减弱,尿线中断或呈滴沥状;④神经源性膀胱:由于神经系统疾病导致膀胱功能失常。

(二)尿急

尿急见于急性膀胱炎、尿道炎、前列腺炎、输尿管下段结石等,少数与精神因素有关。尿急常伴有尿频、尿痛等。

(三)尿痛

尿痛见于尿道炎、膀胱炎、前列腺炎、膀胱结核、膀胱结石或异物、晚期膀胱癌等,尿痛性质为灼痛或刺痛。尿道炎多在排尿开始时出现疼痛;膀胱炎常在排尿终了时疼痛加重;前列腺炎除了尿痛外,耻骨上区、腰骶部或阴茎头亦感觉疼痛;膀胱异物或结石多有尿流中断。

十二、头痛

头痛指额、顶、颞及枕部的疼痛,可见于多种疾病,大部分无特殊意义。精神紧张、过度疲劳可有头痛。反复发作或持续的头痛,可能是某些器质性疾病的信号,应及时去医院就诊明确诊断。

(一)病因

1.颅脑病变

(1)感染:脑膜炎、脑膜脑炎、脑炎、脑脓肿等。

(2)血管病变:蛛网膜下腔出血、脑出血、脑血栓形成、脑栓塞、高血压脑病、脑供血不足、脑血管畸形等。

(3)占位性病变:脑肿瘤、颅内转移瘤、颅内囊虫病等。

(4)颅脑外伤:脑震荡、脑挫伤、硬膜下血肿、颅内血肿、脑外伤后遗症。

(5)其他:偏头痛、头痛型癫痫等。

2.颅外病变

颅骨疾病、颈椎病、神经痛等。

3.全身性疾病

急性感染如流感、伤寒、肺炎等发热性疾病,高血压、心力衰竭等心血管疾病,铅、酒精、一氧化碳、有机磷、药物等中毒,尿毒症、低血糖、贫血、中暑等。

(二)临床表现

1.发病情况

急性起病并有发热者常为感染疾病所致。剧烈的头痛,持续不减轻,并有不同程度的意识障碍而无发热者,提示颅内血管性疾病(如蛛网膜下腔出血)。长期反复发作头痛或搏动性头痛,多为血管性头痛(如偏头痛)或神经官能症。慢性进行性头痛并有呕吐应注意颅内占位性病变。青壮年慢性头痛,常因焦急、情绪紧张引起。

2.头痛部位

偏头痛多在一侧;颅内病变的头痛常为深在性且较弥漫;高血压引起的头痛多在额部或整个头部;全身性或颅内感染性疾病的头痛,多为全头部痛;蛛网膜下腔出血引起的头痛常伴有颈部疼痛。

3.头痛的程度和性质

头痛的程度一般分为轻、中、重度,但与病情轻重并无平行关系。三叉神经痛、偏头痛及脑膜刺激的疼痛最为剧烈。脑膜瘤的头痛多为中度和轻度。高血压性、血管性及发热性疾病的头痛,往往带搏动性。神经性头痛有时也非常剧烈。

4.头痛出现的时间和持续时间

颅内占位性病变往往清晨时头痛加剧;鼻窦炎的头痛常发生于清晨或上午;女性偏头痛常与月经期有关;脑肿瘤的头痛多为持续性,可有长短不等的缓解期。

5.加重、减轻或激发头痛的因素

咳嗽、打喷嚏、摇头、俯身可使颅内高压性头痛、血管性头痛、颅内感染性头痛及脑肿瘤性头痛加剧;慢性或职业性的颈肌痉挛所致的头痛,可因活动或按摩颈肌而逐渐缓解。

十三、眩晕

眩晕是患者感到自身或周围环境有旋转或摇动的一种主观感受障碍，常伴有客观的平衡障碍，一般无意识障碍。

病因与临床表现：

（一）周围性眩晕（耳性眩晕）

1. 梅尼埃病

梅尼埃病的主要特点是发作性眩晕伴耳鸣、听力减退及眼球震颤，严重时可伴有恶心、呕吐、脸色苍白和多汗。本病发作多短暂，很少超过 2 周，有复发性特点。

2. 迷路炎

迷路炎多由中耳炎并发，症状特点同梅尼埃病，检查可发现鼓膜穿孔，有助于诊断。

3. 内耳药物中毒

内耳药物中毒常由链霉素、庆大霉素及其同类药物中毒性损害所致，多表现为渐进性眩晕伴耳鸣、听力减退，常先有口周及四肢发麻等。

4. 前庭神经元炎

多在发热或上呼吸道感染后突然出现眩晕，伴恶心、呕吐，一般无耳鸣及听力减退。持续时间较长，可达 6 周，痊愈后很少复发。

5. 位置性眩晕

患者头部处在一定位置时出现眩晕和眼球震颤，多数不伴耳鸣及听力减退。可见于迷路和中枢病变。

6. 晕动病

晕动病见于晕船、晕车等，常伴恶心、呕吐、面色苍白、出冷汗等。

（二）中枢性眩晕（脑性眩晕）

颅内血管性疾病如椎-基底动脉供血不足、脑动脉粥样硬化、高血压脑病等；颅内占位性病变如听神经瘤、小脑肿瘤等；癫痫；颅内感染性疾病；颅内脱髓鞘和变性疾病如多发性硬化等。

（三）其他原因引起的眩晕

低血压、高血压、阵发性心动过速、房室传导阻滞等心血管疾病；急性发热性疾病、尿毒症、糖尿病等可引起眩晕；眼肌麻痹、屈光不正等眼源性原因；头部或颈椎损伤后引起的眩晕。

第八章　常见传染病与预防

学前思考题

1. 什么是传染病？传染病的4个基本特征是什么？
2. 结核病的发病特点和结核病防治的核心知识是什么？
3. 病毒性肝炎主要有几种类型？如何预防？
4. 什么是艾滋病？艾滋病的主要传播途径有哪些？

传染病是由各种病原体引起的能在人与人、动物与动物或人与动物之间相互传播的一类疾病，严重威胁着人类的健康和安全。学校人员密集，容易导致传染病的传播和流行。患传染病不仅影响学生的健康，也会使学习受到影响，高校中每年因传染病（如乙型肝炎、肺结核）而休学的学生占学生休学总人数的大多数。因此，了解常见传染病的特点和预防措施，对促进学生身体健康具有非常重要的意义。

本章节主要讲述传染病的概念、基本特征、流行3个环节，法定传染病的种类，几种常见传染病的发病特点及预防措施，包括结核病、病毒性肝炎、急性呼吸道传染病、细菌性痢疾、艾滋病。

第一节　传染病概述

一、传染病的概念

传染病是指由病原微生物和寄生虫感染人体后产生的具有传染性并在一定条件下可造成流行的疾病。病原微生物包括病毒、真菌、细菌、支原体、衣原体、螺旋体等，寄生虫包括原虫、蠕虫等。感染性疾病是指由病原体感染所致的疾病，包括传染病和非传染性感染性疾病，感染性疾病不一定有传染性，其中有传染性的疾病才称为传染病。病原体可在人群中传播，也能在动物中以及人与动物之间传播，常造成流行。

病原体通过各种途径进入人体，就开始了其感染过程。根据人体防御功能的强弱和病原体数量及毒力的强弱，感染过程可出现 5 种不同的结局，即感染谱。这些表现可以移行或转化，呈现动态变化。

1. 清除病原体

病原体进入人体后，首先可被机体非特异性防御能力所清除，包括皮肤和黏膜的屏障作用、胃酸的杀菌作用、正常体液的溶菌作用、组织内细胞的吞噬作用等，如胃酸所清除的霍乱弧菌；也可以由事先存在于体内的特异性被动免疫（来自母体或人工注射的抗体）所中和，或特异性主动免疫（通过预防接种或感染后获得的免疫）所清除。

2. 隐性感染

隐性感染又称亚临床感染，是指病原体侵入人体后，仅诱导机体产生特异性免疫应答，而不引起或只引起轻微的组织损伤，在临床上不出现任何症状、体征，只能通过免疫学检查才能发现。在大多数传染病中，隐性感染是最常见的表现形式，其数量常远远超过显性感染（10 倍以上），如甲型肝炎和流行性乙型脑炎等。隐性感染过程结束以后，大多数人获得不同程度的特异性主动免疫，病原体被清除；少数人转变为病原携带状态，病原体持续存在于体内，成为无症状携带者，如伤寒沙门氏菌、志贺菌和乙型肝炎病毒感染等。

3. 显性感染

显性感染又称临床感染，是指病原体侵入人体后，通过大量病原体的作用，导致机体发生组织损伤，引起病理改变和临床表现。在大多数传染病中，显性感染只占全部受感染者的一小部分。但在少数传染病中，如麻疹、水痘等，大多数感染者表现为显性感染。有些传染病在显性感染过程结束后，病原体可被清除，感染者可获得较为巩固的免疫力，不易再受感染，如麻疹、甲型肝炎等。

4. 病原携带状态

病原携带状态是指病原体侵入人体后，可以停留在入侵部位或侵入较远的脏器继续生长、繁殖，而人体不出现任何的疾病状态，但能携带并排除病原体，成为传染病流行的传染源。按病原体的种类不同可分为带病毒者、带菌者与带虫者等。按其发生和持续时间的长短可分为潜伏期携带者、恢复期携带者或慢性携带者。按其携带病原体持续时间在 3 个月以下或以上可分为急性与慢性携带者。所有病原携带者都有一个共同特点，即无明显临床症状而携带病原体，因而在许多传染病中，如伤寒、痢疾、霍乱和乙型肝炎等，成为重要的传染来源。

5. 潜伏性感染

潜伏性感染又称潜在性感染。病原体感染人体后，寄生在机体某些部位，由于机体免疫功能足以将病原体局限化而不引起显性感染，但又不足以将病原体清除时，病原体便可长期潜伏起来，等待机体免疫功能下降时，才引起显性感染。常见的潜伏性感染有单纯疱疹病毒、水痘病毒、结核杆菌等感染。

除清除病原体外，上述感染的 4 种表现形式在不同传染病中各有侧重。一般来说，隐性感染最常见，病原携带状态次之，显性感染所占比例最低，但一旦出现，则容易识别。这 5 种表现形式不是一成不变的，在一定条件下可相互转变，同一种疾病的不同阶段也可以有不同的表现形式。

二、传染病的基本特征

传染病与其他疾病的主要区别，在于具有下列 4 个基本特征。

1. 有病原体

每一个传染病都是由特异性的病原体引起的，许多传染病都是先认识其临床和流行病学特征，然后认识其病原体的。目前还有一些新的传染病的病原体未得到充分认识。

2. 有传染性

有传染性是传染病与其他感染性疾病的主要区别，传染性意味着病原体能通过某种途径感染他人。传染病患者有传染性的时期称为传染期，在每一种传染病中都相对固定，并作为隔离患者的依据。

3. 有流行病学特征

传染病的流行过程在自然因素和社会因素的影响下，表现出各种特征，根据其发病规模的大小，可分为散发性、流行性和大流行等。

4. 有感染后免疫

人体感染病原体后，无论是显性或隐性感染，都能产生针对某种病原体及其产物（如毒素）的特异性免疫。通过血清中特异性抗体的检测可知其是否具有免疫力。感染后获得的免疫力和疫苗接种一样都属于自动免疫，通过注射或从母体获得抗体的免疫力都属于被动免疫。感染后免疫力的持续时间在不同传染病中有很大差异。有些传染病，如麻疹、脊髓灰质炎、乙型脑炎等，感染后免疫力持续时间较长，甚至保持终身；但有些传染病感染后免疫力持续时间较短，如流行性感冒、细菌性痢疾等。

三、传染病的流行过程

传染病的流行过程就是传染病在人群中发生、发展和转归的过程。流行过程的发生需要具备 3 个基本条件，包括传染源、传播途径和人群易感性。3 个环节必须同时存在，若切断其中任何一个环节，都不能引起疾病的流行。流行过程本身又受社会因素和自然因素的影响。

1. 传染源

传染源是指体内有病原体生存、繁殖并能将病原体排出体外的人和动物。传染源包括下列 4 种：患者、隐性感染者、病原携带者、受感染的动物。

患者是大多数传染病中重要的传染源，一般在发病早期的传染性最大。在某些传染病(如脊髓灰质炎)中，隐性感染者是重要传染源。慢性病原携带者无明显临床症状而长期排出病原体，在某些传染病中，如乙型肝炎、细菌性痢疾有重要的流行病学意义。某些动物间的传染病，如狂犬病、鼠疫等，也可传给人类，并引起严重疾病。

2. 传播途径

病原体离开传染源到达另一个易感者的途径，称为传播途径。同一种传染病可以有多种传播途径。

(1)呼吸道传播：病原体存在于空气中飞沫或气溶胶中，易感者吸入时获得感染，如流行性感冒、麻疹、结核病、传染性非典型肺炎等。

(2)消化道传播：病原体污染食物、水源或食具，易感者进食时获得感染，如菌痢、霍乱、伤寒、甲型病毒性肝炎等。

(3)接触传播：易感者与被病原体污染的水、用具或土壤接触时获得感染，如水痘、手足口病、血吸虫病等。日常生活的密切接触也可以获得感染，既可传播消化道传染病，如痢疾，也可传播呼吸道传染病，如水痘、麻疹、白喉、流行性感冒等。不洁性接触(包括同性恋、多个性伴侣的异性恋及商业性性行为)可传播艾滋病以及乙型、丙型病毒性肝炎等。

(4)虫媒传播：被病原体感染的吸血节肢动物，如按蚊、人虱、恙虫等，于叮咬时把病原体传给易感者，可分别引起疟疾、流行性斑疹伤寒、恙虫病等。

(5)血液、体液传播：病原体存在于携带者或患者的血液或体液中，通过应用血制品、分娩或性交等传播，如乙型肝炎、丙型肝炎、艾滋病等。

(6)垂直传播：病原体通过母体的胎盘或产道传给胎儿或新生儿，使其受感染，如乙型肝炎、艾滋病等。

有些传染病只有一种传播途径，如伤寒只通过消化道传播；有些传染病可有多个传播途径，如乙型、丙型肝炎可通过血液、性接触及母婴传播。

3. 人群易感性

对某种传染病缺乏特异性免疫力的人称为易感者，他们都对该病原体具有易感性。当易感者在某一特定人群中的比例达到一定水平，又有传染源和合适的传播途径时，就会引起该传染病的流行。传染病的流行具有周期性，由于预防接种的普及，可以把某种传染病的易感者水平始终保持较低，从而阻止其流行，如麻疹、脊髓灰质炎、乙型脑炎等。

四、传染病的诊断、治疗、预防

(一)传染病的诊断

传染病的诊断要根据流行病学、临床表现、实验室检查3个方面的资料，综合分析，尽早明确诊断。

(二)传染病的治疗

传染病的治疗要坚持综合治疗的原则，即早治疗，隔离与消毒并重，一般治疗与对症治疗相结合的原则。

(三)传染病的预防

传染病的预防应当针对传染病流行过程的3个基本环节，采取综合性预防措施，并根据各个传染病的特点，针对主要环节重点采取适当措施。

1. 控制传染源

控制传染源关键在于早期发现传染病患者，及时报告，尽早隔离，尽早治疗。传染病报告制度必须严格遵守，并根据《中华人民共和国传染病防治法》及其实施办法，采取相应的防控措施。

2. 切断传播途径

对于各种传染病，尤其是消化道传染病、虫媒传染病和寄生虫病，切断传播途径是主要的预防措施，其主要方法包括隔离和消毒。

消毒分为疫源地消毒和预防性消毒两类。消毒方法有物理消毒法和化学消毒法。常用消毒剂有84消毒液、75%乙醇、戊二醛等。

3. 保护易感人群

保护易感人群的措施包括特异性和非特异性两个方面。

有计划的预防接种可以提高人群特异性免疫水平，是预防传染病发生最有效的手段。通过预防接种可以提高人群的主动或被动特异性免疫力。

非特异性措施有改善营养、锻炼身体和提高生活水平等，可一定程度提高机体免疫力。

五、当前我国传染病的特点

当前我国传染病防治形势呈现以下特点：一是病毒性肝炎(乙型和丙型病毒性肝炎等)及其相关疾病仍是传染病的主流。二是新发传染病不断发生和流行。自20世纪70年代以来，全球已出现的新发传染病达10余种，其中有约半数已在我国出现，如人类克雅病、埃博拉出血热、裂谷热、人感染高致病性禽流感等。三是一些过去已经基本控制的传染病如结核病、血吸虫病、布鲁菌病、疟疾、梅毒等在许多地区死灰复燃，重新对人类构成威胁，尤其是耐多药结核病防治、结核菌/艾滋病病毒双重感染防治等问题正成为新的挑战。四是抗微生物药物(抗菌、抗病毒药物等)的过度使用和滥用,导致细菌耐药、病毒耐药及机会性感染增加,使临床治疗陷入困境。

拓展阅读

我国目前法定传染病的分类和病种

法定传染病分为甲类、乙类和丙类(共39种)。

甲类2种:鼠疫、霍乱。

乙类26种:传染性非典型肺炎、艾滋病、病毒性肝炎、脊髓灰质炎、人感染高致病性禽流感、甲型H1N1流感、麻疹、流行性出血热、狂犬病、流行性乙型脑炎、登革热、炭疽、细菌性和阿米巴性痢疾、肺结核、伤寒和副伤寒、流行性脑脊髓膜炎、百日咳、白喉、新生儿破伤风、猩红热、布氏菌病、淋病、梅毒、钩端螺旋体病、血吸虫病、疟疾。

丙类11种:流行性感冒、流行性腮腺炎、风疹、急性出血性结膜炎、麻风病、流行性和地方性斑疹伤寒、黑热病、包虫病、丝虫病,除霍乱、细菌性和阿米巴性痢疾、伤寒和副伤寒以外的感染性腹泻病、手足口病。

第二节　结核病

一、概念及流行病学特征

结核病是由结核分枝杆菌引起的慢性呼吸道传染病。结核杆菌可累及全身多个脏器,但以肺结核最为常见,占结核病总数的90%以上。若能及时诊断、治疗,该病大多可获临床治愈。

经呼吸道传染是肺结核最主要的传播途径。肺结核患者,特别是结核菌痰培养阳性(痰培阳性)或痰涂片结核菌阳性(痰涂片阳性)的开放性肺结核患者是主要传染源。患者在咳嗽、喷嚏时排出的结核杆菌悬浮在飞沫核中播散,被健康人吸入可引起感染。患者随地吐痰,痰液干燥后,结核菌随尘土飞扬,亦可造成感染。

人群对结核病普遍易感,婴幼儿、青春后期及老年人发病率较高。生活贫困、居住拥挤、营养不良等是人群结核病高发的原因。患糖尿病、恶性肿瘤及过度劳累、妊娠等易诱发结核病。免疫抑制状态如艾滋病患者,尤其易发结核病,形成结核杆菌/艾滋病病毒(TB/HIV)双重感染。

人体感染结核菌后不一定发病,当身体抵抗力降低时,才可能引起发病。

二、结核病流行现状

WHO估计，全球60亿人中有20亿是结核感染者，每年有600万新病例，其中半数以上为传染性肺结核。每年约有300万人死于结核病，占各种原因死亡数的7%，占各类传染病死亡数的19%。WHO 1993年宣布“全球结核病紧急状态”，确定每年3月24日为“世界防治结核病日”。2015年，全球结核病控制目标为发现85%的涂阳结核患者，85%的患者得到直接督导下短程化疗方案。

我国是结核病22个高负担国家之一，结核病患者的数量居世界第二，仅次于印度，全国受感染的人数约5亿，患肺结核的人数达500万，应引起我们的高度重视。当前我国结核病的流行趋势及特点存在“五多一高”现象，即结核杆菌感染人数多(全国已有约5亿人感染了结核杆菌)，现患肺结核人数多(全国现有500万肺结核患者，占全球患者数的1/4)，结核病死亡人数多，耐药结核病患者人数多，农村结核病患者人数多(80%的患者在农村)，传染性肺结核疫情仍居高不下。

三、临床表现

肺结核患者常缺乏特征性症状，约20%的患者可无症状或症状轻微而被忽视。

全身症状主要有原因不明的长期低热，伴盗汗、乏力、消瘦、体重减轻等。呼吸系统症状主要有咳嗽、咳痰、咯血、胸痛等。

四、诊断与治疗

(一)诊断

(1)有结核病接触史。

(2)咳嗽、咳痰、咯血、痰中带血。咳嗽、咳痰2周以上，应高度怀疑感染了肺结核。

(3)胸部X线检查：胸部X线检查较易发现肺部异常阴影，但缺乏特异性，还需密切结合临床及实验室诊断。

(4)痰结核杆菌检查：对肺结核诊断有确诊意义，但检出率较低。如果结核菌痰涂片或痰培养阳性，为传染性肺结核。

(5)其他检查：血清学检查、病原学检查(PCR)、结核菌素(PPD)试验、纤维支气管镜检查等。

拓展阅读

结核菌素试验

结核菌素是结核菌的代谢产物，从液体培养基生长的结核菌提炼而成，主要成分为结核蛋白。目前国内均已采用结核菌素纯蛋白衍生物(PPD)。试验方法为皮内注射法。将 PPD 5 U(0.1 mL)注入前臂内侧上中 1/3 交界处皮内，使局部形成皮丘。经 48～96 小时(一般为 72 小时)观察反应。结果判断以局部硬结直径为依据：5 mm 以下为阴性反应，6～15 mm 为一般阳性反应，15 mm 以上或不足 15 mm 但有水疱或坏死为强阳性反应。

PPD 试验的主要用途有：①社区结核菌感染的流行病学调查或接触者的随访；②监测阳转者，适用于儿童和易感高危对象；③协助结核病的诊断。

(二)治疗

常用治疗方案包括异烟肼、利福平、吡嗪酰胺、乙胺丁醇等一线药物联合应用，强化治疗 2～3 个月后改为巩固治疗 4～5 个月。

五、预防措施

为了控制结核病的流行，必须从控制传染源，切断传染途径，增强免疫力，降低易感性等几个方面着手。

1. 隔离传染源

尽早发现结核病患者，发现后及时转诊、隔离治疗，特别是痰涂阳性或痰培阳性的传染性结核患者。

加强结核患者的管理，对结核患者建立档案，定期随访督促其规范治疗。

2. 加强宣教工作

各医疗及结防机构积极开展结核病的健康宣教工作，使学生了解结核病防治的核心知识，养成良好的卫生习惯，做到经常开窗通风，加强体育锻炼，合理营养等。

3. 易感者的保护

新生儿出生时接种卡介苗可获得免疫力。

4. 主动筛查

定期对大学生进行健康体检，如肺部 X 线检查可以发现早期患者，但多数患者还是在因病就诊时发现。有可疑症状者要查痰或做胸部 X 线检查，对痰涂片阳性而未经治疗者的密切接触者进行筛查，包括 PPD 试验、胸部 X 线检查等，常可发现结核病患者。在大学生中开展PPD试验，对强阳性者进行监测或给予预防性服药。

拓展阅读

结核病防治核心知识

●肺结核是一种慢性呼吸道传染病。

●咳嗽、咳痰2周以上，或痰中带血丝，应当怀疑得了结核病。

●得了结核病，应当到县(区)级结防机构接受检查和治疗。

●在县(区)级结防机构检查和治疗肺结核，可享受国家免费政策。

●只要坚持正规治疗，绝大多数肺结核患者是可以治愈的。

●咳嗽、打喷嚏时用手帕或纸巾掩口鼻。

●不随地吐痰。

●出现肺结核可疑症状或被诊断为肺结核后，应当主动向学校报告，不隐瞒病情，不带病上课。

●养成开窗通风习惯。

●保证充足的睡眠，合理膳食，加强体育锻炼，提高抵御疾病的能力。

第三节 病毒性肝炎

病毒性肝炎是指由多种肝炎病毒所引起的，以肝脏损害为主的一组全身性传染病。目前按病原分类，常见的病毒性肝炎有5种：甲、乙、丙、丁、戊型肝炎。肝炎病毒的传染性较强，传播途径复杂。因此，病毒性肝炎在我国流行广泛，发病率较高，为常见传染病之一。其中以甲型病毒性肝炎和乙型病毒性肝炎最为常见。

一、甲型病毒性肝炎

甲型病毒性肝炎是由甲型肝炎病毒(hepatitis A virus，HAV)引起的肝炎，多表现为急性肝炎。

(一)流行病学特点

1. 传染源

甲型肝炎无病毒携带状态，传染源为急性期患者和隐性感染者，并以隐性感染者较多。

2. 传播途径

甲型肝炎主要经粪-口途径传播，粪便污染水源、食物等可引起流行。日常生活接触多为散发病例。

3. 易感性与免疫力

人对甲肝普遍易感，常发生于15岁以下儿童，感染后免疫力较持久，再次感染者极少。

（二）临床表现

潜伏期平均为30天(5～45天)。常见类型有两种：急性黄疸型肝炎与急性无黄疸型肝炎。甲型肝炎往往无慢性病例和病毒携带者。

1. 急性黄疸型肝炎

急性黄疸型肝炎起病急，畏寒发热、全身乏力、食欲缺乏、厌油、恶心、呕吐、上腹不适等症状发现1周后，出现黄疸，巩膜、皮肤黄染，1～2周黄疸达高峰，并出现肝脏肿大、压痛等。病情持续2～6周。

2. 急性无黄疸型肝炎

急性无黄疸型肝炎一般症状较轻，仅表现为乏力、食欲减退、腹胀、肝区痛等，病程中不出现黄疸。

（三）诊断与治疗

1. 诊断

甲型肝炎的诊断依据为流行病学资料、症状、体征和实验室检查等，须综合分析，必要时可做肝穿刺病理检查。

具有急性肝炎临床表现，并在血清中检测出抗HAV IgM；或急性期抗HAV IgG阴性，恢复期转为阳性；或从粪便中分离出HAV颗粒，均可确诊为甲型肝炎。

2. 治疗

一般采取综合的治疗方法，大多数甲型肝炎患者都可恢复健康。治疗原则以适当休息、合理营养为主，适当辅以药物，避免饮酒、过度劳累和使用对肝脏有损害的药物。对临床症状重的患者，多对症治疗。

甲型肝炎预后良好，一般在3个月内临床康复。

（四）预防措施

由于病毒性肝炎尚无特异性治疗方法，除甲肝疫苗外，多采取以切断传播途径为主的综合防治措施。

1. 管理传染源

急性期患者可住院或在家中隔离治疗，隔离期为自发病之日起3周。

2. 切断传播途径

加强粪便、水源管理，做好食品卫生、食具消毒等工作。搞好环境卫生和个人卫生。养成良好个人卫生习惯，饭前便后要洗手，防止“病从口入”。

3. 保护易感人群

在儿童及青少年中应大力提倡接种甲肝疫苗，以控制其发病。在甲型肝炎流行期间，应在一定范围的易感人群中接种甲肝疫苗。甲型肝炎疫苗包括减毒活疫苗和灭活疫苗两种。

二、乙型病毒性肝炎

乙型病毒性肝炎是由乙型肝炎病毒(hepatitis B virus, HBV)引起的肝炎，以肝脏损坏为主，多表现为慢性，在各型病毒性肝炎中危害最严重，可引起慢性肝炎、肝硬化、肝癌。

(一)流行病学特点

1. 传染源

主要传染源是急、慢性乙型肝炎患者及病毒携带者(简称 HBsAg 携带者)。

(1)乙肝患者：急性患者在潜伏期末和急性期有传染性；慢性患者可反复发作，排毒时间长，是很重要的传染源，其传染性与体液中 HBV DNA 含量成正比。

(2)HBsAg 携带者：我国是乙肝的高发地区，《2015 慢性乙型肝炎防治指南》中 2014 年全国 1～29 岁人群乙型肝血清流行病学调查结果显示，1～4 岁、5～14 岁和 15～29 岁人群 HBsAg 流行率分别为 0.32%、0.94%和 4.38%。血清 HBsAg阳性持续半年以上，无肝炎症状和体征，肝功能正常者，称为 HBsAg 携带者，作为传染源有较大意义。

2. 传播途径

HBV 可通过多种途径传播，主要通过血液或血制品传播，凡含有 HBV 的血液或体液，可通过破损的皮肤和黏膜进入体内感染。

(1)经血传播：经血传播是乙肝低流行地区的主要传播途径之一，如输血、使用血制品、血液透析、注射、手术、内窥镜检查等，通过被 HBV 血液污染的各种方式而造成医源性传播。输血量越大越容易感染，且潜伏期短。其他如针刺、文身或皮肤损伤等也可造成感染。

(2)母婴传播：在乙肝疫苗使用以前，母婴传播是我国 HBV 传播的重要途径。母亲 HBsAg 滴度高，HBeAg 同时为阳性者，其婴儿感染概率为 90%～100%；母亲 HBsAg 阳性，其母婴传播的概率为 40%～50%。随着新生儿乙肝疫苗的普遍应用，母婴传播的感染率逐渐下降。

(3)性接触传播：家庭中配偶之间，或不正常性接触的 HBV 感染率较高。西方国家认为乙肝是性传播疾病之一。

(4)密切的生活接触：日常生活密切接触也可导致 HBV 感染，如生活中共用毛巾、牙刷、剃须刀等。HBsAg 阳性者的唾液、精液、阴道分泌物、乳汁、泪、汗、尿便等体液中都可检出 HBsAg，家庭成员间、集体生活人群中(幼儿园、学校)的密切接触,可造成 HBV 感染的发生。

3.易感性与免疫力

人对 HBV 普遍易感。急性 HBV 感染者 HBsAg 在血清中消失后数周出现抗 HBs,表示感染的恢复和免疫力产生,能在血清中较长期存在,为保护性抗体。HBV 感染有家庭聚集现象,在乙肝患者的家庭成员中,其 HBsAg 及抗 HBs 的阳性率显著高于没有乙肝的家庭。

抗 HBc 为 HBV 感染的标志之一,多数感染者血清中均可检出。抗 HBc IgM 阳性表示为现症感染,可见于急性乙肝、慢性乙肝活动期。抗 HBc IgG 出现较迟,但可保持多年甚至终身。

HBeAg 是一种可溶性抗原,见于 HBsAg 阳性者血清中,为急性感染的早期标志。HBeAg 阳性一般在血清中与乙肝病毒脱氧核糖核酸(HBV DNA)同时检出,HBV DNA 是乙型肝炎病毒复制的直接指标,阳性表示有传染性。

急性 HBV 感染 HBeAg 消失后出现乙型肝炎 e 抗体(抗 HBe),表示急性感染后期,病毒复制减少,传染性减弱。

(二)临床表现

乙型肝炎的潜伏期平均为 70 天(30~180 天)。

乙型肝炎病毒感染可表现为病毒携带者或各型肝炎,以引起重症肝炎及慢性肝炎较为突出,其中一部分进展至慢性活动型肝炎肝硬化,个别可恶变为肝癌。

1.慢性肝炎

(1)慢性迁延型肝炎:肝炎反复发作,病史超过半年,每次发作出现乏力、食欲不佳、消化道症状、肝区不适、肝功能轻度受损,部分患者可演进成慢性活动型肝炎。

(2)慢性活动型肝炎:肝炎反复活动超过半年,发作时肝炎症状明显,如乏力、肝区痛,部分患者可有不同程度肝硬化症状及体征,肝功能严重受损。

2.重症肝炎

急性重症肝炎,亦称暴发型肝炎,起病急剧,于 10 日内出现黄疸,并迅速加深,肝脏萎缩,有出血倾向,出现肝性脑病、脑水肿等肝衰竭症状,病程不超过3 周,死亡率高。

(三)诊断与治疗

1.诊断

乙型肝炎的诊断主要依据流行病学、临床症状、体征和实验室检查等。

(1)流行病学资料:包括输血史、与乙型肝炎患者或 HBsAg 携带者密切接触史、家庭成员 HBV 感染病史,特别是出生于 HBsAg 阳性母亲的婴幼儿,有助于乙型肝炎的诊断。

(2)临床症状:乙型肝炎症状很轻,不易发现,有些病例仅血清丙氨酸氨基转移酶(ALT)升高，有的仅有症状或肝脾增大而 ALT 正常，应进行化验检查以确定诊断。

(3)病原学诊断：具有急、慢性肝炎的临床表现，而血清 HBsAg、HBeAg、HBV DNA 或抗 HBc IgM 当中有 1 项阳性时，可确诊为乙型肝炎。单独抗 HBc 或抗 HBe 阳性时，需同时伴有上述当中的 1 项才能确诊。

2. 治疗

乙型肝炎目前尚缺少特效治疗方法，除一般及支持疗法外，还需应用抗病毒药物，调整机体免疫功能及改善肝细胞功能的药物治疗，如干扰素、拉米夫定等。

急性乙型肝炎患者大部分可完全康复，约 10%转为慢性或病毒携带者。

(四)预防措施

由于病毒性肝炎尚无特异性治疗方法，除乙肝疫苗外，多采取以切断传播途径为主的综合防治措施。

1. 管理传染源

急、慢性乙肝患者按传染病常规隔离至 HBsAg 阴转或黄疸完全消退；同时对乙肝抗原阳性者，尤其 HBeAg 阳性时，要教育患者注意个人卫生，防止造成体液污染，个人食具、用具与健康人分开。

2. 切断传播途径

各医疗卫生单位应严格医疗器械消毒，做到一人一针一管注射，或一人一用一消毒器具；预防注射实行一次性注射器；严格筛查献血员，凡 HBsAg 阳性，及(或)ALT 增高者一定不能献血；加强血制品管理，加强托幼保育单位和其他服务行业的监督管理。

3. 保护易感人群

乙型肝炎疫苗和乙型肝炎免疫球蛋白(HBIG)是预防乙型肝炎比较有效的措施。

为控制乙型肝炎的传播，我国从 1993 年起应用血源疫苗对全国新生儿进行乙肝疫苗接种。除新生儿外，还将其用于部分易感儿童及高危人群。1994 年开始应用基因重组疫苗，目前已在人群中普遍应用。疫苗注射部位为上臂三角肌，肌内或皮下注射，免疫程序一般为 0、1、6 个月方案，剂量为每次 10 μg(重组酵母疫苗)。免疫期持续时间 5 年左右，如果血清中抗 HBs 滴度下降，可加强注射。

乙型肝炎免疫球蛋白(HBIG)主要用于暴露于 HBV 的易感者的免疫保护，应及早注射，保护期约 3 个月。新生儿接种乙型肝炎疫苗的同时，如联合注射高滴度 HBIG，可提高保护率；HBeAg 阳性孕妇在怀孕后 3 个月注射 HBIG，可能对母婴传播起预防作用。

对 HBsAg 阳性和(或)HBeAg 阳性母亲的新生儿，应在出生后 24 小时内尽早(最好在出生后 12 小时)注射 HBIG，剂量应大于等于 100 IU，同时在不同部位接种 10 g 重组酵母乙型肝炎疫苗，在 1 个月和 6 个月时分别接种第 2 和第 3 针乙型肝炎疫苗，可显著提高阻断母婴传播的效果。

三、丙型肝炎

丙型肝炎是由丙型肝炎病毒（HCV）引起的肝炎，传播途径和乙型肝炎相似。抗 HCV 为非保护性抗体，在血清中的检出，说明该患者具有传染性。

急性 HCV 感染引起的肝细胞损伤机制尚未阐明，有证据认为 HCV 直接致病作用可能是急性感染致肝损伤的主要原因。HCV 感染往往呈亚临床经过，绝大多数患者病情较轻，很少有严重肝病的表现。在急性丙型肝炎患者中至少有 80％的病例发展为慢性感染，极高的慢性率是 HCV 感染的一个明显特征。

目前尚无疫苗可以预防丙型肝炎，确诊为急性丙型肝炎应忌酒和避免过度劳累，尽早抗病毒治疗，定期复查，随访观察。

第四节　常见急性呼吸道传染病

一、流行性感冒

（一）概念及流行病学特征

流行性感冒即流感，是由流感病毒引起的，经飞沫传播的急性呼吸道传染病。本病传染性较强，按病原体分为甲、乙、丙型流感病毒，各型之间无交叉免疫。甲型流感病毒根据抗原性的不同分为若干亚型，由于流感病毒抗原变异，可导致流感反复流行。甲型流感病毒抗原变异频繁，传染性强，常引起流感大流行，如 2009 年始于墨西哥的甲型 H1N1 流感，席卷了世界多个国家和地区，形成了流感的世界大流行。乙型流感病毒常引起局部小流行，丙型流感病毒主要以散在形式出现。

患者是主要传染源，流感主要通过飞沫经呼吸道传播，也可自口、鼻、眼等处黏膜接触传播。人群对流感病毒普遍易感，感染后可获得一定免疫力，但由于流感病毒不断变异，并且甲、乙、丙型之间以及各型流感病毒不同亚型之间无交叉免疫力，人群容易反复感染。

（二）临床表现

流感在临床上具有起病急，畏寒、高热、头痛、肌痛等感染中毒症状表现明显，呼吸道症状较轻的特点，病程短而自限。流感根据临床表现可分为单纯型、肺炎型、中毒型、胃肠型。

（三）诊断与治疗

1. 诊断

根据流行病史、临床表现及实验室检查可以做初步诊断，尤其是短时间内出现较多数量的相似患者，结合流行病学资料及病原学检查基本可以确诊。

2. 治疗

早发现、早诊断是防控与有效治疗的关键。

注意休息，多饮水，清淡营养饮食；对症治疗，合理应用解热镇痛类、止咳祛痰类药物；抗流感病毒药物在治疗早期使用，如金刚烷胺、金刚乙胺、奥司他韦、扎那米韦。

（四）预防措施

1. 隔离消毒

对患者隔离 1 周或者至主要症状消失，流行期间对公共场所加强通风和空气消毒。

2. 阻断传播途径

流行期间减少大型聚会及集体活动，接触者应戴口罩。加强流感的哨点监测工作。

3. 接种疫苗

接种流感疫苗是预防流感的基本措施，应在每年流行季节前接种。主要接种对象是老人、婴幼儿、孕妇、慢性疾病患者、肿瘤患者、免疫低下者等。

二、流行性腮腺炎

（一）概念及流行病学特征

流行性腮腺炎是由腮腺炎病毒所引起的急性呼吸道传染病。腮腺炎病毒除侵犯腮腺外，尚能引起脑膜炎、睾丸炎、卵巢炎和胰腺炎等。本病好发于儿童时期，亦见于成人，大学生中常常有散发病例出现。

传染源为早期患者和隐性感染者。自腮腺肿大前 7 日至肿胀后 9 日均可自患者唾液中检出病毒，此时有高度传染性。腮腺炎病毒主要通过飞沫传播。本病为世界性疾病，全年均可发病，但以冬春季为高峰，呈流行或散发，在集体儿童或人群集聚处可暴发流行。患者主要为儿童，发病率 5～9 岁组最高，10～14 岁组又下降，无免疫力的成人亦可发病。感染后一般可获得较持久的免疫力，再次感染者少见。

（二）临床表现

潜伏期 14～25 天，平均 18 天。部分病例有发热、头痛、乏力、食欲缺乏等前驱症状，发病 1～2 天后出现耳部疼痛，然后出现唾液腺肿大，体温上升可达 40 ℃；腮腺最常受累，通常一侧腮腺肿大后 2～4 天又累及对侧，双侧腮腺肿大者约占

75%，腮腺肿大2～3天达高峰，持续4～5天后逐渐消退。

较重的病例可并发脑膜炎，患者出现头痛和脑膜刺激征。睾丸炎常见于腮腺肿大开始消退时，多为单侧，约1/3的病例为双侧受累，但很少引起不育症。卵巢炎发生于5%的成年妇女，一般不影响生育能力。

（三）诊断与治疗

1. 诊断

根据流行情况、接触史、典型急性发作的腮腺肿痛特征，诊断并不困难。如遇不典型的可疑病例，可做血清学检查进一步明确诊断。

2. 治疗

流行性腮腺炎无特效治疗方法，一般可选用干扰素、利巴韦林等抗病毒治疗，也可采用中西医结合方法对症处理。

（四）预防措施

（1）早期隔离患者直至腮腺肿大完全消退为止。在幼儿园、部队、学校等集体单位，对患者应立即暂时隔离。

（2）主动免疫：腮腺炎减毒活疫苗免疫效果较好，免疫途径为皮内注射、皮下注射，还可采用喷鼻或气雾吸入法。该疫苗不能用于孕妇、先天或获得性免疫低下者以及对鸡蛋过敏者。近年来国内外普遍使用麻风腮疫苗（麻疹、风疹和腮腺炎三联疫苗）后，明显降低了腮腺炎的发病率。

（3）药物预防：采用板蓝根30 g或金银花9 g煎服，每日1剂，连续6天。

三、水痘

（一）概念及流行病学特征

水痘和带状疱疹是由水痘-带状疱疹病毒感染所导致的表现不同的两种急性传染病。初次感染为水痘，恢复后病毒可长期潜伏在脊髓后根神经节或脑神经节内，少数人在青春期或成年后，受冷、热、药物、创伤、免疫力低等因素作用，病毒被激活导致带状疱疹。

患者是唯一的传染源，自出疹前1～2天至皮疹干燥结痂为止，均有传染性。该病传染性很强，人群普遍易感，主要为2～10岁的儿童，易感儿童接触后90%发病，在幼儿园、小学等集体单位易引起暴发流行。该病主要通过空气飞沫和直接接触传播，也可通过污染的用具传播。病后可获得持久免疫力，但多年后可发生带状疱疹。

（二）临床表现

潜伏期一般为12～21天，平均14天。发病前1～2天，可有发热、头痛、全身不适、乏力、食欲减退等前驱症状，发病数小时至24小时出现皮疹。皮疹首先见于躯干和头部，以后延及面部和四肢，初为红色斑疹，数小时变为丘疹、疱疹，疱液初清亮，呈珠状，后稍混浊，1 周左右有痂皮脱落。皮疹呈向心性分布，主要位于躯干，其次头面部，四肢相对较少，手掌、足底更少。皮疹分批出现，故可见丘疹、疱疹、痂疹同时存在。

水痘多为自限性疾病，10 天左右可自愈。

（三）诊断与治疗

典型病例的诊断多无困难，必要时可做血清学检查。

无并发症的水痘不需特殊处理，仅需对症治疗，宜食易消化及营养丰富的流质及半流质饮食，卧床休息，加强护理，防止疱疹破溃感染。

病情重或有肺炎等并发症者，可应用阿昔洛韦等抗病毒药物。

水痘预后良好，局部一般不会留下瘢痕。

（四）预防措施

患者应隔离至全部疱疹干燥结痂为止。其污染物、被服和用具，应利用紫外线照射、暴晒、煮沸等方法消毒。

接种水痘疫苗是预防水痘的有效手段，免疫程序为 1～12 岁儿童接种 1 剂次；13 岁及以上青少年、成人接种 2 剂次，间隔 6～10 周。

第五节　细菌性痢疾

一、概念及流行病学特征

细菌性痢疾简称菌痢，是由志贺菌属引起的肠道传染病。痢疾杆菌属于肠杆菌科志贺菌。

该病患者和带菌者是传染源。急性患者排菌多，传染性强，但容易受到重视；不典型病例不易诊断，可成为隐蔽的病菌散布者。慢性病例能排菌数年以上，散发病例大多由此而来，如从事饮食、保育或供水工作，可成为水型或食物型暴发流行的根源。非典型患者、慢性菌痢患者及无症状带菌者由于症状不典型而容易误诊或漏诊，因此在流行病学中具有重要意义。

患者和带菌者的用具、衣物及其所接触的门把手等均有被污染的可能，健康人通过接触而感染，这种生活接触是非流行季节中散发病例的主要传播途径。病菌极易在食物上生长繁殖而造成食物传播，多见于工厂、学校等集体饮食单位。

人群对菌痢普遍易感，任何降低机体抵抗力的情况，如过度劳累、营养不良、暴饮暴食等均有利于菌痢的发生和流行。病后免疫力短暂而不稳定，不同菌群与血清型之间无交叉免疫力，故易于重复感染和复发。

本病全年均有发生，但有明显的季节性，以夏秋多见。

二、临床表现

1. 急性菌痢

急性腹泻，伴有发冷、发热、腹痛、里急后重、黏液脓血便；全腹压痛，左下腹压痛明显。

2. 中毒型菌痢

以 2～7 岁儿童多见，起病急骤，突然高热，反复惊厥，嗜睡、昏迷，迅速发生循环衰竭和呼吸衰竭。肠道症状轻或无。

3. 慢性菌痢

有轻重不等的腹痛、腹泻、里急后重、黏液脓血便的痢疾症状，病程超过 2 个月。

三、诊断与治疗

（一）诊断

根据流行病学史、临床表现、实验室检查可以做出诊断。

(1)有不洁的饮食史或与菌痢患者密切接触史。

(2)临床表现：根据发病情况区分急性菌痢和中毒型菌痢，如病程超过 2 个月则为慢性菌痢。

(3)血象：白细胞总数和中性粒细胞增加。

(4)粪便常规有黏液脓血便。镜检有大量脓细胞、红细胞与巨噬细胞。粪便细菌培养可分离到痢疾杆菌。

（二）治疗

(1)急性菌痢：应用抗生素和其他辅助药为主。

(2)急性中毒型菌痢：抗生素联用，积极治疗高热、惊厥、循环衰竭和呼吸衰竭。

(3)慢性菌痢：抗生素联用，支持治疗和合并症的治疗。

(4)中药治疗：黄连、生大蒜、白头翁汤等。

四、预防措施

针对流行环节，采取以下措施。

1. 管理传染源

发现患者和带菌者后，早隔离，早诊断，早治疗。对于托幼、饮食行业、供水等单位人员，定期进行查体、做粪便培养等，以便及时发现带菌者。对于慢性菌痢带菌者，应调离工作岗位，彻底治愈后方可恢复原工作。

2. 切断传播途径

对于菌痢等肠道传染病来说，切断传播途径是最重要的环节。认真贯彻执行“三管一灭”(即管好水源、食物和粪便，消灭苍蝇)，注意个人卫生，养成饭前便后洗手的良好卫生习惯。

3. 保护易感人群

痢疾菌苗效果一般。近年来主要采用口服活菌苗，保护作用较短，仅有6个月。

第六节　艾滋病

一、概念及流行病学特征

(一)概念

艾滋病是获得性免疫缺陷综合征(acquired immune deficiency syndrome, AIDS)的简称，是由人类免疫缺陷病毒(human immunodeficiency virus，HIV)引起的以免疫系统损害和感染为主要特征的严重传染性疾病。HIV 主要侵犯和破坏人体的免疫系统，并发各种严重机会性感染和肿瘤而导致死亡。该病具有传播迅速、发病缓慢、病死率高的特点。

艾滋病于 20 世纪 70 年代初期，由中非的猴类传给人类，再由中非传至地中海，相继传到美国等国家。美国于 1981 年首次发现此病，1982 年正式将此病命名为获得性免疫缺陷综合征——艾滋病。目前艾滋病已在全球广泛流行，为加强艾滋病防治工作，世界卫生组织自 1988 年开始将每年的 12 月 1 日定为国际艾滋病日。

(二)流行趋势

1. 世界艾滋病现状

自 1981 年 6 月美国发现首例艾滋病以来，HIV 已经在世界范围内迅速传播，疫情逐年上升，并从高危人群向一般人群扩散。联合国艾滋病规划署发布的 2016 年艾滋病流行报告显示，2015 年全球共有 3670 万 HIV 感染病例，约 1700 万感染者正在接受抗反转录病毒药物治疗，但还有近 2000 万人没有得到治疗。而且新增感染人数并没有出现下降趋势，2015 年全球新发感染病例为 210 万人，110 万人死于艾滋病相关疾病。

2016 年，联合国艾滋病规划署发起了“90-90-90”倡议，即到 2020 年让 90％的艾滋病患者了解自己的状况；90％知道自己状况的艾滋病患者得到抗反转录病毒药物治疗；90％获得治疗的人能够抑制病毒量。这一倡议将大大减少艾滋病导致死亡的人数。

2.我国艾滋病现状

我国于1985年报告第1例艾滋病。近几年来,我国艾滋病病毒感染者数量逐年增加。根据国家卫生计生委、联合国艾滋病规划署、世界卫生组织评估结果,截至2016年12月,我国累计报告存活艾滋病病毒感染者和患者66.5万人,死亡20.9万人,2016年新报告发现艾滋病病毒感染者和患者12.4万人。15～24岁青少年占感染人数的16.58%,经性传播已是最主要的传播途径,新报告经性传播感染者比例达到94.2%。

我国目前艾滋病流行形势依然严峻。艾滋病防治工作中新、老问题并存,防治任务更加艰巨。第一,我国新报告病例中九成以上经性途径传播,艾滋病疫情从易感人群向一般人群扩散;第二,社交新媒介的普遍使用增加了易感染艾滋病行为的隐蔽性,人口频繁流动增加了预防干预的难度;第三,一些地区和人群艾滋病防治知识宣传不到位,尚有约1/3的感染者和患者不知晓自身感染状况。

(三)流行病学特征

1.传染源

艾滋病患者和艾滋病病毒携带者是本病的传染源。病毒主要存在于感染者和患者的血液、精液、子宫和阴道分泌物中。其他体液如唾液、泪液和乳汁也含病毒,均具有传染性。

2.传播途径

艾滋病的主要传染途径是性接触、血液接触和母婴传播。

(1)性接触传播:性接触传播是本病主要传播途径。HIV存在于感染者和患者的精液、阴道分泌物中,性行为很容易造成细微的皮肤黏膜破损,病毒即可通过破损处进入血液而感染。无论是同性、异性还是双性性接触,都会引起艾滋病的传播。

(2)血液传播:通过输入含有HIV病毒的血液或血液制品,或由于含有HIV病毒的血液污染相关器械而造成传播。吸毒者共用针头,移植HIV感染者的组织器官等均可感染艾滋病。

(3)母婴传播:感染本病的孕妇可以通过胎盘、产程中及产后血性分泌物等把病毒传播给胎儿,感染的母亲还可以通过母乳喂养把病毒传给婴儿。

3.易感和高危人群

人群对艾滋病普遍易感。从年龄上,艾滋病虽可发生于任何年龄阶段,但15～49岁发病者占80%,儿童和女性感染率逐年上升。

由于HIV的感染与人类的行为密切相关,结合传播途径,针对感染HIV的机会大小,将存在感染HIV高危行为的人群称为艾滋病的高危人群。这些高危人群主要包括:①有不安全性行为者,包括同性(主要是男性性行为)与异性性行为;

②梅毒、淋病及其他性病患者；③静脉注射吸毒者；④非法卖血者和献血者；⑤接受不规范医疗服务者；⑥HIV 感染母亲的婴儿和幼儿；⑦不安全受血者。

二、临床表现

人感染艾滋病病毒(HIV)2～12 周后才能从人体的血液中检测出艾滋病病毒抗体，但在检测出抗体之前，感染者已具有传染性。

感染者经过平均 7～10 年的潜伏期，才发展成为艾滋病患者。他们在发病前外表上与常人无异，可以没有任何症状地生活和工作多年，但能将病毒传染给他人。当感染者的免疫系统受到严重破坏，不能维持最低的抗病能力时，感染者便发展成为艾滋病患者。

从感染 HIV 到发展为典型的艾滋病，临床可分为急性期、无症状期、艾滋病期。未进入艾滋病期者被称为 HIV 感染者，之后称为艾滋病患者。

(一)急性期

急性期通常发生在初次感染 HIV 的 2～4 周，部分感染者可出现急性 HIV 病毒血症和免疫系统急性损伤所产生的临床症状，症状轻微，表现为发热、淋巴结炎、咽喉痛、皮疹、肌痛、关节痛、腹泻及头痛等，持续 1～2 周后自行缓解。此期 $CD4^{+}$ T 淋巴细胞数一过性减少，血清中可检测出 HIV RNA 及 P24 抗原。而 HIV 抗体则在感染后数周才出现。

艾滋病的窗口期：从艾滋病病毒进入人体到血液中产生足够量的、能用检测方法查出艾滋病病毒抗体之间的这段时期，称为窗口期。在窗口期虽测不到艾滋病病毒抗体，但体内已有艾滋病病毒，可以通过 HIV 核酸检测查到，因此处于窗口期的感染者同样具有传染性。随着检测手段的不断进步，艾滋病窗口期的定义经历了多次变化。早期的艾滋病研究中提出了艾滋病窗口期为 3 个月的概念，目前随着艾滋病检测技术的不断发展，广泛采用的第三、四代双原夹心法和酶联法等检测手段，使艾滋病的窗口期可以缩短到 14～21 天。

(二)无症状期

患者可从急性期进入此期，或无明显的急性期症状而直接进入此期。此期为无症状的健康人，但体内有艾滋病毒，又称为艾滋病潜伏期。此期持续时间一般为 6～8 年，其时间的长短与感染病毒的数量、病毒型别、感染途径、机体免疫状况的个体差异、营养、卫生条件及生活习惯等因素有关。此期由于 HIV 在感染者体内不断复制，免疫系统受损，$CD4^{+}$ T 淋巴细胞数逐渐下降。此期具有传染性。

(三)艾滋病期

随着 HIV 对淋巴细胞的破坏，机体免疫功能进行性恶化，患者更易受各种机会性感染或肿瘤侵害，而出现各种症状或体征，最终进入艾滋病期。此期主要的临床表现为 HIV 相关症状、各种机会性感染及肿瘤。主要有如下几种表现：

1. HIV 相关症状

患者主要表现为持续 1 个月以上的发热、盗汗、腹泻，体重减轻常超过 10%。部分患者表现为神经精神症状，如记忆力减退、精神淡漠、性格改变、头痛、癫痫及痴呆等。另外还出现持续性全身性淋巴结肿大，其特点为：①除腹股沟以外有2 个或 2 个以上部位的淋巴结肿大；②淋巴结直径大于等于 1 cm，无压痛，无粘连；③持续时间 3 个月以上。

部分患者会出现一些感染，如结核病，口腔反复出现白色的斑点，即口腔念珠菌病；也可出现带状疱疹、单纯疱疹(生殖器疱疹，在 1 个月内愈合)、毛囊炎、脂溢性皮炎、瘙痒性皮炎等。这时感染者血浆病毒载量开始上升，$CD4^{+}$ T 淋巴细胞减少速度明显加快。

2. 皮肤病变和卡波西肉瘤

卡波西肉瘤是一种皮肤肿瘤，在艾滋病患者中比较常见。卡波西肉瘤的发生与人类疱疹病毒 8 型有关，多见于男性同性恋和双性恋人群中 HIV 感染者。患者表现为皮肤斑块状或结节状损害，突出皮肤，好发于下肢，也可侵犯头面部、口腔等，有些卡波西肉瘤可转移至全身其他部位。一般呈慢性病程，平均可延续 8～13 年。

此外，艾滋病患者易患其他各种恶性肿瘤，如淋巴肉瘤、口腔鳞状上皮细胞癌、淋巴细胞癌、淋巴细胞性白血病及恶性黑色素瘤等。

3. 各种机会性感染

艾滋病患者由于免疫功能缺陷，因此对一些细菌和其他微生物、寄生虫、弓形体等缺乏抵抗力。有很多微生物平时可能侵犯人体或正常寄生在人体的呼吸道、生殖道、体表等部位，但并不致病，而在艾滋病患者免疫力下降的情况下就可以致病，这种情况医学上称为机会感染或条件感染。

(1)卡氏肺囊虫病：艾滋病患者最多见的一种条件感染是肺部卡氏肺囊虫病(简称 PCP)，约 51%的艾滋病患者可单独患卡氏肺囊虫病，同时伴有卡波西肉瘤的约占 7%，其余 16%可伴有其他机会性感染。患卡氏肺囊虫病的艾滋病患者潜伏期一般是 2～4 周，甚至更长。艾滋病患者患卡氏肺囊虫病后起病较急，有高热、咳嗽、气促、呼吸困难，出现发绀，最终导致呼吸衰竭而死亡。

(2)条件致病性真菌病：顾名思义，即是在一定条件下如机体免疫力降低，原本不致病的真菌，此时亦可致病。条件致病性真菌感染的途径可从人体外部环境感染，称外源性感染，或者这些真菌在正常情况下就存在于人体中，这称为内源性感染，最多见的是白色念珠菌感染、隐球菌感染等。隐球菌脑膜炎是艾滋病常见的并发症，有很高的病死率，表现为发热、头痛、精神错乱及脑膜刺激症状。

三、诊断与治疗

（一）诊 断

1. 诊断原则

HIV/AIDS 的诊断需结合流行病学史、临床表现和实验室检查等进行综合分析，慎重做出诊断。

流行病学史包括不安全性生活史、静脉注射毒品史、输入未经抗 HIV 抗体检测的血液或血液制品史、HIV 抗体阳性者所生子女或职业暴露史等。

艾滋病是高度依赖病原学诊断的传染病，因为无论是在感染早期或临床发病期，还是在较长的潜伏期，都只有通过病原学检验，找出艾滋病病毒（HIV）存在的依据，才能做出 HIV 感染或 AIDS 的诊断。

2. 病原学检验

诊断 HIV/AIDS 必须是 HIV 抗体阳性（经确认试验证实），而 HIV RNA 和 P24 抗原的检测有助于 HIV/AIDS 的诊断，尤其是能缩短抗体“窗口期”和帮助早期诊断新生儿的 HIV 感染。

（1）抗体检测：主要有酶联免疫吸附试验（ELISA）和免疫荧光试验（IFA）。快速检测法，也称为金标法，也是抗体检测的一种方法，根据免疫层析法的原理，用于 HIV 抗体检测的定性检测。

（2）抗原检测：用 ELISA 检测 P24 抗原。在 HIV 感染早期尚未出现抗体时，血中就有该抗原存在，由于 P24 量太少，阳性率通常较低。现在用解离免疫复合物法或浓缩 P24 抗原，可提高敏感性。

（3）核酸检测：用 PCR 法检测 HIV 基因，具有快速、高效、敏感和特异等优点，目前该法已被应用于 HIV 感染早期诊断及艾滋病的研究中。

（4）检测试纸检测：艾滋病检测试纸条是科技研发的新一代检测试剂。它可检测血清或血浆标本中的 HIV1/2 特有性抗体。所有操作时间需要 15 分钟，操作简便、迅速、准确，自带质控对照，无须所有附加药剂，适合个人检测，也适合各大医院、疾控中心检测。

3. 诊断标准

（1）急性期：患者近期内有流行病学史和临床表现，结合实验室 HIV 抗体由阴性转为阳性即可诊断，或仅实验室检查 HIV 抗体由阴性转为阳性即可诊断。

（2）无症状期：有流行病学史，结合 HIV 抗体阳性即可诊断，或仅实验室检查 HIV 抗体阳性即可诊断。

（3）艾滋病期：有流行病学史，实验室检查 HIV 抗体阳性，加下列各项中的任何 1 项，即可诊为艾滋病。①原因不明的持续不规则发热 1 个月以上，体温高于 38 ℃；②慢性腹泻 1 个月以上，次数多于 3 次/日；③6 个月内体重下降 10%以上；

④反复发作的口腔白念珠菌感染；⑤反复发作的单纯疱疹病毒感染或带状疱疹病毒感染；⑥肺孢子虫肺炎(PCP)；⑦反复发生的细菌性肺炎；⑧活动性结核或非结核分枝杆菌病；⑨深部真菌感染；⑩中枢神经系统占位性病变；⑪中青年人出现痴呆；⑫活动性巨细胞病毒感染；⑬弓形虫脑病；⑭青霉菌感染；⑮反复发生的败血症；⑯皮肤黏膜或内脏的卡波西肉瘤、淋巴瘤。如果 HIV 抗体阳性，虽无上述表现或症状，但 $CD4^+$ T 淋巴细胞数小于 0.2×10^9/L，也可诊断为艾滋病。

（二）治疗

1. 治疗方针

最大限度和持久地降低病毒载量；获得免疫功能重建和维持免疫功能；提高生活质量；降低 HIV 相关疾病的发病率和死亡率。

2. 对症及药物治疗

对无症状期 HIV 感染者，除抗病毒治疗外，仍可保持正常的工作和生活。对艾滋病期患者应根据具体病情进行对症及抗病毒治疗。

(1)抗感染治疗：针对各种机会性感染和合并感染用药，包括抗病毒类感染药物、抗细菌类感染药物、抗真菌类药物、抗原虫类抗生素。

(2)抗肿瘤治疗：根据不同肿瘤类型选择化疗、放疗及免疫调节疗法方案。放疗对症状缓解作用较好，可配合化疗应用。

(3)抗病毒治疗：抗病毒治疗是艾滋病治疗的关键。采用高效抗反转录病毒治疗，大大提高了抗 HIV 的疗效。常用药物有 6 类 30 余种，多联合应用，如齐多夫定、拉米夫定、阿巴卡韦等。

(4)免疫调节及免疫重建治疗：免疫调节治疗药物有免疫增强剂，如异丙肌苷，该药可促进 γ-干扰素及白介素-2 形成，增加 T4 活性。尚有香菇多糖、干扰素等免疫调节药物，可酌情选用。另外，骨髓移植、胸腺移植及淋巴细胞注入等免疫重建疗法，在艾滋病的治疗中均有积极作用。

(5)对症支持：加强营养支持，有条件可辅以心理治疗。

3. 预后情况

有效的抗 HIV 药物已经将艾滋病转变成了一种慢性可控的疾病，将符合治疗标准、自愿接受治疗的感染者和艾滋病患者均纳入治疗范畴。无症状期 HIV 感染者如果积极治疗，包括抗病毒药物的应用，定期检测病毒载量等，可以延缓成为艾滋病患者，但终生治疗与完全治愈仍然存在很大不同。

目前艾滋病尚不能治愈。一旦进入艾滋病期，患者由于人体免疫功能丧失，易于感染各种疾病，病死率较高，平均存活期 12～18 个月。同时合并卡波西肉瘤及肺孢子虫肺炎者病死率最高。病程 1 年病死率为 50%，3 年为 80%，5 年基本全部死亡。合并乙型、丙型肝炎者，肝病进展较快，预后较差。

四、艾滋病的危害

1.艾滋病对个人的危害

艾滋病病毒感染者一旦发展成艾滋病患者，健康状况就会迅速恶化，患者身体上要承受巨大的痛苦，最后被夺去生命。而且，艾滋病病毒感染者一旦知道自己感染了艾滋病病毒，会受到社会的歧视，心理上会产生巨大的压力。

2.艾滋病对家庭的危害

社会上对艾滋病患者及感染者的种种歧视态度会殃及其家庭，其家庭成员和他们一样，也要背负沉重的心理负担。同时，艾滋病患者及感染者以20～45岁居多，他们往往是家庭经济的主要来源。当他们本身不能再工作，又需要支付医药费，其家庭经济状况就会很快恶化。有艾滋病患者的家庭，其结局一般都是留下孤儿无人抚养，或留下父母无人养老送终。

3.艾滋病对社会的危害

艾滋病主要侵害那些年富力强的成年人，而这些成年人是社会的生产者、家庭的抚养者、国家的保卫者。艾滋病削弱了社会生产力，减缓了经济增长，人均期望寿命降低，民族素质下降，国力减弱。

社会的歧视和不公正待遇将许多艾滋患者及感染者推向社会，造成社会的不安定因素，使犯罪率升高，社会秩序和社会稳定遭到破坏。

五、艾滋病的预防

由于目前对艾滋病尚无有效的治疗方法，疫苗尚在研究中，对艾滋病的一些并发症虽有特殊的治疗，但不能从根本上解决问题。因此，要控制艾滋病的蔓延，最根本的措施是预防。

(一)控制传染源

1.严格管理HIV感染者和艾滋病患者

艾滋病的传染源是艾滋病患者和HIV感染者，因此控制传染源主要就是要做好这两类人的工作。一旦患了艾滋病就应该住院治疗。对于无症状期HIV感染者虽可以正常地生活、工作，但对这些人严禁作为供血者将血液输给他人。也要防止使用一些被HIV血液污染的针筒、针头、牙科的钻头、化验血用的三棱针、手术器械等而传染他人。艾滋病患者和HIV感染者与他人有性接触时，必须让对方知道自己的疾病情况，并使用安全套。艾滋病患者或HIV感染者如从事的工作有传播、扩散艾滋病病毒危险的应该调离该工作岗位。获知艾滋病患者或HIV感染者后，由其居住地的卫生防疫机构进行医学管理，并进行消毒工作。

2.做好艾滋病自愿咨询检测和高危人群的咨询和检测

艾滋病自愿咨询检测(HIV Voluntary Counseling & Testing，VCT)是指人

们通过咨询，在充分知情和完全保密的情况下，自愿选择是否接受艾滋病病毒(HIV)抗体检测、改变危险行为及获得相关服务的过程。咨询过程应包括对个人感染危险的评估，并帮助其实施预防行为，提供相关的治疗、关怀等转介服务。

在过去的10年，艾滋病自愿咨询检测最初主要用于对有症状的人做出是否感染HIV的诊断。近年来由于开发了抗反转录病毒治疗，采取了降低HIV感染的干预措施，以及能明显降低HIV母婴传播的简便可行的方法，加之HIV检测费用的逐步下降和检测方法的质量保证，在人群中(包括高危人群、脆弱人群和普通人群)推行艾滋病自愿咨询检测也变得更加可行和迫切，成为许多发展中国家较为可行的选择。此外，艾滋病自愿咨询检测是预防和关怀规划的组成部分。通过开展VCT可以推进HIV疫情监测管理，强化预防措施，促进关怀支持工作的开展，并反映出对HIV感染者管理、治疗和支持的变化以及在人群中减少HIV传播的重要性。

艾滋病的高危人群如男性同性恋者、商业性行为者、药瘾者、有性病史者，艾滋病患者或HIV感染者的配偶、性伴侣、子女，或曾接受被艾滋病病毒污染的血液、血液制品、人体组织、器官、细胞、骨髓或精液者等均应接受艾滋病病毒感染的检测，以鉴别有否艾滋病病毒感染，从而采取相应措施。

有艾滋病高危行为者可以去当地疾病预防控制中心接受免费、保密、安全的自愿咨询检测。

2015年国家疾控部门下发相关文件，要求各地疾病预防控制机构要合理设置艾滋病自愿咨询检测点，为高校、中等职业学校学生提供免费咨询检测服务，方便有意愿的学生寻求咨询检测。要求各类学校向学生提供咨询检测点的分布和联系方式等信息，通过宣传教育，引导有易感染艾滋病行为的学生主动寻求咨询检测服务。

《中国遏制与防治艾滋病“十三五”行动计划》提出，要提高检测咨询可及性和随访服务规范性，最大限度发现感染者和减少艾滋病的传播，检测机构要主动为有感染艾滋病风险人员提供检测咨询服务，并将艾滋病检测服务范围延伸至县级。县级以上医疗机构、妇幼保健机构、疾病预防控制机构应当具备实验室艾滋病检测能力，疫情严重地区的社区卫生服务机构和乡镇卫生院应当具备快速检测能力。

(二)切断传播途径

艾滋病的传播主要是通过性传播、血液传播，切断传播途径，艾滋病扩散就可得到控制。

1.杜绝不安全的性行为

男男同性性行为、卖淫嫖娼、性生活混乱等是造成艾滋病传播的主要途径。在不安全的性行为过程中，某些性行为如肛交、口交等方式，若有黏膜的破损和血液、精液或经血的污染，更易造成疾病的传播。因此，应严禁卖淫嫖娼，提倡正常的性生活，并使用安全套。

2. 谨慎用血和血制品

输入被艾滋病病毒污染的血液和血制品是感染艾滋病的重要途径。应尽量避免输血和血制品，如因疾病等原因必须输血和血制品时，也应在正规的医疗单位接受经过严格筛选和艾滋病病毒感染检测的血液和血制品。

3. 严禁吸毒

毒品药瘾者是艾滋病的高危人群。通过吸毒尤其是静脉注射毒品，共用注射器、针头都是引起艾滋病病毒传播的重要途径，必须明令禁止。要对吸毒人员做好工作，晓之以利害，必要时采取强制手段令其戒毒，以避免艾滋病传播。

4. 预防医源性感染

医疗单位应严格执行各种医疗器械消毒，特别是对介入人体和可能破损皮肤、黏膜的器械，如针、手术器具、牙科用的钻头、化验室的三棱针、中医的针灸针、内窥镜等都要注意消毒。

5. 预防公共场所的传播

对一些公共场所要注意消毒的防护措施，如理发店、美容院用的剃刀，文眉、文皮肤用的针具，以及有可能造成皮肤黏膜破损的行为。应提倡使用一次性的物品，以预防艾滋病传播。

拓展阅读

预防艾滋病的“ABC”原则

A. 禁欲(Abstinence)

A 是英文单词 Abstinence(禁欲)的第一个字母，这也就是说，如果人不进行性活动，感染性病、艾滋病的危险就大大降低了。青少年只有掌握了预防性病、艾滋病的知识，学会调节性冲动，遵守社会性道德规范，才能避免轻率地卷入危险的性活动，给自己和他人造成危害。

B. 忠诚(Be faithful)

B 是 Be faithful(做忠诚的人)的第一个字母，意思是对不能禁欲的人，要做到夫妻双方或有性伙伴关系的双方相互忠诚。与多人发生性行为是性病、艾滋病传播的重要途径。性活动中接触的人越多，感染艾滋病的危险就越大。

C. 安全套(Condom)

如果无法做到 A、B 这两点，C(Condom 的第一个字母)告诉我们的是，正确使用安全套也可以减少感染性病、艾滋病的危险。

人们提出预防性病、艾滋病的“ABC”原则，其中A、B两条原则最保险，但是并非每个人都能做到这两条，所以安全套是给那些把握不了自己的人提供的最后一道保护屏障。

（三）保护易感人群

由于艾滋病的疫苗尚处于研发阶段，因此保护易感人群是非常重要的一个环节。

1. 艾滋病的高危人群的管理

人群对艾滋病都普遍易感，但真正的艾滋病易感人群主要为艾滋病的高危人群。加强该类人群的咨询、自愿检测，以期早期发现HIV感染者等。

2. 提倡婚前、孕前体检

对HIV阳性的孕妇应进行母婴阻断，包括产科干预(终止妊娠、剖宫产)、抗病毒药物等。艾滋病患者或HIV感染者应采取人工喂养，以防通过乳汁感染婴儿。

3. 个人防护措施

艾滋病患者或HIV感染者与自己的家庭成员之间有着密切的接触，应注意防护。但也应认识到，只要注意防护，艾滋病患者完全能有一个正常的家庭生活，家庭人员一起生活起居，无须隔离，但在家庭生活中应注意防止血液的接触，饮食提倡分餐制。不要共用牙刷、剃须刀等生活用品。配偶可以有性生活，但要注意采取安全措施，使用安全套，如一旦发生意外应及时去医院接受必要的检测，防止艾滋病的传播。

4. 做好职业暴露的防范

医务人员应严格遵守医疗操作程序，避免职业暴露。如发生职业暴露，应尽可能在发生后极短的时间内(尽可能在2小时内)进行预防性用药，并进行职业暴露后的咨询与监测。

（四）全社会预防艾滋病

预防和战胜艾滋病是全社会的责任。我国在艾滋病的防治工作中，确定了全社会防治艾滋病的战略，采用宣传教育与生物医学干预并重的方针。

国务院办公厅印发《中国遏制与防治艾滋病“十三五”行动计划》，提出了全社会共同参与，坚持预防为主，防治结合。“十三五”时期艾滋病防治工作目标：最大限度发现感染者和患者，有效控制性传播，持续减少注射吸毒传播、输血传播和母婴传播，进一步降低病死率，逐步提高感染者和患者生存质量，不断减少社会歧视，将我国艾滋病疫情继续控制在低流行水平。

1.宣传教育

近年来，中国艾滋病病毒感染者数量逐年增加，性传播已成为我国艾滋病流行主要方式。2016 年，新报告发现经性途径感染艾滋病病例 11.8 万例，占报告病例的 94.7%。经男性同性传播上升速度较快，年报告男性同性传播比例从 2010 年的 12%上升至 2016 年的 27.6%，监测哨点显示男性同性性行为人群感染率从 5.7%上升至 7.8%。

所以，我们应该广泛宣传艾滋病的危害，让大家都了解艾滋病，才能做好预防。

2.重视高校艾滋病防控工作

艾滋病正严重危害着青年学生的健康。据报道，2011～2015 年，我国 15～24 岁大中学生艾滋病病毒感染者年均增长率达 35%，且 65%的学生感染发生在 18～22岁的大学期间，而在 15～24 岁的群体中，通过性传播感染 HIV 的占 96%，男性同性性行为传播占 57%。因此，性传播是学生群体的主要传播途径，但同性传播的比例更高。

近年来，国家有关部门先后在高校开展了艾滋病防控试点、“青春红丝带进校园”活动，支持高校学生社团开展艾滋病防控工作。对大学生进行艾滋病的防治教育非常必要，只有这样，才能使学生了解艾滋病，更好地防范艾滋病的发生。

3.做好艾滋病的健康教育，提高学生对艾滋病的认识

在高校中，学生对艾滋病的认识不足，甚至存在误区和不当行为，需要加强学生性心理和性安全教育。主要表现在以下几方面：

(1)大学生对艾滋病知识的掌握水平有限，或者即便掌握部分知识，仍认为艾滋病“离我很远”“和我没有关系”，缺乏对艾滋病威胁的正确认识。某高校学生艾滋病相关知识的问卷调查显示，18.5%认为蚊虫叮咬可以传播艾滋病，5.6%不知道艾滋病可以通过血液传播，艾滋病相关知识“国八条”全部回答正确者只有 65.2%。这些说明大学生对艾滋病的认识不足，需要加大高校艾滋病相关知识的健康教育力度，以减少大学生传播艾滋病的风险。

(2)部分学生缺乏健康的性观念，性乱和性放纵现象屡见不鲜；对同性性行为缺乏必要的了解。高校学生的婚前性行为发生率和性传播疾病发病率逐年增加。

(3)学生人群的年龄特点使得该人群易被外界社会因素影响，对网络等媒体传递的信息偏听偏信，并进而尝试吸毒、婚外性行为和商业性行为等高危行为。

拓展阅读

红丝带的由来

1991 年，以纽约画家帕特里克和摄影家艾伦为首的 15 名艺术家成立了一个

叫作“视觉艾滋病”的组织，希望创造一种视觉象征，以示对艾滋病患者的同情。组织内所有成员都是患有艾滋病的同性恋者，当时的美国社会对艾滋病患者漠不关心，甚至心怀恐惧。然而，就是这样一些人大声疾呼，让整个美国社会无法忽视艾滋病。艺术家们选择了代表生机、激情和鲜血的红色作为丝带的颜色，用红丝带来默默悼念身边死于艾滋病的同伴们，倡导尊重艾滋病患者人权，推广预防艾滋病的社会公益活动。

在年度世界著名的大型戏剧和音乐剧大奖“托尼奖”颁奖仪式即将在百老汇举行之际，“视觉艾滋病”的艺术家们制作了3000个红丝带，通过帕特里克在百老汇的朋友，把红丝带散发给明星与观众，呼吁关注艾滋病患者。这一举动引起巨大轰动，百老汇剧院里几乎所有拿到红丝带的人都将其佩戴，红丝带很快在全世界流传开来，此后几年的“奥斯卡金像奖”或“托尼奖”颁奖典礼上，几乎所有明星都戴着这个标志。

红丝带像一条纽带，将世界人民紧紧联系在一起，共同抗击艾滋病。它象征着我们对艾滋病患者和感染者的关心与支持；象征着我们对生命的热爱和对和平的渴望；象征着我们要用“心”来参与预防艾滋病的工作。

4. 反对歧视，保护艾滋病患者的正当权利

社会往往将艾滋病患者或艾滋病病毒感染者当成有问题的群体，而忽视了他们有获得医疗服务、劳动就业、学习和参加社会活动的权利。任何单位和个人不能把患艾滋病或有艾滋病病毒感染当作有不良行为的证据，任何单位和个人不得歧视他们。只要有恰当的防护措施，艾滋病患者和艾滋病病毒感染者不会对社会产生危害。

宣传防治艾滋病的宣传教育不是恐吓宣传。当人们发现艾滋病可怕的结果的时候，有些宣传成了对艾滋病的恐怖的渲染，如“超级癌症”“黑色瘟疫”等，把艾滋病患者及艾滋病病毒感染者视为洪水猛兽，避之不及。而感染了艾滋病的人，悲观绝望，怨恨社会，甚至走向报复社会的极端。正确的方法是，一方面要大家了解艾滋病，正确对待艾滋病患者；另一方面还可以让艾滋病病毒感染者明白自己对社会的责任，自觉采取必要的防护措施，防止将艾滋病病毒通过各种途径传播给他人，给社会造成危害。可以尝试以现身说法教育别人，警示他人，使之成为防治艾滋病的一支非常重要的力量。

5. 落实国家防艾政策，加强艾滋病防治知识的宣传

2015年8月，国家卫计委与教育部联合发布了《关于建立疫情通报制度，进一步加强学校艾滋病防控工作的通知》，要求教育机构切实落实各项预防艾滋病教育措施，将预防艾滋病教育和性教育有机结合，将性道德、性责任和预防不安全性

行为作为重点，将预防艾滋病正式纳入大中学校学生的教育体系中。许多大学把性教育和艾滋病教育列为大一学生的必修课，从大学入校教育开始，培养学生养成健康的行为和生活方式，树立健康的性观念，培养健康的恋爱观，加强社会责任感，杜绝艾滋病病毒的侵袭。

利用各种方式宣传艾滋病防治的基本知识，以提高大学生有关艾滋病知识的知晓率，如“国八条”和新“国八条”等，包括艾滋病主要传播途径、日常生活和学习不会传播艾滋病、杜绝毒品等。同时利用学校开展预防艾滋病的健康宣传教育，使每名学生都接受预防艾滋病的知识，进而全民普及艾滋病预防知识。

拓展阅读

艾滋病知识“国八条”

一、老“国八条”

1. 一个感染了艾滋病病毒的人能从外表看出来吗？

A. 能　　B. 不能　　C. 不知道

2. 蚊虫叮咬会传染艾滋病吗？

A. 会　　B. 不会　　C. 不知道

3. 与艾滋病毒感染者或患者一起吃饭会感染艾滋病吗？

A. 会　　B. 不会　　C. 不知道

4. 输入带有艾滋病病毒的血液会得艾滋病吗？

A. 会　　B. 不会　　C. 不知道

5. 与艾滋病病毒感染者共用注射器有可能得艾滋病吗？

A. 可能　　B. 不可能　　C. 不知道

6. 感染艾滋病病毒的妇女生下的小孩有可能得艾滋病吗？

A. 可能　　B. 不可能　　C. 不知道

7. 正确使用安全套可以减少艾滋病的传播吗？

A. 可以　　B. 不可以　　C. 不知道

8. 只与一个性伴发生性行为可以减少艾滋病的传播吗？

A. 可以　　B. 不可以　　C. 不知道

正确答案：B、B、B、A、A、A、A、A。

二、新“国八条”

(1)艾滋病是一种不可治愈的严重传染病。(　　)

(2)目前我国青年学生中艾滋病流行呈快速增长趋势，主要传播方式为男性同性性行为，其次为异性性行为。(　　)

(3)通过外表可以判断一个人是否感染了艾滋病。(　　)

(4)日常生活和学习接触会感染艾滋病。(　　)

(5)坚持正确使用安全套可以减少感染和传播艾滋病的风险。(　　)

(6)使用新型毒品(如冰毒、摇头丸、K粉等)会增加感染艾滋病的风险。(　　)

(7)发生高危行为后(共用针具吸毒、不安全性行为等),应主动寻求艾滋病检测与咨询。(　　)

(8)艾滋病病毒感染者的结婚、就业、入学等权益受我国法律保护。(　　)

正确答案:(1)(2)(5)(6)(7)(8)正确,(3)(4)错误。

第九章 常见疾病与预防

学前思考题

1. 大学生常见疾病的表现形式是什么？
2. 日常生活中如何做好疾病预防？

第一节 内科常见疾病

一、急性上呼吸道感染

急性上呼吸道感染是鼻腔、咽或喉部急性炎症的概称。本病全年皆可发病，但冬春季节多发；发病无年龄、性别、职业和地区差别；一般病情较轻，病程较短，预后良好；具有一定的传染性，应积极防治，避免产生严重并发症。

（一）病因

本病常见病原体为病毒（占70%～80%），少数为细菌。细菌可直接感染或继发于病毒感染之后，以溶血性链球菌多见，其次为流感嗜血杆菌、肺炎链球菌和葡萄球菌等。当机体抵抗力降低时，原已存在于上呼吸道或从外界侵入的病毒或细菌可迅速繁殖，引起本病。

（二）临床表现

1. 普通感冒

普通感冒又称急性鼻炎。该病起病较急，初期有咽干、咽痒或烧灼感，同时或数小时后出现喷嚏、鼻塞、清水样鼻涕，2～3天后鼻涕变稠，可伴咽痛，也可出现流泪、味觉迟钝、呼吸不畅、声音嘶哑、轻度咳嗽等。一般无发热及全身不适等症状。体检可见鼻腔黏膜充血，有分泌物，咽部轻度充血。如无并发症，一般5～7天痊愈。

2.病毒性咽炎和喉炎

急性病毒性咽炎可表现为咽部发痒和灼热感，咽痛不明显，咳嗽少见。急性喉炎表现特征为声音嘶哑，讲话困难，常有发热、咽痛或咳嗽，体检时可见喉部水肿、充血，局部淋巴结轻度肿大和触痛，有时可闻及喉部的喘息声。

3.疱疹性咽峡炎

疱疹性咽峡炎有明显咽痛、发热，病程约为1周。体检可见咽充血，软腭、悬雍垂、咽及扁桃体表面有灰白色疱疹及浅表溃疡，周围有红晕。该病多于夏季发作，多见于儿童，偶见于成年人。

4.细菌性咽-扁桃体炎

该病起病急，有明显咽痛、畏寒、发热，体温可达39 ℃以上。体检可见咽部明显充血，扁桃体肿大、充血，表面有黄色点状渗出物，颌下淋巴结肿大、压痛。

（三）治疗

该病目前尚无特殊抗病毒药物，以对症处理、休息、戒烟、多饮水、保持室内空气流通和防治继发性细菌感染为主。若无继发细菌感染，一般不使用抗菌药物。

1.对症治疗

选用含有解热止痛及减少鼻咽充血和分泌物的抗感冒复合剂或中成药。

2.抗菌药物治疗

如有细菌感染，可根据病原菌选用敏感的抗菌药物。

3.抗病毒治疗

早期应用抗病毒药物有一定效果。

（四）预防

上呼吸道感染重在预防，坚持有规律的适合个体的体育活动，增强体质，劳逸适度，生活规律，避免接触上呼吸道感染患者。

二、肺炎

肺炎是指终末气道、肺泡和肺间质的炎症，可由病原微生物、理化因素、免疫损伤、过敏及药物所致。细菌性肺炎是最常见的肺炎。

（一）分类

按解剖分类，肺炎可分为大叶性肺炎、小叶性肺炎、间质性肺炎。

按病因分类，肺炎可分为细菌性肺炎、非典型病原体所致肺炎、病毒性肺炎、真菌性肺炎、其他病原体所致肺炎、理化因素所致肺炎。

按患病环境分类，肺炎可分为社区获得性肺炎、医院获得性肺炎。

（二）临床表现

常见症状为咳嗽、咳痰，或原有呼吸道症状加重，并出现脓性痰或血痰，伴或不伴胸痛。大多数患者有发热。病变范围大者可有呼吸困难等。胸部X线检查可显示肺部炎症范围。

（三）治疗

抗感染治疗是肺炎治疗的最主要环节。辅助治疗包括注意休息及补充蛋白质、热量、维生素等支持疗法。

（四）预防

加强体育锻炼，增强体质。减少危险因素如吸烟、酗酒等。

三、支气管哮喘

支气管哮喘是由多种细胞和细胞组分参与的气道慢性炎症性疾病，通常引起反复发作的喘息、气急、胸闷或咳嗽等症状，常在夜间和（或）清晨发作、加剧，多数患者可自行缓解或经治疗缓解。

（一）病因

支气管哮喘的病因不十分清楚，患者个体变应性体质及环境因素的影响是发病的危险因素。环境因素主要包括某些激发因素，如尘螨、花粉、真菌、动物毛屑等吸入物，细菌、病毒、原虫、寄生虫等感染，鱼、虾、蟹、蛋类、牛奶等食物，某些药物，气候变化、运动、妊娠等都可能是哮喘的激发因素。

（二）临床表现

支气管哮喘表现为发作性伴有哮鸣音的呼气性呼吸困难或发作性咳嗽和胸闷。严重者被迫采取坐位或端坐呼吸，干咳或咳大量白色泡沫痰，甚至出现面部及唇舌发紫等。哮喘症状可在数分钟内发作，经数小时至数天，用药后或自行缓解。在夜间及清晨发作和加重常是哮喘的特征之一。运动性哮喘表现为运动时出现胸闷、咳嗽和呼吸困难。

（三）治疗

该病尚无特效的治疗方法。治疗目的为控制症状，防止病情恶化，尽可能保持正常肺功能，维持正常活动能力，避免治疗副作用。治疗措施包括脱离过敏原和药物治疗。对于有明确的过敏原者，应尽量避免再次接触。

四、气胸

胸膜腔是不含气体的密闭的潜在腔隙，气体进入胸膜腔造成积气状态时，称为气胸。气胸可分为自发性、外伤性和医源性 3 类。自发性气胸又可分为原发性和继发性，原发性发生在无基础肺疾病的健康人，继发性常发生在有基础肺疾病的患者。气胸是常见的内科急症，男性多于女性。此处主要叙述原发性自发性气胸。

（一）病因

原发性自发性气胸多见于瘦高体型的男性青壮年。

(二)临床表现

发病前部分患者可能有持重物、屏气、剧烈体育活动等诱因,多数患者在正常活动或安静休息时发生。大多数患者起病急,突感一侧胸痛,针刺样或刀割样,持续时间短暂,继之胸闷和呼吸困难,可伴有刺激性咳嗽。

(三)治疗

治疗的目的是促进患侧肺复张,减少复发。治疗的具体措施包括保守治疗、胸腔减压、经胸腔镜手术或开胸手术等。保守治疗适用于症状较轻的稳定型小量气胸,包括卧床休息,给予镇静、镇痛等药物,密切监测病情变化。胸腔减压方法包括胸腔穿刺抽气、胸腔闭式引流。经内科治疗无效的可手术治疗。

(四)就医指南

同学们在日常生活中一旦出现气胸的临床症状,应立即停止活动,轻者在同伴的陪护下就医,症状明显的应马上呼叫"120",紧急救治。

五、心肌炎

心肌炎指心肌本身的炎症病变,分为感染性和非感染性,有局限性或弥漫性,也可分为急性、亚急性或慢性。感染性可由细菌、病毒、螺旋体、立克次体、真菌、原虫、蠕虫等引起,非感染性包括过敏、变态反应、化学因素、物理因素或药物引起等。此处主要叙述发病较多的病毒性心肌炎。

(一)病因

可能引起心肌炎的病毒有很多,以肠道病毒(包括柯萨奇 A、B 组病毒)、孤儿(ECHO)病毒、脊髓灰质炎病毒等常见。

(二)临床表现

根据病变的广泛程度不同,该病的临床表现轻重差异很大,可完全没有症状,也可能猝死。约半数于发病前 1～3 周有病毒感染前驱症状,如发热、全身乏力的所谓"感冒"症状或恶心、呕吐等消化道症状,然后出现心悸、胸痛、呼吸困难、水肿等。体检、心电图检查、心肌酶谱等检查可有助于诊断。

(三)治疗和预后

应卧床休息,进食富含维生素及蛋白质的食物,药物治疗心功能不全和心律失常。中西医结合治疗有抗病毒、调节免疫和改善心功能等作用。大多数患者经过适当治疗后能痊愈,但有心律失常患者可在感冒、劳累后心律失常加重或心律失常持续存在。

六、急性胃炎

急性胃炎是由多种病因引起的急性胃黏膜炎症,也称糜烂性胃炎、出血性胃炎、急性胃黏膜病变。

（一）病因

(1)细菌或细菌毒素损伤刺激胃黏膜。

(2)药物：常见的有非甾体类消炎药，如阿司匹林、吲哚美辛等，某些抗肿瘤药，口服氯化钾或铁剂等，可直接损伤胃黏膜。

(3)应激：严重创伤、大手术、大面积烧伤、严重脏器病变等机体应激状态，可使胃黏膜微循环障碍造成胃黏膜保护屏障受损，上皮再生能力减弱。

(4)乙醇：高浓度乙醇可直接破坏胃黏膜屏障。

（二）临床表现

患者可出现发热、恶心、呕吐、腹痛，急性糜烂出血性胃炎还可出现呕血和(或)黑便。

（三）治疗

针对原发病和病因采取措施，应用抑制胃酸分泌和保护胃黏膜药物。细菌感染引起者应用抗菌药物，出血患者应用止血药物。

七、消化性溃疡

消化性溃疡主要指发生在胃和十二指肠的慢性溃疡，即胃溃疡和十二指肠溃疡。

（一）病因

幽门螺杆菌和非甾体类抗炎药是损害胃、十二指肠黏膜屏障从而导致消化性溃疡的最常见病因。消化性溃疡的最终形成是胃酸或胃蛋白酶对黏膜自身消化所致。

（二）临床表现

上腹痛是消化性溃疡的主要症状，可为钝痛、灼痛、胀痛、剧痛或饥饿样不适感。疼痛多位于中上腹，可偏左或偏右。其发病特点为：

(1)慢性过程，病史可达数年至数十年。

(2)周期性发作，发作与自发缓解相交替；发作常有季节性，多在秋冬或冬春之交发病；可因精神情绪不良或过劳诱发。

(3)发作时上腹痛呈节律性。胃溃疡腹痛多在餐后约1小时发生，经1～2小时后逐渐缓解，至下餐进食后再重复上述节律；十二指肠溃疡表现为两餐之间发生腹痛，进食或服用抗酸药可缓解。

（三）治疗

治疗目的是消除病因、缓解症状、愈合溃疡、防止复发和防治并发症。

(1)一般治疗：生活饮食规律，劳逸结合，避免过度劳累和精神紧张；戒烟、酒；尽可能停用非甾体类抗炎药。

(2)药物：应用抑制胃酸分泌药物和保护胃黏膜药物，缓解症状，促进愈合。

(3)根除幽门螺杆菌治疗。

(4)预防溃疡复发:消除幽门螺杆菌,停服非甾体类抗炎药能大大减少溃疡复发。

(5)外科手术治疗:主要限于少数有并发症者。

八、尿路感染

尿路感染简称尿感,可分为上尿路感染(主要是肾盂肾炎)和下尿路感染(主要是膀胱炎)。

(一)病因

尿感最常见的致病菌是肠道革兰阴性杆菌。尿感通常是由上行感染引起,即细菌沿尿道上行到膀胱、输尿管乃至肾引起感染。该病的发生与机体的抗病能力和细菌的致病力有关。

(二)临床表现

急性膀胱炎时,一般无明显的发热、寒战等全身感染症状,主要症状为尿频、尿急、尿痛、耻骨弓上不适等。如果炎症沿输尿管上行致急性肾盂肾炎时,常有全身感染症状、腰痛、肾区叩痛等。

(三)治疗

多饮水,勤排尿,可起到冲洗尿路的作用。选用对革兰阴性杆菌有效的抗菌药物,常用的是喹诺酮类(环丙沙星、氧氟沙星、左氧氟沙星等)或复方磺胺甲噁唑(复方新诺明)。一般采用 3 天疗法,约 90%可治愈。但男性患者、肾盂肾炎患者应使用 14 天疗法。

(四)预防

(1)多饮水、勤排尿是最实用和有效的预防办法。

(2)经常进行阴部的清洁。

(3)尽量避免使用尿路器械,如必需留置导尿管,必须严格执行有关规范。

(4)与性生活有关的常发作的尿感,于性交后立即排尿,并按常用量服一次抗菌药物预防,有较好效果。

九、缺铁性贫血

贫血是指人体外周血红细胞容量减少,低于正常范围下限的一种常见的临床症状。当机体对铁的需求与供给失衡,导致体内储存铁耗尽,继之红细胞内铁缺乏,影响血红素合成,最终引起缺铁性贫血。

(一)病因

1.需铁量增加而铁摄入不足

青少年偏食、不正确的减肥容易导致缺铁,女性月经量过多而铁摄入不足以及妊娠等都可引起缺铁性贫血。

2.铁吸收障碍

铁的主要吸收部位在十二指肠，多种原因导致的胃肠道功能紊乱，如长期不明原因腹泻、慢性肠炎等可致铁吸收障碍。

3.铁丢失过多

慢性胃肠道失血、月经量过多、咯血、血红蛋白尿、多次大量献血等可使铁丢失过多。

（二）临床表现

1.原发病的表现

如消化性溃疡、痔疮等导致的黑便、血便或腹部不适，女性月经量过多等原发病的表现。

2.贫血的表现

常见为皮肤黏膜苍白，自感乏力，易于疲倦，头晕、头痛、眼花、耳鸣、心悸、气短、纳差等。

3.组织缺铁表现

精神行为异常，如烦躁、易怒、注意力不集中、异食癖，体力、耐力下降，易感染，口腔炎、舌炎、口角皲裂，毛发干枯、脱落，皮肤干燥，指（趾）甲缺乏光泽、脆薄易碎，重者指（趾）甲变平甚至凹下呈勺状（匙状甲）。

（三）治疗

治疗方法包括病因治疗和补铁治疗。尽可能去除导致缺铁的病因，改善饮食，加强营养。补铁治疗首选口服铁剂。应注意，进食植物纤维、乳类和茶等会抑制铁剂的吸收，鱼、肉类、维生素 C 可加强铁剂的吸收。铁剂治疗应在血红蛋白恢复正常后持续 4～6 个月。

十、甲状腺功能亢进

甲状腺功能亢进简称甲亢，是指甲状腺腺体本身产生甲状腺激素过多而引起的甲状腺毒症，病因包括弥漫性毒性甲状腺肿（Graves 病）、结节性毒性甲状腺肿和甲状腺自主高功能腺瘤。此处主要叙述 Graves 病。

（一）病因

Graves 病与自身免疫有关，环境因素也可能参与该病的发生，如细菌感染、性激素、应激和锂剂等都对该病的发生和发展有重要影响。

（二）临床表现

1.甲状腺肿

大多数患者有不同程度的甲状腺肿大，无压痛。

2.甲状腺毒症表现

(1)高代谢综合征:甲状腺激素分泌增多导致交感神经兴奋性增高和新陈代谢加速,表现为疲乏无力、怕热多汗、皮肤潮湿、多食善饥、体重显著下降等。

(2)精神神经系统:多言好动,紧张焦虑,焦躁易怒,失眠不安,思想不集中,记忆力减退,手和眼睑震颤。

(3)心血管系统:心悸气短,心动过速,收缩压升高,舒张压降低等。

(4)消化系统:稀便,排便次数增加。

(5)肌肉骨骼系统:主要是甲亢性周期性瘫痪,主要累及下肢。

(6)造血系统:周围血检测淋巴细胞比例增加,单核细胞增加,白细胞总数减少。

(7)生殖系统:女性月经减少或闭经,男性阳痿,偶有乳腺增生。

3.眼征

患者可表现为程度不同的眼球突出及其他眼部不适表现。

(三)治疗

目前尚不能对 Graves 病进行病因治疗。现有的治疗措施包括抗甲状腺药物、放射性碘和手术治疗。抗甲状腺药物的作用是抑制甲状腺合成甲状腺激素,放射性碘和手术是通过破坏甲状腺组织,减少甲状腺激素的产生而达到治疗目的。

十一、慢性淋巴细胞性甲状腺炎

慢性淋巴细胞性甲状腺炎包括两种类型:一是甲状腺肿型,即桥本甲状腺炎;二是甲状腺萎缩型,即萎缩性甲状腺炎。

(一)病因

本病是公认的器官特异性自身免疫病,具有一定的遗传倾向。碘摄入量是影响本病发生的重要环境因素,随碘摄入量增加,本病的患病率显著增加。

(二)临床表现

桥本甲状腺炎患者的甲状腺轻、中度弥漫性肿大,可出现结节,质地坚硬。萎缩性甲状腺炎患者的甲状腺萎缩,首发症状是甲状腺功能减退表现,如易疲劳、怕冷、体重增加、反应迟钝、记忆力减退、嗜睡、厌食、腹胀、便秘等。

(三)治疗

仅有甲状腺肿者一般不需要治疗。发生甲状腺功能减退时可给予左甲状腺素治疗。甲状腺迅速肿大,伴局部疼痛或压迫症状时,可给予糖皮质激素治疗。压迫症状明显,药物治疗不缓解者,可考虑手术治疗。

十二、低血糖症

低血糖症是指血浆葡萄糖(简称血糖)浓度低于3.0 mmol/L(54 mg/dL)而导致脑细胞缺糖的临床综合征。

(一)病因

正常人血糖浓度变动受多种因素影响,在神经、内分泌和肝等调节下,空腹血糖保持在3.9~5.6 mmol/L,餐后一般不超过7.8~8.3 mmol/L,为机体提供足够的能量来源。血糖动态平衡有赖于调节血糖的胰岛素和对抗胰岛素的反调节激素的相互作用、相互制约。若上述两方面失去动态平衡,胰岛素分泌和作用过强,或对抗胰岛素的反调节激素分泌和作用过弱,均可导致低血糖症的产生。饥饿、营养缺乏、吸收不良、肝肾损害和肝糖产生减少等均可助长低血糖症的产生。

(二)临床表现

低血糖症常呈发作性,发作时间及频度随病因不同而异。发作时多表现为多汗、颤抖、心悸、紧张、焦虑、软弱无力、面色苍白、饥饿、肢凉震颤及脑功能障碍表现(如精神不振、头晕、思维迟钝、步态不稳)等。可依据Whipple三联征确定低血糖:①低血糖症状;②发作时血糖低于3.0 mmol/L;③供糖后低血糖症状迅速缓解。

(三)预防和治疗

反复发作的严重低血糖,尤其是持续时间较长后,可引起不可修复的脑损害,故应及早识别,及时处理。防治包括两方面:一是解除神经缺糖症状,二是纠正导致低血糖症的各种潜在原因。

(1)低血糖发作时的处理:轻症神志清醒者给予口服糖水、含糖饮料或饼干、面包、馒头等即可缓解。神志不清者,切忌经口喂食(因易导致呼吸道窒息),应静脉持续滴注5%~10%葡萄糖液,直至病情稳定,神志清醒后改为口服进食。

(2)病因治疗:确诊为低血糖症,尤其空腹低血糖发作者,大多为器质性疾病所致,应积极寻找致病原因,进行对因治疗。

第二节 外科常见疾病

一、疖

疖是一个毛囊及其所属皮脂腺的急性化脓性感染,常扩展到皮下组织。疖常发生于毛囊和皮脂腺丰富的部位,如颈、头、面部、背部、腋部、腹股沟部、会阴部和小腿。多个疖同时或反复发生在身体各部,称为疖病。

疖多发生于炎热的夏季。高温、潮湿、多汗容易使病原菌侵入皮肤。疖是一种常见病、多发病，基本上不受年龄限制，发病人群广泛，发病率高。

（一）病因

致病菌大多是金黄色葡萄球菌和表皮葡萄球菌。当全身或局部抵抗力下降时，细菌得以大量繁殖，便会发生疖。糖代谢障碍，体质变弱是疖发病的内在原因；皮肤擦伤、不清洁或经常受摩擦、刺激是疖发病的外部因素。

（二）临床表现

疖一般无明显的全身症状。病情重者可有不适、畏寒、发热、头痛和厌食等毒血症状。面部，特别是所谓"危险三角区"的上唇周围和鼻部疖，如被挤压或挑刺，可引起化脓性海绵状静脉窦炎，出现延及眼部及其周围组织的进行性红肿和硬结，伴疼痛和压痛，并有头痛、寒战、高热甚至昏迷等，病情十分严重者，可导致死亡。

（三）预防

注意皮肤清洁，勤洗澡、洗头、理发，勤换衣服、剪指甲，有条件者可在饮水中加金银花、菊花、莲子心等清热解毒的中药，少吃辛辣刺激性食物。

二、急性阑尾炎

急性阑尾炎是腹部外科最常见、最多见的急腹症，发病率约 1/1000，占外科住院患者的 10%～15%。发病年龄集中于 20～40 岁（约占 85%），男性多见，男女性别之比为（2～3）：1。

（一）病因

1. 阑尾管腔阻塞

阑尾管腔阻塞是急性阑尾炎最常见的病因，多见于年轻人；异物、炎性狭窄、食物残渣、寄生虫、肿瘤、结核等则是较少见的病因。

2. 细菌入侵

细菌入侵途径可为直接侵入、血行感染及邻近组织感染波及。

3. 其他

胃肠炎性疾病蔓延，如急性肠炎、节段性肠炎、急性坏死性肠炎等，都可直接蔓延至阑尾，引起阑尾炎。

（二）临床表现

1. 腹痛

腹痛是急性阑尾炎最常见的症状，通常 70%～80%的患者具有典型的转移性腹痛病史，即由起病之初的上腹部或脐周疼痛，数小时（通常 6～8 小时）后转移并固定局限于右下腹部。部分病例发病开始即出现右下腹痛。

2. 胃肠道症状

急性阑尾炎早期常出现胃肠道症状，有恶心、呕吐或不思饮食，但多不严重。

3. 全身症状

阑尾炎类型决定体温高低。病情严重者可出现口渴出汗、脉率加快、高热、寒战等全身中毒症状。

(三)治疗

1. 非手术治疗

非手术治疗仅适用于单纯性阑尾炎、观察性治疗或拒绝手术治疗的急性阑尾炎早期阶段,或伴有其他严重器质性疾病有手术禁忌证者。主要措施包括选择有效的抗生素和补液治疗。

2. 手术治疗

绝大多数急性阑尾炎一旦确诊,应积极手术。非手术治疗无效的阑尾周围脓肿亦应手术。

(四)预防

平时就要养成良好的卫生习惯,注意饮食调节,少吃多餐,忌暴饮暴食,饭后不要马上进行剧烈的运动等。

拓展阅读

饭后多久运动合适?

饭后休息多久才可以运动,主要看个人的体质,以及当时饮食的量和质和之后运动项目的运动量与运动强度。一般情况下,身体健康且经常运动的人,休息一个小时就可以了;至于体质差,身体处于亚健康的人,就建议多休息会儿。

三、痔疮

痔疮是肛门直肠底部及肛门黏膜的静脉丛发生曲张而形成的静脉团,这种静脉团可一个或多个,是一种慢性疾病,严重影响到人体的正常排泄功能,给人体带来很大的不适和烦恼。

该病在整个肛肠疾病中发病率最高,发病率随着年龄增长而升高,为大学生常见疾病。

(一)病因

1. 解剖因素

直肠上静脉及其分支均无静脉瓣,肛门直肠又处于人体的下垂部位,容易造成肛门直肠区静脉丛瘀血、扩张。

2.习惯性便秘

长期便秘者，痔发生率为74.5%。大便干结，排便时间过长，使腹压增高，肛门直肠部充血，静脉曲张成痔。

3.不良生活习惯

长期饮酒过多，嗜好辛辣可能是导致该病发病的诱因。

4.腹内压增高

妊娠子宫膨大，压迫盆腔直肠，使静脉回流受阻；男子前列腺肥大，尿道狭窄等，排尿不畅，必然增加腹压，直接阻碍直肠静脉血液回流，使直肠静脉丛瘀血扩张成痔。

5.直肠下端和肛管的慢性感染

局部感染使静脉本身及周围组织纤维化和失去弹性，也是痔发生的因素。

（二）临床表现

1.便血

无痛性、间歇性、便后有鲜红色血是其特点，也是痔早期常见的症状。轻者多为大便或便纸上带血，继而滴血，重者为喷射状出血，便血数日后常可自行停止。

2.痔块脱垂

痔块脱垂常是晚期症状，多先有便血后脱垂，轻者只在大便时脱垂，便后可自行回复，重者需用手推回，更严重者是稍加腹压即脱出肛外。

3.疼痛

单纯性内痔无疼痛，少数有坠胀感，当痔脱出或嵌顿，则有不同程度的疼痛。

4.瘙痒

晚期痔、痔块脱垂及肛管括约肌松弛者，肛门周围往往有瘙痒不适，甚至出现皮肤湿疹，患者极为难受。

（三）治疗

首先要明确痔疮的本质，而不是“见痔就治”；无症状的痔疮无须治疗；有症状的痔疮也不是都需要手术治疗，只有保守治疗或非手术治疗无效或严重内痔周围支持组织被广泛破坏后才考虑手术。

（四）预防

改变饮食习惯，不要吃辛辣刺激性的食物，戒酒，增加纤维性食物；养成每日大便的习惯，保持大便畅通；久坐久站的患者，要适当地参加体育锻炼；有慢性腹泻和直肠炎、肛门慢性炎症的患者要及时治疗。

四、肾、输尿管结石

尿路结石是泌尿系最常见的疾病之一，根据结石所在部位的不同，分为肾结石、输尿管结石、膀胱结石、尿道结石。人群患病率约1%，一般男性较女性更易患病。上尿路(肾与输尿管)结石约70%见于20～40岁的青壮年,下尿路(膀胱和尿道)结石多发生于10岁以下儿童。

(一)病因

1.全身性因素

(1)代谢紊乱:机体存在某些代谢紊乱,如高尿钙症等,容易形成结石。

(2)饮食与营养:不爱喝水,代谢生理活动所产生的废物排于尿中浓度过高;爱喝啤酒会使尿酸沉积导致肾小管阻塞,形成结石;不当食用蔬菜水果,如草莓、菠菜、甜菜、麦麸、竹笋、洋葱、茭白等,长期大量食用易患草酸钙类结石;吃太多肉或蛋白质食物摄入过多会使人体内产生很多尿酸,形成尿酸盐结石。

(3)长期卧床:骨折或瘫痪的患者,长期卧床常可引起骨质脱钙,尿钙增加,同时由于尿液滞留,并发感染,尿中很容易形成尿石。

(4)生活环境:尿石在某些地区的多发,可能与地理、气候、水源及饮食习惯等因素有关。天气炎热、出汗多、尿液浓缩,水和饮食中含有过多的矿物质成分如草酸盐、尿酸盐等,易引起结石的发生。

(5)精神、性别、遗传因素:现代工业化社会中,高度职业紧张状态的人群结石发生率较高;女性尿石发生率远低于男性;尿石形成与遗传的关系比较明显的只有胱氨酸和尿酸结石,大多数结石患者找不到遗传因素。

2.泌尿系统的局部因素

(1)尿路感染:菌落、脓块、坏死组织等均可构成结石核心,细菌中特别是变形杆菌、葡萄球菌等可使尿液碱化,有利于磷酸盐、碳酸盐的沉淀而形成结石。

(2)尿路慢性梗阻:尿道狭窄、前列腺增生症、动力性排尿功能障碍均可引起尿流不畅,尿液瘀积可使晶体沉淀、聚合形成结石。

(3)异物:尿路内存留的异物,如长期留置的尿管、不吸收的手术缝线等,容易成为尿液中晶体附着的核心而形成结石。

(二)临床表现

1.腰痛

尿路结石引起的腰痛多数为钝痛,活动后诱发或加剧。较小的肾盂、肾盏或输尿管结石可发生典型的肾绞痛。疼痛呈阵发性、剧烈刀割样;可向下腹部、腹股沟及大腿内侧放射,男性可放射至阴囊和睾丸,女性放射至阴唇附近;伴有大汗淋漓、恶心、呕吐等迷走神经兴奋症状。输尿管末端结石疼痛发作时,也可伴有尿频、尿急、尿痛等症状。

2.血尿

血尿常与腰痛同时出现,多为镜下血尿,也可为肉眼血尿。活动后血尿加重。偶尔可为无痛性血尿。

3. 无尿

在孤立肾伴有肾、输尿管结石梗阻，或双侧上尿路结石梗阻的患者可发生无尿；有时一侧输尿管结石阻塞也可引起对侧反射性无尿。

4. 其他症状

继发感染可有发热、畏寒、寒战等全身症状。

（三）治疗

1. 减轻疼痛

可用解痉止痛药物、指压止痛、皮肤过敏区局部封闭、针刺疗法和穴位注射疗法等缓解疼痛。

2. 保护肾脏，去除结石

一般结石直径小于 1 cm，周边光滑，无明显尿流梗阻及感染者，以及某些临床上不引起症状的肾内较大鹿角形结石，可暂行非手术处理。可通过大量饮水，中草药治疗，针刺或电针穴位，经常做跳跃活动，或对肾下盏内结石行倒立体位及拍击活动，促进结石的排出；对尿培养有细菌感染者，选用敏感药物积极抗感染；对体内存在代谢紊乱者，应积极治疗原发疾病以及调理尿的酸碱度等。体外冲击波碎石也是一种安全、有效、无痛的治疗方法。对结石引起尿流梗阻已影响肾功能，或经非手术疗法无效，无体外冲击波碎石条件者，应考虑手术治疗。

（四）预防

养成多饮水的习惯，多饮水可稀释尿液，冲洗尿路，一般成人每日饮开水或磁化水 2000 mL 以上，有助于结石排出。根据结石的成分适当地调节饮食结构，如草酸盐结石患者，宜少吃富含草酸的食物。如有尿道狭窄、前列腺增生症、尿路感染和代谢性疾病，应及时去医院处理。

第三节　皮肤科常见疾病

一、荨麻疹

荨麻疹俗称风团，是一种常见的皮肤病。该病由各种因素致使皮肤黏膜血管发生暂时性炎性充血与大量液体渗出，造成局部水肿性的损害。其迅速发生与消退，有剧痒。据统计，人群中 20%左右的人，在一生至少发生 1 次荨麻疹。

（一）常见诱因

(1)食物：以鱼、虾、蟹、蛋、牛奶、肉类等动物性蛋白质最常见。某些植物，如草莓也可致敏。

(2)药物：如青霉素、呋喃唑酮、血清、疫苗等可由变态反应引起荨麻疹，另一些药物如吗啡、阿托品、阿司匹林等为组胺释放剂，可直接刺激肥大细胞释放组胺,引起荨麻疹。

(3)吸入物:花粉、动物皮屑、羽毛、灰尘、某些气体及真菌孢子等。

(4)感染:包括细菌、真菌、病毒、原虫、寄生虫等感染。

(5)昆虫叮咬:如虱、跳蚤叮咬皮肤及黄蜂、蜜蜂、毛虫的毒刺刺入皮肤引起变态反应。

(6)物理及化学因素:如冷、热、日光、机械性刺激、摩擦压迫和某些化学物质的刺激,引起变态反应或非变态反应性荨麻疹。

(7)内分泌和代谢障碍及胃肠功能失调均可诱发本病,尤其是慢性荨麻疹。

(8)遗传因素:如家族性寒冷性荨麻疹、遗传性家族性荨麻疹综合征与遗传因素有关。

(9)精神因素:精神紧张、感情冲动可引起乙酰胆碱释放,增强血管通透性而发生荨麻疹。

(二)分型与临床表现

荨麻疹在临床上根据病程一般分为急性、慢性及特殊类型荨麻疹。

1.急性荨麻疹

急性荨麻疹发病较急,先感皮肤瘙痒,很快在瘙痒处出现水肿性红斑、风团,呈鲜红色、皮色或瓷白色。大小不等,小至针头,大如手掌。形状不定,有圆形、椭圆形或不规则形。全身泛发,也可局限于某1～2个部位。初起单个散在,逐渐扩大,有的融合成片。持续数分钟至数小时逐渐消退,风团变为红斑或环形红斑而消失,消退后不留痕迹,但新疹又不断发出,此起彼伏,一日数次不等。风团出现时自觉剧痒或灼热。病情重者可出现头昏心慌、脉细速、血压降低等过敏性休克表现。如系感染引起者,常伴有畏寒发热、心慌、全身不适等中毒症状。呼吸道受累者可出现咽喉部哽塞感、气急、胸闷、呼吸困难、面唇发绀,甚至窒息死亡。累及消化道可有恶心、呕吐、腹痛、腹泻等。

2.慢性荨麻疹

风团反复发作,时轻时重,常在睡前或晨起较重,部位不定,迁延数月至数年之久。除瘙痒外,全身症状较轻。大多数患者不能找到原因,难以治愈。

3.特殊类型荨麻疹

常见皮肤划痕症,亦称人工性荨麻疹、寒冷性荨麻疹、胆碱性荨麻疹、日光性荨麻疹、接触性荨麻疹等。

(三)治疗

(1)尽量避免可能导致荨麻疹发作的一切可疑原因。而对于无法避免的过敏原,可根据荨麻疹易发的情况进行预防性服药。但对变态反应原检查呈阳性反应时,可采取脱敏治疗。

(2)当伴有全身的症状时,一定要及时就医,不能拖延。如果是慢性荨麻疹,可进行多联疗法或长期维持最小剂量服药治疗。

(3)服用抗过敏药物时要谨遵医嘱,仔细阅读药品说明书。

(四)预防

从患者自身的饮食起居与生活环境等具体情况出发,积极寻找病因,每天做好记录。如进食海鱼、虾蟹、储存较长的肉制品,近期用药史,细菌、病毒、寄生虫感染史,季节变化,精神紧张,蚊虫叮咬史等,通过生活饮食日记法来进行自我调整。有青霉素过敏史或者因注射青霉素而发生荨麻疹时,应避免使用乳制品。部分荨麻疹患者避免接触阿司匹林、非甾体类抗炎药、偶氮染料以及防腐剂、食品添加剂等。

拓展阅读

过敏性疾病与环境和生活方式息息相关

世界变态反应组织对30个国家过敏性疾病的流行病学调查显示,这些国家的总人口中,22%的人患有过敏性疾病,如过敏性鼻炎、哮喘、结膜炎、湿疹、食物过敏、药物过敏等。过敏性疾病患病率的迅速增高,已达到某种流行病的程度。这与长期、持续的环境因素和生活方式的改变有关。西方学者发现,过敏性疾病的发病率在发达国家和地区高于发展中国家,城市高于乡村,污染地区高于非污染地区;在发展中国家,发病率则与采用城市化的"西方"生活方式相关,农民的孩子较其他孩子较少患过敏性疾病;在城市,父母是高薪阶层或专业人士的子女较低薪阶层的子女更容易罹患过敏性疾病。

二、手癣、足癣和甲癣

手癣、足癣及甲癣是发生于掌(跖)与指(趾)间皮肤及指甲的浅部真菌感染。其患病率高,易复发,特别是甲癣,一般药物很难治愈。

(一)病因及流行病学

手足癣的病原菌为表皮癣菌属,以间接传染为主;手癣多由足癣感染而来,常因搓足引起;甲癣与手足癣多为同一致病菌,常继发于手足癣。

皮肤癣病会在人与人之间相互传染,甚至可以在同一人的不同身体部位间传染。

足癣是真菌病中发病率最高的一种。因真菌喜爱潮湿温暖的环境,夏季天热多汗,穿胶鞋、尼龙袜者为真菌提供了温床;冬季病情多好转,表现为皮肤开裂。这是一种接触传染病,会因共用面盆、脚盆、脚巾、手巾、拖鞋及澡盆而迅速传播。

现代生活方式也会增加感染机会，例如公共浴室、游泳池、桑拿、健身房，穿着制服等。

（二）临床表现

1. 足癣

足癣多见于成人，男女皆可罹患。该病往往夏季加重，秋季减轻，若未彻底治疗，常迁延多年。依其皮损表现可分为以下 3 型，三者可同时或交替出现，或以某一型为主。

（1）水疱型：多发生在夏季，在趾间、足缘、足底出现米粒大小的潜在性水疱，疏散或成群分布，疱壁较厚，内容清澈，不易破裂。数日后干燥脱屑，相互融合形成多房性水疱，撕去疱壁，可见蜂窝状基底及鲜红色糜烂面，剧烈瘙痒。

（2）糜烂型：局部表皮角质层浸软发白，严重者趾缝间、趾腹与足底交界处皮肤均可累及，瘙痒剧烈，多发于 3、4、5 趾缝间。本型常见于多汗者。

（3）鳞屑角化型：表现为足底、足缘、足跟部皮肤增厚、粗糙、脱屑，鳞屑成片状或小点状，反复脱落。冬季趾缝间皮肤发生裂隙，夏季产生水疱，有痛感，痒感不著。

2. 手癣

手癣多自手部某一部位开始，尤其拇指或食指的侧面、屈面和掌心，然后逐渐扩展。手癣很少看到指间浸渍糜烂。丘疹鳞屑型常有小水疱发生，常形成环状鳞屑。水疱型瘙痒显著，如发生在掌心和手指近端，易继发感染。角化过度型掌指部明显角化，常有皲裂。

手癣病程非常长，多年不愈。夏季损害范围扩大较明显，冬季气候干燥时则粗糙加重。若仅累及手背，出现环形或多环形损害，形态与体癣相似。

3. 甲癣

损害先从甲游离缘和侧壁开始，使甲板出现小凹陷或甲横沟，逐渐发展至甲板变脆，易碎，增厚，呈褐色。甲下碎屑堆积常易使甲变空，翘起与甲床分离，甲板表面凹凸不平，粗糙无光泽。若因手足癣蔓延至甲者，常先从甲根开始，甲板表面出现小白点，逐渐扩大，致甲板变软下陷。

（三）治疗

1. 手癣及足癣

治疗以外用药物为主，根据不同病型选用不同外用药物。对有继发感染者应先用抗菌药物控制继发感染后再进行抗真菌治疗。严重足癣患者，可考虑短期内服用灰黄霉素、特比萘芬、伊曲康唑、氟康唑等以控制播散。

2. 甲癣

甲癣治疗见效很慢，须坚持治疗才能治愈。首先应清除病甲，尤其是增厚的病甲，常用的有效方法有削甲综合疗法、泡甲法、拔甲法和口服药治疗。

(四)预防

要勤洗脚,勤洗鞋袜,保持鞋内的通风、干燥;不穿他人的鞋袜,不与他人公用毛巾、浴巾、面盆、脚盆等。如果已经患了手足癣,不要抓搔患病的皮肤,接触了患处后一定要把手洗干净;在处理食物的时候还要戴手套,以免污染食物;尽量减少在过热或过潮湿的环境下工作;及时治疗已患有的皮肤癣病,以避免向身体其他部位传染。

三、寻常性痤疮

寻常性痤疮俗称青春痘,是青春期常见的一种慢性毛囊皮脂腺炎症性疾病,好发于面部,有粉刺、丘疹、脓疱、结节、囊肿及疤痕等多种损害,并常伴有皮脂溢出。

(一)病因

痤疮的发生是多因素综合作用的结果,主要与皮脂产生增多、毛囊口上皮角化亢进及毛囊内痤疮丙酸杆菌增殖有关,也有一定的遗传因素。

1.皮脂分泌过多

主要见于青春期性腺发育,内分泌失调,雄性激素增多,进食大量脂肪、糖类、咖啡、浓茶、酒、辣椒等。遗传素质、情绪激动、环境湿热、便秘等都是皮脂分泌增多的因素。

2.毛囊皮脂腺口的不通畅

主要见于不注意清洁皮肤,维生素A的缺乏或外界污染物。不良的化妆品等也可导致毛囊皮脂腺口的角化异常,使管口变窄。

3.炎症反应

主要是痤疮丙酸棒状杆菌、卵圆形糠秕孢子菌、白色葡萄球菌感染以及毛囊虫寄生等所致。

(二)临床表现

该病多见于15～30岁的青年男女,女性发病年龄常较男性要早,有皮脂过多现象,毛孔多粗大。

损害主要发生于面部,尤其是前额、双颊部、颏部,其次是胸部、背部及肩部。初起为粉刺,有白头与黑头两种。痤疮常对称性分布,可少而稀疏或较多而密集。粉刺在发展过程中可演变为炎性丘疹、脓丘疹或脓疱、结节、囊肿及瘢痕等。临床上常数种损害同时存在,并以其中一两种为主。

寻常性痤疮的病程呈慢性,时轻时重,常持续到中年时期,病情才逐渐缓解而痊愈。本病有自限性,愈后遗留萎缩性或增生性的瘢痕。

(三)治疗

治疗主要是针对痤疮发病的主要原因来处理。外用药应先做小面积试验,无不良反应后再扩大使用。联合用药时要注意药物的相互作用,以便发挥药物的最大效应,取得理想的效果。同时,痤疮也是一种身心疾病,心理的健康、情绪的调适对病情会大有裨益。

(四)预防

避免使用含油脂及粉量过多的化妆品和服用碘化物及糖皮质激素制剂;皮脂分泌过多者可使用含硫黄的肥皂洗脸;少吃刺激性食物,多吃新鲜蔬菜、水果及富含维生素类食物,节制脂肪和糖类饮食。

拓展阅读

如何科学洗澡

洗澡能清除汗垢油污,消除疲劳,舒筋活血,改善睡眠,提高皮肤的代谢功能和抗病力。对于一般人来说,每周洗澡 2～3 次比较合适;水温在 24～29 ℃为宜;洗浴时间不宜过长,盆浴 20 分钟,淋浴 3～5 分钟即可;选择中性的浴液和香皂为好,但不必天天用,隔两三天用一次即可;热水冲过后,最好用比较凉的水冲一下全身,以增加血管的弹性,会使人更加健康;洗完澡后,全身涂抹一些润肤露。

第四节 五官科常见疾病

一、近视

近视眼是眼在调节松弛状态下,平行光线经眼的屈光系统屈折后形成的焦点在视网膜之前,在视网膜上形成一模糊的像。

(一)病因

目前对近视的病因尚不明确,但多数学者认为近视的发生与环境、遗传和体质健康因素有密切关系。

1. 遗传因素

高度近视属常染色体隐性遗传,中低度近视属多基因遗传。遗传可表现为家族性和种族性。

2. 体质因素

体质弱,营养不良或缺乏某些营养素或某些微量元素如锌、铜、铬等,以及患过某些传染病或慢性疾病等,对近视的发生、发展都有一定的影响。

3. 环境因素

(1)学习用眼习惯不良，如读写姿势不端正，眼书距离过近，在暗光下或经常躺着、乘车、走路时看书，以及看电视时间过长、距离过近等都是引起近视发生的重要原因。

(2)学习环境不良，如学校或家庭的采光照明条件差，课桌椅高矮不适合学生身材等。

(二)近视的分类

根据近视的程度可分为轻度近视(小于－3.00D)、中度近视(－3.00D到－6.00D)和高度近视(－6.00D以上)。

(三)临床表现

1. 视力

远视力下降，近视力正常。近视的度数愈高，远视力愈差。

2. 视力疲劳

视力疲劳由调节与集合不协调所致，低度近视者常见。

3. 眼球改变

眼球前后径变长，眼球较突出，前房较深，瞳孔大而反射较迟钝。在极高度近视眼可发生轻度虹膜震颤。

4. 眼底改变

低度近视眼底变化不明显。高度近视因眼轴的过度伸长，可引起眼底的退行性改变。

(四)治疗

1. 验光配镜

经验光确定近视度数，选用适当的凹透镜。配镜的原则是选用使患者获得正常视力的最低度数镜片。

2. 屈光性手术

目前常用的屈光性手术有放射状角膜切开术、准分子激光治疗术、高度近视后巩膜加固术，都可获得较好效果。

(五)预防

注意用眼卫生，纠正不良用眼习惯。姿势端正，眼与读物距离保持25～30 cm；不在乘车、走路或卧床情况下看书；用眼1小时后应休息10分钟左右并远眺，使调节得以松弛；积极做眼保健操；注意平时身体锻炼，多做些户外活动，以增强体质；定期进行视力及眼部检查。

拓展阅读

眼保健操

眼保健操是一种通过按摩眼部穴位，改善眼及头部血液循环，放松肌肉，消除眼部疲劳的保健体操，可以起到改善和提高视力的作用。建议每天做两次眼保健操，每次3～5分钟。

眼保健操的步骤：

第一节：揉天应穴。以左右大拇指螺纹面按左右眉头下面的上眶角处。其他四指散开弯曲如弓状，支在前额上，按揉面不要大。

第二节：挤按睛明穴。睛明穴在内眼角上方，眼眶骨边缘凹陷处。以左手或右手大拇指和食指挤按鼻根部，先向下按，然后向上挤。

第三节：按揉四白穴。四白穴为双眼平视前方时，眼眶下缘正中直下一横指处。先以左右食指与中指并拢，放在靠近鼻翼两侧，大拇指支撑在下腭骨凹陷处，然后放下中指，用食指在面颊中央按揉。

第四节：按太阳穴轮刮眼眶。太阳穴在耳郭前面，前额两侧，外眼角延长线的上方。以左右大拇指螺纹面按住太阳穴，以左右食指第二节内侧面轮刮眼眶上下一圈，上侧从眉头开始，到眉梢为止，下面从内眼角起至外眼角止，先上后下，轮刮上下一圈。

二、急性卡他性结膜炎

急性卡他性结膜炎是细菌感染引起的结膜急性炎症，俗称红眼病。该病好发于春秋季节，任何年龄均可发病，以儿童和青少年为主；散发或流行于学校、幼儿园等集体生活场所；发病急，多双眼发病。

（一）病因

该病为细菌感染所致，常见致病菌为肺炎球菌、葡萄球菌、Kock-Weeks杆菌、流感杆菌和链球菌等，偶见由奈瑟脑膜炎球菌引起。该病主要通过接触传染，如接触患者眼部的分泌物，用过的毛巾、洗脸用具，污染的其他用品等。

（二）临床表现

该病潜伏期1～3天，急性发病，双眼同时或先后相隔1～2天发病。常有接触史，多见于温暖季节。患者自觉患眼灼热、痒、异物感，分泌物多，可呈黏液性、黏液脓性或脓性，晨起时封闭睑裂，分泌物附着角膜可致一过性视物模糊或虹视。

一般发病3～4天病情达高峰，随即逐渐减轻，10～14天即可痊愈。

（三）治疗

（1）对分泌物多的患者，可用3%硼酸溶液或生理盐水冲洗结膜囊；若分泌物不多，可用消毒棉签蘸上述溶液清洁眼部。

（2）早期冷敷可以减轻本病引起的眼部不适症状。

（3）局部治疗。根据不同的病原菌选用抗生素眼药水滴眼，如氯霉素、红霉素液或新霉素等；根据病情轻重，每隔2～3小时以至每隔1小时滴眼一次；睡前涂抗生素眼膏，如四环素、红霉素或金霉素眼膏以防止眼睑粘连，同时使药物在结膜囊内保留较长时间。

（四）预防

提倡流水洗手，不揉眼；一人一巾，不和别人合用洗脸水；发现红眼病，立即就医，严格隔离患者；禁止红眼病患者去公共场所；红眼病患者的毛巾、脸盆专人专用，保持清洁；眼药水、眼药膏要专人专用，以防交叉感染。

三、干眼症

干眼症是指任何原因造成的泪液质或量异常或动力学异常，导致泪膜稳定性下降，并伴有眼部不适和（或）眼表组织病变特征的多种疾病的总称，又称角结膜干燥症。

（一）病因

引起干眼症的原因很多，主要有眼外伤或眼部器质损伤；用眼不当，如长时间看手机，特别在黑暗环境中看手机；高强度用眼，长时间阅读、看电脑，长期熬夜；长期用眼药水；长期戴隐形眼镜；沙眼或结膜炎后遗症；一些疾病并发症，如干燥症、糖尿病等；一些手术及药物不良反应，如眼科手术、近视激光手术、面神经手术、腮腺手术等。

（二）临床表现

干眼症的常见症状包括眼睛干涩，容易疲倦，眼痒，有异物感，痛灼热感，分泌物黏稠，怕风，畏光，对外界刺激很敏感；有时眼睛太干，基本泪液不足，反而刺激反射性泪液分泌，而造成常常流泪；较严重者眼睛会红肿、充血、角质化、角膜上皮破损而有丝状物黏附，这种损伤日久则可造成角结膜病变，并会影响视力。

（三）治疗

1.药物治疗

常用药物包括泪液替代药（含多种添加剂的人工泪液、润滑液）、刺激泪液分泌药物（溴苄环己胺类、胆碱能类、章鱼唾腺精类等）、病因治疗药（抗生素类药物、免疫调节剂、激素类药物）和补充维生素类药物。

2.手术治疗

药物治疗效果不佳且症状严重者可考虑手术治疗。

3.日常护理

采用增加室内湿度，戴湿房眼镜，多眨眼，做眼保健操等减少泪液蒸发，保持眼部湿润的任何适宜方法。

（四）预防

正确用眼，减少干眼诱因；平时注意精神放松，感到眼睛疲劳时进行适当休息；尽量不向上看，将电视机或计算机放置在低于眼水平的位置，且看电视或使用计算机时间不宜过长；办公桌、计算机的监视器放置在不受阳光直接照射的地方，因为对照明光线发生反射的画面会引起眼睛疲劳；保持房间一定的湿度；多食用含维生素A多的食物，尤其是常使用电脑的人。

拓展阅读

电脑族用眼卫生

随着科技的进步，电脑已经成为我们日常生活、工作不可或缺的工具。但是长时间面对着电脑很容易造成眼睛干涩、疲劳，甚至引发一些更为严重的眼部疾病。因此，使用电脑时应注意以下几个方面：电脑屏幕不要调得太亮，避免强光刺眼；不要长时间盯着电脑，如果实在是工作需要，可以每半小时或者1小时站起来，望望窗外远方的风景，放松一下眼部肌肉；准备一瓶眼药水，在眼睛干涩的时候使用；注意眼部按摩，眼保健操是一项不错的选择，可以每天坚持做1～2次，以按摩放松眼部肌肉；日常生活中多吃一些富含维生素A的食物，如胡萝卜、菠菜、各类水果等。

四、过敏性鼻炎

过敏性鼻炎又称变态反应性鼻炎，是机体对某些过敏原敏感性增高而发生在鼻黏膜的变态反应性疾病。

本病以15～40岁人群多见，临床上有常年性和季节性之分，我国以前者居多。本病一般发生在具有过敏性体质的人身上，近年由于人们饮食结构的改变，环境污染的加剧，使得原来不是过敏性体质的人也演变成过敏性体质，因此，过敏性鼻炎的发病率也节节上升。

（一）病因

1.遗传因素

患者有家族史及本人有过敏性疾病史，以母系遗传者居多。

2. 反复多次的暴露和吸入外界过敏原

吸入的过敏原主要有尘螨、屋尘、动物皮屑、各种树木和草类的风媒花粉等；食入性过敏原有鱼虾、鸡蛋、牛奶、面粉、花生、大豆等。另外还有某些药品，如磺胺类药物、抗生素等，直接接触物如化妆品、汽油、油漆、酒精等，都可成为过敏原。

(二)临床表现

该病症状因刺激因素接触的时间、数量以及患者的机体反应状况不同而各异。症状时轻时重，发病时间可为数小时、数天至数周不等，发作间歇期完全正常。

1. 鼻痒和连续喷嚏

每天常有数次鼻痒和连续喷嚏阵发性发作，随后鼻塞和流涕，尤以晨起和夜晚明显。鼻痒见于多数患者。

2. 大量清水样鼻涕

症状发作时，可出现大量清水样鼻涕。急性反应趋向减弱或消失时，鼻涕可减少或变稠厚，若继发感染可变成黏脓样分泌物。

3. 鼻塞

鼻塞的程度轻重不一，为单侧或双侧，间歇性或持续性，亦可为交替性。

4. 嗅觉障碍

嗅觉障碍多为暂时性。嗅神经萎缩而引起者，多为持久性。还可出现头痛、耳鸣、流泪、声嘶等症状。

(三)治疗

1. 避免与变应原接触

如明确变应原后，可尽量避免接触，试停鱼虾、海味、牛乳、蛋类等食物。停用或改换疑似过敏的化妆品。

2. 药物疗法

抗组胺药对鼻痒、喷嚏、流清涕有良好效果，但对鼻塞无效果；抗组胺药与减充血药合用可以解决鼻塞问题；常用糖皮质激素，如可的松、倍氯米松、地塞米松，过敏性鼻炎采用喷雾治疗效果较好，用药方便，全身吸收量很少。

3. 脱敏疗法

用已找出的变应原(即对什么物质过敏)作脱敏剂，可达到较好疗效。

4. 其他疗法

其他疗法如激光、微波、冷冻治疗、手术疗法、中医中药疗法等均有一定的疗效。

(四)预防

平时可以用热毛巾或电吹风温热鼻子局部或额头、面部等部位，这是预防和缓解过敏性鼻炎的有效方法之一；保持心情愉快；注意养成良好的作息习惯，不要通宵上网；积极锻炼；预防感冒；注意饮食营养，有过敏史的人要特别注意牛奶、鸡蛋、海鲜类等过敏性食物和谨慎使用青霉素、磺胺类药物等常见致敏药物；注意环境因素，避免接触和吸入某些物质，如花粉、螨虫、动物皮毛、粉尘等。

五、慢性咽炎

慢性咽炎为咽部黏膜、黏膜下及淋巴组织的弥漫性炎症，常为上呼吸道慢性炎症的一部分。该病有时病程很长，症状顽固，不易治愈。

（一）病因

1. 局部因素

该病多见于急性咽炎反复发作转为慢性；或患有各种鼻病，长期张口呼吸及鼻涕后流，经常刺激咽部；或受慢性扁桃体炎、龋齿等的影响以及长期烟酒过度，或受粉尘、有害气体的刺激。

2. 全身因素

各种慢性病，如贫血、便秘、下呼吸道慢性炎症等引起瘀血性改变，可继发本病。

（二）临床表现

慢性咽炎一般无明显全身症状。该病病程较长，常有咽部各种不适感，如异物感、痒感、灼热感、干燥感或微痛感，分泌物或多或少、黏稠，常附着于咽后壁，使患者晨起时出现频繁的刺激性咳嗽，伴恶心。上述症状遇气候变化或讲话太多时加重。

（三）治疗

1. 祛除病因

如预防急性咽炎，积极治疗鼻、口、扁桃体等邻近器官和全身性疾病，增强体质，避免外界环境有害因素刺激，戒除烟酒等。

2. 中药治疗

中药在治疗慢性咽炎方面具有显著的疗效。

3. 局部治疗

经常用含漱液清洁咽部后壁；含服一些喉片，喷喉雾化治疗；坚持早晚用淡盐水漱口，改善咽部环境，预防细菌感染。咽部的黏膜充血增厚，黏膜下结缔组织有增生，黏液腺肥大，分泌物多，可以试试激光治疗。

（四）预防

经常开窗通风，保持空气流通；注意口腔卫生，早晚可用淡盐水漱口；注意保暖，防治口鼻疾病；以清淡易消化饮食为宜，多喝水，忌用烟、酒、姜、椒、芥、蒜及一切辛辣之物。

第五节　口腔科常见疾病

一、龋病

龋病是在以细菌为主的多种因素影响下，牙体硬组织发生慢性进行性破坏的一种疾病。

（一）病因

1.牙菌斑和致龋细菌

(1)牙菌斑：牙菌斑是附着在牙齿表面未矿化的细菌沉积物的膜样物质，即牙表面的生物膜。牙菌斑如长期聚集于牙面可导致龋病和（或）牙周疾病。临床流行病学调查表明，口腔卫生差，牙菌斑指数高，变形链球菌数量大，龋病发病率也高。

(2)细菌因素：细菌的存在是龋病发生的先决条件。口腔中的主要致病菌是变形链球菌，其次为某些乳杆菌和放线菌属。

2.食物因素

食物中的糖类与龋病的关系密切，糖类给牙菌斑细菌提供了产酸的底物。

3.宿主因素

宿主因素包括牙齿结构、牙齿所处环境及患者全身状况等，如宿主牙面上有易于形成龋病的牙菌斑滞留的窝、沟、点、隙；唾液中的成分直接影响局部 pH 值；人体某些内分泌的改变导致抗龋能力的改变。

4.时间

龋病造成的牙齿破坏是一个慢性的过程，需要数月或数年的时间。

（二）临床表现

1.龋病的好发牙位

在恒牙牙列中，以下颌第一磨牙发病率最高，其次是下颌第二磨牙、上颌第一磨牙、上颌第二磨牙，再次为上下颌双尖牙和上颌侧切牙。龋损害的好发牙面为咬合面的窝沟处，其次是牙的邻接面及牙颈部。

2.病变程度及其特点

龋病的发展过程是由浅入深，先破坏牙釉质，然后逐步破坏牙本质，最后崩解形成龋牙。其特征有色、形、质的变化。根据龋坏程度分为浅龋、中龋和深龋。

（三）治疗

牙齿硬组织被破坏后，本身缺乏防御修复反应。目前，还不能依靠机体自身的修复机能来恢复器官的完整，只有依靠人工修复。

治疗原则是终止病变的发展，恢复牙齿的外形和功能，注意保护牙髓。因此，除在少数情况下可用磨除法、药物治疗法外，一般均须采用充填法及修复法。

（四）预防

1.牙菌斑的控制

最实际有效的办法是刷牙和漱口。注意早晚刷牙，饭后漱口。刷牙选用适当的牙膏和牙刷也很重要，成年人要选用宽大适宜的牙刷，牙膏应选用预防牙周病、牙齿过敏、出血等类型的。白天没时间刷牙时要经常漱口，条件方便的可以用漱口液，效果更好。刷牙时间应为 2～5 分钟，仔细地把每一个牙齿洗刷干净。

2.减少或控制饮食中糖的含量

应注意养成少吃零食和糖果糕点的习惯，睡前不吃糖，注意三餐的质地。养成多吃蔬菜、水果和钙、磷、维生素等含量高的食物的习惯。

3.增强牙齿的抗龋性

氟化物防龋。近代被认为效果较好的方法有：自来水氟化，学校饮水氟化，牙面涂氟，含氟牙膏刷牙，氟溶液漱口等。此外还有激光防龋、窝沟封闭等。

拓展阅读

正确的刷牙方法

正确的刷牙方法是竖刷法和横刷法相结合。竖刷法就是顺着牙齿生长的方向，由根部向牙冠部刷洗，同一部位要反复刷 5～6 次，牙齿里外面都应刷到；横刷法用于刷后牙骀面，清洁骀面的窝沟间隙，每侧来回刷 8～10 次，这样才能保持真正的口腔清洁。

二、牙髓炎

牙髓炎是细菌或毒素等原因引起位于牙齿中心的牙髓的炎症，是引起牙痛的常见原因之一。牙髓炎一般分为急性和慢性两种类型。慢性牙髓炎在身体抵抗力降低时可以急性发作。

（一）病因

1.感染

引发牙髓感染的途径主要包括暴露的牙本质小管、牙髓暴露、牙周袋途径等。青年患者发生牙髓炎多因龋或畸形中央尖、畸形舌侧窝引起。

2.物理因素

强度较大的急性创伤可造成根尖部血管的挫伤或断裂，使牙髓血供受阻，引起牙髓发炎、退变或坏死；用银汞合金材料充填深的龋洞时，若未采取垫底或隔离措施，可导致牙髓变性，甚至坏死。

3.化学因素

某些消毒窝洞的药物，如酚、酒精、硝酸银等，若使用不当，可刺激牙髓，引起病变；某些充填材料含有酸或有毒物质，使用不当时也可刺激牙髓，引起病变。

（二）临床表现

1.急性牙髓炎

牙痛为自发性、阵发性痛，尤以夜间为甚。开始时疼痛时间短，但随着病程的进展，疼痛时间逐渐加长，间歇时间随之缩短，最后演变为持续性牙痛。就诊时患者常不能明确指出病牙所在。疼痛常为放射性或牵引性痛，放射至同侧上、下牙及头面部。急性牙髓炎时，冷热刺激均可激发患牙引起剧痛。检查患牙时可见龋洞。

2.慢性牙髓炎

慢性牙髓炎病程较长，一般症状不明显，没有显著的自发性疼痛史，只是常有不太明显的阵发性疼痛或钝痛。遇到冷热刺激时，会伴有疼痛感觉，但刺激去除后，疼痛常要持续一段时间。病牙可有轻度叩痛，一般均能明确指出患牙。

（三）治疗

牙髓炎的治疗原则是保存活髓或保存患牙。根据患者的年龄、患者的具体病情等情况，需选用不同的治疗方案进行治疗，无保留价值的患牙可拔除。

（四）预防

清淡饮食，忌吃辛辣、生冷、甜腻、酸性等刺激性食物；保持口腔卫生，养成良好的卫生习惯，坚持早晚或进食后刷牙，饭后漱口，及时清除留在口腔里和牙齿之间的食物残渣和细菌；对于位置不正的智齿和食物嵌塞的牙齿及时治疗，不合适的义齿和牙套及时处理；每半年到一年进行一次口腔检查。

三、牙本质敏感症

牙本质敏感症又称过敏性牙本质，是牙在受到正常牙不会引起反应的外界刺激，如温度、化学物质以及机械作用等时引起的酸痛症状。

（一）病因

凡使釉质完整性受到破坏，牙本质暴露的各种牙体疾病，如磨耗、楔状缺损、牙折、龋病以及牙周萎缩致牙颈部暴露等均可发生牙本质敏感症。但并不是所有牙本质暴露的牙都出现症状，通常与牙本质暴露的时间、修复性牙本质的形成的快慢有关。

（二）临床表现

牙本质敏感症主要表现为刺激痛，当刷牙，吃硬物，酸、甜、冷、热等刺激时均可发生酸痛，尤其对机械刺激最敏感。刺激除去后激发痛立即消失。无自发痛。

（三）治疗

（1）对因治疗：应改正刷牙方法，避免横刷，并选用较软的牙刷和较细的牙膏；改正喜吃酸食习惯，治疗胃病；调整咬合力负担等。

（2）对症治疗：有牙本质敏感症者，应用脱敏疗法。有牙髓或根尖周病时，可行相应治疗。

（3）硬组织缺损应用充填法修复，若缺损已导致牙齿横折，可根据病情和条件，进行根管治疗术后，做覆盖义齿或拔除。

（四）预防

如发现牙齿有楔状缺损等要及时到医院口腔科进行治疗；注意口腔卫生，养成良好的竖刷牙习惯，用温水漱口；注意饮食卫生，避免食用过冷、过热的食物；不要吃太硬的食物，以减少牙齿的过度磨损；咀嚼食物要用双侧，不要偏侧。另外，牙齿敏感患者需要谨慎选取牙膏，最好选择抗过敏的天然牙膏，如六必治抗过敏牙膏，采用新一代国际流行舒敏锶盐成分，可有效封闭牙本质小管，缓解因冷、热、酸、甜刺激而产生的疼痛，减少牙齿过敏症状。

四、慢性牙周炎

慢性牙周炎为最常见的一类牙周炎。大部分慢性牙周炎呈缓慢加重，但也可出现间歇性的活动期。

（一）病因

牙周炎是多因素疾病。堆积在龈牙结合部的牙面和龈沟内的菌斑微生物及其产物均可成为牙周炎的局部促进因素，加重和加速牙周炎的进展。

宿主对细菌攻击的应答反应是决定牙周炎发生与否的必要因素。某些全身性疾病如糖尿病等也会对牙周炎有负面影响。此外，吸烟、精神压力等也可能是危险因素。近年来的研究发现，遗传因素对牙周临床症状的严重程度也有一定的影响。

（二）临床表现

牙周炎的临床特征是牙龈发炎，牙周袋形成，附着丧失，牙槽骨吸收，最后导致牙松动，丧失咀嚼功能。

患处牙龈呈现不同程度的慢性炎症，颜色暗红或鲜红，质地松软，点彩消失，边缘圆钝且不与牙面贴附。牙周袋探诊深度超过 3 mm，但如有牙龈退缩，则探诊深度可能在正常范围。

牙周袋、附着丧失和牙槽骨吸收在牙周炎的早期即已出现，程度较轻，一般无明显不适，主要的症状为刷牙或进食时出血或口内异味，及至形成深牙周袋后，出现牙松动、咀嚼无力或疼痛，甚至发生急性牙周脓肿时，患者才去就诊。

本病一般侵犯全口多数牙齿，也有少数患者仅发生于一组牙或少数牙。

(三)治疗

慢性牙周炎的治疗目标是彻底清除菌斑、牙石等病原刺激物,消除牙龈的炎症,使牙周袋变浅和改善牙周水平,并争取适当的牙周组织再生,而且要使这些疗效能长期稳定保持。重症患者,对常规治疗反应不佳,或出现急性症状的患者,需使用抗菌药物。对患有某些系统疾病如糖尿病等的慢性牙周炎患者,应积极治疗并控制全身病,以利于牙周组织愈合。吸烟者对牙周治疗的反应较差,应劝其戒烟。大多数慢性牙周炎在经过恰当的治疗后,炎症消退,病情得到控制。但预防病情的复发却有赖于患者日常持之以恒的菌斑控制,以及定期的复查、监测和必要的治疗。

(四)预防

预防或减少全身性疾病,加强营养,提高整体健康素质;保持口腔清洁卫生,认真刷牙、漱口;坚决戒除对牙周组织有害的不良习惯(如吸烟、饮酒、单侧咀嚼等);不要长期食用大颗粒、粗纤维的食物。

五、复发性口腔溃疡

复发性口腔溃疡又称复发性口疮,是口腔黏膜病中的常见病,其患病率高达20%左右。本病呈周期性复发且其有自限性,一般7~10天可自愈,表现为孤立的、圆形或椭圆形的浅表性溃疡。

(一)病因

本病的病因复杂,存在明显的个体差异。发病机理目前尚不清楚,致病因素是多方面的,可能与免疫因素有关,有的学者发现,复发性口疮患者的细胞免疫水平均低于正常人。研究证实,由双亲遗传的复发性口腔溃疡罹患频率高。大量临床研究及流行病学调查发现,复发性口腔溃疡与消化道疾病因素如胃溃疡、十二指肠溃疡、溃疡性结肠炎、局限性肠炎等有一定的关系。感染因素目前仍有争议。情绪不稳定的个性特征,以及人际敏感、抑郁、焦虑和敌对心理等明显的情绪障碍可能与复发性口腔溃疡有关。

(二)临床表现

本病多发生在青壮年,唇、颊、舌尖、舌边缘、前庭沟等处黏膜好发,牙龈少见。初期,口腔黏膜充血、水肿,出现粟粒大小的红点,之后很快破溃成圆形或椭圆形溃疡,有自发性,剧烈烧灼痛,遇刺激疼痛加剧,影响患者说话进食。本病具有复发性,间歇期不定,每次发作可在7~10天自行愈合,但腺周口疮愈合较慢,可长达数月之久。

(三)治疗

轻型复发性口腔溃疡一般10天左右可自愈,不需要治疗,自愈后不留瘢痕。重型可局部治疗3~5天,全身治疗同时应用。

1. 局部治疗

局部治疗以消炎、止痛、防止继发感染、促进愈合为原则。

2. 全身疗法

可选用免疫抑制疗法、免疫调节剂和免疫增强剂等进行治疗。

3. 中医中药

根据辨证给予相应治疗。

(四)预防

注意饮食平衡，不偏食，不挑食，多食蔬菜、水果、核桃、杏仁等富含维生素、微量元素的食物。少食坚硬、过烫食物以及油炸、膨化食品。生活要有规律，保证每天7～8小时睡眠，提高睡眠质量，不熬夜。保持口腔卫生，选择软毛牙刷及合适的、性质温和的牙膏。积极治疗牙体牙周疾病。

六、智齿冠周炎

智齿是牙列中最后萌出的牙，常因颌骨位置不足而发生阻生。在其萌出过程中，牙冠周围软组织发生的炎症称为智齿冠周炎，是口腔科的常见疾病。本病多发于18～25岁的青年，其中以下颌智齿冠周炎多见。

(一)病因

(1)牙列与颅骨不协调造成萌出位置不正；下颌骨体部与下颌骨枝形成角度有差异，造成萌出困难或未全部萌生。

(2)下颌磨牙后区，咀嚼食物残渣滞留在冠周袋内，不易被清除，再加上龈瓣被上牙咬伤，龈黏膜发生糜烂和溃疡，局部抵抗力降低而导致冠周炎。

(3)感冒、工作疲劳、睡眠不足、妇女月经期或其他原因造成全身抵抗力下降。

(二)临床表现

本病常以急性炎症出现。在炎症早期时，一般全身无明显反应，仅感磨牙后区不适，偶有轻微疼痛，当进食咀嚼、吞咽、开口活动时疼痛加重。炎症加重时，局部有自发性跳痛，放射至耳颞部。当炎症侵入咀嚼肌时，则出现不同程度的张口受限，甚至“牙关紧闭”，患者不能进食，有时口臭明显。此时患者有全身不适、发热、畏寒、头痛、食欲减退、便秘等症状。

慢性者多无自觉症状，仅局部轻度压痛。

(三)治疗

智齿冠周炎的治疗原则：急性期主要以抗感染，镇痛，切开引流，防止感染扩散及增强机体抵抗力治疗为主；慢性期以去除病因为主，及时消除盲袋，及早拔除阻生牙，以防反复性发作或带来并发症。

1. 全身治疗

选择有效抗菌药物，轻症者可给予磺胺类、先锋霉素类药物或银翘解毒丸等中成药内服，重症者肌注或静滴青霉素及其他抗生素，并与甲硝唑或替硝唑同时应用，注意休息，进流食及补充维生素C等。

2.局部治疗

局部治疗主要包括盐水或普通水含漱、盲袋冲洗上药、理疗、针刺治疗。

3.手术治疗

以上治疗方法不佳时可采用切开引流、冠周龈瓣切除术、阻生智齿拔除术。

（四）预防

保持口腔卫生，每日可用温水或盐水漱口，或用口腔含漱液漱口。多吃些水果、蔬菜等维生素含量高的食物，大量补充蛋白质和钙类，不要吃辛辣有刺激性的食物，多喝开水。对于反复发生的智齿冠周炎应该考虑拔除智齿。

拓展阅读

什么是智齿？

在医学上，智齿又叫第三磨牙，是从两颗门牙的牙缝开始向内数的第八颗牙。智齿是人类32颗恒牙当中，最后长出的恒牙，位于上下左右牙弓的最后方。因为在第三磨牙长出时，大多数人处在16～24岁，即在人的智慧成长后，所以第三磨牙又有智慧齿之称，简称智齿。

第十章　倡导合理用药

学前思考题

1. 药物的不良反应有哪些？
2. 自购药品应注意哪些方面？
3. 日常生活中如何做到合理用药？

药物是我们日常生活中不可或缺的物品之一，不论是居家生活、外出旅游，还是异地求学，大家都会或多或少地准备一些常用药物放在身边以备急用。所以，了解合理用药的知识，确保用药安全就成了我们必须掌握的一门知识。

第一节　药物的基本知识

一、药品及合理用药的概念

（一）药品

《中华人民共和国药品管理法》规定，药品是指用于预防、治疗、诊断人的疾病，有目的地调节人的生理机能并规定有适应证或者功能主治、用法和用量的物质，包括中药材、中药饮片、中成药、化学原料药及其制剂、抗生素、生化药品、放射性药品、血清、疫苗、血液制品和诊断药品等。

（二）合理用药

药物治疗是一把“双刃剑”，可以治病救人，但使用不当也可能造成伤害。1961年，联邦德国格仑南苏制药厂开发生产的新药沙利度胺（反应停），是专门用于治疗孕吐并获得极大成功的药品，但孕吐者使用后竟导致28个国家约1.2万例海豹肢畸形婴儿出生。这些畸形婴儿绝大多数在一年内死亡，其中一些胎儿尚未出生即已死亡。事后证实，该药具有极强的致畸作用。为此，药厂支付了1.1亿马克的赔偿，工厂被迫倒闭。所以合理用药是保障患者生命安全的重要措施。那什么是合理用药呢？我国《医疗机构药事管理暂行规定》中提出，所谓合理用药就是“安全、有效、经济”的使用药品，就是根据病情、患者体质和药物的情况适当选择药物，做到“对症下药”，同时以适当的方法、适当的剂量、适当的时间准确用药。注意药物的禁忌证、不良反应、相互作用等，并注意尽量少花钱。WHO 提出关于合理用药的 5 条标准，这 5 条标准是：①开具处方的药物应适宜；②在适宜的时间，以公众能支付的价格保证药物供应；③正确地调剂处方；④以准确的计量、正确的用法和用药时间服用药物；⑤确保药物质量安全有效。

二、药物的不良反应

药物作用于机体，除了发挥治疗的功效外，有时还会由于种种原因而产生某些与药物治疗目的无关而对人体有损害的反应，这些对人体有害的反应就是药物的不良反应。

药物的不良反应一般可分为副作用、毒性反应、过敏反应和继发感染（也称二重感染）等几大类。不良反应有大小和强弱的差异，可以使人感到不适，使病情恶化，引发新的疾病，甚至导致死亡。如何最大限度地发挥药物的疗效，最大限度地减少不良反应，这是临床需解决的关键问题。

现实生活中，由于药物的不合理使用，不良反应的发生率是相当高的，特别是在长期使用或用药量较大时，情况更为严重，甚至出现严重的毒副反应。严格地讲，几乎所有药物在一定条件下都可能引起不良反应。但是，只要合理使用药物，就能避免或使其危害降低到最低限度。这就要求我们在用药前全面了解该药的药理性质，严格掌握药物的适应证，选用适当的剂量和疗程，明确药物的配伍禁忌。在用药过程中还应密切观察病情的变化，及时发现药物产生的不良反应，加以处理，尽量避免引起不良的后果。对于一些新药，由于临床经验不够，对其毒副作用观察及了解不够，在使用过程中需要更加谨慎。

（一）药物的副作用

一种药物常常有多种作用，在正常剂量情况下，伴随着药物治疗作用而出现的与用药目的无关的反应称为副作用。它属于药物固有的反应，一般比较轻微，在治疗中较常出现，多为可逆性功能变化，停药后很快消退。副作用随用药目的不同而改变，如阿托品作为麻醉前给药主要是为了抑制腺体分泌，则术后出现肠胀气、尿潴留为副作用；而当阿托品用于解除胆道痉挛时，出现心悸、口干成为副作用。

（二）药物的毒性反应

毒性反应是绝大多数药物都有的，是指药物引起的生理生化机能异常和病理变化，可在各个器官和组织内发生。毒性反应是可以通过阅读药物说明书而获知预防的，一般是药物使用过量时才会发生，也可由于医疗或意外事故而发生。毒性反应可分为急性和慢性，用药后立即发生的为急性毒性，经长期蓄积后逐渐发生的为慢性毒性。毒性反应通常较副作用危害大。

（三）药物的过敏反应

药物的过敏反应是指有特异体质的患者使用某种药物后产生的不良反应。其与药物的剂量无关，且发病率不高。

药物的过敏反应主要有两种形式：一种是在用药当时就发生，称为即发反应；另一种是潜伏半个小时甚至几天后才发生，称为迟发反应。其轻则表现为皮疹、哮喘、发热等；重则发生休克，甚至可危及生命。因此，我们应尽量避免药物过敏反应的发生。一是在用药前要了解患者有无过敏史以及对药物过敏的情况，避免再次接触引起过敏的药物；二是对容易引起过敏的某些药物（如青霉素、普鲁卡因等）应做过敏试验，防止药物过敏反应的发生。一旦出现过敏反应，应立即停药，并给予抗过敏药物应用。若出现过敏性休克，必须迅速、及时、争分夺秒地就地抢救。

第二节 临床用药小常识

一、如何阅读药品使用说明书

药品说明书主要包括以下内容：

1.药品名称

药品名称可分为商品名和通用名。通用名相同的药品，可因生产企业不同而有很多个商品名。药品不同的商品名，意味着不同厂家的产品，也意味着不同品质的产品，用药时应适当注意。

2.药品的批准文号

药品生产必须经国家食品药品监督管理部门批准并发给生产文号，通常以“国药准字[生产年份]第××××××××号”表示。生产批号则表示该药的生产日期，通常印在包装盒或标签说明上。

3.药品有效期、保质期或失效期

药品有效期是根据药品的稳定性来确定的，是指保证药品使用有效的日期。药品超过有效期或达到失效期表明药物过期失效，不能再服用。

4.适应证或作用与用途

适应证是在充分的动物药理学实验及临床观察的基础上所确定的药品药理作用及临床应用情况，将使用本品确有疗效的疾病列入适应证范围。此项在中成药说明书中常用“功能与主治”表示。

5.不良反应及注意事项

为了安全使用药物，通常列出该药的慎用、忌用和禁用对象以及药品在使用过程中可能出现的不良反应。注意事项还包括孕妇、哺乳期、慢性病等特殊患者应注意的内容。

6.药品规格

药品规格包括药品最小计算单位的含量及每个包装所含药品的数量，最小计算单位的含量是指该药每片或每支的含量。

7.药品的用法与用量

用法是指根据该药的剂型和特性，注明为口服、肌内注射、静脉用药、外用及饭前服、饭后服、睡前服等。如果没有特别说明，一般标明的剂量为成年人的常用量，并以药品的含量为单位标明。若小儿或老人使用须按要求折算减量。

8.贮藏

不同药品对储存的条件要求不尽相同，多数药品均需避光、密闭并在阴凉干燥处保存。生物制剂大多需冷藏或低温保存。每种药品都应严格按照说明书注明的方法用药和储存。

二、选购药品需要注意的问题

大病去医院，小病去药店。去药店选购药品应注意以下问题。

(1)要选择国家批准的药店购买药品。药品是特殊商品，政府对药品有严格专营制度，经营药品必须具备药品经营企业许可证、药品经营企业合格证和工商营业执照。普通超市、宾馆等经批准后也可销售乙类非处方药，但不得销售甲类非处方药和处方药。

(2)购买处方药品时，必须凭执业医师的处方进行购买。

(3)选购药品前，一定要弄清自己的疾病和身体状况，以达到对症用药的目的。如果对自己的病情和身体状况不清楚，最好先请医生诊断后再用药或在执业药师的指导下购买和使用药品。

(4)注意查看药品外包装上有无药品生产批准文号、注册商标及生产厂家、生产批号、有效期、适应证、剂量和用法等，以防伪劣药品危害健康。

(5)选购进口药品应仔细查看。药品包装及说明书上须有国家主管部门核发的进口药品注册证、药名及有效成分、生产国家、生产厂家。在中国市场销售的所有进口药品必须有中文说明书。

(6)索取购药发票等购药凭证，一旦发现或怀疑所购药品有质量问题，可以凭有关购药凭证进行维权。

拓展阅读

什么是“OTC”药品

我国实行处方药和非处方药的分类管理制度，“OTC”药品是非处方药(over the counter)的英文缩写。非处方药是指那些不需要凭执业医师或执业助理医师处方，消费者按药品说明书自行判断，直接从药店购买和使用的药品；而处方药则是必须凭执业医师或执业助理医师处方才能调配、购买和使用的药品，如抗生素类药物等。实行药品分类管理是国际上通用的管理办法，既保证安全有效又方便群众用药。

第三节 常用药物的正确使用

一、合理使用抗生素

(一)抗生素滥用对健康的危害

1928年，英国细菌学家弗莱明发明了青霉素，开创了感染性疾病治疗的新纪元。几十年来，青霉素挽救了数以千百万计的生命，为人类健康立下了不可磨灭的功勋。目前，抗生素作为治疗感染性疾病的主要药物，是世界上应用最广、发展最快、品种最多的一类药物。

然而，由于人类滥用抗生素，导致产生了大量耐药菌株，给疾病治疗带来困难。据美国《新闻周刊》报道，仅1992年全美就有13300名患者死于抗生素耐约性细菌感染。中国是世界上滥用抗生素最为严重的国家之一，由此造成的细菌耐药性问题尤为突出。临床分离的一些细菌对某些药物的耐药性已居世界首位。中国有可能率先进入“后抗生素时代”，亦即回到抗生素发现之前的黑暗时代，那将绝对是一场重大灾难。

20世纪20年代，医院感染主要是链球菌。而到了90年代，产生了耐甲氧西林的金黄色葡萄球菌、肠球菌，耐青霉素的肺炎链球菌、真菌等多种耐药菌。喹诺酮类抗生素进入我国仅20多年，耐药率已经达60%～70%。耐青霉素的肺炎链球菌，过去对青霉素、红霉素、磺胺类等药品都很敏感，现在几乎“刀枪不入”。铜绿假单胞菌对阿莫西林、头孢呋辛等8种抗生素的耐药性达100%，而耐甲氧西林的金黄色葡萄球菌除万古霉素外已经无药可治。多重耐药菌引起的感染对人类健康造成了严重的威胁，滥用抗生素已经使人类付出了沉痛的代价。20世纪

50年代，在欧美首先发生了耐甲氧西林金黄色葡萄球菌的感染，这种感染很快席卷全球，有5000万人被感染，死亡达50多万人。我国有5000万～8000万残疾人，1/3是听力残疾，其中60%～80%的致聋原因与使用过氨基糖苷类抗生素有关。

统计显示，我国门诊感冒患者约有75%应用抗生素；外科手术应用抗生素的情况则高达95%；我国住院患者的抗生素应用率为79%，这一数字远高于英国的22%和各国平均水平的30%。那么抗生素滥用到底对机体有哪些危害呢？

1.导致细菌耐药

抗生素本来就是消灭细菌的，但如果滥用抗生素，会导致细菌耐药，最后导致无药可用。

2.破坏肠道菌群

服用抗生素的同时，肠道菌群无论是有益菌还是有害菌，均会被破坏。抗生素药物每使用一次，都会对肠道菌群造成非常大的破坏，甚至需要数年才能恢复。

3.影响人体的免疫系统

人体有超过80%的免疫功能建构在肠道中的益生菌平衡上。从婴儿开始，肠道菌群便逐渐发挥作用，免疫功能也由此启动。抗生素的滥用严重影响肠道菌群的平衡，摧毁大量的益生菌，影响人体的免疫系统，使得我们更加容易生病。

4.不良反应多

抗生素本身就是一种药物，不合理使用很容易产生不良反应。比如小孩使用庆大霉素、阿米卡星可能出现耳聋，成人使用可能会有肾脏的问题。四环素大量使用会造成肝脏的损害，小孩使用会影响牙齿和骨骼的发育。

5.其他

研究报道，广谱抗生素会减缓小鼠大脑中海马体的细胞发育，而海马体主要负责记忆和学习，日常生活中的短期记忆都储存在海马体中。实验中的小鼠在记忆测试中表现很差，而且体内白细胞更少。

(二)在医生指导下使用抗生素

应坚持在医生指导下应用抗生素。按照“三不三问”的要点，防止抗生素滥用造成的危害。

“三不”是：

1.不自行购买抗生素

抗生素是处方药物，不要自己当医师，有病一定要去就医。

2.不主动要求医生开抗生素

抗生素是用来对付细菌的，所以要在确定细菌感染时才可使用，这就需要医生的专业评估。如果是感冒，90%的感冒都不是细菌感染，而且抗生素也不能加速疾病康复，不必主动向医师要求开抗生素。

3. 不随便停用抗生素

抗生素治疗是针对细菌等的感染，有一定的疗程，一旦需要使用抗生素，就要按医嘱足疗程用药，以维持药物在体内的足够浓度，避免产生抗药性细菌。

“三问”是：

1. 我生的病与细菌感染有关系吗？

只有向医生询问，才能更了解自己的身体及疾病的成因。

2. 我需要吃抗生素吗？

针对不同的疾病，有不同的治疗方法，只有细菌感染才需要使用抗生素治疗，有些疾病甚至不需用药也会自己痊愈，所以，可向医师询问自己的疾病是否非吃抗生素才能痊愈。

3. 我应该如何服用抗生素？

一旦确定诊断，经医师判断需使用抗生素治疗，也应询问医师正确的用药方法，是否可以自行停止服药，是否还需复诊。并在领药时询问药师哪一种是抗生素，服药时需注意些什么，这样才能做到药到病除。

只要能做到这“三不三问”，就可比较有效地防止滥用抗菌药物。

二、正确使用解热镇痛药

解热镇痛药具有不同程度的解热镇痛及抗炎、抗风湿作用，是一类常用、品种多但具有一定毒性的药物。长期大剂量应用本类药物可引起多种不良反应和药源性疾病，所以，使用时应注意以下问题。

1. 诊断不明者应避免使用

本类药物多属对症治疗，不能解除疾病的病因与诱因，有时可因用药掩盖了症状而影响诊断。因此，对诊断不明者尽量避免使用。

2. 退热应慎重

低热（体温小于等于 38 ℃）对机体影响不大，不建议使用本类药物；老年人及体弱者可因高热骤然降温、出汗，引起虚脱，应权衡利弊，掌握适当剂量，避免大剂量过度降温。

3. 留意胃肠道反应

本类药物均对消化道有明显刺激作用，可诱发或加重溃疡和出血，故有消化道溃疡者应禁用或慎用。用药时不宜空腹。

4. 注意药物的不良反应

本类药物有不同程度的肝、肾毒性，并可引起粒细胞减少或再生障碍性贫血。因此，除用于风湿热及风湿性或类风湿性关节炎外，一般疗程不宜超过 1 周。长期用药应定期检查肝肾功能及周围血象，肝肾功能不全者应慎用或禁用。

5.本类药物之间的交叉过敏反应

如对阿司匹林过敏，应用吲哚美辛、萘普生、布洛芬、吡罗昔康等也可能过敏，应引起重视。

三、服用抗过敏药应注意的事项

过敏反应也称变态反应，表现形式多种多样。可表现为皮疹、荨麻疹、神经性水肿、湿疹、胃肠痉挛、腹泻、恶心、呕吐、过敏性鼻炎、支气管哮喘、喉头水肿，严重者可出现心率加快、血压下降，甚至休克，抢救不及时可能导致死亡。抗过敏药中的一大类——抗组胺药可通过阻滞中枢神经的组胺 H_1 受体引起镇静及嗜睡。很多抗过敏药都有不同程度的中枢抑制作用，但抑制强度因个体敏感性、药物的品种和剂量而异。因此，在使用抗过敏药的治疗中我们应注意以下事项。

(1)用药期间应尽量不服用辛辣或有刺激的食物，避免搔抓或热水洗烫，慎用洗涤剂。

(2)抗组胺类药物最常见的副作用是镇静作用，饮酒或服用其他中枢抑制剂可加重它的副作用。因此，服药期间不得饮酒或同时服用镇静催眠药及抗抑郁药物，更不得从事驾驶车辆、操作机械和高空作业等工作。

(3)过敏反应的病因复杂，机理也不十分明确，而抗过敏药只能阻断过敏反应中的某一环节或阻止某些化学介质的释放，而不能阻止所有化学介质的释放。所以服用抗过敏药后，过敏反应仍然可能发生或加重。因此，服用后应注意观察症状有无变化，如果效果不好或症状加重应及时到医院就诊，在医生指导下用药。

(4)抗过敏药可抑制皮肤对组胺的反应，因其他原因需做皮肤过敏试验时，应告知医生服药情况，以免发生意外。

四、使用安眠药应注意的事项

镇静催眠药(也称安眠药)属于国家管理的精神类药品，多具有成瘾性。它的作用随剂量的不同而有差异，小剂量产生镇静作用，中等剂量时可引起近似生理性睡眠，而大剂量时则产生麻醉抗惊厥作用。安眠药在临床上应用比较普遍，需要给予关注。

(1)安眠药的服用必须在医生的指导下进行。随着服药时间延长，所用剂量也会逐渐增大。所以，在保证疗效的基础上最好从一开始就严格限制剂量。同时应尽量避免长期大量服用，以防产生依赖性和蓄积中毒。

(2)长期服用安眠药时应注意不断调换品种，不但可以提高药物效果，还可以避免对药物产生耐药性和依赖性。

(3)有肝肾功能障碍者应慎用安眠药，长期使用应定期检测肝肾功能情况。

(4)长期服用者在停药时应逐渐减量后再慢慢停用，防止突然停药发生戒断反应。

(5)避免饮酒或从事有危险的行为。酒精可增加安眠药对中枢神经系统的抑制作用,应当避免在服药期间饮酒。另外,服用安眠药后会产生头昏脑涨、乏力、共济失调等症状,所以服药后切不可从事有危险的行为,如游泳、登高、驾驶、机械操作等,以防发生意外。

第十一章　健康体检的意义和项目选择

学前思考题

各种常用体检项目的生理意义是什么？

中华人民共和国卫生部2009年8月5日颁布卫医政发〔2009〕77号文件《健康体检管理暂行规定》提出："健康体检是指通过医学手段和方法对受检者进行身体检查，了解受检者健康状况，早期发现疾病线索和健康隐患的诊疗行为。"

一、定期健康体检的意义

现代社会生活竞争压力过大以及食品污染、水污染、空气污染、不良生活方式、缺乏锻炼等现实环境因素和个体因素的相互作用，使人们的健康状况不容乐观。并且，随着人们生活水平的提高，自我保健意识不断增强，对健康体检的需求也不断增加。通过定期健康体检，可以及时发现可能导致疾病的危险因素和异常指标，可以早期发现疾病并进行早期诊断、早期治疗，可以使体检者对自身的健康状况有进一步的了解，及时改变不良生活习惯，保持身体健康。

二、常用健康体检的项目选择

（一）一般项目

一般项目包括身高、体重、脉搏、血压、内科、外科等，通过一般项目的检查，为发现疾病寻找线索。

（二）三大常规检测

1. 血液常规检测

血液常规检测主要包括红细胞计数、血红蛋白测定、白细胞及其分类计数、血小板计数等，可以提示是否贫血，有无感染、中毒、血液病、自身免疫性疾病、肿瘤等，了解机体出凝血功能情况等。

2. 尿液常规检测

尿液的组成和性状可反映机体的代谢状况，并受机体各系统功能状态的影响。尿液检测不仅对泌尿系统疾病的诊断、疗效观察有重要意义，而且对其他系统疾病的诊断、预后判断也有重要参考价值，并且可以作为某些药物如庆大霉素、卡那霉素、磺胺药等安全用药的监护。

尿液一般检测包括：①一般性状检测：尿量、气味、外观、比重、酸碱度等；②化学检测：尿蛋白、尿糖、尿酮体、尿胆原、尿胆红素等；③尿沉渣（显微镜）检测：细胞、管型、结晶等。

3. 粪便检测

粪便是食物在体内经消化的最终产物。粪便检测对了解消化道及肝、胆、胰腺等器官有无病变，间接判断胃肠、胰腺、肝胆系统的功能状况有重要价值。同时，大便潜血试验主要用于检验肉眼不可见的少量出血，在大肠癌普查中广泛使用。

（三）血生化项目

1. 空腹血糖检测

空腹血糖检测是诊断糖代谢紊乱最常用和最重要的指标。血糖检测是目前诊断糖尿病的主要依据，也是判断糖尿病病情和控制程度的主要指标。

2. 血清脂质检测

血清脂质包括胆固醇、三酰甘油、磷脂和游离脂肪酸。血清脂质检测的常用指标包括总胆固醇、三酰甘油、低密度脂蛋白、高密度脂蛋白等。血清脂质检测可作为脂质代谢紊乱及有关疾病的诊断指标，还可协助诊断原发性胆汁性肝硬化、肾病综合征、肝炎、肝硬化及吸收不良综合征等。

3. 肝功能检测

肝脏功能繁多，基本的最主要功能是物质代谢功能，同时肝脏还有分泌、排泄、生物转化及胆红素、胆汁酸代谢等方面的功能。当肝细胞发生变性及坏死等损伤后，可导致血清酶学指标的变化；当肝细胞大量损伤后，则可导致肝脏代谢功能的明显变化。

(1)血清总蛋白和清蛋白、球蛋白比值测定：90%以上的血清总蛋白和全部的清蛋白是由肝脏合成，因此血清总蛋白和清蛋白含量是反映肝脏合成功能的重要指标。当肝脏病变达到一定程度和在一定病程后才能发生血清总蛋白的改变，常用于检测慢性肝损伤，并可反映肝实质细胞储备功能。

(2)胆红素测定：通过检测血清总胆红素、结合胆红素、非结合胆红素、尿内胆红素及尿胆原，判断有无溶血及判断肝胆系统在胆色素代谢中的功能状态。

(3)血清酶及同工酶检查:有些酶存在于肝细胞中,当肝细胞损伤时细胞质内的酶释放入血流,使血清中的这些酶活性升高,如丙氨酸氨基转移酶(ALT)、天门冬氨酸氨基转移酶(AST)、乳酸脱氢酶(LDH)等;有些酶是由肝细胞合成,当患肝病时,这些酶活性降低,如凝血酶等。

4. 肾功能检测

肾功能检测反映肾脏的代谢状态,是判断肾脏疾病严重程度和预测预后,确定疗效,调整某些药物剂量的重要依据。

(四)甲状腺功能检测

甲状腺功能检测包括甲状腺激素检测和促甲状腺激素(TSH)测定。甲状腺激素检测包括总甲状腺素(TT_4)、游离型甲状腺素(FT_4)、总三碘甲状腺原氨酸(TT_3)、游离型三碘甲状腺原氨酸(FT_3)、反三碘甲状腺原氨酸(rT_3)、甲状腺结合球蛋白(TBG)测定等。促甲状腺激素(TSH)是腺垂体分泌的重要激素,生理作用是刺激甲状腺细胞的发育、合成与分泌甲状腺激素。FT_3、FT_4、TSH 是评价甲状腺功能的首选指标。

(五)心电图

心电图是利用心电图机从体表记录心脏每一心动周期所产生电活动变化的曲线图形。其主要反映心脏激动的电学活动,对各种心律失常和传导障碍的诊断及分析有十分肯定的价值。心电图对循环系统疾病具有特定的诊断价值,是诊断急性心肌缺血和心肌梗死的快速、简便、可靠而实用的方法。

(六)超声检查项目

超声主要用于实质性脏器及含液性脏器的检查。常进行的包括腹部脏器如肝、胆、胰、脾、双肾的检查,女性附件及子宫、男性前列腺的检查;如有必要,可进行甲状腺、乳腺以及大动脉等的检查。

(七)胸片检查

胸片检查主要用于机体肺部疾病的检查,如肺结核、支气管扩张、肺炎、肺脓肿、气胸、肺部占位等。

(八)肿瘤标志物检测

肿瘤标志物是由肿瘤细胞本身合成、释放或者机体对肿瘤细胞反应而产生的一类物质。根据检查者的年龄、性别和患病器官,可选择性地进行一些肿瘤标志物的检测来排除或协助诊断。如原发性肝细胞性肝癌患者血清甲胎蛋白(AFP)增高,消化道肿瘤可检测癌胚抗原(CEA),男性前列腺癌可检测前列腺特异抗原(PSA)、前列腺酸性磷酸酶(PAP),女性卵巢癌可检测癌抗原 125(CA125),乳腺癌可检测癌抗原 15-3(CA15-3),等等。

（九）自身免疫抗体检测

自身免疫抗体检测是诊断自身免疫疾病的重要方法。类风湿因子（RF）可反映类风湿性疾病如类风湿性关节炎、滑膜炎、血管炎等，抗核抗体（ANA）、抗 DNA 抗体阳性可见于系统性红斑狼疮（SLE）及其他全身性免疫性疾病，抗甲状腺球蛋白抗体、抗甲状腺微粒体抗体可反映甲状腺功能状态，等等。

（十）其他

根据检查者需要，还可以有针对性地选择口腔科、眼科、耳鼻喉科等检查科目。

第十二章　人体常用健康指标

学前思考题

人体常用健康指标包括哪些？如何测量？其正常范围是多少？

体温、脉搏、呼吸、血压是一个人基本生命体征的表现，而体重、腰围和体重指数则是反映一个人脂肪代谢的指标，现在就让我们来做一下简单介绍。

一、基本生命体征

(一)体温

测量体温的常规方法有腋测法、口测法和肛测法，近年还出现了耳测法和额测法。所用体温计有水银体温计、电子体温计和红外线体温计。

1. 腋测法

将体温计头端置于患者腋窝深处，嘱患者用上臂将体温计夹紧，10 分钟后读数。正常值为 36～37 ℃。使用此法测体温时，注意腋窝处应无致热或降温物品，并应将腋窝汗液擦干。此法安全简便，为最常用的体温测定方法。

2. 口测法

将消毒后的体温计头端放置于患者舌下，让其紧闭口唇，5 分钟后读数。正常值为 36.3～37.2 ℃。使用此法时，应注意不要用口腔呼吸，测量前 10 分钟内禁饮热水和冰水。此法结果较为准确，但不能用于婴幼儿和神志不清者。

3. 肛测法

取侧卧位，将肛门体温计头端涂以润滑剂后，徐徐插入肛门内达体温计长度的一半为止，5 分钟后读数。正常值为 36.5～37.7 ℃。肛测法一般较口测法读数高 0.2～0.5 ℃。此法测值稳定，多用于婴幼儿及神志不清者。

4. 耳测法和额测法

耳测法是应用红外线耳式体温计，测量鼓膜的温度，此法多用于婴幼儿。额测法是应用红外线测温计，测量额头皮肤温度，此法仅用于体温筛查。

（二）脉搏

检查脉搏主要用触诊，可选择桡动脉、肱动脉、股动脉、颈动脉和足背动脉等。检查时需两侧脉搏情况对比，正常人两侧脉搏差异很小，不易察觉。某些疾病时，两侧脉搏明显不同。正常人脉率在安静、清醒的情况下为60～100次/分，老年人偏慢，女性偏快，儿童较快。各种生理、病理情况或药物影响也可使脉率增快或减慢。正常人脉搏的节律可反映心脏的节律，心律失常者脉搏的节律和心脏的节律可出现差异异常。

（三）呼吸

健康人在静息状态下的呼吸是稳定而有节律的。胸廓随呼吸运动的扩大和缩小，带动肺的扩张和收缩。正常情况下吸气为主动运动，呼气为被动运动。吸气时可见胸廓前部肋骨向上外方移动，膈肌收缩使腹部向外隆起，而呼气时则前部肋骨向下内方移动，膈肌松弛，腹部回缩。正常男性呼吸以膈肌运动为主，胸廓下部及上腹部的动度较大，形成腹式呼吸；女性呼吸以肋间肌的运动为主，形成胸式呼吸。实际上这两种呼吸运动均不同程度同时存在。正常成人静息状态下呼吸频率为16～18次/分，呼吸与脉搏之比为1∶4。呼吸频率超过20次/分称为呼吸过速，多见于发热、疼痛、贫血、甲状腺功能亢进等。一般体温升高1 ℃，呼吸大约增加4次/分。呼吸频率低于12次/分称为呼吸过缓。呼吸浅慢多见于麻醉剂或镇静剂过量和颅内压增高等。

（四）血压

血压通常指体循环动脉血压，是重要的生命体征。

1.测量方法

(1)直接测压法：经皮穿刺将导管送至周围动脉（如桡动脉）内，导管末端接监护测压系统，自动显示血压值。本法准确、实时，但为有创方式，仅适用于危重、疑难病例。

(2)间接测量法：即袖带加压法，以血压计测量。血压计有汞柱式、弹簧式和电子血压计，医院常用汞柱式血压计或经过验证合格的电子血压计进行测量。此法简单易行，但易受多种因素影响。

汞柱式血压计操作规程：被检查者半小时内禁烟、禁咖啡，排空膀胱，安静环境下在有靠背的椅子上安静休息至少5分钟。取坐位（特殊情况下可以取仰卧位或站立位）测血压，被检查者上肢裸露伸直并轻度外展，肘部置于心脏同一水平。将气袖均匀紧贴皮肤缠于上臂，使其下缘在肘窝以上约2.5 cm，气袖之中央位于肱动脉表面。检查者触及肱动脉波动后，将听诊器体件置于搏动上准备听诊。然后，向袖带内充气，边充气边听诊，待肱动脉搏动声消失，再升高30 mmHg后，缓慢放气（2～6 mmHg/s），双眼随汞柱下降，平视汞柱表面，根据听诊结果读出血压值。首先听到的响亮拍击声代表收缩压，随后拍击声逐渐减弱、降低，然后音调变得沉闷,最终声音消失即为舒张压。

血压至少应测量 2 次,间隔 1～2 分钟;如收缩压或舒张压 2 次读数相差 5 mmHg以上,应再次测量,以 3 次读数的平均值作为测量结果。

2. 血压标准

(1)正常血压:收缩压小于 120 mmHg,舒张压小于 80 mmHg。

(2)正常高值:收缩压 120～139 mmHg,舒张压 80～89 mmHg。

(3)高血压:1 级高血压(轻度)收缩压 140～159 mmHg,舒张压 90～99 mmHg;2 级高血压(中度)收缩压 160～179 mmHg,舒张压 100～109 mmHg;3 级高血压(重度)收缩压大于等于 180 mmHg,舒张压大于等于 110 mmHg;单纯收缩期高血压收缩压大于等于 140 mmHg,舒张压小于等于 90 mmHg。

当收缩压与舒张压分属不同级别时,则以较高的分级为准;单纯收缩期高血压也可按照收缩压水平分为 1、2、3 级。

3. 血压变动的意义

(1)高血压:血压测量值受多种因素影响,如情绪激动、紧张、运动等。若在安静、清醒和未使用降压药的条件下采用标准测量方法,至少 3 次非同日血压值达到或超过正常血压值,即可认为有高血压。高血压绝大多数是原发性高血压,约 5%继发于慢性肾炎、肾动脉狭窄等其他疾病。

(2)低血压:血压值低于 90/60 mmHg 时称低血压。急性的持续低血压状态多见于严重病症,如休克、心肌梗死等。慢性低血压可有体质的原因,有人一贯血压偏低,一般无症状。如果平卧 5 分钟以上后站立 1 分钟和 5 分钟,收缩压下降 20 mmHg 以上,并伴有头晕或晕厥,为体位性低血压。

二、正常体重、腰围和体质指数

请参见本书第一单元第二章:培养健康的生活方式。

第三单元

维护心理健康

大学时期是一个人身心走向成熟的重要发展阶段。在这个阶段，每个人都会遇到学习、交友、恋爱、择业、成长等种种人生发展的课题。由于缺乏经验，大学生常常会出现这样或那样的心理问题，产生心理困惑，从而影响心理健康。因此，正确地引导大学生保持良好的心理素质，积极应对人生中的各种心理问题，保持健康的心理状态，不仅关系到大学生个体的身心健康和能否顺利完成学业，也关系到国家和民族的未来。大学生心理健康教育的目标就是提高大学生的心理素质，优化每一个学生的人格，帮助学生解决成长发展中的各种困惑及问题，增强其适应社会生活的能力，开发个体潜能，提高心理健康教育水平，使全体学生都能得到全面发展。

第十三章　心理健康概述

学前思考题

1. 如何正确认识心理健康？
2. 影响心理健康的主要因素是什么？
3. 大学生的心理特点是什么？

促进和维护身心健康是我们每一个人的努力方向。这里所说的身是指人体的生理活动机能；心是指人的心理活动或称精神活动，包括认知、情感、意志过程，通常用知、情、意来概括。而“身心健康”，是说不仅要有健康的躯体，还要有良好的心理状态。随着时代的快速发展，人们的生活节奏以及生活方式都发生了改变，疾病谱也从原来的以传染病为主向以恶性肿瘤、心脑血管疾病、代谢性疾病等为主的心身疾病转化，人们越来越认识到心理、社会因素对疾病产生、发展的影响，也更加注重维护心理健康。

第一节　心理健康的概念

一、心理的概念

要了解什么是心理健康，首先要了解什么是心理。所谓心理，就是指人们在社会实践和日常生活中对客观现实的主观反映。心理活动极为复杂，表现形式也多种多样，人们通常把心理活动分为两大类，即心理过程与个性心理。

（一）心理过程

心理过程是指一个人心理现象的动态过程，包括认识过程、情感过程和意志过程。它反映正常个体心理现象共性的一面。

认识过程又称为认知过程，主要包括感觉、知觉、记忆、思维与想象等过程，是个体在实践活动中对认知信息的接受、编码、储存、提取和使用的心理过程。情感过程是个体在实践活动中对事物的态度体验。意志过程是人们自觉地确定目标，有意识地支配和调节自己的行动，克服种种困难以实现预定目标的心理过程。人的认识过程、情感过程、意志过程是心理过程的3个不同方面，彼此之间相互联系，相互影响，相互制约。认识过程是引起人们情感与行动目标的基础，情感对人的认识活动与意志行动起着动力或阻力的作用；意志品质又反过来对人的认识、情感和目标的实现起着巨大的推动作用。

（二）个性心理

个性心理是一个人在社会生活实践中形成的相对稳定的各种心理现象的总和，包括个性倾向性和个性心理特征两方面，反映人的心理现象的个性一面。

个性倾向性指个人的意识倾向，即人在与客观世界的相互作用中形成的对事物的态度与倾向。它主要包括需要、动机、理想、信念、世界观等。个性心理特征是指在个人身上表现出来的比较稳定的心理特征，主要包括人的能力、气质和性格。

心理过程与个性心理在个体实际心理活动中是密不可分的。个性心理是在社会实践基础上经过长期心理活动过程而形成的，没有心理过程，个性心理特征也就无从谈起。同时，已经形成的个性心理又在当前的心理过程中表现出来并产生重要影响，使之带有个性色彩。

（三）心理活动的实质

人脑是心理的器官，心理是脑的机能，任何心理活动都产生于大脑，心理活动是脑的高级机能的表现；心理是对客观现实的反映，客观现实是心理活动内容的源泉，心理是外界事物在脑中的主观能动的反映，社会实践制约着心理的发展水平。

二、心理健康的概念

（一）健康和心理健康的含义

什么是健康？长期以来，传统的观念一直认为“没有病痛和不适就是健康”，因此人们只关注躯体健康而忽视了心理健康。随着时代的发展，人们对健康的理解也逐渐深入和更加广泛。1948年世界卫生组织成立时，在宪章中把健康定义为：“健康乃是一种生理、心理和社会适应的健全状态，而不仅是没有疾病和虚弱的现象。”也就是说，人体的健康不仅是指躯体生理正常，而且包括正常的心理状态和社会适应能力良好。这是对健康较为全面、科学、完整、系统的定义。那么，什么是心理健康呢？达到什么样的标准才算心理健康呢？对于这个复杂的问题，国内外学者给出了各种不同的解释。

第三届国际心理卫生大会（1946年）将心理健康定义为：“所谓心理健康是指在身体、智能以及情感上，在与他人的心理健康不相矛盾的范围内，将个人的心境发展成最佳的状态。”

坎布斯(A. W. Combs)认为心理健康者具有4种特质：积极的自我观念；恰当地认同他人；面对和接受现实；主观经验丰富，可供人们取用。

罗杰斯(C. R. Rogers)认为心理健康者的特征是：对任何经验是开放的，不对某种经验拒绝和歪曲；自我结构与其经验相协调，并能同化新经验，体验到自我价值感；与周围人高度协调，乐于给他人以关怀；自我实现的潜能得到发挥。

《简明不列颠百科全书》指出：心理健康是指个体心理在本身及环境条件许可范围内所能达到的最佳功能状态，但不是十全十美的绝对状态。

世界卫生组织(2001年)将心理健康定义为：“心理健康不仅仅是没有精神疾病，更是一种幸福状态(well-being)。在这种状态中，每个人认识到自己的潜力，可以应对正常的生活压力，有效地从事工作，并能够为社会做出贡献。”

总的说来，尽管上述给出的解释不尽相同，但归纳起来，都是强调了发挥个体的心理潜能以及个体内部心理协调与外部行为相适应这两个方面。因此，可以认为，心理健康是旨在充分发挥个体潜能的内部心理协调与外部行为适应和统一的良好状态。

(二)心理健康的标准

目前，判断心理健康的标准比较多，比较有影响的主要有以下几种。

1946年，第三届国际心理卫生大会具体地提出了一个人心理健康的标志：身体、智力、情绪十分调和；适应环境，人际关系中彼此能谦让；有幸福感；在工作和职业中，能充分发挥自己的能力，过有效率的生活。

美国心理学家马斯洛(A. Maslow)和密特尔曼(Mittelman)在他们合著的《变态心理学》中提出了10条著名的心理健康标准：有足够的自我安全感；能充分地了解自己，并能对自己的能力做出适当的评价；生活理想切合实际；不脱离周围现实环境；能保持人格的完整与和谐；善于从经验中学习；能保持良好的人际关系；能适度地宣泄情绪和控制情绪；在符合团体要求的前提下，能有限度地发挥个性；在不违背社会规范的前提下，能适当地满足个人的基本需要。

我国绝大多数学者认为心理健康的标准应该包括以下方面。

1.智力正常

智力正常是一个人学习、生活、工作的最基本的心理条件，是适应周围环境变化需要的心理保证。对于大学生来说，不存在智力低下的问题，主要是如何能够使自己的智力得到更好的发挥，体现在学习中就是珍惜学习机会，具有强烈的求知欲，能够克服学习中的困难并从学习中获得满足和快乐。

2.情绪健康

情绪健康的主要标志是情绪稳定和心情愉快。具体表现为：乐观开朗，富有朝气，对生活充满希望，愉快情绪多于负面情绪；情绪稳定，善于控制与调节自己的情绪；情绪反应与环境相适应。

3. 意志坚强

意志是人在完成一种有目的的活动时，所进行的选择、决定与执行的心理过程。意志坚强的人在行动的自觉性、果断性、顽强性和自制力等方面都表现出较高的水平。他们在困难和挫折面前能够冷静思考并采取合理的反应方式；能在行动中控制情绪和行为，而不是优柔寡断、轻率鲁莽、盲目行动、畏惧困难、顽固执拗。

4. 人格完整

人格是指个体相对稳定的心理特征的总和。人格完整就是指具备健全统一的人格，即个人的所想、所说、所做都是协调一致的，而不是杂乱无章、相互矛盾和对立的。

5. 自我评价正确

正确的自我评价是个体心理健康的重要条件。心理健康的人对自己的认识比较有"自知之明"，既不以自己在某些方面高于别人而自傲，也不以某些方面低于别人而自卑。自信乐观，生活目标切合实际，不苛求自己，能扬长避短，能做到自尊、自爱、自信、自强，面对现实，积极进取。

6. 人际关系和谐

人际关系和谐表现为：乐于与人交往，既有广泛而稳定的人际关系，又有知心朋友；在交往中保持独立而完整的人格，不卑不亢；能客观评价别人和自己，严以待己，宽以待人，善于取人之长补己之短；积极交往的态度多于消极的态度，交往动机端正。

7. 有较强的社会适应能力

社会适应能力是心理健康的重要特征之一。心理健康的人，能有效地处理与周围环境的关系，表现为能与社会保持良好的接触，对社会现状有较清晰的正确认识，思想和行为与社会协调一致。

8. 心理行为符合年龄特征

人的心理行为是随着生理年龄的增长而不断发展变化的，不同的年龄阶段具有不同的心理和行为。心理健康者应具有与多数同龄人相符合的心理行为特征，如果严重偏离，就是不健康的表现。

（三）正确理解和应用心理健康的标准

值得注意的是，上述的心理健康的标准是相对的。我们在理解和运用心理健康标准时，应该注意把握以下几个方面。

（1）心理不健康与有不健康的心理和行为表现不能等同。心理不健康是指一种持续的不良状态。偶尔出现一些不健康的心理和行为并不意味着心理不健康，更不等于患了心理疾病，不能仅从一时一事而简单地给自己或他人下心理不健康的结论。

(2)“心理健康”和“心理不健康”不是截然对立,而是处于一种连续、动态的变化过程。我们可以把心理健康水平分为不同等级,从严重的心理疾病到心理健康状况良好是经过了很多等级变化的。对多数大学生而言,在人生的发展过程中面临心理问题是正常的,在心理上形成心理冲突也是正常的,不必大惊小怪,应提高自我保健意识,及时进行自我调整或心理治疗,是完全可以恢复正常心理状态的。

(3)心理健康的状态是一个动态变化的过程,既可以从不健康转变为健康,也可以反之。如果人们不注意心理保健,经常处于焦虑、抑郁状态,心理健康水平就会下降,甚至出现心理疾病。相反,即使心理出现暂时失衡,如果我们能够及时进行自我调整或寻求心理帮助,也会很快恢复良好的心理状态。所以,我们应该以发展的眼光来判断心理健康状况。

(4)心理健康的标准是一种理想化的标准,为我们提高心理健康水平指明了努力的方向。每个人都应该不断努力去追求心理发展的更高层次,但绝不可因为自己现有的状况与标准存在差距而感到烦恼,否则,不仅不利于增进心理健康,反而会影响心理健康。

总之,心理健康是一种人生态度。我们每一个人在成长的过程中都应该以积极的眼光看待世界,看待周围事物,不断发挥自身的潜能,不断追求心理发展和生活目标的更高境界。

三、心理健康与身体健康的关系

心理健康与身体健康是相互依存、相互促进的。心理健康是身体健康的精神支柱,身体健康是心理健康的物质基础。心理健康与身体健康互为一体,不可分割。心理健康对身体健康的影响主要表现在两个方面:一是情绪与身体健康。现代医学研究证明,情绪的强烈波动,会影响人的大脑功能,引起机体内环境的失调,从而导致疾病。二是性格与身体健康。一个人的性格反映一个人的心理状态,心理的变化可通过内分泌和免疫机制影响机体的生理功能和抗病能力。所以,性格特征既可以作为致病因素,成为许多疾病的发病基础,又可以改变疾病过程。例如,性格开朗、活泼、直爽、乐观的人不易得病,即使得了病也会好得快,容易康复;性格内向、忧郁、消沉、多虑的人,易患胃溃疡、神经官能症。同时,性格的不同也影响着疾病的发展变化,如性格乐观开朗的人,得病后容易康复,甚至有的癌症患者因性格乐观开朗,能够正确、客观地面对现实,不经治疗而自行痊愈。同样,身体健康状况也影响着心理的健康。当我们身体健康时能够愉快的生活;而当身体出现疾病时,会引起心理或行为的变化。例如,有些癌症患者常会感到恐惧、焦虑、悲观等,进而加重原发病情。

总之,心理健康和身体健康的关系是紧密相连的,二者互相制约,互相影响。

第二节 心理健康的影响因素

人的心理过程是一个复杂的过程，可受多种因素的影响，对于大学生来说，主要的影响因素有以下几个方面。

一、社会因素

社会因素对心理健康的影响是多维度的。随着科学技术的不断进步、经济全球化和我国的对外开放等的一系列变化，社会生活日新月异，社会竞争也日趋激烈，人们面临传统观念的变革、价值体系坐标的选择、新的生活方式的适应等问题。当个体原有的心理行为不能随着外界的改变而改变时，那么个体就会承受较大的心理压力而处于持续、过度的紧张状态；同时，在激烈的社会竞争中，难免会使人面临失败，如果一个人缺乏足够的心理准备，对失败带来的挫折不能正常地排解，就有可能出现心理疾病。

大学生作为一个特殊的群体，是社会上最活跃、最敏感的人群，正处在人格和观念的形成期，他们往往最先敏锐地感觉到社会变革带来的冲击。面对来自学习、生活、竞争、人际关系、择业等方方面面的困难和问题，在形成较大的心理压力和挑战的状态下，大多数人能够很快适应这种变化并做出及时的调整，但也有些人对这些变化感到迷惑不解、难以适应，长此以往，就会出现心理障碍。另外，社会变革中出现的一些负面效应也对大学生心理带来不可忽视的消极影响。例如，不良社会风气、不健康的社会意识等都会对大学生产生不良影响。

二、学校因素

学校是培养人才的重要场所，是学生学习、生活的主要场所，同时也是连接个体与社会的重要桥梁，学校生活对学生的身心健康影响很大。学校因素主要包括学校教育因素、学习因素、生活因素以及师生关系、同伴关系等等。这些因素和关系如果处理不当，就会影响学生的身心健康发展。例如，校风学风不振、学习负担过重、教育方法不当、师生情感对立、同学关系不和谐等，都会造成学生的心理压抑，精神紧张、焦虑，如不及时调适，就会造成心理失调，出现心理障碍。

三、家庭因素

家庭是孩子成长的第一环境和第一课堂。父母是孩子的第一任老师，是孩子模仿和学习的对象。父母的言行举止甚至脾气秉性，都会潜移默化地影响着孩子。家庭对一个人的性格形成、思想成长、心理发展等都会起到至关重要的作用。研究表明，家庭结构完整且气氛和谐的家庭，家庭成员之间彼此尊重、支持、宽容，有利于个体心理健康成长；而破裂家庭或父母不和谐，经常争吵以及单亲家庭，家庭成员之间互相指责、挑剔，父母对子女的教养武断专横或放纵溺爱，则不利于个体身心的健康发育和成长，在这种家庭中成长的个体容易出现焦虑、自卑、粗暴以及对他人缺乏信任等心理问题。

四、个体因素

影响大学生心理健康的个体因素主要分为生理和心理两个方面。

(一)生理因素

生理因素主要包括遗传和疾病。首先，遗传在一定程度上影响着个体的心理健康。例如，精神分裂症是一种严重的精神障碍性疾病，是一种严重的心理病理形式。专家研究表明，如果父母一方为精神分裂症，其子女发病概率为15%左右，父母双方都是精神分裂症，则子女发病概率在40%左右，提示遗传具有十分重要的作用。其次是躯体疾病。各种病原体引起的感染、脑部外伤、中毒、肿瘤以及严重的躯体疾病常常会使人变得烦躁不安、敏感多疑、情绪稳定性降低、行为控制力减弱，严重的还可能导致心理障碍。还有，神经系统的先天性发育不良也会因为神经组织之间相互协调作用发生障碍而出现心理障碍或人格异常。此外，个体的某些方面的因素如相貌、能力、习惯、性格、语言等也会影响到个体的心理健康状况。

(二)心理因素

影响大学生心理健康的心理因素极为复杂，主要表现有心理素质脆弱、人格缺陷、心理冲突以及人生价值观不确定等，这主要是因为处在青年中期的大学生正在从不成熟走向成熟的过程中，心理发展还处在尚未成熟、尚不稳定的阶段，由于阅历尚浅、经验有限，所以碰到问题时容易出现焦虑、困惑与迷茫，发生心理冲突，严重时就有可能打破心理平衡而出现心理疾病。

第三节　大学生的身心发育特点

一、生理发育已经基本成熟

人的一生大致可分为童年期、青年期、成年期和老年期，处在不同时期不同年龄的人具有不同的心理特征。其中，青年期又可分为青年初期(15～18岁)、青年中期(19～23岁)和青年晚期(24～28岁)。我国绝大多数大学生处在青年中期这一年龄阶段。在这个时期的青年人，个体的生理发育已接近完成，身体的各个系统、器官得到全面发展，具备了成年人的体格及各种生理功能，为心理发展提供了良好的物质基础。

二、心理发展趋向成熟但不稳定

随着生理发育的成熟，大学生的心理发展也在不断完善，自我意识不断增强并形成较为稳定的个性，社会化程度不断提高。但是由于他们的社会实践和人生阅历有限，个性还没有完全定型，在发展的过程中，心理品质还没有最终形成，因此，形成了这个年龄阶段和群体的特有的心理特征。

三、大学生的心理发展特点

(一)心理发展的过渡性

大学生处在青年中期，是心理发展向成人心理过渡的关键期，大多数大学生的心理水平正处于迅速走向成熟而尚未达到完全成熟的时期。从心理的发展过程看，大学生的认知水平迅速发展，情感丰富充满活力，社会责任感不断增强，具有一定的自我控制能力并形成相对稳定的行为习惯。从个性发展看，大学生的性格、能力等个性心理特征都达到了相对稳定和趋于成熟的水平，理想、信念、自我意识等个性意识逐渐达到成人的发展水平。

(二)心理发展的可塑性

大学时代是人生各种心理品质全面发展、急剧变化的时期。处在这一时期的大学生心理发展存在不稳定、可塑性大的特点。比如，在认知方面容易偏执；在情绪方面容易走极端；在意志方面有时执拗；在个性方面，容易受外界因素的影响等等。

(三)心理发展的矛盾性

大学生仍处在受教育的年龄阶段，从学校到学校，缺乏社会生活经验，心理成熟滞后于生理成熟。同时，受当今社会变革带来价值体系、生活方式等变化的影响，大学生的心理发展既存在积极的一面，又存在消极的一面，常常面临各种矛盾和冲突，如理想与现实、独立与依赖、自尊与自卑、情绪与理智、性生理成熟与性社会性等矛盾，必然对大学生的成长产生影响。

(四)心理发展的差异性

大学生的心理发展因个体、性别、年龄、生活背景等的不同而存在差异，应对的压力也会有所不同。例如，大学一年级的学生主要面临如何适应大学生活，如何建立新的人际关系等问题。大学二、三年级的学生则适应了大学生活，进入相对稳定阶段，也是大学生人生观形成的关键时期。在这个阶段他们面临的突出心理问题是如何掌握科学的学习方法和实现学习目标，如何认识自我并制定合理的人生愿景以及如何对待恋爱与性心理健康等。而临近毕业的大学生世界观、人生观逐步形成，心理逐渐成熟，开始为走向社会做心理准备，迎接新的心理挑战，例如是就业还是继续深造，是留在国内学习还是出国留学以及选择什么样的职业等。这一阶段是对大学生各方面素质进行综合考验的阶段，同时也是进一步促进大学生心理成熟的阶段。

综上所述，虽然大学生的生理发育已经基本成熟，但心理的发展与生理的发育相比还相对滞后，容易出现矛盾和不协调的方面，所以需要大学生在成长中不断进行调整和完善。

拓展阅读

心灵深处的探索者——弗洛伊德

西格蒙德·弗洛伊德(Sigmund Freud，1856～1939)生于摩拉维亚的弗赖堡，4岁时举家迁居维也纳，1881年在维也纳大学获医学博士学位。他一生对心理学最大的贡献是对人类潜意识的揭示。

1882年，弗洛伊德与精神病学家布罗伊尔合作，尝试用催眠术医治并研究癔症。随后几年，他先就学于沙可，后赴南锡参观催眠疗法，继而提出了自由联想疗法，并于1897年创立自我分析法。在治疗过程中，他发现患者常有抗拒现象，认识到这正是欲望被压抑的证明，因而创立了以潜意识为基本内容的精神分析理论。第一次世界大战期间及战后，他继续修订和发展自己的理论，提出了自恋、生和死的本能及本我、自我、超我的人格三分结构论等。他的理论在20世纪30年代登峰造极，1930年他被授予歌德奖。1938年，弗洛伊德遭纳粹迫害迁居伦敦，1939年12月23日因口腔癌在伦敦逝世。弗洛伊德终生从事著作和临床治疗，主要著作有《梦的解析》《日常生活心理病理学》《精神分析引论》《精神分析引论新编》《弗洛伊德自传》等。

——摘自吴木荣《大学生心理健康教育》

第十四章　大学生心理问题及应对策略

学前思考题

1.常见心理问题的表现形式都有哪些?
2.如何在日常生活中维护心理健康?
3.出现心理问题时,可以从哪些方面寻求帮助?
4.什么是焦虑症和抑郁症?

第一节　大学生常见心理问题的成因及表现形式

生活节奏的加快和社会竞争的加剧,使当代大学生的心理负荷日益加重。据报道,20世纪80年代中期,大学生有心理问题的为23.25%,90年代上升到了25%,近年来已经达到30%左右。这些心理问题主要集中在以下几个方面。

一、常见心理问题的成因

(一)学业问题

不能适应大学的学习生活,学习兴趣缺乏,学习动力不足,学习方法不得当、效率低,学习压力大,考试焦虑,成绩波动大等学业问题都有可能成为引发心理问题的诱因。另外,一部分大学生由于学习目标不明确,学习动机功利化,平时不努力,考试搞突击,导致身体不适甚至失眠,也会产生不同程度的心理困扰,甚至影响心理健康。

(二)适应问题

生活适应问题主要表现在刚入大学的新生群体当中。由于大学生各自的生活环境、家庭教育、成长经历、学习基础、生活自理能力等差异较大,进入大学后在自我认知、人际交往、环境适应等方面都面临全新的调整与适应,加之他们的生活自理能力、适应能力和调整能力普遍较弱,不少同学便出现了不适应大学生活的问题。另外,大多数大学生都是中学阶段的佼佼者,处在一种众星捧月的优越位置,进入大学后一旦遇到学业、生活、感情方面的挫折,便会显得无所适从而产生心理冲突,甚至怀疑人生。

(三)人际关系问题

良好的人际关系是保持大学生良好心理状态的必备条件。由于每个人的成长背景和家庭教育不同,其待人接物的态度和个性特征也不同,再加上青春期心理固有的闭锁、羞怯、敏感和冲动,因此进入大学后,许多大学生不善于交际,缺乏在公众场合表达自己思想的能力与勇气,甚至缺乏一些与人交往的基本方法和技巧,在人际交往过程中尤其是在朝夕相处的大学生活中不可避免地会遇到这样或那样的问题,从而产生困惑、焦虑等心理问题。与此同时,由于个体间正常的交往不够,又易引发猜疑、妒忌等。所以,人际关系紧张或不协调是大学生最常见的心理困扰。

(四)情绪、情感问题

情绪、情感问题是大学生心理矛盾的最主要的表现形式。从生理角度来看,青春期的神经调节尚不平衡,往往兴奋占优势,表现为情感丰富,情绪易激惹冲动。从心理角度来看,大学生生活中所遇到的各种变化都会引发心理矛盾和冲突,由于大学生的社会经验和认知水平有限,很多人很难独立恰当地进行自我调节,从而产生内心痛苦和不安。从社会角度来看,价值的多元化和社会竞争的日趋激烈,加剧了大学生的竞争意识和紧迫感,也容易引发情绪的波动和不安。从家庭角度来看,随着年龄的增长和距离的增加,不少大学生与亲人的情感沟通越来越少,感情也日渐生疏,尽管有交流有来往,也多限于经济供给、物质补充以及肤浅的嘘寒问暖,因此,当碰到心理方面的问题时,难以从家庭获得支持和帮助。另外,大学生的情绪调控和表达能力尚在发展之中,因而各种矛盾冲突都可能表现在情绪和情感方面。

(五)恋爱与性心理问题

处于青春期的大学生身体发育已经成熟,必然带来相应的心理变化,渴望获得异性的好感与承认,容易产生性幻想、性压抑、性冲动等现象。然而,由于性教育的缺失或受一些不正确的性观念引导,很多学生不能正确认识自我的性反应,产生一些心理上的困扰和烦恼,出现性心理的适应不良,严重的甚至出现性变态。还有的学生恋爱动机不纯,重过程轻结果,践踏了别人的感情或陷入多角恋爱关系、失恋、单相思等痛苦之中不能自拔,从而产生不同程度的心理困扰。

(六)特殊群体的心理问题

例如特困生心理健康问题。这部分大学生面临的不仅仅是经济困扰,其表现出的自卑而敏感、人际交往困难、较多的心理行为异常现象等问题也值得高度关注。再如,“网瘾生”心理健康问题。“网瘾生”上网成瘾,甚至形成依赖,或陷入网恋不能自拔，并引发了种种心理行为问题。这些特殊群体的心理问题值得给予特殊关注。

二、心理问题的表现形式

虽然造成大学生心理问题的诱发事件并不相同，但是其外在的表现在形式上却有着相似之处，主要表现在情绪、认知、行为和躯体症状等方面。

（一）情绪

人们在遇到问题或挫折时，会出现各种各样的情绪反应。常见的情绪表现包括焦虑、恐惧、抑郁、嫉妒等，这些都是正常的情绪反应。然而当个体采用了很多方法都无法调节自己的情绪，无法从事件中转移注意力的时候，或者某种情绪的持续时间和严重程度已经影响到了正常的学习生活和社交活动时，就应该引起个体的注意。

（二）认知

认知即个体对于自己或者事情的一些固有的想法或者潜在的假设或评价。认知多是在我们已有的理念基础上加工而成，并且与情绪和行为关系密切。例如，当一个人情绪比较低落时，则倾向于回忆起自己曾经做过的不好的事情，很容易对自己做出负面评价，并在此基础上会采取一些行为来验证自己的评价，进而加重了自己的负面情绪。这种负面认知包括的内容很多，有时候不能被个体轻易察觉，如果有些不合理的信念和假设被个体认为是理所当然，就会不加判断地接受了。更多的时候，认知需要借助于他人的视角来共同探讨，共同发掘。

（三）行为

在负面情绪的作用下，人们往往会产生一些异常行为，这些行为主要包括不良行为习惯的养成、社交回避、暴力、自杀等。单独的行为表现并不能说明个体具有心理问题，需要结合情绪和认知等方面进行综合考虑。行为的出现多是为了解决目前问题所选择的，但是有时行为的选择可能会出现偏差，为个体带来负面的影响。例如，在愤怒的情绪作用下，有的人会选择暴力去控制冲突的另一方，通过力量上的优势使对方被自己控制，进而让对方做出让步。但是暴力也许并不是解决问题的最佳方案，而且往往会让个体受到法律的惩罚。另外，某种行为得以持续下去，都会有它本身得以持续的机制在起作用，因此改变行为并不容易，首先需要个体具有改变的意愿。

（四）躯体症状

躯体症状首先表现为生活方式的改变，包括睡眠的改变和饮食的改变。睡眠的改变主要包括睡眠的增加或者减少，失眠主要是指入睡时间延长、睡眠质量下降、早醒、睡眠变浅等症状，醒后自觉精神疲惫、乏力等。失眠不仅会影响一个人的身体健康，也会影响一个人的情绪。饮食上的改变主要是指增加或者减少两个方面，以饮食减少为例，饮食减少主要指持续一段时间的食欲下降、食量减少，并且伴有体重的下降等，这些症状都需要引起个体的注意。除了睡眠、饮食等生活方式的明显改变，还应注意其他一般性的躯体症状，如心血管、胃肠道或呼吸系统的症状以及疼痛不适等，包括头痛、肌肉酸痛或不明原因的不适感等。虽然躯体症状的出现不一定提示存在心理问题，但需要先进行排查，排除躯体的疾病后再考虑是否由心理问题引起的。因为心理问题可能表现为躯体上的症状，因此当出现躯体不适时，个体需要意识到可能是心理状况的改变引起的。

第二节　培养和维护心理健康的有效途径与方法

我们每一个个体在日常生活中都应该注意培养和维护自身的心理健康。要做到这一点，应该注意以下两个方面。

一、加强日常对心理健康的维护

（一）掌握一定的心理学知识

心理素质的提高离不开相应知识的掌握，所以，学习并掌握一些心理卫生方面的知识，有助于大学生了解心理发展规律，加强心理行为修养，掌握心理调节方法，增强自我调节能力。

（二）建立合理的生活秩序

对于新入校的大学生来说，大学生活不同于以往，陌生的环境、不同的学习模式、新的人际关系以及全新的生活方式，都是一种考验，所以，大家应该尽快建立合理的生活秩序，适应大学生活。包括：一要按时作息，保持充足的睡眠；二要平衡膳食，坚持吃早餐，注意营养卫生；三要科学用脑，合理掌控时间，提高学习效率，劳逸结合，有张有弛，避免用脑过度；四是建立良好的生活方式，不吸烟，不喝酒，不暴饮暴食，不沉溺于网络，热爱生活，注意发现和培养自己的业务爱好和兴趣，愉悦身心；五是积极参加班级集体活动、体育锻炼和户外活动。

（三）发展良好的人际关系

和谐的人际关系是个体成长与发展的前提，也是保持心理健康的重要途径。作为大学生应该乐于与人交往，既有广泛而深厚的人际关系，又有知心朋友。在交往中动机端正，保持独立而完整的人格，有自知之明，不卑不亢，能客观评价别人和自己，善于取人之长补己之短。交往中尊重别人的信仰、原则和行为习惯，宽以待人，乐于助人，学会合作、和睦共处，以积极的交往态度与他人交往，处理好与同学、异性、家长、老师等各方面的关系。

（四）树立符合实际的奋斗目标

每个人都有自己的理想，也都有成功的欲望，作为青年中佼佼者的大学生更是如此。然而，每个人的能力都有一定的限度，都具有优势和劣势两个方面。因此，不要对自己过分苛求，把奋斗目标确定在自己能力所及的范围以内，使自己通过艰苦努力，能最终实现这一目标。同时通过这个努力，增加自身对成功的体验，对于维持心理健康非常重要。相反，目标定得过高或过低，都不能达到预期的效果。目标过高，虽付出巨大努力仍难以实现，就会使个人心理上蒙受打击，产生挫折体验，影响心理健康。目标定得过低，没有付出努力就很容易的获取，也会使人降低成就感，对心理健康同样不利。因此，大学生应该根据客观现实，根据个人能力的实际状况来确定合理的目标，同时以国家和个人的志向为前提，树立远大的人生理想，而不因个人一时的需要得不到满足而耿耿于怀，这对个体的心理健康的维护也非常有好处。

(五)摆正位置自我悦纳

正确的自我评价是大学生心理健康的重要条件。悦纳自己就是在进行自我观察、自我认识、自我判断和自我评价时，能做到恰如其分，摆正位置，既能理智地对待自己的长处与不足，又能冷静地对待自己的得与失。面对挫折与困境，能够自我悦纳，自尊、自强、自制、自爱，对生活充满乐观，对未来充满理想，并以此激励自己不断努力前行。

(六)学习掌握一些常用的心理调适的技能

学习和掌握一些自我心理调节的办法有利于在遇到问题或受到挫折时有效地化解因挫折而产生的焦虑、紧张、郁闷等不良情绪，从而对不良情绪进行修复，提高挫折承受力。大学生可以选择适合自己的方法来进行调节，常用的方法有：

1. 心理暗示法

心理暗示是一种没有对抗的心理影响，不仅能影响人的情绪，甚至能影响人对情绪的控制能力。常用的有语言暗示法、自我鼓励法、警句暗示法等。

2. 放松法

通过对身体各部分主要肌肉系统放松练习，抑制伴随紧张而产生的血压升高、头痛、四肢出汗、腹泻、失眠等生理反应，从而减轻心理上的压力和紧张焦虑情绪，有效缓解紧张状态。常用的有呼吸放松法、肌肉放松法和想象放松法。

3. 宣泄法

宣泄法是一种以情绪的充分表达和转移为主要特征的方法。通过这种方法，可以使人们排泄心中积压的负性情绪，摆脱负性情绪带来的干扰，保持心理的平衡。宣泄的方法很多，比如运动宣泄法、眼泪缓解法、能量宣泄法等。

二、出现心理问题时要及时应对

生活中每个人都可能遇到各种各样的问题，这些问题有时候会对我们的心理产生不良影响，影响我们的心理健康。因此，在这种情况下，我们应该利用任何可以利用的方法或途径，妥善处理，尽快消除或缓解心理压力，维护心理健康。根据这些方法的不同，主要从 3 个方面进行论述。

1.进行自我调节

当我们遇到心理问题时，首先应该选择进行自我调节。自我调节的方式有很多，每个人根据自己的实际情况和个性特点可以进行不同的选择。例如，有的人为了使自己能够尽快从产生困扰的问题中解脱出来，将精力投入到学习，参加集体或社团活动，或个人感兴趣的事情上。这种注意力的转移虽然不会从根本上解决问题，但是却给个体提供了一个机会，待情绪平稳以后再去理智得思考解决问题的办法。有的人当受到委屈，遭受挫折或遇到愤怒、沮丧时，通过写日记的方式进行倾诉，从事情的起因、经过到结果以及所有的细节都写出来，写作的过程就是认知自己情绪的过程，也是不良情绪的宣泄过程，写作完毕，不良情绪也就随文而去。还有的人通过运动来释放能量，调节情绪等等，诸多方法都可以尝试看是否适合自己。

2.求助于可以信任的人

个体在生活中遇到问题难以自拔时，要学会寻求他人的帮助和社会支持系统的支持，与他们分享自己的经历，讲述自己遇到的困难，从他人那里获得理解、支持和帮助，即使有时并不能解决现实问题，但也可帮助个体缓解压力。这个支持系统包括自己的亲人、朋友和师长等。家庭是一个人社会支持来源的重要方面，家庭作为一个人的成长环境，个体的理念及生活习惯等很多来源于家庭。而朋友在青春期的个体中起着很重要的作用，相同的文化背景、相同的成长环境更有利于个体从朋友那里得到支持。一般的社会支持系统由不同的群体组成，只要个体信任的人都可以作为一般社会支持系统的一部分，可以在个体遇到困难的时候提供支持。比如老师，可以在学习生活中给学生提供帮助，为学生传授知识，是学生可以获得支持的社会资源之 。

3.求助于专业人员

心理咨询是由受过专业训练的咨询人员，运用心理学的知识、理论和方法，针对来访者的各种适应与发展问题，提供心理援助，帮助来访者自立自强的过程。通过心理咨询，可以帮助人们挖掘心理潜力，提高自我认识，走出心理阴霾。出现心理问题及时寻求专业帮助，可以避免和预防各种心理障碍和疾病的发生。目前，我国高校大多都已经建立了心理咨询中心，但是很多学生由于对心理咨询缺乏了解而存在偏见，认为只有心理异常的人才需要进行心理咨询。这不仅大大限制了学生对于心理咨询资源的利用，也减少了学生通过专业人员获得帮助的机会，应当加以纠正。

第三节 常见神经症及预防

神经症又称神经官能症，是一组非器质性的大脑机能轻度失调的心理疾病。神经症是大学生中最常见的心理疾病，主要包括神经衰弱、焦虑症、抑郁症、恐惧症、强迫症等。这些症状具有共同的特点：①大脑没有器质性的病变，也没有足以造成脑功能障碍的躯体疾病。②心理冲突，精神痛苦。患者能够觉察自己处于一种矛盾的心理状态却无力自拔。③精神活动能力降低。注意力不集中，记忆力减退，学习效率下降等，给正常的生活、学习、工作带来影响，但生活自理能力、社会适应能力基本正常。④自知能力良好。患者对自己的病态有充分的自知力，主动求医，求治心切。⑤症状的持续性。神经症的持续时间比较长，一般至少持续3个月。

大学生中常见的神经症主要有以下几种。

一、神经衰弱

（一）疾病介绍

神经衰弱是大学生中较常见的以精神容易兴奋和脑力容易疲劳，伴有睡眠障碍和各种躯体不适为主要临床症状的神经症。该病好发于精神负担沉重或缺乏良好的、科学的工作方法，或坚持长时间过于繁重的脑力劳动，而又缺乏适当体力活动的人。亲人亡故、人际关系紧张、事业受挫、恋爱失败等强烈的精神刺激或不良情绪体验也可导致发病。主要临床特点是：疲劳、头痛、失眠，注意力集中困难，易激怒，但无器质性病变存在，精神容易兴奋与疲劳，对刺激过度敏感；白天打盹，夜间难眠，多梦易醒；自主神经功能紊乱，有头痛、胸闷、气短、多汗、血压波动、厌食、便秘、尿频等症状，症状时轻时重，病情的波动常与社会心理因素有关。该病与患者的不良个性也有一定关系。例如心胸狭小，敏感多疑，自制力差，易于忧虑。虽然神经衰弱已经是公认的心理疾病，但患者遇到各种躯体上的不适时，很少主动找精神科医生或心理医生咨询。药物及其他躯体的疗法疗效欠佳，只能缓解症状，心理治疗才是主要的治疗方法。

（二）病因

1.人格因素

性格偏于胆怯，敏感多疑，易激动，急躁，自制力差，心胸狭窄，主观、任性的人易发此病。

2.精神因素

凡是能引起持续的紧张心情和长期的心理冲突的一些因素，如亲人死亡、学习负担过重、人际关系紧张等，使神经活动强烈而持久地处于紧张状态，超过了神经系统张力所能忍受的限度，即可发生神经衰弱。

3. 其他原因

脑力劳动过程中的不良情绪状态，消极的劳动态度，缺乏劳逸结合以及经常改变生活与睡眠规律，都可能引起大脑机能活动的过度紧张，也可导致神经衰弱。

（三）防治

1. 合理安排生活

注意劳逸结合，有效进行休息和娱乐，适当参加体育锻炼，培养良好的生活习惯和规律。

2. 心理治疗

治疗关键在于揭示患者内心深处的心理冲突（病因），缓解其外界压力，消除紧张刺激。同时，消除患者的思想顾虑，端正其对疾病的不正确认识和错误态度，使其树立战胜疾病的信心，并积极主动配合治疗。

3. 药物治疗

必要时可使用药物治疗，主要有抗焦虑药、中药等。

4. 其他疗法

如针灸、气功、太极拳等都有一定的疗效。

二、焦虑症

（一）疾病介绍

焦虑是一种情绪反应，是个体在面临不良刺激或预感到会出现挫折情境时所产生的一种复杂的消极或不愉快的情绪状态。轻度焦虑是正常的情绪反应，而焦虑症的焦虑是一种没有明确对象或具体内容的恐惧。患有焦虑症的人常常无端地感到惶恐不安、心烦意乱，好像不幸的事情就要来临，同时伴有心悸、头昏、恶心、多汗、手脚发凉或燥热、呼吸困难等生理症状。焦虑患者多有胆小、羞怯、过分敏感、忧心忡忡等人格特点，常处于持续紧张状态，终日惶恐，提心吊胆，坐卧不安，注意力不集中，多伴有失眠、胃肠不适等。患者的焦虑情绪并非由现实情况所引起。起病年龄多在16～30岁，女性多于男性。焦虑症往往是影响大学生学习能力和效率的重要因素。病程可长可短，一般比较容易治愈。

（二）病因

1. 遗传因素

根据研究，同卵双生子的患病率为35％，高于其他全部的神经症。另有研究表明，某些神经类型的孩子可能更易在后天生活中形成焦虑的人格特质，这种人格特质成为以后易感焦虑的基础。

2. 人格因素

焦虑症患者大多谨小慎微、胆小怕事、患得患失，遇事易紧张，对失败过分自责，很难摆脱失败的阴影。

3. 精神压力因素

当人们长期面临威胁，处于不利环境之中，或遭遇重大生活事件就更易于发生焦虑症。值得注意的是儿童时期的创伤性体验常会由于现实生活中某些事件而诱发焦虑症。

(三)防治

1. 自我调节

轻度焦虑可通过自我调节来缓解，常用的方法有：树立信心；适当运动，根据个人的兴趣和爱好，在感到焦虑紧张时做一些简便易行的运动，以消除疲劳，减轻压力；保证充足的睡眠；树立切实可行的学习或生活目标。

2. 治疗

各种形式的放松疗法，如自我松弛训练、生物反馈技术、催眠疗法、脱敏疗法、音乐疗法、认知疗法等对焦虑症都有良好效果。对于急性的焦虑发作以抗焦虑和抗抑郁为主的药物治疗可以迅速地改善症状，收到效果。但如果不进行心理咨询和治疗，从根本上调整患者的心理状态，焦虑症是很难彻底治愈的。

三、抑郁症

(一)疾病介绍

抑郁症又叫忧郁症，是一种由社会心理因素所引起，以持久的抑郁情感为主要临床特征的神经症。患者常常表现为情绪低落，焦虑不安，凄凉悲哀，暗自伤心落泪，对任何事都不感兴趣，不愿与人交往，感到处处不如意，总觉得不幸的事情要发生，甚至悲观厌世，觉得活着没意思，想以死来寻求解脱。此外，他们常伴有身体不适感，如食欲减退、失眠等。抑郁症多起病于青少年时期，多发病于紧张的生活事件，如亲人的分离和病故、离婚、突发灾害、挫折、慢性疾病、工作和生活困难等。敏感、胆小怕事、软弱、依赖性很强的人较容易患抑郁症，女性多于男性。

(二)病因

此病发病均与明显的或强烈的或持续的心理因素有关，如生活中遭受的打击、挫折引起的情感失调、自尊心受伤害等，并且常在遗传、一定的人格特征(抑郁人格)的基础上发生。抑郁人格表现为情绪不稳、多愁善感、依赖性强、处世悲观、内向闭锁、心情忧郁等。

根据心理动力学理论，抑郁症被看作是直接指向自我的敌意或愤怒，以替代外界现实。根据神经分子生物学研究，抑郁症患者的中枢神经系统中5-羟色胺(5-HT)代谢出现障碍。

(三)治疗

抑郁症的治疗原则上以心理治疗为主，并配合应用抗抑郁药。由于抑郁性神经症是由长期内心压抑和矛盾所引起，故进行支持性或解释性心理咨询、认知疗法等具有重要意义。

药物主要有：三环类抗抑郁药，如丙咪嗪、阿米替林、多虑平等；单胺氧化酶抑制剂，如苯异肼等；5-HT 再摄取抑制剂，如盐酸氟西汀、盐酸舍曲林等。

四、恐惧症

（一）疾病介绍

恐惧症是指对某种特定的对象或境遇具有持久强烈、非理性的害怕或病态的恐惧，明知不存在真实的危险，却产生持续的异常强烈的恐惧反应或紧张不安的内心体验。患者极力回避所害怕的客观环境，虽然知道害怕是过分的、不应该的，但也不能防止其恐惧的发作。患者常伴有心跳加速、脉搏加快、呼吸急促、出汗，甚至昏厥等自主神经功能失调现象，因而要尽可能地回避与这些对象或情境接触。按照对象和情境的不同，一般可把恐惧症分成动物恐惧症、疾病恐惧症、社交恐惧症、旷野恐惧症等。其中比较常见的是社交恐惧症，患者害怕在众人面前说话，不敢面对他人，见人尤其是异性就紧张不安、手足无措、眩晕，甚至发抖。

（二）病因

1. 童年经验

从种系发生角度看，恐惧是一种原始情绪。它是动物遭遇危险情境的一种警戒反应，具有适应意义。在人类生命过程中，儿童时期发生恐惧体验机会显然多一些，因此对恐惧症原因的探索大多强调童年经验的作用，成人的恐惧症状大多是儿时恐惧经验在某种情境诱发下的再现。

2. 人格因素

恐惧症患者的人格特点多为内向、羞怯、胆小、怕事，依赖性强，遇事易焦虑等。

（三）防治

对恐惧症的最主要的心理治疗方法是行为治疗，针对患者的具体情况以脱敏疗法为主，也可进行心理分析或认知疗法。

第十五章　维护心理健康的有效技能

学前思考题

1. 大学生常见情绪困扰有哪些方面？
2. 调控情绪的常用方法有哪些？
3. 压力对健康有哪些影响？如何应对心理压力？
4. 心理咨询的作用有哪些？如何正确看待心理咨询？

大学生正处在人生发展的转折过程中，在这个过程中，常常会面临很多冲突和矛盾，容易产生心理困惑，甚至发生心理障碍，严重者发生心理危机。本章的目的是帮助大学生了解和掌握一些心理疏导的方法和技能，更好地维护心理健康。

第一节　合理调节不良情绪

一、什么是情绪

情绪是一种复杂的心理过程，是指人们对客观事物是否符合自己的需要而产生的内心体验。通俗地说，情绪就是指人对客观事物的态度、体验及相应的反应。它包括情绪的生理反应、情绪的主观感受和情绪的外在表现。

（一）情绪的生理反应

在不同的情绪状态下，人的心率、血压、呼吸、内分泌系统等都会发生相应的变化。例如，人在紧张状态下，会感到呼吸急促、心跳加快，而在愤怒状态下，则会出现面红耳赤、汗腺分泌增加等现象，这些变化的发生都是由人的自主神经支配而不受人的意识所控制。因此，情绪状态下的这些变化，具有极大的不随意性和不可控制性。

（二）情绪的主观感受

人的不同情绪的生理状态必然会反映在知觉上，反映到人的意识中来，从而形成人的不同的内心感受和体验。当刺激满足了我们的需要，我们就会有高兴愉快的体验，反之，我们就会有悲伤愤怒的体验。而且，情绪总是与需要联系在一起的，需要是情绪产生的重要基础。当人们的需要得到满足，例如与久别的家人相逢时，就会感到由衷的快乐，而当事情的发生不符合个体的需要，如受到伤害或失恋时，就会感到痛苦。

（三）情绪的外在表现

情绪不仅体现在生理的反应和内心的体验上，而且还常常以面部表情、声调语气和动作表情等外在形式表现出来。面部表情最能直接反映人的情绪状态，我们可通过一个人的面部表情变化，了解一个人的情绪状态。例如，当高考后拿到理想大学的通知书时，我们会不由自主地喜笑颜开；当遇到困难和挫折时，我们会忧心忡忡。同样，体态表情也反映着一个人的情绪状态，例如，在期末考试后，可通过坐立不安、手舞足蹈和垂头丧气看出学生此时此刻的情绪状态和面临的境地。声调语气则是人在交流时的语调、音色和声音节奏的快慢等方面的变化。如当人悲伤时，说话时会语调低沉，言语缓慢，语言断断续续；而当人兴奋时则会语调高昂，语速加快，声音抑扬顿挫、清晰有力。

二、情绪的分类

情绪的表现形式多种多样，我们可以从不同层面进行理解。

（一）形式分类法

按情绪的形式可以把情绪分为喜悦、愤怒、悲哀和恐惧 4 种形式，这 4 种情绪与人的生理需要密切相联系，称为基本情绪。

1. 喜悦

喜悦是指一个人盼望和追求的目的达到后产生的情绪体验，喜悦会使人感到轻松、舒畅和满足。如考试取得好成绩，得到自己心仪的礼品等，就会产生喜悦的体验。喜悦在程度上可以从适意、愉快到快乐、大喜、狂喜，这种差异是和所追求的目的对自身的意义以及实现的难易程度有关。

2. 愤怒

愤怒是指所追求的目的受到阻碍，愿望无法实现时产生的情绪体验。愤怒时紧张感增加，有时不能自我控制甚至出现攻击行为。愤怒也可以有不满、生气、恼怒、暴怒等程度上的不同，其程度取决于对阻碍目的实现障碍的认知程度。一般的愿望无法实现时，人会感到不快或生气但不会发怒；而当遇到不合理的阻碍或恶意的破坏，特别是当人的自尊受到伤害或人格受到侮辱时，往往会产生强烈的愤怒情绪，甚至出现勃然大怒。这种情绪对人的身心伤害是非常明显的。

3. 悲哀

悲哀是指个体失去他所热爱或追求的事物，或理想希望破灭时产生的情绪体验。其强度取决于失去的事物对个体的重要性和心理价值大小，心理价值越大，引起的悲哀就会越强烈。如亲人去世、升学考试失意等都属于这种情形。悲哀从强度上可分为遗憾、失望、难过、悲伤和哀痛等，会使人产生一种失落、无奈、痛苦的心理感受。

4.恐惧

恐惧是面临危险情景或预感到某种潜在的威胁时产生的情绪体验，同时，恐惧的产生不仅仅是由于危险情境的存在，还与个人应付危险的能力有关。如大难临头又无路可走时，人们会产生恐惧；再如一个初次出海的人遇到惊涛海浪时会感到恐惧，而一个经验丰富的水手对此早已司空见惯，泰然自若。恐惧从程度上可以分为不安、忧虑、惧怕等。恐惧会使人感到呼吸急促、紧张、心悸、全身战栗，甚至使人本能地产生逃避的心理。

(二)状态分类法

按情绪发生的强度和持续时间的长短等特性，可以把情绪分为心境、激情、应激3类。

1.心境

心境是一种微弱、平静和持久的情绪状态，即常说的心情，如愉快、忧愁、郁闷等。心境的好坏，常常是由某个具体或直接的原因而引起。它所带来的影响会保持一个较长的时间，如生活中我们常说"人逢喜事精神爽"，指发生在我们身上的一件喜事让我们长时间保持着愉快的心情；但有时候一件不如意的事也会使我们很长一段时间忧心忡忡、情绪低落，这些都是心境的表现。

2.激情

激情是一种猛烈爆发、时间短暂的情绪状态，类似于平时说的激动，激动时则容易产生激情。激情有积极和消极之分，积极的激情能激励人们克服艰险、攻克难关，如运动员的最后冲刺，战场上战士们的冲锋等。积极的激情，是一种心理能量的正常宣泄，对人的身心健康有益。消极的激情使人们丧失理智，情绪与行为失控，产生很大的破坏性和危害性，如一些青少年犯罪，就是在激情的状态下，一时冲动酿成大错。

3.应激

应激是在出乎意料的紧张情况下所产生的情绪状态，是人们对某种意外的环境刺激做出的适应性反应。应激的最直接表现即情绪紧张，如在日常生活中突然遇到火灾，旅途中突然遭到歹徒的抢劫等。这些突发事件常常使人们心理上产生高度警醒和紧张，并伴随明显的生理变化，以调动体内全部能量来提高机体应对紧张刺激的能力，同样也可能出现积极和消极两种反应。如面对突发的地震灾害，积极的应激反应表现为沉着冷静、急中生智、动作敏捷，全力以赴地去避险自救，而消极的应激反应表现为惊慌无措、思维混乱、不知所措，处理事件的能力大大降低。

(三)快感度分类

情绪可以根据其快感度的特点分为积极情绪和消极情绪。积极情绪是以“愉快”体验为特点的情绪,如高兴、兴趣、热情等。消极情绪是以“不愉快”体验为特点的情绪,如紧张、悲哀、烦恼等。一般来说,快乐、热情等积极情绪能够提高人的工作效率和生活质量,密切人与人之间的感情关系,有助于人的注意力集中,富有创造性,促进人的身心健康和心理发展。而愤怒、恐惧、悲哀等消极情绪则不仅会降低人的活动效率,使人思维狭隘,在挫折困难面前容易退缩,创造能力降低,而且会对人的身心健康造成损害。

三、情绪的功能

(一)适应功能

情绪的适应功能在于满足、改变和完善人的生存和生活条件。婴儿为适应生存而通过情绪(哭、笑、闹等)与成人交往,表达他们的需求。在现代文明社会里,人们通过微笑向对方表示友好,通过移情和同情来维护人际关系,而恐惧情绪则使人回避危险,维护自身安全。可见情绪可以使我们更好地适应环境。

(二)动机功能

情绪对人的动机作用是指情绪对人的行为活动具有增强或减弱的作用,能够驱动有机体发生反应、从事活动。生理内驱力是激活有机体行为的动力,而情绪的作用则是能够放大内驱力的信号,从而更有力地激发行动。它比内驱力更为灵活,不但能根据主客观的需要及时地发生反应,而且可以脱离内驱力而独立地起动机作用。情绪的动机作用不仅体现为对心理需要的放大,而且在人类高级的目的行为和意志行为中也发挥着重要影响。兴趣、好奇会促使人们去探索复杂的现象,即使反复失败也一直坚持,期望获得成功。

(三)信息传递功能

情绪和语言一样,能在人际交往中起到信息传送的功能,即情绪通过特殊的沟通手段如面部表情、眼神、声调、身体语言等来实现信息传递和人际间交流,如考场中监考教师威严的目光,就会使那些想投机取巧的人望而却步。情绪还会相互影响和传播,当一个人兴高采烈时,他就会将这种情绪传递给周围的人;而当一个人沮丧、愤怒时,也会使这种情绪在周围传播开来,并且还会将这些负性情绪迁移到其他人身上。心理学上把这种情绪感染传递的现象称为移情或感情移人。

(四)调节功能

情绪具有影响和调节认知过程的作用,情绪调节作用一旦产生,便会对个体产生强烈的影响,并对之后的活动起到促进或阻碍作用。研究发现,那些处于温和愉快情绪中的人,比起那些处于消极情绪的人在创造性测验中表现的要好得多。愉快的情绪会使认知活动更有效,使人产生更富创造性的想法和解决问题的方法。生活中我们也发现,如果保持良好的情绪,人就会在工作或学习中表现得更好,更有效率;当人处在积极、乐观的情绪状态时,也倾向于注意事物美好的一面;而在消极情绪状态下,则容易使人悲观失望,更易产生攻击性行为。

(五)人际沟通功能

情绪是人与人之间相互影响、信息交流的重要方式,在人际交往中起着非常重要的作用。像微笑、热情、喜悦、宽容、善意的情绪会促进人际间的交流沟通与理解;而冷漠、猜疑、排斥、嫉妒等情绪反应,会构成人际交往中的障碍。此外,情绪还具有加强语言的表达力,提高语言的生动性或替代和超越言语的作用。

第二节　大学生的情绪特点与情绪困惑

一、大学生的情绪特点

大学生处于青春期向青年期的过渡时期,在生理发育成熟的同时心理也在不断发生变化,尤其是反映在情绪方面。相对于中学生而言,大学生的情绪内容更加丰富多彩,情绪表达趋于隐蔽,情绪变化也表现得更加稳定和成熟。概括起来主要表现为以下几点。

1.丰富性和复杂性

从大学生的整体水平而言,大学生已经具备了几乎人类所具有的各种情绪,并且体验丰富,并随着自身发展、环境变化及自我意识的形成和迅速发展而表现得更加深刻、敏感、细腻和复杂。他们对社会现象十分敏感,对友谊、爱情、正义和美的追求十分执着。他们的情感体验深刻而强烈,感情容易外露,在外界刺激下容易冲动,凭感情用事,事后又后悔不已,表现出较明显的丰富性与复杂性。

2.阶段性和层次性

大学生的情绪发展经历了一个从不成熟到成熟的过程。由于大学阶段不同年级培养目标和培养重点不同,教育方式和课程设置也有所区别,所以各年级面临的问题不一样,大学生的情绪也呈现出阶段性和层次性特点。大一新生面临着环境和人际关系的适应、学习方法的改进以及新目标的确立等问题。新生的自豪与自卑、放松与压力、新鲜感与恋旧感等交织在一起,致使情绪波动较大。二、三年级的学生经过了一年级的适应后能够融入校园生活中,情绪变得较为稳定。而毕业班学生又面临毕业与择业、工作与继续深造等多方面的考验,因而也容易出现情绪不稳定或消极情绪,情绪的矛盾性、复杂性明显增加。

3.波动性和两极性

大学生正处于未成年人向成年人的过渡阶段,在情绪状态上反映着两种情绪并存的特点。尽管大学生的认识水平有了一定的提高,对自己的情绪也有了一定的控制能力，但和成年人相比，大学生的情绪带有明显的起伏波动性，容易从一个极端走向另一个极端，出现大起大落、大喜大悲的两极性。一句善意的话语，一个感人的故事，一支动听的歌曲等都可以导致他们的情绪发生骤然变化。尤其是当今社会正处在转型过程中，社会的变迁、体制的变革、新旧价值观的更替以及各种复杂的社会现象都可能使大学生产生困惑和迷茫，出现情绪波动。同时，由于大学生的自我认知、生涯发展及心理发展还未成熟等原因，使他们的情绪起伏较大，带有明显的两极化特征，胜利时得意忘形，挫折时垂头丧气，喜欢时花草皆笑，悲伤时草木流泪，情绪的反应摇摆不定、跌宕起伏。曾经有人对大学生进行过一项调查，发现70%的大学生情绪都是经常处在两极波动中，就像波动曲线一样，忽高忽低，忽愉快忽愁闷。

4.冲动性和爆发性

随着知识水平和认知能力的提高，大学生对自己的情绪已经能够有所控制，但由于他们年轻气盛，兴趣广泛，敏感冲动，因而在很多情况下，情绪体验快而强烈，喜怒哀乐常常一触即发，表现出热情奔放的冲动性特点。对于符合自己信念、观点和理想的事件或行为，他们往往迅速出现热烈的情绪；相反则迅速出现否定的情绪，而一旦遇到挫折或失败就会灰心丧气。另外，大学生情绪的冲动性常常与爆发性相连。由于自控力较弱，大学生一旦受到外部强烈的刺激，情绪便会突然爆发，甚至在语言、神态及动作等方面失去理智，出现破坏性行为和后果。

5.内隐性与掩饰性

大学生的情绪虽然有时表现为喜形于色，但随着知识水平的提高，思想内涵的丰富，他们已具备在一定的情形下压抑控制自己愤怒、悲伤等情绪，而将真实的情绪掩饰起来的能力，形成外在表现和内心体验不一致的特点。他们会根据一定的条件来表达情绪，如对一件事情或对某人明明是厌烦的，但由于种种原因，可能表现出较好的或不在意的态度。这无形中给大学生之间相互交流增添了困难和障碍，使一些学生出现孤独和苦闷的情感体验。

6.社会性与文化性

大学生是对社会文化变迁最敏感的人，他们的情绪变化在一定程度上反映了社会文化的变迁和特色。不同的社会文化背景下的大学生会有不同程度和内容的情绪特征，这既表现在不同的国度，也表现在不同的时代。作为当代大学生，他们更多地表现为情绪的开放性和进取性，因而与传统文化的矛盾冲突以及由急速变化的现代社会引起的情绪应激增加而导致情绪的紧张性、压抑性增强。

二、大学生常见的情绪困扰

1.焦虑

焦虑是个体主观上预料将会有某种不良后果或模糊的威胁出现时产生的一

种不安情绪，并伴有紧张、不安、焦急、烦躁、愤怒、压抑等情绪体验。许多人说不出自己焦虑的原因，但研究已经表明，事情的不确定性是产生焦虑的根源。焦虑是大学生中常见的情绪，是他们在学习、生活等方面面临挫折或问题时常常出现的情绪体验。焦虑对大学生的影响比较复杂，既可以成为大学生成才励志的巨大内驱力，起到促进作用，也可以起到相反的作用。研究表明，适度的焦虑可以唤起人们的警觉，使其集中精力维持适度的紧张状态，激发斗志，对人体是有利的。但过度焦虑则会影响人的学习和生活，如有的大学生在临考前失眠、竞赛中不能正常发挥水平等，多是焦虑过度的表现。

2.抑郁

抑郁是一种以持久的情绪低落为特征的消极性情绪障碍，常伴有厌恶、痛苦、羞愧、自卑等情绪体验。这是一种普遍存在于人类中的负性情绪问题，常常伴随焦虑，对任何事情不感兴趣，对自己和生活缺乏信心，不想与任何人交往。大多数人都体验过这种情绪，但多数人只是偶尔出现，很快就会消失。如果长期处于抑郁状态，除了不良的痛苦体验外，还常常合并愤怒、敌意、恐惧、负罪感等情绪，则是异常情绪。抑郁还常伴随躯体症状，如乏力、起床困难、睡眠障碍，也可能出现消化道症状等。

通常而言，抑郁情绪多发生在性格内向、孤僻、敏感多疑，不爱交际，生活经常遭遇挫折，长期努力得不到回报的大学生身上。对于那些存在人际关系处理不当、失恋、学习不理想等问题的大学生也会产生抑郁情绪。

3.自卑

自卑是个体由于某种生理或心理上的缺陷或其他原因所产生的对自我认识的态度体验，表现为对自己的能力或品质评价过低，轻视自己或看不起自己，担心失去他人尊重的心理状态。它是自我情绪体验的一种形式。大学生的自卑主要表现在：敏感和掩饰、自暴自弃、逃避现实、自傲、封闭以及逆反心理。产生自卑感的原因可以是主观的，也可以是客观的。主观的主要有不能正确地面对现实、失恋或单相思、性格智力等方面的缺陷以及不恰当的自我评价等。客观的主要有学校或专业不如意、个人先天条件不如意、新的学习生活环境不适应以及家庭等问题。具有自卑感的大学生常常回避与他人交往，以免别人发现自己的缺陷而瞧不起自己，从而产生孤独、怨艾的情绪体验，容易形成敏感多疑、多愁善感、胆小孤僻等不良的个性特征。

4.愤怒

愤怒是个体因目的不能达到，目标不能实现、一再受阻而产生的强烈情绪反应，是大学生中常见的一种消极情绪。愤怒对人的身心健康非常不利。愤怒时，人的心跳加快，血压升高，情绪高度紧张，精神恍惚，容易引发心绞痛或心肌梗死，出现脑血管意外等疾病，同时还会使人自制力减弱，思维受阻，行为冲动，甚至做出一些事后后悔的行为和举动。正像前人所说,愤怒是以愚蠢开始,以后悔结束。

5.嫉妒

嫉妒是指因他人在某些方面胜过自己而产生的不愉快甚至是痛苦的情绪体验。嫉妒容易使人产生压抑感,引起忧愁、怀疑、痛苦、自卑等消极情绪,扭曲人的心灵,不但影响人际关系的和谐,而且造成个人的内心痛苦,对人的身心健康非常不利。

嫉妒是一种扭曲了的自尊心表现,在大学生中存在的比较多。具体表现为当看到他人能力、学业、荣誉甚至衣着打扮超过自己时内心产生的不平、痛苦、愤怒等感觉;当别人身陷不幸或遇到困境时则幸灾乐祸甚至落井下石。

6.冷漠

冷漠是一种对外界刺激漠不关心,冷淡、退让的消极情绪状态,是一种对环境和现实的自我逃避的退缩性心理反应。虽然它带有心理防御的性质,但它会使当事人萎靡不振、退缩躲避和自我封闭,并严重影响人的身心健康。大学生阶段应该是人一生中最多姿多彩、最富有热情的时期,然而有的学生却对一切都不关心,对什么都不感兴趣,对学习应付了事,不在乎成绩好坏,不关心集体,对同学冷漠无情,对周围的人和事无动于衷。

冷漠情绪的产生与个人的经历和个性特点有关,如长期的努力没有结果,好心受到误解,历经挫折而心灰意冷,思维狭隘,过于内向等。其实,冷漠的人有一种压抑感,他们的内心也很痛苦。

第三节 大学生情绪调节的有效途径

一、保持良好的情绪状态

情绪影响人的身心健康,也影响着人的工作与生活,保持积极乐观的情绪,对大学生的健康成长具有十分重要的意义。

(一)树立正确的奋斗目标

人之所以在生活中感到郁闷、无聊、碌碌无为,就是因为缺乏人生的奋斗目标。目标是航向,没有目标就像航船失去了方向,会让人对生活感到索然无味,没有了动力。大学生要正确地认识和评价自己,制定适合自己的正确奋斗目标,增强自己在前进中克服困难和应对挫折的勇气,从而保持积极乐观的健康情绪和精神状态。

(二)让快乐成为一种自然

快乐是一种习惯,更是一种生活态度。生活中很多人之所以不快乐并不是因为没有令人开心的事情,而是缺乏寻找快乐的眼睛。只有善于在平凡中寻找快乐，才能找到不竭的快乐之源，才能让生活充满阳光。很多人误以为只有金钱和权力才能带来快乐，其实不然，因为快乐只不过是一种感觉，只要你认真地追求它，就可以尽情享受快乐带来的美好和幸福。

（三）学会恰当地表达自己的情绪

情绪常常伴随在我们左右，需要我们进行表达。把美好的感受毫不吝啬地告诉你周围的人，会使大家都感到快乐；遇到情绪困扰的时候告诉能帮助你的人，你的情绪会得到缓解。所以，我们要学会恰当地表达自己的情绪，促进身心健康。

要恰当地表达自己的情绪，我们应该注意以下两点。一是要提高对自己情绪的觉察能力。二是要有效地表达自己的情绪，即平静地接受自己的情绪，然后把握时机以合适的方式表达自己的情绪。

（四）用积极的态度去看待事物

世上任何事物都可以从不同的角度去认识、去分析，即使很多看起来使人悲伤痛苦的事情也有其积极的意义。有一句话说得好，如果改变不了这个事情，就改变对这个事情的态度，事情本身不重要，重要的是我们对待它的态度。所以，如果我们能够用积极的态度去看待我们周围的事物，我们的心情就会轻松和愉悦，我们也因此而能收获健康的情绪体验。

（五）建立良好的人际关系

良好的人际关系可以满足大学生归属与安全的心理需要，消除孤独与寂寞，从而增强大学生的自尊心和自信心，对大学生意义重大。相反，不良的人际关系阻碍大学生基本需要的满足，容易激化心理矛盾和冲突，使人被不良情绪困扰。所以，建立良好的人际关系，在人际交往的过程中获得相互尊重，是大学生应该努力去实践的必修课题，也是保持良好的情绪状态所需要的。

二、调控情绪的常用方法

情绪的调控与人的身心健康息息相关，也与个体能否适应社会、获得事业成功和更好地享受生活关系密切。要自如地控制自己的情绪，就必须管理好自己的情绪，并学习一些情绪的自我调控方法。

（一）加强情绪的自我调控

大学生应该学会调控自己的情绪，通过自我调控来克服消极情绪，改变自身的认知结构，确立正确的自我意识，在正常的意识中健全自己的人格。要通过自我觉知能力的提高来认识自己的情绪，进而有效地管理自己的情绪。管理调控的目的不是压抑情绪而是保持平衡，这其中重点要把握两个方面。一是学会找出情绪表现所隐藏的真实感受，如某学生表现出来的是愤怒，而其实他感到的是受到了伤害。二是要学会消除焦虑、抑制愤怒、缓解悲哀的情感技能，如转移注意力，参加具有较大运动量的体育活动，通过享受生活让自己振奋。实践证明，情绪管理能力强的学生有较强的挫折承受力，能够用适当的方式表达愤怒，较少表现出进攻性或自暴自弃的行为，较善于化解压力，较少孤独感和社交忧虑。

（二）合理宣泄情绪

受社会文化的影响，人们更倾向于压抑自我情绪，而对宣泄自我情绪持否定态度。但是，不良情绪一旦产生，会在体内逐渐积累，达到一定程度就会产生心理障碍，导致一系列疾病的发生。所以，我们要学习选择合理的方式来宣泄不良情绪，使紧张的心理得到放松。常用方法有以下几种。

1. 找人倾诉

当你心中充满烦恼和忧虑时，可以向老师、父母、兄妹或要好的同学诉说，说出内心的痛苦，不仅会使自己感到轻松，情绪好转，也会得到他们的关怀与理解、信任与支持。如果情绪困扰较严重难以自拔时也可以求助于心理咨询老师。一位哲学家曾经说过："把你的快乐告诉朋友，一个快乐将变成两个快乐；把你的忧愁告诉朋友，你的忧愁将剩下半个。"

2. 对空呐喊

对空呐喊也称为喊叫疗法，是指在公园、广场、海边或山野大声喊叫，通过急促、强烈、粗犷、无拘无束的喊叫来发泄烦恼，宁心息怒，从而取得精神状态和心理状态的平衡协调。不过，情绪的宣泄要有节制，要注意时间场合，尽量不影响别人，否则会产生新的情绪困扰。

3. 诉诸笔墨

当受到委屈，遭受挫折或遇到愤怒、沮丧、悲哀的情绪时，也可以通过写日记的方式进行倾诉，从事情的起因、经过到结果以及所有的细节都写出来。写作的过程就是认知自己情绪的过程，也是不良情绪的宣泄过程，写作完毕，不良情绪也就随文而去。

4. 适时释放

哭是对痛苦的倾诉，是一种自然的保护性反应。当遇到不幸、痛苦的时候，不要强行压抑，可以在独处时或亲朋好友面前大哭一场，让泪水冲走内心的痛苦，释放情感能量，调节心理平衡。有人曾经说过："哭可以打开肺腑，洗涤面孔，锻炼眼睛，温抚脾气。"那种把流泪看成懦弱的表现，欣赏"男儿有泪不轻弹"的做法，从心理健康的角度来看是不可取的。

（三）活动转移法

活动转移法是指在当事人处于情绪困境时，暂时将问题放下，把注意力转移到所喜爱的娱乐或工作、生活中，借此改变情绪体验的性质，达到调控情绪的目的。这种转移又可以分为两种情况，一是消极的转移，如情绪不佳时吸烟、酗酒、自暴自弃；二是积极的转移，如欣赏音乐、适度运动、勤奋学习等。

(四)自我安慰

对于每一个人来说,生活中不可能所有的事情都称心如意,总会碰到这样的困难或那样的挫折。为了消除挫败感和由此带来的不良情绪,我们就要学会寻找合乎情理的原因来为自己辩解和解脱,增加行为的合理性和可接受性,以起到减轻心理压力的作用,这种自我安慰也称为合理化。自我安慰有两种具体表现形式,酸葡萄式和甜柠檬式。“酸葡萄”一词源于寓言《狐狸与葡萄》,狐狸因得不到自己想吃的葡萄,就说葡萄是酸的,不好吃。这个寓言比喻人们对自己想要但又无法得到的东西故意说它不好,从而弱化其意义和价值以达到平衡心理的作用。比如有的同学很在意考试成绩,但偏偏考得不理想,就故意说“胜败乃兵家常事”。而甜柠檬式的自我安慰则是指人们对于自己的某种行为明知不妥,还是不愿意承认,只好寻找各种理由来增加行为的合理性,以此来获得自我安慰,减轻心理负担。生活中类似的例子很多,比如人们常常在丢了东西时说“破财免灾”,摔碎了东西说“碎碎(岁岁)平安”等等,就是这层意思。

自我安慰有时是一种自欺欺人的行为,偶尔用一下对于缓解紧张情绪有积极的作用。但经常使用,可能导致当事人不能正确认清现实和评价自我,应该引起足够的重视。

(五)积极的自我暗示

自我暗示是运用内部语言或书面语言以隐含的方式来调节和控制情绪的方法。心理学研究发现,人们都有接受自我暗示的能力。当你产生不良情绪时,可以通过语言的暗示作用来调整和放松心理上的紧张,使不良情绪得到缓解。如“别做蠢事,发怒是无能的表现”“我能够控制情绪让自己镇静下来,没有人可以击倒我”等。另外,日常中的自我激励、自我安慰等都对情绪有较好的控制与调节作用。

(六)不同情境分别对待

如紧张的时候放慢生活节奏,静下心来,放慢脚步;发怒的时候不要说话,或者数数延缓说话,小怒数到十,大怒数到一百,以留给我们时间让怒气消退一些,或者是发怒时暂时离开让你发怒的环境或人,或者独处,或者去做与此事无关的事情,或者去喝杯茶,听听音乐;悲伤的时候不要过多联想,要善待自己,生活还像以前一样保持规律性;委屈的时候要原谅别人,善待自己。

三、调整认知结构

人的情绪变化是由认知评价引起的。当一个人对周围的事物或自己的行为做出消极的评价时,会给自己不良的暗示,导致各种消极的情绪。就像生活中我们每个人都向往快乐,然而并非每个人都快乐。有的人处于艰难困苦之中仍不失其乐,有的人处于优越富裕的处境却愁容满面,这恰是人们对快乐的认识产生了不同的结果。所以,日常生活中我们要努力学习做情绪的主人,学会用合理的认知取代错误的认知,进而产生合理的情绪和行为,促进身心健康。一是要正确归因,克服不良情绪;二是通过自我暗示增强自信心,平衡心态,超越自我,战胜困难;三是遇到困难时要学会换个角度看问题,即在对待一些看起来原本不好的事情上,试着从其他方面去剖析,可能会发现坏事也会变好事。如考研失利产生悲观情绪时,不要被“胜者为王,败者为寇”的思想所左右,而是要想“是金子,总会发光”的名言,沮丧情绪就会大大缓解。

四、放松训练

放松训练又称松弛反应训练,是一种通过肌体的主动放松来增强人的自我情绪控制能力的有效方法。常用的有呼吸放松法、肌肉放松法、想象放松法等。呼吸放松法简单易行,不受场地、时间等条件的限制。其要领是:将注意力集中到腹部肚脐下方(气守丹田),然后用鼻孔慢慢吸气,想象气体通过鼻进入到口腔然后到达气管然后进入腹部,腹部随着吸气不断增多而慢慢地鼓起来。此时屏住呼吸,以便使血管内的血液能够充分进行气体交换。然后腹部下陷,慢慢把腹中的气体经口、鼻排出体外,恢复原状。如此重复3～5次,就可以起到放松的作用。

也可以通过想象来进行放松调节。比如当我们因为压力过大而感到紧张的时候,可以用想象放松法来调节。想象晚饭后,太阳西下,晚霞映红了天边,一个人独自在海边沙滩上散步,赤着脚走在松软细沙上,耳边听着海浪轻轻地拍打着岸边,海风迎面拂来,空气中散发着微微的咸涩味,舒展全身,感到无比的轻松舒畅,心里没有任何负担,所有的疲劳和辛苦都化作浮云慢慢散去。

此外,淋浴、冥想、音乐等也可以起到放松身心的作用。

第四节 有效进行压力管理

压力是我们生活的一部分。正如我们的生活离不开空气一样,没有人能够和压力绝缘。心理学研究表明,适度的压力会激发人的动机和表现,但是太大的压力却会产生反作用。因此,了解识别并成功应对压力已经成为现代人的一门必修课,尤其成为大学生的一门必修课。本节内容主要是探索大学生的压力源,帮助其有效地对压力进行管理,以达到缓解压力,释放自己,培养健康心理的目的。

一、压力的概念

压力一词在英文中是stress,最早是物理学的术语,指的是施加在物体上的力量。之后由“压力研究之父”加拿大生理心理学家汉斯·塞里(Hans Selye)于1956年引入社会心理学领域。汉斯曾经指出:“压力,就像相对论一样,是一个广为人知，但却很少有人彻底了解的科学概念。”不同的学者从不同的角度界定压力的概念，普遍被人们接受的压力定义是：压力是指由刺激引起的伴有躯体机能以及心理活动改变的一种身心紧张状态。其中，应激源是一种外力，而紧张则是忍受压力产生的后果。我们把压力的外部来源或原因称之为应激源或压力源；而心理紧张（如焦虑）或身体的防御反应称之为压力。由此可见，应激源是原因，紧张则是心理和生理效应的综合。

二、大学生常见的压力来源

大学生常见的压力来源于社会环境因素、学校环境因素和个体的人格因素3方面的影响。

（一）社会环境因素

随着经济全球化进程和产业转型加速，社会各种竞争日益激烈，各种思想文化相互碰撞，导致很多人由于难以适应这种变化而产生巨大的心理压力，影响了身心健康。社会如此，高校也不例外。因为高校不再是以前的象牙塔，大学生也不再是从前“两耳不闻窗外事”的单纯学子了。大学生作为社会的一个群体，心理发育并未完全成熟，社会经验也极为匮乏，难免受到社会大环境的影响而过早感受到来自社会的压力，导致出现一些心理问题。

（二）学校环境因素

学校环境因素带来的压力主要有以下几个方面。

1.学业的压力

学业压力是大学生在校期间主要的压力来源之一。大学生除了要完成学校规定的必学课程的学习，通过相应的考试之外，为了给自己将来的就业或发展创造条件，他们还要不断地参加如资格证书、研究生、出国、公务员等门类繁多的各种考试。这一方面使他们的学习负担加大，另一方面也使他们感受到了未来竞争的激烈性，增加了大学生的身心压力。

2.人际交往的压力

大学生来自全国各地，他们的性格、习惯、个人喜好及生活经历各不相同，同时集体生活又使得同学之间的人际关系更加丰富而复杂。他们一方面需要获得同学及老师的接受、认可、尊重、关怀和同情，另一方面由于个人对交往方面的理解和能力的差异，又容易使大学生产生渴望交往又害怕交往的矛盾心理。另外，由于当前我国的大学生中大多数是独生子女，以自我为中心的交往方式容易导致同学之间的关系紧张，给心理造成巨大压力，严重者会产生恐惧或焦虑的心理问题。

3.情感的压力

大学生向往爱情，对爱情充满着期待，但是大学生的人生观、价值观尚不稳定，在恋爱中容易表现出考虑问题简单、感情冲动、追求理想化等特点，常常使大学生陷入单相思和失恋的痛苦中。另外，随着经济发展和生活水平的不断提高，年轻人追求时尚，追求物质，恋爱已不再是花前月下的浪漫，很多时候需要消费伴行，这对于经济尚未独立的大学生来说构成了很大的经济压力，不少人为了“爱情”而节衣缩食，甚至为了“爱情”而举债的现象屡见不鲜。同时，毕业后的不确定性又使他们感到难以把握，由此使大学生对于恋爱产生的矛盾冲突不知所措，造成较大的心理压力，甚至引发心理和行为的负面事件。

4.就业的压力

高等教育大众化使大学生就业与社会需求之间的矛盾日渐突出，用人单位对大学生素质的要求越来越高，标准也越来越严，这种严峻的就业形势使大学生们对未来前途和职业生涯充满担忧和焦虑。同时，部分大学生对自己和形势缺乏客观的认识和评判，常常过高估计自己，择业前盲目乐观，受挫后过度悲观，从而导致紧张焦虑，情绪低落，产生失望和自卑，使心理压力加大。

（三）人格因素

人格是一个人在其先天生理因素的基础上，在长期的社会实践中逐步形成和发展起来的个人特有的心理特征和心理倾向的总和。它具有稳定性特点，人们为人处世常常受到人格特征的影响。我国目前在校的大学生中独生子女的比例较大，很多独生子女在长辈的溺爱中长大，缺乏健康的家庭教育模式熏陶，缺乏集体合作意识，缺乏尊重关爱他人的情感，以自我为中心，叛逆心理较强，抗挫折能力和自我控制力比较薄弱，生活中一旦受到挫折或遇到问题，就容易发生偏执，给心理造成压力。随着社会参与度的增加，他们碰到的问题和困难越来越多。很多人由于缺乏正确的应对措施和减压技能，导致心理承受的压力越来越大，诱发事件就会成为压垮骆驼的最后一棵稻草。如震惊全国的马加爵杀害同学事件，清华大学刘海洋硫酸泼熊事件以及药家鑫事件等都是例了，这些本应成为社会精英的高校学子却成为自毁或伤人的极端反面教材。在积极加强对大学生心理疏导和干预的同时，也不得不反思成长教育环境对大学生人格的影响。

上述诸多因素导致大学生中心理问题多发。《中国青年报》曾经报道过大学生由于心理压力过大导致不健康状况的一组数字，14％的大学生存在抑郁症状，17％的大学生存在焦虑症状，12％的大学生存在敌对情绪，如此高的调查数据值得我们重视。

三、压力对健康的影响

压力是我们生活的一部分。心理学研究发现，压力对人的作用具有双重性，适度的压力水平能够提高人们的工作效率，过度的压力则会影响人们的生活甚至威胁人们的身体健康。

（一）压力对健康的积极作用

一般单一性社会压力有益于健康，它使人生活充实，人生变得有意义，这类压力称之为良性压力。心理学研究表明，早年的心理压力是促进儿童成长和发展的必要条件，经受过生活压力的青少年在以后的生活和工作中更容易适应环境，更容易取得成功；反之，从小没有经历过挫折和压力，则犹如温室里成长的花朵，经不起生活的风吹雨打。对于大学生而言，适度的压力是维持正常身心功能活动，激发积极性和主动性，锻炼和培养良好意志品质的必要条件。

（二）压力对健康的消极影响

继时性压力和破坏性压力是人们健康的杀手。继时性压力是指多种压力事件相继发生，使人处于慢性心理应激状态，时间一久便容易引发一系列身心症状。患者会产生易疲劳、呼吸困难、心悸和胸痛等生理症状，并且伴有焦虑、紧张性头痛、抑郁、强迫行为等心理症状，是慢性应激障碍。破坏性压力往往是人们不能承受的，比如地震、战争等，容易使人患上创伤后压力失调，或创伤后应激障碍，造成感知、情绪、行为等方面的一系列问题，是急性应激障碍。比如女性被强暴后会变得呆滞，心因性记忆丧失，回避社会活动，失去安全感等。强大自然灾害的心理反应比创伤后压力失调更为严重，容易产生灾难综合征。

四、大学生应对心理压力的技能

压力是一个多维度的概念，包含了那些使人感到紧张的事件或环境刺激，是个体的一种主观的心理状态，是个体对压力事件的一种生理反应。压力管理训练则主要是指采取一些方法来增强个体应对压力情景、事件和由此引起的负性情绪的能力。

（一）提高对压力反应的认知能力

在压力状态下，机体会出现生理和心理的一系列反应，如呼吸急促、心跳加快、血压升高、精神紧张或烦躁不安等。压力管理训练就是帮助大学生识别压力的生理反应和心理反应，提高大学生对压力的认知。在帮助大学生懂得如何识别压力的同时，也要使他们认识到个体认知在压力应对中的重要作用，以帮助大学生在压力加剧前储备足够的心理能量来面对和控制压力。可以运用压力地图技术来帮助大家提高对压力的认知，增强他们对压力的掌控能力。

在一张空白纸的中央写出自己的名字，在名字周围画上若干圆圈，并将其与自己的名字连在一起。在圆圈中写上自己在生活中感受到的压力事件，标注出压力事件存在的时间段，并在连线上以 0～10 分(0 分表示最低，10 分表示最大)标出自己对压力的主观值。这样不仅可以使大学生对自己的压力有一个比较直观的认识，而且通过对压力事件存在时间段的分析，还可以得出个体主观认知对压力产生的影响，从而使他们对压力有了更加全面的认知。

(二)加强应对压力源的有效训练

压力源是导致压力产生的压力事件和压力情境。在对压力有效的处理上,大学生应提高对压力源的有效应对能力。可以采取两方面的应对策略:一是利用一切可以利用的资源,解决面对的挑战和问题,从而促进自身健康成长。二是面对那些无法解决的问题,可以暂时远离压力情境和压力事件,当作其不存在。后者是人们面对自己无法处理的压力源时常常采取的策略,但这种方法不但不能解决问题,反而还会使自己陷入更加泥泞的沼泽。长此以往,还会使自己变得更加自卑,或者增加或延长压力的严重程度或持续时间,导致情绪失控,对身心健康极为不利。

因此,面对压力我们应该采取以下策略,有效地面对挑战和问题。

(1)认清压力事件的性质,用自己的话语定义问题。

(2)理性思考、分析问题的来龙去脉。

(3)自我肯定,确认个人对问题的处理能力。

(4)寻求一切能够帮助解决问题的资源,包括动用家庭及社会环境支持系统。

(5)运用问题解决技巧,拟订解决问题的方案,积极处理问题。

(6)以上方法若仍无法在短时间内解决问题,则表示问题本身的处理难度甚高,应在自身努力的基础上,积极寻求其他力量支持,如心理援助或专家指导等。

(三)采取有效的应对措施

为了加强个体对压力的应对能力,推荐大学生采用德国精神科医生舒茨(Johannes Schultz)发明的以自我催眠为基础的自生训练(autogenic training)。

自生训练包括 6 个部分:肢体沉重训练;呼吸训练;上腹部发暖训练;前额发凉训练;肢体发暖训练;心脏训练。

在以上的训练中,身体发暖是血管扩张、血液循环加快的结果,身体沉重则是肌肉放松的结果,这两种现象,是放松反应的基本要素。应用较多的是肢体发暖训练,而肢体发暖训练中,最常用的是使手或手指发暖的训练。

其他有效的放松技术还有渐进式肌肉放松训练、冥想、音乐放松训练等。

(四)改变不合理的认知观念

同样的压力情境或事件,不同的人可能有不同的反应。有的人认为是一种挑战,有的人则是有一种痛苦无助的感觉,而对于另外一些人却可能是一种乐趣。这种个体在同样的压力面前表现出来的不同反应是由于个体对压力的认知不同所产生的结果。所以要改变压力对机体的影响,最有效的策略就是改变错误的认知观念,消除压力源,从根本上解决压力的困扰。目前,在这方面应用最多的是美国著名心理学家艾利斯(Ellis)提出的理性情绪疗法。

理性情绪疗法(rational-emotive therapy,RET)也称合理情绪疗法,是帮助求助者解决因不合理信念产生的情绪困扰的一种心理治疗方法。其主要观点是强调情绪或不良行为并非外部诱发事件引起，而是个体对这些事件的评价和解释中存在不合理的信念以及这些不合理信念和情绪、行为之间的关联，并对这些不合理信念进行逻辑思辨和质疑，从而消除这些不合理信念，帮助改善当事人在情绪、行为上的困境。

理性情绪疗法的治疗模式可以分为以下 4 个步骤：

1. 明确方法

向当事人介绍理性情绪疗法的基本理论和方法，使当事人明白，他自身压力的来源不是由压力事件所引起，而是由自身的不合理信念所造成，并且帮助其建立对于该治疗方案的信心。

2. 发现不合理信念

从当事人的生活着手，以压力事件为中心，积极引导当事人对自身不合理信念进行筛查，并向当事人指出其不合理信念的具体表现形式。对于自身所面临的问题，自己应当负主要责任，从而使他们能够从改变自身做起。

3. 辩论

引导当事人与其不合理的信念进行辩论，指出这些不合理信念的不合理之处，鼓励当事人放弃这些不合理的信念，并建立起合理的信念，实现认知层面的改变。

4. 建立理性的生活方式

在当事人认清不合理信念的基础上，帮助他们用理性的信念代替不合理的信念，并且同适合的行为与情绪对应起来，从而帮助当事人建立理性的生活方式。

上述 4 个步骤一旦完成，不合理信念及由此而引起的压力情绪困扰就会逐渐消除，当事人将会以较为合理的思维方式代替不合理的思维方式，从而较少受到不合理的信念的困扰。

加拿大医学教授赛勒博士是世界上研究压力对身心影响的一位著名学者，他说："压力是人生的香料。"他提醒我们，不要认为压力只有不良影响，而应转换认知和情绪，多去探究压力的有利影响。人在一生中，根本无法摆脱压力。既然无法逃避压力，就要学习与压力共处。所以，大学生们应借鉴积极的心理学研究成果，利用社会支持系统和自身的有效资源，积极地应对来自各方面的压力，迎接现实的挑战，走向幸福的未来。

第五节　正确利用心理咨询

当今社会，随着科学技术的快速发展和国际交流的日益增加，人们的信息量剧增，生活节奏加快，人际交往更加复杂，传统观念和生活方式不断被挑战被更新，社会竞争日趋激烈，人们在享受科技发展带来的物质生活繁荣的同时，也承受了更多的心理压力。而心理咨询，可以帮助人们挖掘心理潜力，提高自我认识，走出心理阴霾。本节的目的是帮助大学生正确认识心理咨询，明确心理咨询的意义和作用，了解心理咨询的途径和方法，以便更好地提高心理保健水平，为学习乃至今后的人生发展打下坚实的基础。

一、心理咨询的概念

（一）什么是心理咨询

“咨询”一词，源于拉丁语，从字面上看，有洽商、劝告、会谈、征求意见等意思。从中文字面上理解就是一种提供信息、解释疑惑、忠告建议的活动。根据《朗曼心理学和精神医学词典》中的解释，咨询是“对情绪、职业、婚姻、教育、康复、退休和其他个人问题提供专业帮助”。而心理咨询是指经过专业训练的咨询人员，运用心理学的理论和方法，针对来访者的各种适应与发展问题，提供心理援助，帮助来访者自立自强的过程。咨询的实质实际上是一个“助人自助”的过程。即通过咨询过程，咨询者给予来访者一种特殊的帮助，使来访者有新的体验，以新的思维方式和角度思考问题，用新的方式去体验和表达思想感情，采取新的行为方式适应环境，并和外界建立和谐的关系。正像有的人所说：“心理咨询不是说教，它是聆听；心理咨询不是训示，它是接纳；心理咨询不是教导，它是引导。”

（二）心理咨询与其他工作的关系

1.心理咨询与心理治疗

陈仲庚在《心理治疗和心理咨询的异同》一文中指出，心理治疗与心理咨询没有本质区别，即在关系的性质上，在改变和学习过程中，在指导的理论上都非常相似。如果要对心理咨询与心理治疗做些细微区分的话，可以这样认为：前者以发展性咨询为主，后者以障碍性治疗为主；前者内容着重处理的是常人遇到的各种问题，如人际、情感、家庭、环境适应、职业选择、生涯设计等问题，以疑惑、不适、冲突为主，后者多主要是针对某些神经症、人格及行为障碍等，以障碍、疾病为主；前者可在非医疗情境中开展，后者一般在医疗情境中进行；前者用时较短，咨询次数一般为一次到几次，而后者费时较长，由几次到几十次不等。但在实际工作中很难把这二者完全区分开来，二者的相同远大于区别。

2.心理咨询与医疗工作

心理咨询与医疗工作之间存在一定的联系，也就是说，对达到一定严重程度的心理障碍者的帮助，有时已经带有医疗的色彩，需要在医疗的环境中进行，有时还需要给予一定的药物。但它们本质上存在着明显的区别。因为在心理咨询的整个过程中，是以心理学的理论和方法为主进行的调节和帮助，药物只是起辅助治疗的作用，即以心理的方法为主，药物方法为辅。而医疗工作则是运用医疗的手段对患者进行处理与治疗，虽然在治疗的过程中也需要关注患者的心理变化，给予一定的护理和指导，但它是以医疗手段为主，心理关注为辅的。

3.心理咨询与思想工作

在我国,有些人把心理咨询等同于做人的思想工作。他们认为两者都是通过谈话的方式进行的,都要了解对方的态度和想法以提供解释和帮助;都是为了促进人的完善,推动社会的发展与进步。但实际上两者存在明显的不同,思想工作的对象较为广泛,具有全民性;而心理咨询的对象是精神正常但遇到了与心理有关的现实问题或健康问题并请求帮助的人群,也包括临床治愈的精神病患者。思想工作是以讲道理的方式向对方灌输为主的活动,属政治、哲学范畴,探讨“行为是否正确”;而心理咨询属于心理学范畴,在肯定人的价值的基础上,采取客观中立的态度,探讨“为什么会这样做”。

(三)心理咨询的作用

心理咨询的作用大致可分为以下几种。

1.倾诉心声

倾诉是人的一种心理需要,它能帮你缓解心理压力,是分析和解决问题的前提。朋友、同学、亲人都可以成为倾听心声的人,但有时有些隐私不方便向朋友或亲人倾诉。而与自己没有亲缘、利害关系的心理咨询师却能耐心倾听你诉说,并能帮你分析问题,排忧解难。

2.辨明问题

人的心理问题有不同的类型,不同类型的心理问题需要用不同的解决办法。例如,大学生中与学习有关的心理问题可以是学习动机、学习目标、考试焦虑等,而与恋爱有关的可能是单相思、失恋、多角恋等。这些问题如果得不到及时解决,就会影响当事人的情绪,进而影响到其学习与生活,甚至引发心理问题。所以,心理咨询可以帮助你一起去分析所面临问题的实质,进行心理调试。

3.研究对策

在咨询的过程中,咨询师可与求助者共同分析问题,磋商解决问题的办法。由于咨询师处于旁观者的角色,他的头脑冷静,思路较为开阔,看问题比较客观,可以为求助者提出一些合理化的参考建议,协助求助者开阔思路,学会理智地处理问题,对来访者的人格完善和发展起着很大的帮助作用。

4.稳定情绪

心理咨询可以帮助大学生解决成长过程中遇到的各种心理问题,并通过心理咨询让求助者宣泄压抑的情绪,使其紧张情绪得到缓解,心情得到放松,心态也随之得到平衡。

5.促进成长

学校心理咨询的性质属于发展性咨询,目的是助人成长。通过心理咨询,不仅可以帮助大学生处理好当前的问题,更重要的是通过问题的处理提高他们的认知水平,增强自信心,促进其身心健康发展。

二、大学生心理咨询的意义和特点

(一)大学生心理咨询的意义

1.有利于大学生维护心理健康

社会发展中的各种摩擦和碰撞,产生了各种社会矛盾,也给成长中的大学生增加了心理压力,形成各种各样的心理问题。心理咨询运用心理教育方法和手段,培养大学生良好的心理素质,促进大学生身心全面和谐发展和素质全面提高,有助于增进大学生对心理健康问题的认识,增强心理防御能力,维护心理健康。

2.有助于帮助大学生解决成长过程中的各种心理问题

高校大学生面临诸如环境适应、学习生活、人际交往、社会竞争等多方面的压力以及价值观形成过程中的烦恼与困惑,他们在能动地适应环境或完善自身过程中容易出现某些不适应或迷茫现象,而产生心理压力。心理咨询工作有助于大学生缓解心理压力,帮助大学生用正确的心态面对挫折,妥善解决生活学习中的困惑和问题,使他们较快地走出困境,促进身心健康发展。

3.有利于培养大学生健康的个性心理

个性心理特征通常表现为气质和性格两个主要方面。气质主要是指情绪反映的特征。性格除了气质所包含的特征外,还包括意志反映的特征。通过心理咨询,可以更好地关注大学生各方面的健康发展,尤其是心理健康的发展。通过各种有效的方法,培养学生健康的、积极的个性心理素质和善于思考、积极参与、朝气蓬勃的精神状态,适应当代社会的要求。

4.有利于早期发现与治疗心理疾病

在当今激烈竞争的形势下,大学生因为这样或那样的问题可能会引发心理疾病,个别人甚至出现自杀倾向。心理咨询者能够在咨询过程中及时发现此种情况并有效地对他们进行心理治疗,从而可避免病情的恶化或自杀事件的发生。

5.有助于改进高校思想政治工作

我国的国情使得我国高校大学生心理咨询与思想政治教育联系比较密切,目的都是使大学生身心健康,成为德、智、体、美全面发展的社会主义合格人才。通过心理咨询,可以了解当前大学生的思想动态和心理变化,可以为有针对性地开展思想政治教育提供相关信息,同时心理咨询的某些原则和工作方法也可为改进思想工作方法提供借鉴。

(二)大学生心理咨询的特点

大学生是一类具有较高智力、较高文化和较高自尊的特殊群体,他们通常比一般青年有着更高的抱负和追求,面临着更大的挑战,承受着更大的心理压力和冲突。因而大学生心理咨询也具有不同于一般心理咨询的特点。

1. 成长性

大学生面临的问题主要是成长的问题，包括学习、适应、人际交往、发展、恋爱、择业等问题。因此，大学生心理咨询应着重帮助与辅导大学生成长与发展，而不是专门治疗心理疾病。

2. 社会性

人的发展受多方面因素的影响，不管是健全的心理结构还是不良的心理品质，都是在社会环境中形成的。大学生是社会的一分子，所以其表现具有社会性。

3. 反复性

任何事物的发展都是曲折的，人的心理品质的发展也是如此。大学生正处在世界观、价值观形成的关键时期，在心理咨询过程中出现反复现象是极为常见的事情。因此，对于这一点，心理咨询师要有清楚的认识，对咨询对象的反复不能表现出厌恶、冷漠的情绪，更不能批评指责，要有耐心。

4. 自觉性

大学生是文化层次较高的群体，对心理咨询的了解高于一般人群，也认识到心理咨询的重要性。因此，他们多是自觉自愿来咨询的，而很少是被动咨询。

三、大学生心理咨询的内容和误区

（一）大学生心理咨询的内容

1. 发展咨询

发展咨询的对象是属于比较健康，无明显心理冲突，基本适应环境的人。这类咨询的内容包括很多，凡是在人生各时期出现的各种心理问题都可以属于咨询的范围。例如，了解自我的个性特点、气质类型、青春期身心发展情况，咨询如何处理好学习与社会工作、学习与恋爱的关系，如何拥有更多的朋友，如何选择职业，如何实现更高的人生价值，探讨更有效的学习方法，等等。我国目前学校心理咨询中，几乎大都是与发展咨询相关的，咨询的目的是为了更好地认识自我，完善自我，提高自我的学习、生活质量和社会适应能力，追求个体更全面的发展。需要指出的是，第一，发展咨询与障碍咨询是相互联系的，去除心理障碍为心理发展奠定了基础，而良好的心理发展将减少心理障碍的发生。第二，在具体实施时，有时很难将两者完全割裂开来，有些咨询既属于障碍咨询，也属于发展咨询。

2. 适应咨询

这类咨询在高校大一新生中占的比例最大，咨询的对象身心基本健康，但学习、工作和生活中有各种烦恼，心理矛盾时有发生。其问题包括对高校独立生活不适应，学习压力过大引起的心理不适，人际关系不协调，环境改变导致自我认知失调等。其中，突出的问题是人际关系问题及自我意识问题。咨询的目的是排解心理困扰，减轻心理压力，提高适应能力。

3.职业咨询

职业咨询是包括求职、就业咨询，创业指导，人才素质测评，职业生涯规划等一系列相关业务的人力资源开发咨询服务。职业咨询目前已经成为大中城市白领职业定位的重要标准。高校进行此类咨询的主要是高年级即将走向社会的学生，他们提出自己关于职业蓝图方向不明的种种困惑，应由专业职业规划师运用职业规划专业知识、心理学、社会学等多学科的知识，为求助者提供寻找职业以及解决发展过程中遇到的有关问题的建议、信息，帮助谋职者进行职业生涯设计和规划等，以便更好地实现人职匹配。

4.障碍咨询

这类咨询的对象属于有一定心理障碍，患有某种心理疾病，影响学习、工作和生活的人。高校心理咨询中较常遇到的心理障碍主要有神经衰弱、焦虑症、疑病症、恐惧症、强迫症、性行为变态、人格障碍等。咨询的目标是帮助患者克服障碍，缓解症状，恢复心理平衡。除进行心理咨询外，有些患者还应到专门医疗机构去进行心理、药物治疗。

（二）大学生心理咨询的误区

随着人们对心理健康认识的不断提高，心理咨询已经逐渐被大家所接受，但仍有些人在认识上对心理咨询存在误区，具体表现有以下几种。

1.有心理问题就是有精神病

在现实生活中，很多有心理困惑的人不敢去咨询，怕被人误认为是精神病，而有些精神疾病患者为逃避社会压力却到咨询中心求助，这就造成很多人不能正确认识心理咨询，怕被人误解，即使有不健康的心理或行为也不愿意去心理咨询，而是一味地压抑或忍受痛苦，导致心理问题越来越严重。

2.健康人不需要心理咨询

这其实是对心理咨询的误解。实际上人的精神正常与不正常之间并没有一个明显的界限，而是处在一个连续演变过程中，即使心理整体处于健康状态的人，在一生中的任何年龄阶段或生活中都可能产生心理冲突和心理问题，都应该及时地去进行心理咨询。

3.心理咨询是被动治疗

心理咨询的主体是求助者，咨询师是协助、启发求助者进行自我探索不断进步的人，咨询效果的好坏取决于求助者是否积极配合。但有些人对此不够了解，认为自己把问题说完了，解决问题是咨询师的事情，与己无关。所以当听到咨询的最终目的是帮助来访者解决其面临的难题，促使其自强自立时，因缺乏面对问题的勇气和信心而选择了放弃。

4.一次咨询解决所有问题

有些人急于解决自己的心理问题，希望一次咨询能够解决自己的所有问题，否则就认为咨询师无能。其实心理问题的形成是一个日积月累的过程,解决问题自然也需要一个过程,那种希望一次咨询就解决问题的想法既不现实,也不利于求助者的个人成长。

四、心理咨询的原则

(一)自愿原则

心理咨询是建立在咨询者和来访者双方"知情同意"基础上的一种心理援助活动,来访者寻求心理咨询应该是完全出于自愿,这不仅是对当事人的尊重,也是心理咨询能够有效的必要条件。自己没有咨询愿望而被动或者被别人强迫着来咨询的不乏其人,效果一定不好。既然是自愿前来,也可以自愿离去和中止咨询,这也是来访者的权力。

(二)协助原则

咨询的最终目的是帮助来访者解决其面临的难题,促使其自强自立。心理咨询应该是协助,是助人自助,仅靠心理咨询师一个人的努力是不可能完成咨询任务,达到来访者想要的效果的。需要来访者与咨询师共同的努力,通过深层的交流与沟通,发现来访者自身的积极因素,通过肯定、鼓励等方式提高他们的自信心,帮助他们调整看问题的角度和方法,学会正确对待自己和他人,从而建立新的认知结构,提高适应环境的能力。

(三)保密原则

保密原则是心理咨询中最重要的原则。遵循保密原则是建立良好咨询关系的基础,是咨询者的职业道德。保密范围包括为咨询的谈话内容保守秘密,不公开来访者的姓名,拒绝关于来访者情况的调查以及包括来访者的合理要求等。来访者愿意信任心理咨询师,愿意将内心深处的一些情绪或事情展现在心理咨询师面前,是对心理咨询师的信任和治愈心理疾病的决心。此外,来访者的个人隐私受法律保护,咨询员随意泄露来访者的私人秘密,不仅应受舆论谴责,而且要负法律责任。但是,如果发现来访者有明显自杀意图,存在伤害性人格障碍或精神疾病,应及时向有关部门反映,以便采取防范措施。

(四)尊重原则

尊重原则要求咨询员尊重来访者在咨询室所展现的任何情绪和内心世界,能设身处地地体会来访者的情绪、情感体验,正确理解他的想法和看法,使来访者在精神上得到理解与支持。只有首先保持尊重的态度,才能理解与接纳来访者,才能让他们感受到真诚的关怀和帮助,才能建立融洽的咨询关系。学校心理咨询也是如此,在咨询的过程中咨询老师和学生的地位是平等和互相尊重的。

(五)发展原则

发展原则是指在心理咨询过程中,咨询人员要以发展变化的观点来看待来访者的问题，不仅是在问题的分析和本质的把握上，而且要在问题的解决和咨询结果的预测上也要具有发展的观点。大学生心理咨询的核心是成长问题。因此，咨询人员不仅要了解来访者已有的发展历程和结果，更重要的是在揭示来访者今后发展的可能性和发展方向上。这就要求咨询人员具有较高的洞察能力和预见能力，不轻易将来访者的问题归为某种心理障碍或某种疾病，从而使来访者提高自信心，增强适应能力，并最终战胜自己。

（六）整体性原则

整体性原则是指在咨询过程中，学校心理咨询人员要有整体观念，对求助者的心理问题做到全面考察，系统分析，既要重视心理活动要素的内在联系，又要考虑心理生理及社会因素的相互制约和影响，以使咨询工作准确有效，防止或克服咨询工作的片面性。

（七）特定环境原则

心理咨询是一项认真、细致的工作，不是随时随地能咨询的，对场地及周围环境有着相当高的要求，至少应该是一个舒适且安静无人打扰的环境。另外，咨询关系不能超出咨询室以外。咨询者不要与来访者在咨询室以外有密切接触和交往，不对来访者产生爱憎和依恋，更不能在咨询关系中寻找欲望的满足与实现。来访者过于了解咨询员的内心世界和私生活，也会妨碍来访者的自我袒露。

（八）中立性原则

中立性原则是指在心理咨询的过程中，心理咨询师不得进行直接的价值评判和价值干预。现在的社会是一个价值多元的社会，不能以咨询师自身的价值标准来评判来访者，更不得直接将自己的价值观强加给来访者。咨询师觉得不好的价值观也许来访者觉得很好，不能用绝对单一的价值标准来进行干预。

（九）转介原则

转介原则是指心理咨询者在心理咨询过程中，发现自己能力有限或是某些外来因素阻碍咨询者对来访者的帮助时，咨询者应在征求来访者意见的基础上，主动将来访者介绍给其他适宜的心理咨询师或心理治疗机构。

五、心理咨询的一般过程

（一）建立咨询关系

良好的咨询关系是有效咨询的前提，所以咨询人员应热情接待来访者。在咨询的开始，简单介绍心理咨询的性质和原则，特别是保密原则，以消除来访者的紧张情绪和顾虑，从而建立起来访者对咨询员的初步信任，营造适合来访者的良好会谈气氛。

（二）收集信息

临床资料是进行心理咨询工作的基本依据。咨询人员应主动引导来访者介绍自己来求助的原因及问题，通过来访者的自述来收集信息。包括来访者的基本情况、性别、年龄（或年级）、籍贯等；来访者存在的心理问题情况，如什么问题、严重程度、持续时间、产生原因、采取过什么措施，必要时还可了解其家庭和其过去的经历等。咨询人员在这一阶段还要对来访者的谈话态度、眼神、手势等进行观察。

（三）分析诊断

这一阶段主要是从收集和观察到的信息中，经过排序、筛选、比较等方法，找出最重要、最有意义的资料，对求助者进行诊断和原因分析。弄清楚来访者的问题是属于什么类型的，如适应方面、学习方面、人际交往方面、情感方面等；问题的严重程度如何；问题产生的原因是什么以及鉴别诊断等等。咨询员也可借助于心理测验作为诊断的辅助手段。在分析诊断的基础上，确定哪些问题是可以通过进一步的帮助指导逐步解决的，哪些问题需要借助心理治疗进行干预，如严重精神病患者、自杀倾向者等。

（四）帮助指导

这一阶段主要是咨询者与求助者协商咨询目标，选择咨询方案，实施咨询与治疗。因此，咨询员要与来访者一起探讨有关的信息，帮助他们分析其心理问题的性质根源，从各方面启发他们新的思路，在此基础上，双方共同制订咨询目标，选择咨询与治疗的方式方法，实施咨询。在咨询过程中，咨询师要鼓励、协助求助者实践新的行为，只有实践新的行为才会突破原有的行为障碍，才会获得积极的情绪体检，才能实现预定的咨询目标。

（五）结束阶段

经过系统的咨询，在求助者的问题基本解决的情况下，咨询师可以考虑结束咨询会谈。这时来访者可以谈谈自己现在的感受、收获、领悟和下一步的行动计划，咨询师应给予鼓励和支持，并指出求助者在咨询中取得的成绩和进步以及还有哪些应注意的问题。

总之，心理咨询是一个过程，以上步骤并不是机械分开的，而是相互关联的一个完整的统一的整体。

六、影响大学生心理咨询效果的因素

（一）来自来访者的问题

咨询动机不明确，不能正确认识和对待心理咨询，害怕被人说成“有病”而不能正视心理咨询；对心理咨询信心不足，对咨询员缺乏最基本的信任，不愿意说出真实的问题，甚至故意设置圈套，试探咨询人员，使咨询工作无法正常进行；或对布置的作业置之不理，影响了咨询的进展及效果。也有少部分来访者意志不够坚定，对行为改变缺乏心理准备或根本就不愿意改变自己的行为习惯，更不愿意付出艰辛的努力。所以，即使来咨询多次，效果也不会明显。此外，也有一些人盲目迷信心理咨询或某个咨询员的个人影响力，导致出现移情现象，并且被扩大而影响了正常的咨询效果。

（二）咨询员的角色问题

来访者对咨询员的角色认识和角色期望在心理咨询过程中起着很重要的作用。首先，由于高校内的专职咨询员不多，多数是兼职的，他们本身在学校中同时扮演不同的角色，因此在咨询中不免会出现角色迁移、角色错误的问题，从而影响咨询效果。其次，咨询员的知识结构、专业知识技能、自身思想与心理素质、个人经历与咨询经验等都会影响咨询的效果。另外，咨询员的个人价值取向以及外部言行举止也会对咨询效果产生影响。

（三）心理测验的局限性限制

随着心理学越来越重视对人的客观评价，各种测验工具也开始大量的被运用到心理咨询中来。这些测验工作虽然可以比较方便、快捷和客观地评价来访者，但也带有局限性。一是测验取样的限制，二是使用上的限制，三是对于结果解释上的限制，这些限制作用都会对心理咨询的效果产生影响。

拓展阅读

心理咨询的5个不等式

1. 心理问题≠(不等于)精神病

心理咨询在我国是一门起步较晚的新兴学科，人们对它有一种神秘感。来访者通常都是左顾右盼、鼓足了勇气才走进诊室，在医生反复保证下，才肯倾吐愁苦；或是绕了很大圈子，才把真实的情况暴露出来。因为在许多人眼里，来咨询的人很可能有什么不正常或有精神病，要不就是有见不得人的隐私或道德品质方面有问题。此外，在中国人的传统观念中，表露出情感上的痛苦是软弱无能的表现，对男性来说尤其如此。以上种种原因，使得很多人宁愿饱受精神上的痛苦折磨，也不愿或不敢前来就诊。

其实心理问题与精神病是两个不同的概念。每个人在成长的不同阶段及生活工作的不同方面，都有可能会遇到这样那样的问题，导致消极情绪的产生。对这些问题如能采取适当的方法予以解决，个体就能顺利健康地发展；若不能及时加以正确处理，则会产生持续的不良影响，甚至导致心理障碍。这样看来，心理问题是日常生活中经常会遇到的，就这些问题求助于心理咨询并不意味着有什么不正常或有见不得人的隐私。相反，这表明个体具有较高的生活目标，希望通过心理咨询更好地自我完善，而不是回避和否认问题，混混沌沌虚度一生。有相当一部分人认为精神病就是疯子，其实，他们所说的精神病严格地来讲是重度精神病，如精神分裂症、躁郁症等，与一般的心理问题和轻度心理障碍有很大区别。绝大部分精神病患者对自己的疾病没有自知力，更不会主动求医。

2. 心理学≠(不等于)窥见内心

两个久未谋面的老同学在路上不期而遇，其中一个知道对方是心理治疗师，就让他猜一猜自己现在心中想些什么。许多来访者也有类似的心态，他们不愿或羞于吐露自己的心理活动，认为只要简单说几句，咨询师就应该能猜出他心中的想法，要不就表明咨询师水平不高。其实心理治疗师也是人，他们没有什么特异功能能窥见他人的内心世界，他们只是应用心理学的理论和方法，对来访者提供的一定信息进行讨论和分析，并进行咨询与治疗。因此，来访者需详尽地提供有关情况，才能帮助医患双方共同找到问题的症结，有利于治疗师做出正确的诊断并进行恰当的治疗。

3. 心理咨询≠(不等于)无所不能

许多来访者将心理咨询神化，似乎咨询师无所不会、无所不能，就像一个开锁匠，什么样的心结都能一下打开，所以常常来就诊一两次，没有达到所希望的“豁达开明”的心境，就大失所望，再也不来了。实际上，心理咨询是一个连续的、艰难的改变过程。心理问题常与来访者的个性及生活经历有关，就像一座冰山，积封已久，没有强烈的求助、改变的动机，没有恒久的决心与之抗衡，是难以冰消雪融的，所以来访者需有打“持久战”的心理准备。

4. 心理医生≠(不等于)救世主

一些来访者把心理医生当作“救世主”，将自己的所有心理包袱丢给医生，以为医生应该有能耐把它们一一解开，而自己无须思考，无须努力，无须承担责任。多年来传统的生物医学模式就是患者看病，医生诊断、开药、治疗，一切由医生说了算，要求患者绝对服从、配合，因此来访者自然而然地把这种旧的医学模式带进心理咨询。然而，心理咨询与心理治疗是新的生物-心理-社会医学模式的产物，心理医生只能起到分析、引导、启发、支持、促进来访者改变和人格成长的作用，他无权把自己的价值观和愿望强加给来访者，更不能替来访者去改变或做决定。来访者需认识到，“救世主”只有一个，那就是自己。只有改变自己，战胜自己，最终才能超越自我，达到理想目标。倘若把自己完全交给医生，消极被动，推卸责任，只会一事无成。

5. 心理咨询≠(不等于)思想工作

来访者中还有另一种极端的认识，就是认为心理咨询没多大用处，无非是讲些道理，因而忽视或未意识到心理问题是需要治疗的。一女孩因强迫观念痛苦异常前来就诊，家人反对并干涉：“你就是死钻牛角尖，想开点就会好的。”亦不让患者服药。患者得不到家人的理解支持，内心很绝望，从而影响到治疗的连续性和效果。心理咨询作为医学中的一门学科，有着严谨的理论基础和诊疗程序，它与思想工作是有本质区别的。思想工作的目的是说服对方服从、遵循社会规范、道德标准及集体意志，而心理咨询则是运用专门的理论和技巧寻找心理障碍的症结，予以诊断治疗，咨询师持客观、中立的态度，而不是对来访者进行批评教育。另外，某些心理障碍同时具有神经生化改变的基础，需要结合药物治疗，这更是思想工作所不能取代的。

——摘自张丽宏、赵阿勐主编《大学生心理健康教育导论》

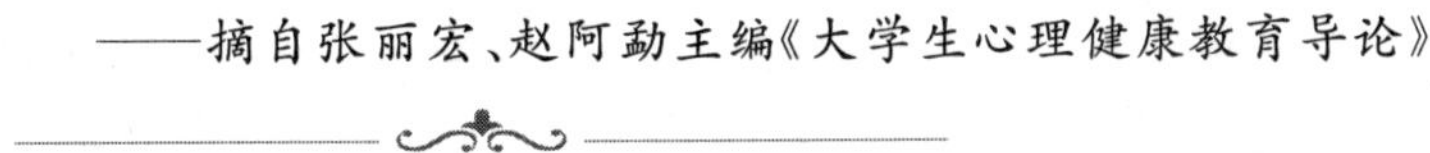

第十六章　网络利用与健康

学前思考题

1. 网络对大学生的心理影响有哪些?
2. 如何在网络环境下进行自我管理?
3. 网络心理障碍的调适方法有哪些?

网络以其特有的优势和发展速度,正在改变着我们的工作、学习和生活,将我们带进了一个新的时代。然而,网络又是一把"双刃剑",网络的负面效应犹如它的积极作用一样,涉及社会生活的各个方面。

第一节　大学生与网络

一、网络及其特征

互联网作为一种崭新的信息技术,以其特有的优势和发展速度,把人们带入了一个真正的信息化时代。它渗透到人类生活的各个领域,延伸到世界的各个角落,以难以想象的爆发力深刻地改变着人类的生活,影响着人类的行为。人们不仅可以通过互联网获取信息了解世界,进行电子商务、网上购物、学习交流和设计开发,而且可以网上交友、休闲消遣、玩游戏、开会,甚至赌博等。它每天向我们展现出的诱惑和挑战,不断加快着人们的生活节奏,引领着我们前进的步伐,并呈现给我们它所特有的传统媒体难以比拟的优势特征。

(一)开放性

互联网的本质是计算机之间的互联互通、信息共享。而且这种互联互通的程度越充分,共享信息就越多,开放性就越高,互联网所起的作用就越大。互联网的这种开放性,一是对全球任何用户的开放;二是通过为用户提供一个开放的接入环境而对服务者开放;三是对未来的改进开放。

(二)全球性

网络打破了人们信息交流空间和距离的限制，拓展了人类的认识和实践，把每个网民变成了“地球村”的平等公民，体现了人与人之间的“无限互联”及“无限关涉”，也使不同的观念和行为的冲突、碰撞、融合变得更加直接和现实，进而使不同国家、不同民族、不同生活方式的人们通过学习、交往、借鉴，达到相互理解与沟通。

(三)虚拟性

虚拟性是网络最重要的特征。进入网络世界的人，其基本的存在环境是一种不同于现实的电子网络空间。一方面，网际关系的虚拟性与实体性相对，人们可以设立虚拟学校、商场、课堂、医院、家庭等，甚至虚拟个人的基本信息，如性别、年龄、姓名、学历、婚姻、职业等，使人无法分辨其是非真假。另一方面，网际关系的虚拟性不等于虚假性。人工构造的虚拟情境中，网络可以赋予人们一种真实的心理体验。

(四)平等性

网络作为一个自发的信息网络，不属于任何人或任何机构，因而也就没有任何人或任何机构或任何国家可以左右它、操纵它、控制它。所以在网络里，任何人的地位都是平等的，人们可以根据自己的意志自由使用网络，也可以不受时间地点环境的限制进行网上交友、阅览或写博客，完全根据自己的爱好和需要自由地选择和参与。

(五)个性化

互联网在实现互联互通、资源共享的同时，也使人的个性化得到张扬。在网络中，权力、阶级、阶层，甚至国家、民族都失去了意义。每个网民都有可能成为中心，人与人之间不再受等级制度的控制而趋于平等，这为人们的个性发展提供了广阔的空间，使个体的创造性能够获得极大的张扬。

二、网络对大学生心理的影响

网络以其特有的优势和发展速度正在改变着我们的工作、学习和生活。然而，网络也是一把“双刃剑”，在带给人们便利的同时，又不可避免地带来许多负面影响，其对当代大学生心理的影响也是既有积极的一面，也有消极的一面。

(一)网络对大学生心理的积极影响

(1)网络的开放性使大学生增加了获取信息的渠道，拓展了求知的途径，开阔了知识视野，丰富了知识储备，满足了学生的求知欲望和多元化的需求，给大学生学习世界、了解世界创造了无限的空间。

(2)网络的隐蔽性可以满足学生情感需求，有利于大学生的情绪宣泄，维持心理平衡。

(3)网络的新颖性有助于大学生培养和形成学习、效率、平等、开放等现代观念,有助于大学生扩大交往的范围,促进大学生的社会化,提高大学生的社会适应能力。

(4)网络的全球性和个性化特点有助于满足大学生自由平等的参与意识与自我实现的价值追求。

(二)网络对大学生心理的消极影响

1.网络对大学生认知的负面影响

认知一般是指认识活动或认知过程,即个体对感觉信号的接受、检测、转换、合成、编码、储存、提取、重建、概念形成、判断和问题解决等信息加工的过程。首先,大学生在面对大量信息快速呈现时,往往只是速览而不会在脑海中留下深刻的印象,所以长此以往会降低个体的感知能力。其次,大量的网络信息也会导致大学生对信息内容的消化不良,容易造成人的心理压力和思维混乱。同时,由于网络信息的高度图像化,在一定程度上也改变了人们的思维方式,使得人们在某种程度上不愿意追根求源探讨事物的本质,也容易形成过度依赖现成的信息而忽视实践的行为,阻碍了其思维过程的深化。

2.网络对大学生情感的负面影响

尽管网络的隐蔽性可以满足学生情感需求,有利于大学生对不良情绪的宣泄,但是情绪一旦爆发,即使情境消失,还会转化为心境,其影响还会持续相当长的一段时间。另外现实中,人与人的情感是处在一个互动的氛围中,也就是说自我的喜、怒、哀、乐,还要接受来自周围环境及他人所表现出来的喜、怒、哀、乐,只有置身于这种互动的氛围中,我们才能不断发展、完善、丰富自己的情感世界。尽管在网络中通过文字和符号也可以进行情感的互动,然而,毕竟同现实的面对面的交流和表达还是有区别的。在网上,长期面对的是没有思想感情的机器,无论网页再精彩、再生动,也无法使人们体验与感受面对面交流的情感色彩,久而久之,必然引起情感匮乏和冷漠,在现实中不愿表露情感,也不愿接受别人的情感表达,出现情感缺失与异化。

3.网络对大学生精神意志的负面影响

网络的巨大吸引力对人们尤其是对那些敏感内向,喜欢独处,稳定性差,不能严于律己,缺乏自信,沮丧悲观,受挫力低的大学生,极易产生强烈的心理依赖,最终无法摆脱,导致网络成瘾。网络成瘾的大学生在日常生活中往往缺乏意志力,注意力不集中。他们对学业、同学、家人等漠不关心,而对网络世界则牵挂在心,盼望再次上网,一旦上网就无法控制自己,导致过度使用网络。这种对网络的过度依赖使得他们丧失了远大的理想,上网时精神高度兴奋,下网则颓废、消沉。

4.网络对大学生人格的负面影响

在心理学上,人格主要是指人所具有的与他人相区别的独特而稳定的思维方式和行为风格。它既包括外在行为及其表现，也包含内在的心灵与精神状态，自我意识是人格的核心内容。在崇尚和追求个性化的时代，网络能够大大强化大学生的自我意识，使大学生自我意识膨胀和集体意识淡薄。网络的虚拟性、匿名性和超现实性，为青年改变身份、性别，转化性格，在网上扮演多重角色，获得现实社会中无法体验的感受提供了条件，也为多重角色间的矛盾以及虚假身份与现实身份的冲突埋下了伏笔。这一方面可能会导致大学生行为失控，出现双重人格或多重人格障碍；另一方面，也会使他们认识到了虚假的一面，一旦当大学生无法辨别信息的真伪时，就会对信息持怀疑态度，这种态度很容易带到现实生活中，影响大学生人格的健康发展，使他们形成多疑和不信任的偏执性人格障碍。

5. 网络对大学生道德的负面影响

网络的快速发展也引发了社会关于伦理道德的问题，影响了大学生伦理道德的健康发展。一方面，网络空间打破了传统的社会道德教育模式，使得不同种族、不同国家间的多元化网络伦理信息与青少年头脑中已有的和正在形成的道德观念经常发生冲突和碰撞。多元化的无政府主义道德认识对于那些道德信念还未完全形成的大学生来说，可能更容易接受。另一方面，大学生的道德情感以直觉的道德情感和形象性的道德情感为主，而这种道德情感的产生与直接的道德情境和具体的道德形象相联系，但互联网提供不了与道德情感相适应的道德情境和具体的道德形象，大学生直接的和形象的道德情感体验减少，容易引发大学生道德情感淡化，出现道德滑坡现象。

6. 网络对大学生人际交往的负面影响

网络中人际交往具有匿名性、平等性、自由性、交往方式的间接性和交往对象的无限性等特点。在网络交往中，由于多数情况下只能依靠文字描述或声音来判断或想象对方，因而人们很容易被网络交往对象的这些现象所迷惑。网络的匿名性又为那些心怀叵测的人提供了发表负面言论，传播腐朽思想的条件。所以大学生长期沉迷于网络，必然会受其影响，导致人生观、价值观、道德观发生扭曲，产生错误的伦理道德观，导致人际关系疏离。同时，长期地与虚拟世界中的虚拟人进行虚拟的情感交流，很难形成现实生活中的真实可信和安全可靠的人际关系。由于热衷于虚拟交往，造成对现实生活中的朋友的疏远，使大学生人际关系淡化，交往能力下降，个人又易产生焦虑、孤僻、冷淡等心理。

三、网络环境下大学生的自我教育与控制

大学生的网络相关问题对大学生的身心健康影响很大，应当给予足够重视和引导，并采取有效的措施，预防网络使用过度或网络成瘾的发生。

（一）正确看待网络的作用和价值

首先，我们必须承认，网络的出现，改变了人们传统的生活、工作和学习模式，

把人类带到了一个全新的时代。然而,互联网是一把“双刃剑”,网络既是一个充满自由、开放、平等的世界,也是一个处处充满诱惑与陷阱的危险之地。它在带给人们便利高效的同时,也给人们带来了诸多困惑与问题,使用不当会影响人们的身心健康,有时甚至给网络成瘾者的学习、工作、生活和家庭带来灾难。对此,我们必须要有清醒而正确的认识。其次,我们必须正确认识和使用网络。网络是一种工具,是一种公共资源,每个人都有权利使用,而在正确使用的同时,也应该努力维护其正常运行和健康服务。大学生只有全面地、正确地认识网络,才有可能正确地对待网络,合理地使用网络资源。正确处理人与网络的关系,做网络的主人,不做网络的奴隶,让网络为人类文明进步提供更好的服务。最后,要正确认识网络解决多种问题的能力和作用。学会利用网络来解决我们生活、工作、学习等方面遇到的问题,并运用网络知识和网络技术来创新我们的生活。

(二)端正上网态度,学会自律自制

要解决大学生过度使用网络的问题,最根本的是培养大学生的自我控制能力和自律行为,通过自己的努力抵制诱惑,规范行为。自我控制能力是个体的一种内在动力,是人由幼稚走向成熟的一个重要标志。具有良好自我控制能力的个体,即使在没有监督的情况下,也能自觉地、理智地抵制住各种诱惑,朝着既定目标努力。因此,大学生应该从以下方面做出努力。第一,端正上网态度,合理利用网络资源。互联网是用来学习知识、获取信息、查阅资料、培养创造力的工具,大学生不应仅仅把它当作娱乐的玩具,也不应该把它当作逃避现实问题和排解消极情绪的工具。上网之前要有明确的任务和目的,要有针对性地浏览信息,不要漫无目的地长时间上网。第二,提高自我控制能力,养成良好的上网习惯,上网时要严格做到有利、有度、有序、有节。“有利”即上网要对自身健康成长有利,不浏览不良信息;“有度”即遵守国家法律和学校网络使用规章制度,不非法上网,不登录非法网站;“有序”即上网具有计划性,所有网络行为均围绕良好目的而进行;“有节”即上网时间有节制,造访内容有选择,自觉抵制各种网络诱惑。第三,保持健康的心境和积极的情绪,注重自信心的塑造,以充足的信心、进取的姿态,始终保持“我能”“我会”的劲头,积极面对一切。第四,提高自我调节能力,预防网络心理障碍。大学生要了解自学一些心理学基本知识和心理健康的知识,了解一些心理调节和心理平衡的技能,放松身体,调整心态,多与现实中的人进行交流与沟通;学会寻找表达情绪的合适途径,既不压抑自己,也不放纵自己;对不良情绪能做到自我疏导、自我排遣;要学会采取成熟的挫折应对方式去突破困境,不要一遇到挫折、压力或失意就躲进网络;一般的网络心理问题能够自己去调节去排解,严重时能够积极寻求心理援助和支持,防止网络心理障碍带来的不良后果。

(三)合理安排闲暇时间,丰富业余生活

为了避免和解决由于过度网络使用可能带来的各种网络性心理障碍问题,最好的办法还是科学而合理地使用网络，学会有意识地适度远离网络。为此，大学生要积极参加各种有益身心健康的校园文化活动和体育锻炼活动，培养自己的兴趣爱好，形成丰富多彩的业余生活。要走出寝室，不做宅男宅女，多参与同学之间、朋友之间面对面的交流，融入校园，融入集体，扩大现实生活的交际面，从而排除孤独感，减少对网络的依恋。

第二节 大学生网络心理障碍及调适

大学生网络心理障碍是大学生过度使用或不合理利用网络产生的严重后果，对大学生正常生活、学习、工作极为不利，因此应采取有效措施加以调试和干预。本节主要就大学生网络心理障碍的表现及调试方法进行讨论，以期能够规范大学生网络行为，减轻心理不适，促进身心健康。

一、大学生网络心理障碍的内涵及其表现

大学生网络心理障碍是指大学生无明确的理由，无节制地花费大量时间和精力在互联网上持续地聊天和浏览，以致损害身体健康，并出现各种行为失控、心理异常、人格裂变、交感神经功能部分失调等现象。早期，他们会感受到上网的乐趣，随着上网时间不断延长，逐渐出现记忆力下降，开始是精神上的依赖，渴望上网冲浪、玩游戏，继而很容易出现躯体症状，如兴趣丧失、情绪低落、焦躁不安、思维迟缓、疲乏无力和精力不集中，在生活中出现各种行为异常、心理障碍、人格障碍，交感神经功能失调。晚期则出现与生理因素无关的体重减轻、憔悴和精神运动性迟钝且易激动，一旦停止上网，就会出现急性戒断现象，甚至有可能采取自残或自杀手段，危害健康。通常其表现形式主要有网络孤独、网络自卑、网络厌学、网络人格扭曲和网络成瘾 5 种类型。

（一）网络孤独

网络孤独是由于大学生沉溺网络、疏于人际交往而产生的缺乏令人满意的人际关系的一种主观心理感受或体验，常伴有寂寞、孤立、无助、郁闷等不良情绪反应和痛苦的精神失落感。网络孤独症主要是指希望通过上网获取大量信息、网上娱乐、网上人际交往来提高或改变自己，但上网未能解除孤独，甚至加重了原有的孤独，或反而因为触网而引发孤独感这样一类不良心理状况。

调查显示，网络的巨大吸引力使得半数以上的大学生喜欢上网，眼花缭乱的网络信息和各种刺激令他们神经紧张、目不暇接。相比之下，网络下的任何事物似乎都失去了吸引力，无法激起他们的兴趣和关注。因此，有的大学生上网时趣味盎然，兴趣十足，而离开网络就感到无聊空虚、孤独寂寞，精神无所寄托。还有一些大学生，由于性格内向、自卑，习惯于自己承受心理压力，不愿意或不善于与

他人交往,厌恶社会上虚情假意的人情来往,青睐于网上交往这种匿名、隐匿性别和身份的形式,常上网发泄自己的不良情绪,排解忧虑,感觉心情得到一定的放松,从网友那里得到了一定的心理支持,而离开网络又变得冷漠、紧张或易怒,依然感到孤独,脱离社会活动,与同学朋友关系冷淡。还有一些大学生原来社交活动较频繁,由于把大部分时间投入到网上,使得现实生活中认识新朋友的机会减少,也减少了与原有朋友的联系。现实交往的淡化,无形中缩小了个人生活的圈子。当他们从热烈火爆的网上交往气氛中退下来,回到平静单调的现实生活时,强烈的心理落差使得他们产生心理孤独。

上述现象的出现与大学生身心发展特点及其所处的环境有关。大学生正处于青春年华的黄金阶段,迫切希望建立多种社会人际关系及情感来满足其心理和生理上的需要。然而,痴迷于网络使他们的人际交往受到限制的同时,也使他们承受到来自社会竞争、学习、考试等诸多方面的压力,影响了他们的人际交往和情感需求。另外,网络虚拟世界使他们缺乏或减少了与现实生活接触交往的机会,降低了他们的社会适应能力,容易产生逃避现实的心理与行为,使自己陷入孤立状态,进而产生焦虑、孤僻、冷漠等心理问题。

(二)网络自卑

网络自卑是由于过度沉迷于网络,很少参加集体生活和社会活动而与周围世界逐渐疏远,导致生理和心理上失衡而引发轻视自我的心理体验。网络自卑容易使人产生一种压抑、孤独的情感,承受挫折的能力下降,严重地影响到大学生的学习与生活。长期沉迷于网络虚拟世界,使他们感觉丧失,思维凝固,对自己的不足和别人对自己的评价异常敏感,常常怀疑、担心别人在议论自己,导致他们在人际交往中处于不利地位。同时,由于长期和网络打交道,大学生在现实生活中用语言表达思想和情感的机会大大减少,因此,很多学生在现实生活的人际交往中往往显得笨拙,各方面的动作不协调,不善言辞,交际能力退化,由此产生自卑心理。严重的自卑感使他们产生忧郁、悲观、回避交往、自我封闭和消极待人等心理变态。为了保护自己的自尊心,他们会把自己禁锢起来,减少交往,形成闭锁人格,给学习和生活带来沉重的精神负担。

(三)网络厌学

长期沉迷于网络,容易导致人的大脑思维能力受到抑制,出现思维迟缓、思维中断和思维内容空白等现象,严重影响人的思维能力的开发与提高。出现上述现象的原因是由于人的逻辑思维过程是一个复杂的过程,需要运用抽象概念进行判断、推理得出命题和复杂的内在心理活动。人的经验、词汇、语言等共同形成了人的逻辑思维方式。而电脑的计算都是程序性设计,往往只有结果而没有具体过程,加上网络快捷性的特点,很多问题的解决只需“点击”一下,不需要像大脑那样经过复杂的思考或逻辑推理过程。人们如果经常长时间与电脑打交道,处处事事依赖和利用网络解决问题，就会使自己的思维活动受到极大抑制，思维过程变得迟缓，思维能力明显下降，想象力也会大大降低。想象力是人类所特有的功能，电脑根本无法具备，大学生如果不经常锻炼自己的思维能力和丰富自己的想象力，其学习能力和水平必然下降。由于学习是一项非常艰苦、高度复杂的脑力劳动，必须付出艰苦的努力，这就使得那些痴迷网络的大学生知难而退，不愿学习，无心学习，并逐渐从害怕学习发展到厌恶学习。

（四）网络人格障碍

网络人格是随着网络技术的发展和人们网络交往的增加而逐渐形成的，我们把在网络中偏离了社会文化期望，并以一种非正常的行为方式或内心体验与他人交往所形成的人格，称为网络人格障碍。它可划分为沉溺型、发泄型、伪饰型、悖德型、情感型、闭锁型和攻击型等多种类型。网络人格障碍不仅给当事人自身人际关系、学习、工作和生活造成负面影响，而且还给他人和社会带来一定的危害。

网络中的虚拟性、匿名性和超现实性，为青年改变身份、性别，转化性格，从而在网上扮演多重角色，获得现实社会中无法体验的感受提供了条件，也为多重角色间的矛盾以及虚假身份与现实身份的冲突埋下了伏笔，极易造成青年认知的错误、自我身份的迷失以及角色冲突，甚至导致人格扭曲。特别是当今互联网上的一些暴力的、凶杀的、色情的内容，对正处在人生观、价值观和道德观形成阶段的大学生来说，危害尤为严重。

（五）网络成瘾综合征

网络成瘾综合征是指在无成瘾物质的作用下的上网行为冲动失控，网络操作时间失控，个体沉溺于网络世界难以自拔而导致明显的社会、心理功能损害，医学上又称之为病态性使用网络。有调查显示，大学生是网络成瘾的高发人群，大学生中中度以上成瘾者将近10%。

现代医学证明，一个人如果不能控制对网络的依恋，很容易患上网络成瘾综合征。因为网络世界毕竟不同于现实生活，数字化的人际交往和群体关系拓展了大学生交往的手段和空间，大学生对网络的体验从根本上构成了虚拟世界的基本心理特征，而这些特征又是网络人际交往和网络文化所赖以形成的心理基础。网络上每天推送的巨量信息和新鲜事物，虚拟朋友的迅速增加，对充满好奇心的大学生具有强烈的吸引力。这种吸引力使部分大学生对网络过度迷恋而上瘾，网络成瘾给青年的身心健康造成严重危害。由于长时间、无节制地上网，容易使颈椎病、眼病的发病率明显增高，损害了身体健康，影响了生活质量，降低了学习和工作效率，也导致各种行为异常、心境障碍、人格障碍和神经系统功能紊乱等消极后果。“网瘾”就像一种毒品，正通过四通八达的网络毒害着网迷大学生。

美国心理学家汤格提出了诊断网瘾综合征的10条标准：从网络上下来之后仍然念念不忘“网事”；总觉得上网的时间太少而不满足；无法控制上网；一旦减少

上网时间就会焦躁不安;一上网所有的不愉快症状马上消失;网络重于一切;为上网可以失去人际交往、工作和事业;不惜支付巨额网费;对他人掩盖上网行为;下网后有严重的疏离感、失落感。上述症状一年内只要有 4 种出现,即可判断为网瘾综合征。

二、大学生网络心理障碍的形成原因

分析我国大学生在网络使用中所出现的问题,主要集中在不能正确地使用和利用网络,面对网络的巨大吸引力,面对年轻人的各种需求,失去了自我约束和管理的能力,导致部分大学生特别是具有某些心理特征的人出现了心理问题。

(一)网络使用不正确

当今社会,网络已成为人们不可或缺的学习和应用工具。通过网络,我们可以发送邮件,传输数据,进行视频通信,开展远程学习,下载软件,查询资料,做很多很多的事情。然而现实中,很多人上网并不仅仅是为了提高学习工作效率。据某媒体调查,在一个正常工作日的某一个时间点上,查到用 QQ 聊天的人数最高一次突破 600 万人,而玩联众游戏的人数最高一次达 61 万之多。另外,网络上公布的一项大学生网络成瘾的调查中表明:大一、大二、大三的 3 个年级的 1200 名大学生中,上网热衷聊天的达 75%,选择网络游戏的占 41%,曾光顾黄色网站的占 35%。在时间比例上,只有 19.2%的上网时间是为了下载软件、搜集资料、了解时事新闻。而且年级越低,用于学习的时间比例则越低,用于玩游戏、聊天的时间则越长。正因为大学生对网络的认识和使用上存在严重的误区,把网络当成了玩具,把上网当作了休闲消遣,而不是把网络作为学习知识的工具来使用,从而也使很多大学生因此而影响了自身的学习和他们参与社会活动的热情,引发网络心理障碍。

(二)网络自身的诱惑力

网络是现代科学技术进步的标志。它的高科技性、超时空性、自由性、开放性、仿真性与时尚性对大学生具有很强的吸引力。一是网络给大学生提供了一个超越时空与现实的广阔天地,拓宽了他们了解外界及与外界联系的渠道。人们可以在匿名状态下,自主选择交流对象,向对方尽情地倾诉自己的烦恼与困惑,以求得到别人的同情和关注,满足他们渴望被理解的愿望。二是网络游戏的互动性、挑战性与实时性对大学生具有很大的吸引力。大学生正处于精力旺盛、求知欲强烈的年龄阶段,内心时时渴望那种具有充满挑战和充满刺激的新鲜生活,网络游戏的上述特点,极大地刺激了他们的好奇心,激发了他们蠢蠢欲动的猎奇心理,促使他们迅速进入网络世界。同时,超越时空的游戏,使不同地域、年龄和身份的人,可以随时找到共同的爱好者,在游戏中可以交流、团结协作与竞争,让人感受到友好、轻松和快乐。另外,游戏过程中的那种置身其中的紧张、激动与惊险,攻克难关时的成就感,使他们获得了身临其境的逼真娱乐体验,得到精神上的满足和愉悦。正是网络游戏的这些特征让很多大学生玩得过瘾，欲罢而不能，最终成为大学生网络成瘾的重要原因。

（三）大学生自身的主观因素

除了上述的原因外，大学生自身的主观因素也是形成网络心理障碍的重要因素。

1. 人格特质

人格特质是网络成瘾形成的基础。越来越多的研究显示，具有一些特殊人格特点的人，如孤独、内向、敏感、认知能力较差、自我管理与约束能力差、纪律性不强以及渴望成功和自我实现等，可能更容易受到网络的吸引和影响。有学者指出："具有不同个人特质的网络使用者，会受到不同的网络功能特性的吸引，而产生不同的网络成瘾形态。"

2. 人际交往的需要

大学生正处在心理断乳期。在我国，大多数大学生成长在独生子女的特定环境中，很多人形成了自私、以我为核心、不关心他人等不良品质，导致他们在人际交往中出现很多问题。然而，网络却能弥补他们在人际交往当中的不足。网络丰富了他们人际交往的方式，拓展了交往的范围，使他们在人际交往方面更具有自主性。同时，网上交往不受年龄、地位、性别、职业等方面的限制，通过网络建立的"友谊"比现实生活中的人际交往要容易得多。另外，网络的隐匿性使他们可以自由发泄自己的情绪而不必考虑对方的感受。除此之外，有些大学生在生活中遇到了问题不愿意向他人透露，但可以借助网络向他人求助。所以说，网络满足了他们人际交往的需要。

3. 满足需求的需要

处在青春期的大学生对生活充满了希望，也有很多需求希望得到满足。如情感的需求、受尊重的需求、逃避的需求、对性知识了解的需求等等。但是对于那些比较内向、不善言辞、不善交往、学习成绩一般或较差的学生来说，很少能抓住机会在同学面前展示自己，也不能成为别人关注的对象，因而被尊重的需求就难以实现。然而，网络给他们提供了施展自己才华的舞台，网络的匿名性、隐匿性等特点弥补了他们语言、外貌、学习等的不足，他们可以在网络上滔滔不绝，也可以把自己描绘成帅气十足的帅哥或青春靓丽的美女，从而使自己得到别人的赞许以获得成功的喜悦和快感。一些沉溺于网络游戏的人，也可从网络游戏成绩不断提升中获得成就感。同时，处在青春期的大学生对"性"充满好奇和疑问，而这些好奇和疑问常常又很难从其他人那里得到答案，网络则很容易使他们的需求得到满足。另外，还有的大学生在生活中遭受挫折或面对压力时，往往不是采取积极的态度去应对，而是碰到问题绕道而行，回避现实。网络因其隐蔽性、匿名性等特点，自然也就成了他们回避挫折、排解心理压力的场所。

三、网络心理障碍的调适与治疗

大学生网络心理问题的治理是一个系统工程，既需要学生自身做出积极努力，也需要社会的大力支持，更需要家庭和学校一起配合，努力构建学生-社会-家庭-学校“四位一体”的心理干预模式，形成合力，共同推进大学生网络心理问题的解决。

(一)心理教育和辅导

心理教育和辅导可以为网络心理障碍者提供更多的思考和心理自助时间。尤其是在咨询的过程中，在共同商讨、达成共识的基础上，逐步认识滥用网络的危害性，引导他们科学用网。

1. 规范网络行为

规范网络行为应包括上网时间、频率、地点、内容和网络行为规范。制订上网时间计划应注意循序渐进，逐渐减少。地点应选择在有监管的家庭或学校机房上网，避免在网吧上网。上网前要明确安排好上网的目的、上网的内容，做到计划上网，一旦达到目的立即下网。同时，建议上网时使用真实身份或固定身份，自觉遵守网络道德。

2. 提高对网络心理障碍危害的认识

3. 学会管理自己的情绪

首先要学会识别负性情绪，学会自我观察自己情绪在上网前后的变化。其次要学会管理自己的情绪，包括倾诉、转移、发泄、升华等。

4. 正确应对和解决实际问题

要指导有网络心理问题的大学生学会如何正确应对生活中的压力、挫折和问题，根据实际情况采取不同的应对策略，避免使用攻击、逃避等消极方法处理心理矛盾，解决心理冲突。

5. 加强行为控制和时间管理

具体方法可以采用：

(1)打破习惯。了解网瘾者使用网络的具体习惯包括上网时间、地点、上网规律等，采用新的上网模式，使个体产生不适应感。

(2)外力阻止。采用一些必须要做的事情作为控制个体上网行为的干扰因素或者设置闹钟等进行阻止。

(3)制定目标。根据自身的情况制订上网时间计划，通过逐步减少上网时间和频率来控制上网行为。

(4)提醒卡。分别各写出几条网络成瘾的害处和戒断网瘾的好处，制成卡片放在口袋中随身携带，便于随时提醒自己。

(5)不让网瘾者使用使其上瘾的网络服务。

(6)个人清单。让网瘾者按重要性等级列出自己因为上网而失去或忽视的人生事件,增强他们对现实理想的追求。

(7)行动支持小组。邀请同学、朋友参与到对网瘾者的帮助之中,鼓励网瘾者积极参加社会实践和活动。

(8)家庭帮助。家庭成员要对网瘾者给予理解和信任,从精神上和情感上支持和帮助他们。

(二)认知和行为疗法

1.认知治疗

这种治疗方法的作用主要是改变网瘾者的认知过程。通过商讨、自我理解的方式来纠正其认知错误,代之以正确的思维方式。具体方法如下:第一,认知互建;第二,自我提醒;第三,自我辩论;第四,自我暗示。

2.行为治疗

常用的行为治疗方法有以下几种。

(1)行为强化法。操作性条件反射认为,一种行为发生后如果得到奖赏,那么这种行为就会正强化,出现的次数则会增加。

(2)行为消退法。通过削弱或减少某种不良行为的强化因素来减少该项不良行为的发生率。一般常用漠视、不理睬等方式,达到减少和消除不良行为的目的。

(3)厌恶刺激性。即将能引起个体痛苦的刺激(如电击、催吐等)与希望消退的不良行为结合起来,以达到消退行为的目的,但必须在征求本人同意的前提下进行。如请成瘾者谈成瘾后面临的痛苦和困难,当个体在上网再次出现快感时,引导个体想象成瘾可能导致的种种严重后果。

(4)放松疗法。包括肌肉放松法、想象放松法、深呼吸放松法等。网瘾者通过学习和反复练习放松的方法,建立条件反射性放松反应,调节自己的情绪。

(5)自我管理法。这是通过个体的自我管理来改变无节制上网的不良习惯。例如制订一周的学习计划,合理安排上网时间;用记日记的方法记录戒断网瘾过程中每一天的心得体会,增加自我效能,增加自我体验和自我调节的能力。

(6)行为契约法。这是强化和惩罚相结合的个体行为管理方法。首先要得到成瘾者家庭成员的理解和支持。其次与成瘾者家长共同商讨并建立行为契约,成瘾者自愿签署并承诺遵守契约。最后由家长负责监督和执行。

第四单元

生殖健康与保健

万物繁衍，生生不息，生殖是地球上物种延续的必要环节。人类世代繁衍依靠的复杂而又设计精巧的生殖系统，是人体的重要组成部分。认识生殖系统的基本结构和功能有利于大学生了解自己的身体，正确看待身体的变化；掌握常见的生殖系统保健方法，可帮助大家进行自我保健与检查；了解常见的生殖系统疾病，会使大家及时发现身体的异常信号，“早发现”“早治疗”；通过对两性关系和婚姻及爱情的讨论，相信各位大学生朋友会变得更加成熟和理智。

本单元分为3章，每章节开头都配有思考题，希望各位同学阅读文章前先对问题进行思考，帮助同学们获取有用的知识。部分内容可能稍显枯燥，但学问从来都不是唾手可得的事，希望可爱的朋友们能够耐心阅读，相信同学们会有满满的收获。

第十七章　生殖系统结构与功能

大学生刚步入成年期，身体各方面发育逐渐成熟，可能对性充满好奇，而学习并掌握一定的性生理与保健知识有助于树立正确的性态度，形成良好的性道德，减少危险行为的发生。生殖系统是人体的重要系统，其健康状况在很大程度上影响一个人的整体健康水平。本章节将从女性、男性生殖系统的结构、功能的角度，介绍如何对生殖系统进行保健。

第一节　女性生殖系统结构与功能

学前思考题

1.女性外生殖器官包括哪些部分？
2.女性内生殖器官包括哪些部分？哪些结构是成对存在的？
3.子宫分为哪几部分？
4.卵巢有哪些功能？卵巢、输卵管、子宫的位置关系是怎样的？

女性生殖系统包括外生殖器官、内生殖器官及相关组织。其中，外生殖器官就是生殖器官外露的部分，包括阴阜、大小阴唇、阴蒂、前庭大腺、尿道口及阴道口等，总称为外阴或阴户。内生殖器官指生殖器官藏于体内的部分，包括阴道、子宫、输卵管和卵巢，后两者常被称为子宫附件。

一、外生殖器官

女性外生殖器官统称为外阴，又称阴户。

1.阴阜

阴阜位于耻骨上方，是呈圆形的脂肪组织，青春期开始阴毛发育呈倒三角形分布。

2. 大阴唇

大阴唇为阴阜两侧向下延伸的丰满皮肤皱襞，下方在会阴体前相融合，称会阴后联合。大阴唇内含脂肪、结缔组织及静脉丛，创伤后易形成血肿。大阴唇的外侧面肤色较深，在青春期后长出阴毛，内面很平滑、无毛。

3. 小阴唇

小阴唇位于大阴唇内侧，是一对表面光滑、无毛的皮肤皱襞，皮脂腺较多，表面湿润。上方或前端各分为两叶，包绕阴蒂，在中线融合，上叶为阴蒂包皮，下叶为阴蒂系带；后端在阴道口下方相连。形成阴唇系带，与处女膜之间形成一深窝，称舟状窝，分娩后即消失。

4. 阴蒂

阴蒂是由两个海绵体组织组成的器官，为圆柱形勃起组织，位于两侧小阴唇顶端，分为头、体和脚 3 部，由海绵样组织和不随意肌组成，富含神经、血管，受伤后易出血。

5. 阴道前庭

阴道前庭为两小阴唇之间的菱形区，前方有尿道外口，后方有阴道口。阴道口有黏膜皱襞环绕一周，称处女膜。

6. 前庭大腺

前庭大腺又称巴多林氏腺，位于前庭下方阴道口的两侧，开口于小阴唇内侧中、下三分之一交界处，性冲动时分泌黏液润滑阴道，有炎症时管口发红，如腺管闭塞，可形成脓肿或囊肿。

7. 会阴

会阴为阴道口和肛门之间的一段软组织，由皮肤、肌肉及筋膜组成。由会阴浅横肌、会阴深横肌、球海绵体肌及肛门外括约肌等肌腱联合组成的中心腱，称会阴体，厚 3～4 cm，表层较宽厚，深部逐渐变窄呈楔形。会阴是骨盆底的一部分，起重要支持作用。

二、内生殖器官

1. 阴道

阴道是对外开口于阴道前庭、向内连接子宫的中空的肌性管道，为性交器官及月经血排出与胎儿娩出的通道，呈扁平管状，外窄内宽，顶端有子宫颈凸出。环绕子宫颈周围的部分，称阴道穹隆，分为前后左右 4 个部分，以后穹隆较深。阴道壁由黏膜、肌层和纤维组织构成，富于伸展性。

2. 子宫

子宫位于盆腔中央，前面是膀胱，后面是直肠，下面连着阴道，是呈梨形的中空器官，是产生月经和孕育胎儿的器官。子宫主要分为子宫底、子宫体、子宫颈。

子宫上部较宽的部分是子宫体，子宫体的顶端称为子宫底，子宫下部细窄的部分是子宫颈，子宫颈与阴道相连。子宫体壁内侧即为子宫内膜，子宫内膜除受精外会随月经周期的激素影响发生变化，先增厚再部分脱落，并随经血排出。受精后，受精卵即着床于子宫内膜。

3. 输卵管

输卵管位于子宫底的两侧，长 8～14 cm，内侧与子宫相连，外侧就是游离的输卵管伞。输卵管壶腹部的管腔较宽大，通常受精便发生在这一部位。输卵管内有纤毛细胞，这些纤毛细胞的摆动会帮助把未受精的卵细胞和受精卵运送到子宫内膜。

4. 卵巢

卵巢是一对呈扁椭圆形的性腺，分位于子宫两侧，为女性生殖腺，有产生卵子及女性性激素的功能。女性刚出生时，卵巢里大概有 100 万个原始卵泡，其中大部分在童年期退化。从青春期开始到绝经后，约有 400 个原始卵泡会发育成熟并释放，形成卵细胞。通常左右卵巢交替排卵，到了绝经期，停止排卵。卵巢在形态和功能上发生周期性变化，称为卵巢周期。一般情况下，成熟女性每月排 1 个卵细胞。

女性生殖系统的功能概述如表 17-1 所示。

表 17-1　　女性生殖系统各器官的主要功能

分类	器官	功能
外生殖器官	阴阜	可对性刺激产生较强的反应
	阴蒂	体验性愉悦
	大阴唇	保护其他外生殖器官
	小阴唇	形成阴蒂包皮；形成阴道前庭的边缘，保护尿道外口、阴道口等
	尿道外口	排出尿液
	阴道口	排出经血，娩出婴儿
	前庭大腺	分泌润滑液
内生殖器官	阴道	性交器官；接受精液；排出经血及胎儿娩出的通道
	子宫	怀孕时保护胚胎和胎儿发育、生长，并为其提供有利的环境；未怀孕时会有一些分泌物
	输卵管	受精的部位；将卵细胞和受精卵运送至子宫
	卵巢	产生卵细胞和激素

第二节　女性生殖系统卫生保健

学前思考题

1. 女性生殖系统自我防御机制分哪几类？

2. 自然防御机制中的化学屏障防御具体包括哪几点？

3. “白带是不好的东西”这一观点是否正确？

4. “清洗外阴时最好使用流动的清水”“使用肥皂、热水烫洗外阴更健康”，以上观点哪个正确？

5. “所有的痛经都是正常现象，不需要到医院检查治疗”这种说法是否正确？

6. 穿紧身胸衣塑造挺拔胸形，是否利于乳腺健康？

7. 乳腺自我检查分哪几步？

8. 发现乳腺异常，最常见的是良性还是恶性疾病？应该到医院哪个科室就诊？

一、自然防御机制

女性的外阴与阴道的解剖结构及生理特点形成了自然的防御机制。女性的自然防御机制分别有解剖屏障和化学屏障两类。

1. 解剖屏障

首先，两侧的大阴唇自然闭合，遮掩阴道口与尿道口，阻止了部分病原体进入阴道，起到一定的保护作用。其次，阴道的前后壁相互紧贴使阴道口闭合，子宫颈内口平时的紧闭状态，也防止了外界病原体的入侵。尽管如此，由于外阴经常受到阴道分泌物、尿液、粪便（阴道口距肛门很近）、经血的刺激，若不注意外阴皮肤的清洁则容易引起外阴的炎症。因此，平时应及时清洗外阴（清洗的方法后面将提及）。

2. 化学屏障

正常阴道内有多种病原体寄居，形成阴道正常微生物群。但由于阴道与这些菌群之间保持生态平衡，所以，这些病原体并不致病。生理情况下，卵巢分泌的雌激素能使阴道在正常情况下维持酸性环境（pH 值 4.5），抑制了其他病原体生长。在阴道正常菌群中，乳酸杆菌除维持正常的酸性环境外，还可抑制或杀灭其他细菌。如果阴道生态平衡被打破，就可能发生炎症。在婴幼儿期和老年期，由于雌激素分泌减少，乳酸的转化也减少，化学屏障的作用减弱，婴幼儿期和老年期因此易发生阴道感染，更应注意日常的清洁。平时使用清水清洗外阴即可，不要频繁使用肥皂、护理液等清洗。此外，阴道冲洗、长期使用抗生素等也都会抑制乳酸杆菌的生长，引起炎症。

二、阴道分泌物

阴道分泌物又称为白带。白带是由阴道黏膜渗出物、宫颈管及子宫内膜腺体分泌液等混合而成，其形成与雌激素作用有关。白带内有阴道上皮脱落细胞、白细胞、乳酸杆菌等。

正常的生理性白带量少，外观呈白色稀糊状，一般无气味，对女性健康没有不利的影响。通常在接近排卵期时，白带量会增多，质地变清澈，像蛋清一样。排卵2～3天后，白带量减少，质地变黏稠。在性交前后、月经期前后、妊娠时，由于雌性激素水平升高，盆腔充血，子宫颈内膜分泌旺盛，白带量也会增多。这些都属于正常生理现象，但要注意清洗外阴，保持外阴清洁、干爽。

三、保持外阴的卫生

前面已提及，女性外阴皱褶较多，容易积聚污垢，阴道口又靠近肛门，也易被污染。如果不经常清洗，则容易滋生病原体，引起外阴的炎症等。保持外阴的清洁，最主要的方法就是清洗外阴和勤换内裤。平时应每天清洗外阴一次，月经期最好早晚各清洗一次。清洗时，要使用干净的盆和干净的毛巾，用温水擦洗，或者用流动的温水冲洗。注意不要盆浴，不要让外阴浸泡在水里，以防止污水进入阴道内。洗具一定要单独使用，并要与洗脸、洗脚用具分开。清洗外阴前，要先用肥皂清洗双手。清洗外阴时，先清洗大阴唇内侧，接着是小阴唇、阴蒂及阴道前庭。尿道旁腺是细菌容易潜伏的场所，所以，尿道口、阴道口也要仔细清洗。然后再清洗大阴唇外侧、阴阜和大腿根部内侧，最后清洗肛门。一般用清水清洗即可，不要频繁使用肥皂或者含药物的清洗剂等，以免打破阴道正常的酸性环境，破坏化学屏障。

除清洗外阴，内裤也应该每日换洗。另外，化纤材质的内裤不透气，容易引起异味或炎症。因此内裤以穿着舒适、易透气为宜。内裤也不易过紧，以免压迫阴蒂引起盆腔充血。清洗内裤的用具也应该是专人专用，内裤不要和其他衣物混洗，用肥皂清洗即可。清洗后的内裤最好放到阳光下晾晒。

四、月经期卫生及保健

大部分女性在月经期使用卫生巾吸收经血，也有部分女性选择内置卫生棉条等。卫生巾是体外使用，内置卫生棉条放置于阴道内使用。

1. 月经期卫生用品

(1)卫生巾：卫生巾的使用方法很简便，使用时贴在内裤里面，当吸收一定的经血后，要立即更换。卫生巾是目前较为普遍的经期卫生用品，在选择和使用时应注意，谨慎选择带有香味的卫生巾，因香味成分多为化学成分，要避免发生过敏造成阴道瘙痒等。另外，某些药物会打破阴道正常的化学屏障，引发感染等。所以，健康女性不必选用含药物的卫生巾。使用前清洁双手，及时更换，都是卫生巾的正确使用方法。

(2)内置卫生棉条：内置卫生棉条使用时需要放置阴道内，其吸收力较强，体积较小，不会限制身体行动，因此，一些女性在经期进行某些运动(如游泳)时会使用。但需要注意的是，由于内置卫生棉条阻塞阴道形成密闭空间，若不及时更换，容易造成葡萄球菌的过量滋生，从而引发中毒性休克综合征，严重时还会危及生命。所以，内置卫生棉条可以在经血量少时使用，使用时一定要遵照说明书仔细置入阴道，并且要及时更换，非经期不要使用。

使用卫生巾或是内置卫生棉条，都是个人的选择。但无论选择哪种，都要注意及时更换。另外，也要用正确的方法及时清洗外阴上的经血。使用专用的干净的毛巾和盆，从前到后，温水擦洗。

2.月经期保健

女性对待月经的看法是不同的，有些人认为这是个麻烦，有些人则认为月经只是生活的一部分。对绝大多数女性来说，月经会引起生理、心理上的变化，对生活、工作会有一定的影响，最为常见的是痛经、经前综合征和闭经。

(1)痛经：痛经就是在月经期前或月经期出现下腹部疼痛、坠胀，伴有腰酸或其他身体不适，并严重影响生活质量的现象。痛经的强度依靠自身的感觉，暂时没有客观方法来测量。痛经分为原发性和继发性。原发性痛经多指功能性的，即生殖器官没有器质性的病变，这类痛经占绝大多数。继发性痛经是指生殖器官出现器质性病变而引起的痛经。

原发性痛经主要与月经时子宫内膜前列腺素含量增高有关。前列腺素可使子宫肌肉收缩，引起疼痛。原发性痛经多见于青春期，一般在经期第1日最剧烈，持续2～3日后可缓解。疼痛通常位于下腹部，可放射至腰骶部及大腿内侧。原发性痛经还常伴有虚弱、手足冰冷、乏力、恶心、腹泻等症状，严重时还会面色苍白、出冷汗，但妇科检查不会有异常的发现。原发性痛经发生时，应注意消除紧张和压力，对缓解疼痛有一定的效果。此外，食用温热的食物和饮料，将温热的物品放置腹部，轻抚腹部，散步等都能起到减轻疼痛的作用。若疼痛不能忍受时，应该及时去正规医疗机构就医。

继发性痛经可能是继发于盆腔炎、子宫内膜异位症、宫颈狭窄或其他疾病，这种情况最好的解决办法是就医诊治，不要自行单纯止痛。

(2)经前期综合征：经前期综合征是指月经来潮前的7～14天出现周期性的以生理、心理上的各种症状为特征的综合征。一旦月经来潮后，症状就会自然消失。目前，经前期综合征的形成原因还尚无定论，但可能与卵巢激素水平变化、心理因素有关。

经前期综合征主要表现为生理上、心理上的症状。生理上的症状包括头痛、乳房胀痛、背痛、胀气、便秘、体重增加、食欲增加等。心理上的症状包括易怒、焦虑、疲劳、情绪不稳定、性欲改变等。许多女性在不同的月份里，这些症状的严重程度会有不同。

对于经前期综合征，尽管目前还没有特效办法防止其发生，但健康的生活方式有助于缓解部分症状，包括合理的饮食及营养，适当的身体锻炼，提高糖类的摄入，避免烟酒，限制茶、可乐、咖啡、盐的摄入等。也有一些药物，比如抗前列腺素药物、抗黄体酮药物等可以缓解一些症状，需要在医生的指导下使用。

(3)闭经：闭经就是没有月经。女性在青春期前、怀孕期、哺乳期、绝经后，没有月经是正常的生理现象。闭经一般分原发性闭经和继发性闭经两类。①原发性闭经：年龄超过 16 岁，第二性征已发育，还无月经来潮，或者年龄超过 14 岁，但第二性征未发育，无月经来潮的情况属于原发性闭经。原发性闭经较为少见，往往与遗传因素或先天发育缺陷有关，大部分原发性闭经可经激素来治疗。②继发性闭经：是指原本已经建立起了正常的月经周期，但此后因某种病理性原因一连几个月都不来月经的情况。继发性闭经发生率高于原发性闭经，其病因也很复杂。常见的是由各种原因导致机体处于紧张的应激状态，如从事紧张工作的脑力劳动者，畏惧妊娠或盼子心切等强烈的精神压力等。身体脂肪率过低、营养缺乏、过度剧烈运动、某些药物以及厌食症也可能导致继发性闭经。当一名女性在没有怀孕、哺乳或激素水平失调的情况下出现继发性闭经，就应该就医。

大多数女性在月经期可以照常生活、学习和工作，但也要避免重体力劳动和剧烈的运动。有些人认为，在月经期不宜用冷水洗脚、食用冰冻的食物和饮料，但因人而异，接触了冷水或冰冻食物等也无须担心会留下什么后患。总之，以自我感觉舒服为准。

五、常见妇科疾病及卫生保健

1. 异常白带

生理性白带是白色稀糊状或蛋清样，无臭味，高度黏稠的液体，量少。当生殖道有炎症或发生癌变时，白带在数量、颜色、质地上都会发生一些病理性的改变。如果发现白带异常，需要及时就医。

拓展阅读

常见的几种异常白带

●透明黏性白带：这种白带在外观上与生理性白带一致，但量明显增加，可能是由于卵巢功能失调、阴道腺病或在使用雌激素类药物及阴道避孕药之后。

●灰黄色或黄白色泡沫状白带：当白带为灰黄色或黄白色，成泡沫状，且有臭味时，大多为滴虫阴道炎，这种情况还可伴有外阴瘙痒。

●豆腐渣样白带：白带若呈凝乳块状，像豆腐渣样，为真菌性阴道炎的特征，常伴有严重的外阴瘙痒或灼痛的症状。

●灰白色白带：白带颜色成灰白色，并有鱼腥臭味，多见于细菌性阴道病，也多伴轻度的外阴瘙痒症状。

●脓性白带：细菌感染所致的阴道炎、急性宫颈炎及宫颈管炎的白带成黄色或黄绿色，黏稠，多有臭味。脓性白带还见于阴道癌或宫颈癌并发感染等疾病。

●血性白带：若白带中混有血液，血量多少不定，这种白带应警惕生殖器官癌变的可能。如宫颈癌、子宫内膜癌、宫颈息肉或子宫黏膜下肌瘤等。放置宫内节育器也可能出现血性白带。

●水样白带：白带呈淘米水样，且恶臭，一般见于晚期宫颈癌、阴道癌等。若是间歇性出现清澈的、黄红色或红色的水样白带，有可能是输卵管癌。

2.外阴瘙痒

外阴瘙痒是较为常见的妇科症状。外阴瘙痒多由各种病变引起，外阴正常者也有可能发生。外阴瘙痒如果得不到适当的治疗，可以反复发作，延长病程。当瘙痒严重时，甚至会影响患者的生活。

引起外阴瘙痒的原因很多，有局部原因也有全身原因。真菌性阴道炎、滴虫性阴道炎、阴虱、疱疹、湿疹等疾病都会引起外阴瘙痒。另外，不良的卫生习惯、化妆品刺激或某些药物过敏等也是引发外阴瘙痒的原因。外阴瘙痒的全身原因见于糖尿病、黄疸、重度贫血、白血病、A族或B族维生素缺乏等疾病。还有一些属于不明原因的外阴瘙痒。

外阴瘙痒多位于阴蒂、小阴唇附近，也可发生在大阴唇、会阴甚至肛门周围。如果得不到及时治愈，长期搔抓瘙痒部位，会出现抓痕、血痂或继发毛囊炎。外阴瘙痒通常在夜间加重，常为阵发性，也可为持续性发作。症状严重时，奇痒难忍，坐卧不安，甚至会影响正常的生活、学习和工作。

若患有外阴瘙痒，严禁搔抓病发部位，应及时就医。另外，要加强个人卫生，保持外阴的清洁、干燥，消除病因。

3.外阴炎

外阴炎是由于病原体侵犯或受到各种不良刺激引起的外阴发炎，可独立存在，更多时与阴道炎、泌尿系疾病、肛门直肠疾病或全身性疾病并发，或为某些外阴疾病病变过程中的表现之一。临床表现为外阴皮肤瘙痒、疼痛、烧灼感甚至肿胀、红疹、糜烂、溃疡，病久皮肤可增厚、粗糙、皲裂甚至苔藓样变。

引起外阴炎的原因有很多，主要有：①外源性感染，病原体可为大肠杆菌、滴虫、真菌、病毒等；②异物刺激，如尿液、粪便、异常的阴道分泌物等；③全身性疾病的局部症状，如糖尿病等。

成人常见的外阴炎有以下几种：①非特异性外阴炎，多为葡萄球菌、链球菌、大肠杆菌混合感染。②真菌性外阴炎，常与真菌性阴道炎同时存在，可见到豆渣样分泌物，病损表面有时有白色苔状物覆盖。③前庭大腺炎，一侧大阴唇部位红、肿、热、痛，于大阴唇下 1/3 处形成硬结，有波动感及压痛，即形成前庭大腺脓肿。脓肿有时可自行破溃。④性病，外阴尖锐湿疣、软下疳、生殖器疱疹、淋病等。

若确诊为外阴炎，应积极就医治疗。应有效地治疗原发病，并保持外阴清洁、干燥，避免不良刺激。选用不同的液体药剂坐浴，外阴涂用抗生素软膏、抗真菌制剂等，若伴有发热及白细胞计数增加者可适当使用抗生素。

4.滴虫性阴道炎

滴虫性阴道炎由毛滴虫引起。寄生人体的毛滴虫有阴道毛滴虫、人毛滴虫和口腔毛滴虫，分别寄生于泌尿生殖系统、肠道和口腔，与皮肤病有关的是阴道毛滴虫，引起滴虫性阴道炎。滴虫性阴道炎是一种主要通过性交传播的寄生虫疾病，具有传染性。

滴虫性阴道炎是因为有鞭毛的梨状原虫-阴道滴虫侵入阴道而发病。多数病例无症状，患者有不适的感觉可能持续 1 周或几个月，然后会因月经或怀孕而明显好转。临床表现为阴道黏膜发炎，呈鲜红色，上覆斑片状假膜，常伴泡沫样分泌物，自觉不同程度瘙痒，少数有灼热感。白带增多变黄绿色。偶可发生尿频、尿急、尿痛、血尿，或腹痛、腹泻、黏液便。常引起尿道炎，可致膀胱炎、前庭大腺炎。

若确诊为滴虫性阴道炎，应积极就医治疗。使用甲硝唑（灭滴灵）、替硝唑等进行全身治疗；使用乙酰胂胺、卡巴胂或甲硝唑等进行局部治疗，并保持口腔卫生。

5.念珠菌性阴道炎

念珠菌性阴道炎即外阴阴道假丝念珠菌病，是由念珠菌引起的一种常见多发的外阴阴道炎症性疾病。白色念珠菌为条件致病菌，10%～20%的非孕妇女及30%的孕妇阴道中有此菌寄生，但菌量少，不引起症状。只有当全身及阴道局部免疫能力下降，尤其是局部细胞免疫力下降，白色念珠菌大量繁殖时，才会引发阴道炎症状。

念珠菌是一种真菌，通常引起阴道炎的是念珠菌中的白色念珠菌。念珠菌对热的抵抗力不强，加热至60 ℃1小时后即可死亡，但对干燥、日光、紫外线及化学制剂等抵抗力较强。

念珠菌性阴道炎的典型症状是外阴瘙痒，且瘙痒症状时轻时重，时发时止，瘙痒严重时坐卧不宁，寝食难安，炎症较重时还可能出现排尿痛、性交痛等。白带增多是本病的另一主要症状，白带一般很稠，呈豆渣样或乳凝块状。

若确诊为念珠菌性阴道炎，应积极就医治疗。对单纯性念珠菌性阴道炎选择局部用药为主，一般用药后2～3日症状减轻或消失。复杂性念珠菌性阴道炎的治疗，选择的药物基本同单纯性念珠菌性阴道炎，无论局部用药或全身用药，均应适当延长治疗时间，加强药量，治疗期间定期随诊很重要。妊娠期念珠菌性阴道炎的治疗原则为：治疗时必须考虑的首要问题是药物对胎儿有无损害；治疗以局部用药为主，不予全身用药。

6.细菌性阴道炎

细菌性阴道炎是一种由阴道加特纳菌和一些厌氧菌的混合感染，导致阴道内微生态平衡失调，引起的阴道分泌物增多，白带有鱼腥臭味及外阴瘙痒灼热的综合征。细菌性阴道炎可分为嗜血杆菌性阴道炎、棒状杆菌阴道炎、厌氧菌性阴道炎、加特纳菌性阴道炎等。本病也可通过性接触传染，在性关系混乱的人群中发病率较高。分泌物涂片检查可发现大量脓球，找到致病菌。

引起细菌性阴道炎的原因有很多，主要有间接接触感染，如接触被细菌污染的公共厕所的坐便器、浴盆、浴池坐椅、毛巾，使用不洁卫生纸等；性传递，这是导致发病的原因之一，女方有症状者至少有10%的男方有细菌性尿道炎；大量服用抗生素，主要是因为抗生素改变了阴道的微环境，致病的细菌病原体大量繁殖，导致局部的细菌性阴道炎发作；过度讲究卫生，有些女性为了保持卫生，经常采用药用洗液来灌洗阴道，很容易破坏阴道的酸碱环境，容易感染上细菌性阴道炎。

10%～50%的患者无症状，有症状者自诉有鱼腥臭味的灰白色的白带，阴道灼热感、瘙痒。白带增多并不是本病的特有症状，如淋病、真菌性阴道炎、滴虫性阴道炎都可以出现白带增多的临床症状。本病患者多为育龄妇女，起病缓慢，自觉症状不明显，主要表现为白带增多。本病常可合并其他阴道性传播疾病，其临床表现可受到合并症的影响而有所不同。当合并淋球菌感染时，阴道分泌物表现为明显脓性并可出现尿痛、排尿困难等尿路刺激症状；合并滴虫感染时，可出现泡沫状阴道分泌物，瘙痒加剧，呈奇痒；合并念珠菌感染时，阴道分泌物可呈现为凝乳状或豆腐渣样。

若确诊为细菌性阴道炎，应积极就医治疗。日常生活中，应保持外阴清洁、干燥，避免搔抓。不食用辛辣刺激性食品。勤换内裤，用温水洗涤，不可与其他衣物混合洗，避免交叉感染。使用甲硝唑、美帕曲星（克霉灵）、甲砜霉素（喜霉素）、林可霉素及氨苄西林等进行药物治疗；使用甲硝唑栓等进行局部治疗。如有其他合并症，应避免滥用抗生素。如有男性性伴侣，应同时予以治疗。

7. 前庭大腺囊肿

前庭大腺囊肿系由于前庭大腺管开口部阻塞，分泌物积聚下腺腔而形成。阻塞的原因有：①感染：前庭大腺脓肿消退后，脓液吸收，腺腔内黏液浓稠而阻塞腺管。②管腔狭窄或闭锁：先天性腺管狭窄或闭锁，致使腺腔内液体排出不畅或不能排出，导致囊肿形成。③前庭大腺管损伤：个别病例可能由于分娩时，阴道、会阴外侧部裂伤和会阴侧切时损伤腺管或会阴侧切口愈合后发生较严重的瘢痕组织收缩导致前庭大腺管口阻塞形成囊肿。

前庭大腺囊肿大小不一，多由小逐渐增大，有些可持续数年不变。若囊肿小且无感染，患者可无自觉症状；若囊肿大，患者可感到外阴有坠胀感或有性交不适。检查见囊肿多为单侧，也可为双侧，多呈椭圆形。

若确诊前庭大腺囊肿，应积极就医治疗。由于该囊肿可以长期存在，若多年不变，则定期观察，无须治疗。如果囊肿逐渐长大，影响生活，或反复感染，经常形成脓肿，可行巴氏腺囊肿造口术。

8. 前庭大腺脓肿

前庭大腺导管由于慢性炎症刺激而阻塞后可引起腺体囊性扩张。在急性炎症感染时脓液被吸收后也可形成囊肿。分娩时阴道及会阴外侧部裂伤产生较重的疤痕组织，及会阴侧切损伤前庭大腺导管，使前庭大腺分泌引流受阻，导致囊肿形成，当囊肿被感染后则形成脓肿。

前庭大腺脓肿的病原体大多数为阴道内的厌氧和需氧菌。感染常为多种病原体合并感染，包括变形杆菌、消化链球菌、大肠杆菌和其他革兰阳性菌，少数为淋球菌和沙眼衣原体。前庭大腺位于双侧阴道口下部，腺管开口于前庭边缘，当腺管堵塞，腺体形成单纯性囊肿，这时由于腺体分泌受阻并无症状，但当囊肿被感染后则形成脓肿，常见于20～40岁女性。

前庭大腺脓肿症状表现为阴唇肿胀疼痛；阴道前庭下外侧出现疼痛，触及波动感肿块；局部发热，红斑。囊性包块位于大阴唇后部下方，向大阴唇外侧方向突出。发病多为单侧，也可双侧。在较长时间内可不出现任何症状，囊肿生长较缓慢，一般不超过鸡蛋大小。小的囊肿呈椭圆形或梭形，较大的囊肿可引起外阴坠胀及性交不适等。

若确诊为前庭大腺脓肿，应积极就医治疗。通常采用穿刺引流、造口术及使用抗生素和口服中药进行治疗。

六、乳房卫生保健

乳房是男性、女性都具有的暴露于体表外的器官，属于人体第二性征器官。尽管乳房在医学划分上不属于生殖系统，但乳房是哺育后代的重要器官。男性和女性的乳房在结构上一致，都由乳头、乳晕、脂肪及腺体组织构成，只不过男性乳房的脂肪和腺体组织在数量上大大少于女性。乳房对于女性来说更为重要，不仅是因为哺育后代，而且它也是体现女性特征的器官。乳房的大小并不会影响其泌乳功能，但通常情况下，健美的乳房可以给女性带来更完美的外形。对不处于泌乳期的女性来说，乳房的大小与脂肪含量的多少有关，这是由遗传因素决定的。

要注意平时对乳房的保健。不要忽视乳房的日常清洁卫生，可用柔软的毛巾轻轻擦洗乳房。女性乳房发育后，应及时选择合适的胸罩。注意乳房的保健，不仅有助于维护女性的健康和体形美，也有利于未来子女的养育。

七、乳房常见疾病及卫生保健

1. 乳腺疾病

乳腺疾病的病理为乳管和腺泡呈良性增生状态，表现为乳房内出现肿块，并伴有乳房胀痛，多在月经期前疼痛加重。乳房肿块可单侧发生，也可双侧都有，肿块的大小不定，质地软，可在皮下移动。若出现乳房胀痛，触摸到乳房肿块，应及时就医诊治。

2. 乳腺癌

乳腺癌是女性最为常见的恶性肿瘤，其病因较为复杂，可能是病毒、遗传、内分泌、膳食等引起，也可能是多种因素综合作用的结果。每年 10 月，世界各国都会举行预防乳腺癌的宣传活动，“粉红丝带”已成为全球乳腺癌防治的公认标志，宣传的口号是“及早预防，及早发现，及早治疗”。男性也会有乳腺癌，尽管并不常见。

养成良好的健康生活、饮食习惯，控制酒精摄入量，避免体重过重等对预防乳腺癌有一定的作用。尽管如此，早期发现以改善乳腺癌结果和存活率仍然是控制乳腺癌的基石。目前，早期诊断和筛查是及早发现乳腺癌的有效方法。早期诊断可促进诊断和早期治疗，乳房造影筛查是在无症状的人群中系统地检测，可以尽早识别出暗示有癌症的异常情况者。建议 20 岁以上的女性定期请专科医生做临床乳房检查。

除去医院做检查外，还可以做乳房自检。较为简单的自查方法是乳房自检七部曲，如图 17-1、图 17-2 所示。

步骤一：面对镜子，脱去上衣，手下垂。

步骤二：查看乳房皮肤有没有变化。正常乳房皮肤的颜色应该与胸部其他部位皮肤颜色相似，而且没有损害。异常：乳房皮肤红肿发炎有红斑，部分乳房皮肤像橘子皮。

步骤三：观察两侧乳房是否对称，您可以采取图 17-1 中的 3 种姿势观察。正常：乳房和乳晕的大小因人而异，但是比例要合适，这种情况不包括正在怀孕的女性，因为怀孕会使乳晕增大。异常：两个乳房的大小、形状不一，乳房变平并且伴有萎缩症状，包括凹陷、轮廓改变及乳头内缩和偏移。

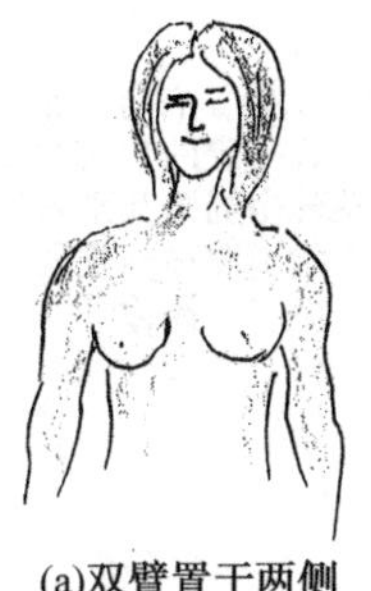

(a)双臂置于两侧

(b)两手抬高在脑后交叉

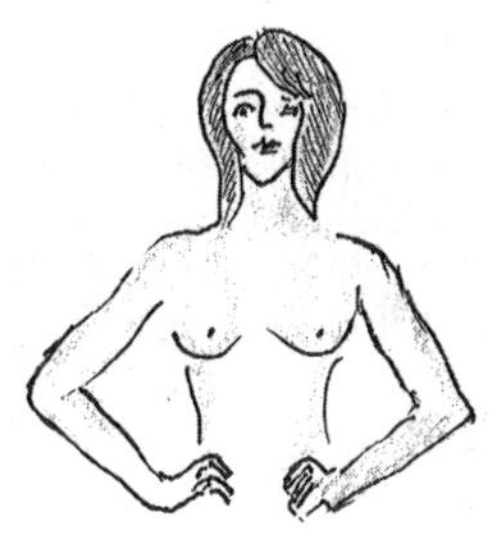

(c)双手叉腰

图 17-1　乳房观察的 3 种姿势

步骤四：查看乳头有没有变化。正常：乳晕和乳头的圆形对称，颜色一致，或者乳头颜色比乳晕深一点，乳头向外，常常也会向下。异常：如果近来乳头逐渐变平，说明乳头有萎缩的迹象；如果萎缩的乳头变粗、增厚，两个乳头的方向不对称，提示可能有癌症。

步骤五：分泌物。轻柔地揉捏乳头，观察是否有血性分泌物。如果有，建议去看医生。

步骤六：查看右侧乳房是否有硬块以及触痛，可以采用图 17-2 所示的 2 个姿势。

步骤七：重复步骤六，检查左侧乳房。

要注意的是，在检查的过程中会感觉到乳房有许多小包块组织，这是正常的乳房结构。关键是要熟悉这些乳房结构，当乳房出现变化时，比如变硬、变厚，你就能够马上发现。如果发现了异常包块，也不必过于恐慌，这并不意味着一定是乳癌。研究发现，百分之八九十的乳房包块是良性的。正确的做法是到正规医院乳腺外科就诊，咨询医生，医生会根据情况确定是否做进一步的乳房 B 超检查或者钼靶摄影检查以确认病情。检查的最佳时机及重点检查部位：月经后一周，乳房组织松软，是乳房自检的最佳时机；乳房外上象限组织最丰富，为重点检查部位。

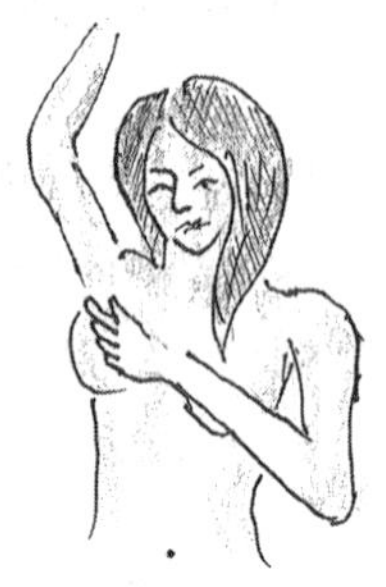

(a)右臂上抬超过头部，左手手指沿着一定的方向触压右侧乳房及周边。范围包括乳房、腋窝。也可以在淋浴时采用这个姿势进行检查

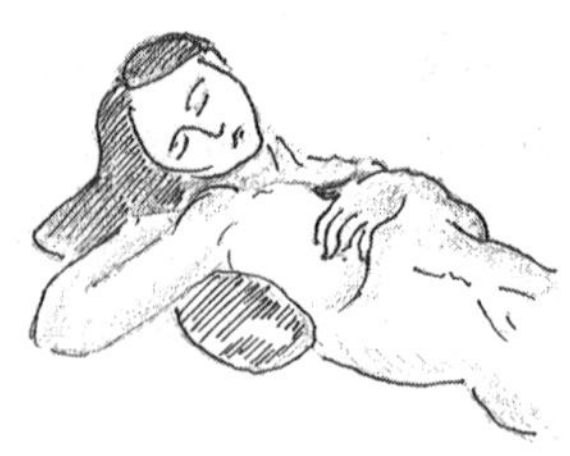

(b)平卧，右肩下放一枕头，右臂上举放在头下，左手手指沿着一定的方向触压右侧乳房及周边。从乳房周边开始向乳头方向旋转推进，手指不要离开皮肤，直到触摸检查完整个乳房及周边

图 17-2　乳房自我触摸检查姿势

第三节　男性生殖系统结构与功能

学前思考题

1. 男性外生殖器有哪些部分？
2. 男性内生殖器由哪几部分组成？产生精子的是哪个器官？
3. 睾丸的功能有哪些？附睾的功能有哪些？
4. “阴茎越大越容易使性伴侣满足”这种观点正确吗？

男性生殖系统分为外生殖器官和内生殖器官两部分。男性外生殖器官包括阴茎和阴囊；男性内生殖器官包括阴囊内和盆腔内的许多器官：睾丸，贮存、运送精子的管道系统（附睾、输精管、射精管）和附属腺（前列腺、精囊、尿道球腺）。

一、外生殖器官

1. 阴茎

阴茎可分为头、体和根 3 部分。阴茎根为阴茎后端的固定部，位于尿生殖区，固定在尿生殖三角浅袋内，表面覆盖着会阴的皮肤和阴囊的皮肤；中部为阴茎体，呈圆柱形，悬于耻骨联合前下方，为可动部；前端膨大为阴茎头，或称为龟头。头的尖端处有矢状位的尿道外口。阴茎头底部的游离缘凸隆，称为阴茎头冠。阴茎头和阴茎体的移行处较细，称为阴茎颈。在性唤起过程中，血管扩张，血流量明显

增加，致使阴茎勃起。阴茎皮肤在阴茎颈的前方呈双层游离皱襞，包绕阴茎头，称为阴茎包皮。阴茎头冠和颈部的小腺体可产生一些松软的豆腐渣样的物质，称包皮垢。包皮垢有特殊的气味，但无生理作用。

阴茎是男性的性交器官。一直以来，对阴茎的长短和粗细都有某些谬误存在，如"阴茎越大或者越长，更容易让性伴侣得到满足""男性的手掌、手指、身高、体型或其他等因素与阴茎的尺寸有关""阴茎尺寸与性能力有直接关系"等。事实上，阴茎的尺寸是遗传基因决定的，与男性的体型、身高、种族、性倾向等没有特定的关系。而阴道本身可以根据阴茎的尺寸进行自我调节，也就是说，不管阴茎是大是小，阴道都可以紧紧地收缩适应。所以，阴茎尺寸与男性性能力和使性伴侣得到性满足的程度无关。

2. 阴囊

阴囊为位于阴茎后下方的囊袋，由皮肤和肉膜构成。阴囊的皮肤薄而柔软，色素沉着明显，有少量阴毛。皮肤内有皮脂腺、汗腺及大量弹性纤维，富有伸展性。在皮肤的中线上，有一条纵行的阴囊缝。皮肤深面的浅筋膜叫肉膜，主要由致密结缔组织、弹力纤维和散在平滑肌束组成，缺乏脂肪组织，与皮肤紧密愈着。其中的平滑肌能随温度变化而反射性地舒缩，以调节阴囊内的温度，使之适合精子的生长发育。肉膜在相当于阴囊缝处向深部发出阴囊隔，将阴囊内腔分为左、右两部，容纳睾丸、附睾及精索下段。

二、内生殖器官

1. 睾丸

睾丸位于阴囊内，左右各一，为男性生殖腺，能产生精子及分泌男性激素。两边的睾丸通常是不对称的，一般左侧略低于右侧。每个睾丸的上端被精索悬挂在阴囊内，精索内主要有输精管、血管、淋巴管、神经和肌纤维等。睾丸内上千条的生精小管（又称静曲小管）产生精子，生精小管之间的间质细胞能够分泌睾酮。青春期睾丸随着性成熟生长，老年人的睾丸则随性机能的衰退而萎缩变小。

2. 附睾

附睾紧贴在睾丸的后外方，为呈新月形弯曲的扁长形器官，可分为头、体、尾3部。其功能为贮存和输送精子。其分泌的液体除对精子供给营养外，还具有促进精子成熟的作用。

3. 输精管

输精管是附睾管的直接延续，附睾管的末端向上弯曲直接延续成为输精管，左右各一，其作用主要是输送精子。

4. 射精管

射精管是精囊的排泄管与输精管汇合而成的肌性管道，左右各一，开口于尿道前列腺部。

5. 附属腺

男性内生殖器官有 3 种附属腺，分别是前列腺、精囊和尿道球腺。

前列腺是不成对的生殖器官，位于膀胱正下方，前面贴耻骨联合，背面与直肠仅有一层筋膜相隔，所以临床做直肠指诊时可触及前列腺的背面。前列腺分泌的乳白色的前列腺液是精液的成分之一，含有多种成分，其中有纤维蛋白溶酶、锌离子和柠檬酸等物质。

前列腺的后上方，也就是膀胱的后面，有两个成对的精囊。它们在激素的刺激下，会分泌淡黄色的液体，也是精液的组成成分。

在前列腺的下面，有一对豌豆状的圆形腺体，与尿道相连，这就是尿道球腺。尿道球腺会在射精前分泌一种清凉、黏稠的液体，里面可能含有上次射精后留存在尿道内的，或者从壶腹渗透出的少量的精子。精液由精子、前列腺液和精囊分泌物混合组成。

男性生殖系统的功能概述如表 17-2 所示。

表 17-2　　男性生殖系统各器官的主要功能

分类	器官	功能
外生殖器官	阴茎	把尿液和精液排出体外；性交器官
	阴囊	保护睾丸
内生殖器官	睾丸	产生精子；分泌男性激素
	附睾	储存精子，促进精子获得运动能力，达到功能上的成熟
	输精管	运送精子到射精管
	射精管	运送精子到尿道
	前列腺	分泌前列腺液
	精囊	分泌弱碱性的液体，内含果酸、前列腺素等成分
	尿道球腺	分泌的液体有利于精子的活动

第四节　男性生殖系统卫生保健

学前思考题

1. 包皮垢可能导致阴茎癌及性伴侣罹患宫颈癌，那么应该怎样清洗包皮垢？

2. 包皮环切手术务必到正规医院进行，何种情况下需要及时到泌尿外科就诊？
3. 睾丸自我检查时发现哪些征象需要及时到医院就诊？
4. "蛋疼"到底是不是病？

男性生殖系统卫生保健是针对生殖器官进行保健，这里包括阴茎的卫生保健、阴囊与睾丸的卫生保健以及前列腺的保健。

一、阴茎卫生保健

前面提到，阴茎是由阴茎根、阴茎体和阴茎头(即龟头)3个部分组成的。阴茎体的表面由一层松弛柔软的皮肤覆盖，皮下没有脂肪。这层皮肤一直延伸到龟头，并重叠包裹住龟头的上半部，这层覆盖物称为包皮。包皮有内、外两层皮肤，包皮内层与阴茎头紧贴。虽然包皮内层皮肤没有毛和汗腺，但有皮脂腺(即包皮腺)，包皮腺的分泌物和脱落的上皮形成一些松软的、豆腐渣样的物质，这就是包皮垢。由于包皮垢是在包皮下聚集形成的，所以有特殊的气味，聚少成多就会发臭，还容易滋生细菌，导致炎症和其他疾病。因此，为避免感染，男性应该每天清洗阴茎和包皮。清洗时，要注意把包皮翻上去，彻底清洗龟头和包皮内侧，把包皮垢清洗掉，以保持阴茎的卫生。

幼儿时期的包皮较长，包裹整个阴茎头，这属于"生理性包茎"。一般到3岁以后，阴茎头和包皮之间的轻度粘连自行消失，包皮能轻易向后退缩、上翻，露出龟头。如果包皮过紧、过长，不能轻易上翻露出阴茎头，这种情况称为包茎。包茎较为少见，但严重时不仅会影响排尿，甚至有可能造成整个泌尿系统的功能障碍。如果不能随时保持包皮清洁，也很容易因包皮垢导致细菌感染，产生慢性炎症。长此以往，还存在诱发癌变的危险，对生殖健康产生不利的影响。此外，包茎还往往会影响男性性快感，甚至阴茎勃起时因包皮牵扯引起疼痛。因此，一般会采取手术，即包皮环切术，治疗包茎。

二、阴囊与睾丸卫生保健

阴囊的表面有稀疏的阴毛，颜色比其他身体部位颜色深。阴囊的皮肤极薄且柔软，皮下组织缺少脂肪，平时应避免使用碘酒及刺激性强的药物，以防造成阴囊表面的损伤。前面提到，阴囊的形态结构在不同温度条件下会发生变化，这有利于精子的生长和发育。所以，在炎热季节，男性应尽量穿薄而透气、吸汗的内裤，避免穿厚重、质地较硬的牛仔裤等。而在寒冷季节，也应该注意保暖。另外，由于阴囊的皮肤皱襞的凹陷容易藏匿细菌，在每日清洗阴茎时也不要忽略阴囊的清洗。

睾丸的体积较小，活动度较大。睾丸不仅表面有一层坚厚的白膜(纤维膜)保护，还深藏于阴囊内，一般受到外伤的情况不多见。但在平时生活中也应避免睾丸受到撞击、暴力挤压、踢打等。由于睾丸是精子的生成器官，若外伤严重，治疗不及时，则有导致不育的风险。睾丸的自我检查可以帮助自身及早发现一些睾丸的肿瘤疾病。在做睾丸的自我检查前，可以先洗个热水澡，这样阴囊的温度有所升高，睾丸更易被触摸。轻轻用拇指、食指和中指依次触摸每个睾丸，检查其中有没有小硬块或隆起。若发现睾丸出现任何肿块、隆起等情况，要及时就医。日常生活中，除了要保持生殖器官的干净，也要时刻留意它们的变化。若出现红肿、坠胀、疼痛等现象时，也应及时到正规医院诊治。

三、前列腺卫生保健

有些人认为前列腺是内生殖器官，位于盆腔内，并不是日常护理的重点。其实不然，前列腺也是重要的需要护理的器官。我们对前列腺炎，即前列腺发炎，并不陌生。目前，医学上认为“前列腺炎”不是一个病，而以不同形式或综合征发生，这些综合征有独立的原因、临床表现和结果。前列腺炎可出现的症状有：后背疼痛，会阴、肛周疼痛，尿频，尿急，尿痛，夜尿多等。若出现这些症状，就应该就医了。

四、睾丸的自我检查

睾丸位于阴囊内两侧，左右各一，呈卵圆形，长、宽、厚度平均为 3.4 cm、2.3 cm、1.8 cm，每侧重 10～15 g，右侧睾丸通常略大一些。成人正常的睾丸富有弹性，表面光滑。睾丸是男性的重要性器官。成年男性除了应由医生进行诊疗性的身体健康检查之外，还应在每月固定进行 1～2 次的自我检查睾丸，这对及时发现睾丸及其组织是否有肿胀及肿块等病变具有非常重要的意义。睾丸肿瘤引起睾丸肿大时，一般不会感到太疼痛，有时仅有坠胀感，而且在早期睾丸表面也是光滑的。由于睾丸肿瘤恶性程度高，病情发展隐蔽，又容易转移，因此，及早发现、及早治疗对良好的预后十分关键，这就需要养成经常自我检查睾丸的习惯。正确的睾丸自我检查技巧是：双手分别轻握住一边的睾丸，以拇指轻触而其他手指也要移动，彻底检查是否有肿块或触感、外观上的异样。自检睾丸时，首先要注意睾丸的大小。成人睾丸的体积应在 8 mL 以上，中国人的平均睾丸大小是 12 mL。如果成人的睾丸小于 8 mL，则有可能是睾丸萎缩。男孩在 10 岁时，睾丸体积一般应达到 4 mL，小于 4 mL 应视为不正常。接下来，要用触摸法检查睾丸。睾丸的正常状态应为表面光滑，质地饱满，没有触痛，与附睾分界清楚。如果发现睾丸在短期增大，而且没有触痛，则可能为睾丸癌；如果睾丸在触摸下有疼痛，则表明睾丸有炎症；如果阴囊增大，摸不到睾丸和附睾，则有可能是鞘膜积液，也就是阴囊内有液体积聚；如果附睾出现疼痛、肿大的现象，则表明附睾有病变。此外，如果阴囊、睾丸有坠胀感或坠痛感，在久站和长途步行时加重，在平卧时症状减轻或消失，则有可能是精索静脉曲张。典型的精索静脉曲张能在阴囊皮肤下看到扭曲和扩张的静脉；或用手触摸时，能感觉到蚓团状扩张的血管团。原发性精索静脉曲张平卧后可缩小或消失。如果在平卧状态下，症状仍无好转，则有可能是肿瘤等病变压迫。以上症状一旦出现，最好尽快去医院进行诊疗。

第十八章　正确对待婚恋与两性关系

学前思考题

1. 婚前性行为可能会带来哪些风险？
2. 常用避孕方法有哪些？
3. 紧急避孕药为什么不能作为常规避孕方法？
4. 如何使用避孕套？

恋爱已经成为很多大学生的必修课，而大学时期的婚前性行为发生率也急剧上升，随之而来的意外怀孕、堕胎给同学们心理及生理带来极大痛苦及伤害。所以，树立正确的婚恋观，有利于良好人际关系的建立并为未来的恋爱与婚姻做好准备；识别并避免不安全性行为可避免性传播疾病与意外怀孕的发生；掌握一定生殖保健的自我检查方法可及时发现生殖系统疾病。

第一节　性与爱是权利也是责任

案例：

小埙拥有良好的家庭，从小接受最好的教育并以优异的成绩考入大学。这本令许多人羡慕，她却因为没能处理好的感情问题丢掉了原本的骄傲。她讲述道：我不顾父母的反对与他相恋，当时的甜蜜使我总是无法拒绝男朋友的要求，于是在一起没过多久我们就发生了性关系。两个月之后，我发现自己怀孕了，这是我的父母和我的尊严都无法接受的。我瞒着男朋友和家人去做了人流手术，由于无法支付无痛手术的费用，手术中疼痛和罪恶感使我恣意流泪，这也是我至今都不敢回忆的一幕。10个月后，直到我被查出患有严重的妇科疾病，男朋友才知道此事。在这之后的漫长的治疗过程中，可能不能生育的压力，使我似乎丧失了所有勇气，变得脆弱和依赖别人。一直爱我的男朋友也因为我的疾病，承受巨大的压力，开始和别的女生交往。后来，我们经常吵架，最终分手，我精神崩溃吃下60片安眠药。经过抢救后我接受了心理辅导，此时我已患上严重的抑郁症。身体的痛已经过去，但心理的伤痛和对未来的恐惧折磨着我，让我很久都无法从当时的阴影中走出来。这样的事不仅发生在我身上，相信也有同学在经受这样的痛苦，我希望这种我们只能自己承受的伤害能得到及时的指导和帮助。

当代大学生大多认为爱情就是浪漫，两情相悦便可以自由地享受性带来的快乐，性和爱是没有原则和对错的，是自己的事情。大学生更注重自己生理、心理以及情感的需要，而没有深入思考过性关系的社会后果及自己因此所负有的社会公共责任。性与爱密切相关，但性不只是性，自我形象、自尊、责任、勇气、尊重他人、包容、接纳等都在性关系中有体现。

对于性和生殖健康，我们既拥有自我决策的权利，更要承担为自己的决策负责的义务。在多项对大学生婚恋观的调查中，很大一部分大学生认为发生性行为是自己的事，仅仅是一件表现浪漫的事，只要两情相悦便可以自由地享受性的快乐。21 世纪是个自由开放的时代，各种婚恋观念充斥在每个角落，不论对错，每种观念都有其存在的合理性。我们不反对在性行为发生上的个人的自主决策权力，但是无论是从对性关系另一方的爱及关心上，还是责任上，都应该做到保护好双方的健康。这里的健康包括心理及生理健康。只有在保证健康的前提下，才能建立发展互爱和谐的同伴关系、两性关系、婚恋关系。

第二节　识别和避免各种不安全性行为

艾滋病(acquired immune deficiency syndrome，AIDS)自 20 世纪 80 年代出现，即逐步在全球范围快速蔓延，虽然在其后至今的 30 多年时间里，科学研究在艾滋病的诊断、治疗以及防治技术等方面取得了很大进展，但 AIDS 仍是目前全球范围内的一种危害严重的传染性疾病。我国第一例艾滋病于 1985 年传入，迄今全国所有省(自治区、直辖市)均报告有 HIV 感染者/患者。2011 年来，我国艾滋病发病人数持续增长，2016 年艾滋病发病数逾 5.4 万人，死亡人数逾 1.4 万人。自 1981 年艾滋病首次在男性同性恋中被发现以来，男男性行为者(men who have sex with men，MSM)即被视为艾滋病病毒感染的高危人群，其疫情发展以及相关防治研究成为公共卫生领域关注重点。据联合国艾滋病联合规划署(UNAIDS)估计，在全世界范围的 HIV 感染者中有 5%～10%是通过男性同性性行为而感染，而目前我国估计的 74 万 HIV 感染者及艾滋病患者中，14.7%是通过男男间同性性接触而传播的。

MSM 人群的艾滋病疫情较为严重。MSM 人群仅占美国男性人口的 5%～7%，但 2005 年男性 HIV 感染者中该人群却占了 71%，这一数据与大多西欧国家的 HIV 感染者中 MSM 人群比例(70%)相当。而在亚洲一些国家和地区，MSM

人群也在HIV感染者中占到较大比例,如印度尼西亚(15%)、中国香港(32%)与菲律宾(33%)。目前,MSM人群的艾滋病疫情呈上升趋势。在我国年新发HIV感染者中,从2007年到2009年,男男性传播比例从12.2%增长到32.5%,在存活的HIV携带者及AIDS患者中的构成比也由2007年的10.0%上升到2009年的14.7%。而对我国哨点监测中MSM人群数据分析显示,2005年MSM人群HIV感染率为0.76%,2006年为3.14%,2007年超过4%。

在过去的一年中不常使用避孕套而与同一个或多个性伴发生经阴道或经肛门性交即为无保护性行为。在男男性行为人群中,HIV的主要传播途径是无保护性行为。肛交(anal intercourse)是其最主要的性交方式之一,在性行为过程中直肠黏膜易发生破损,因此肛交所导致HIV传播的概率显著高于其他性交方式。与男性HIV感染者发生一次性行为,男性无保护肛交(unprotected anal intercourse,UAI)的被插入方感染HIV的概率为0.5%~3.0%,这显著高于女性与之进行无保护阴道性交被感染的概率(0.1%~0.2%);感染的女性在异性性行为中传染给男性的概率是0.03%~0.1%。一次无保护性的男男肛交染上HIV的概率是同等情况下男性传染给女性概率的5~15倍,是女性传染给男性概率的16~30倍。

女性是社会中较为弱势的群体,所以,女性有必要提高自我防范意识,掌握更多自我保护的基本技能,在不同的生活环境和女性的不同生理阶段,应该采用不同的措施进行自我保护,才能更好地维护自己的生殖健康。

1.防范性骚扰与性暴力

性骚扰易发生于人口密集的场所如公交车上,或发生在密闭的办公室里,是人们所厌恶的性意识和性行为。女性应提高警惕,及时意识到性骚扰的发生,并表明拒绝态度,一旦含糊不清,则可能会让发起性骚扰的人认为你可以接受,甚至可能更加放肆。此外,女性要注意加强防范性暴力,性暴力更加强烈,侵害也更直接更严重,必要的时候可以用法律武器来维护自身权益。

2.防范家庭暴力

家庭暴力易于发生在男性脾气暴躁,行为粗俗,有暴力倾向,夫妻感情破裂的家庭环境中。女性在加强自我防范意识的同时应学会及时巧妙地化解家庭矛盾,尽量避免发生正面冲突。一旦发生,知道如何更好地保护自己。

当前,世界各国都逐渐认识到男性生殖健康的重要性,因为男性生殖健康不仅关乎他们自身,其健康情况与其行为也会对女性的生殖健康有重要影响。所以,在中国及世界大多数国家中,男性已成为生殖健康规划中的重要服务对象。国际加强妇女权利运动的推动,使广大发展中国家的妇女能够与其配偶或性伴交流、讨论和决定避孕方法和生殖保健问题,进一步推动了男性在生殖健康中的重要作用,大大减少了疾病和家庭暴力的发生。

第三节 意外怀孕与避孕方法

一、不同避孕方法的效果

从表 18-1 我们可以看出,没有一种避孕方法能达到百分之百的有效性。

表 18-1　各种避孕方法的效果

避孕方法	使用第 1 年意外妊娠妇女的百分率(%)		效果
	一般性使用	正确并持续使用	
皮下埋植	0.05	0.05	总是很有效
DMPA 注射	3	0.3	
女性绝育	0.5	0.5	
T 酮 380A	0.8	0.6	
孕激素口服避孕药(哺乳)	1	0.5	
哺乳期闭经	2	—	一般性使用有效,正确使用则很有效
复方口服避孕药	6～8	—	
阴道隔膜与杀精剂	29	18	一般性使用有一些效果,正确及持续使用有效
掌握生育周期的方法	25	3	
女性避孕套	21	5	
宫颈帽(经产妇)	32	26	
宫颈帽(未产妇)	16	9	
不避孕	85	—	

二、避孕方法

1. 紧急避孕——不可多用的“后悔药”

常言道:有钱难买后悔药。在避孕领域,却有一种“后悔药”可以让你免受不必要的痛苦,这就是紧急避孕。紧急避孕是一种预防妊娠的临时补救措施,指妇女无防护性性交后或者避孕失败后,在一定时间内采用服药或放置宫内节育器的方法以防止非意愿妊娠。紧急避孕的方法包括服用激素避孕药或放置宫内节育器。目前最常用的紧急避孕药有 3 种:米非司酮、左炔诺孕酮、雌孕激素复方制剂。紧急避孕药通常在性交后 72 小时内服用,越早越好,使药物有足够的时间作用于子宫内膜，阻止胚胎着床。服用紧急避孕药只能对前一次无保护性性交有补救功能，而对此后的性交起不到保护作用，所以不能将紧急避孕药作为常规避孕方法使用。大致说来，当出现以下情况时，应在 72 小时内服药：①未采取避孕措施，特别是初次发生的性交；②避孕套破裂或滑落在阴道内；③体外排精失控；④阴道隔膜、宫颈帽放置不当，性交过程中脱落、破裂或过早取出；⑤安全期避孕日期计算失误或宫内节育器部分或完全脱落；⑥口服避孕药出现漏服；⑦性攻击无论是何种性质都需要紧急避孕。紧急避孕药具有安全、有效、简便，对人体无伤害，同时服用者无痛苦等优点，但也可能产生一定的副作用，如出现恶心、呕吐、乳胀、头晕、乏力等症状，个别女性还会出现不规则阴道出血、月经提前或延后等。如长期、经常服用紧急避孕药，还会打乱女性的月经周期。因此，紧急避孕应该在医生的指导下进行，切不可随便服用及滥用激素类紧急避孕药物，更不可用于代替常规避孕方法。

2.“安全期”避孕不安全

卵子自卵巢排出后可存活 2～3 日，因此排卵前后 4～5 日内为易受孕期，其余时间不易受孕，被称为安全期。安全期避孕法就是采用在安全期内进行性生活而达到避孕目的。采用安全期避孕，必须事先确定排卵日期，通常的推算方法有两种：①自下次月经前一天起，倒数 14 天，即为排卵期（若有差别，一般亦在 1～2 天范围内）。由于精子进入女性生殖器内具有受精能力的时间为 2～3 天，在此前 5 天至其后 4 天共 10 天内为易受孕期，应避免性生活。其余时间为安全期。②测定基础体温。基础体温是指人体处于静息状态下的体温。具有正常卵巢功能的育龄妇女基础体温呈特征性变化。在月经后及卵泡期基础体温比较低（36.6 ℃以下），排卵后体温上升 0.3～0.5 ℃，一直持续到经前 1～2 日或月经第一日，体温又降到原来水平。按上述规律连续测定 2～3 个月经周期，将每日测定的体温记录在基础体温表上，就可确定个人的排卵规律。采用安全期避孕的妇女必须月经周期规律，能准确掌握排卵期，情绪稳定，健康状况好。对于那些月经不规则，生活环境有改变，健康状况不好的夫妇不宜使用此方法。安全期避孕法不需应用任何药物或器具，简便易行。但由于排卵时间可因生活、环境、精神因素以及健康状况变化而变化，排卵日期可能推迟或提前，并且月经周期不规则者，不易掌握排卵期，有时还可能发生额外排卵，因此安全期避孕并不十分可靠，失败率达 20%，所以这种方法并不提倡。

3.避孕安全套

避孕安全套是通过性交前戴在男性的阴茎上，射精时使精液留在套内不能进入女方阴道，避免精子与卵子相遇，从而达到避孕目的。避孕套若能坚持正确使用，避孕效果可达 97%以上。使用避孕套避孕还可防止性传播疾病，预防精液过敏症、异位妊娠、子宫颈癌以及阴道炎、宫颈炎和盆腔炎，对早泄也有一定的治疗作用。使用方法:使用避孕套,首先要根据阴茎大小,选择适合自己的型号。使用前应吹气检验避孕套是否有裂孔漏气,否则就会有精子进入阴道而致怀孕。使用时要先用手指将避孕套前端小囊里的空气排出,然后才套在阴茎上开始性交。若避孕套前端小囊里的空气未排出,易在性交过程中破裂而造成精子进入阴道,使避孕失败。男性射精后,在阴茎未完全软缩前,就要用手提住套子边缘,将阴茎随同避孕套一起从阴道中抽出。

安全套是一种非常有效、方便易得的避孕方法,避孕有效率达97%。前面已经讲到,无保护性行为是HIV在MSM人群中传播的主要途径。换言之,安全套能有效减少AIDS等性传播疾病在人与人之间的传播。在安全套使用项目对降低我国艾滋病、性病传播的作用及其可行性研究中,共调查352人,干预前后共186人次坚持使用安全套,其中10(5.38%)人次感染性病;166人次不坚持使用安全套,其中63(37.95%)人次感染性病,安全套预防性病的总有效性为85.82%。研究表明,无论干预前后,只要坚持使用安全套,就能减少性病的发生率。因此,正确使用(强调必须是正确使用,使用方法前面已经做了详细的阐述)安全套不仅可以达到避孕的效果,还能预防艾滋病、梅毒等性传播疾病,极高地保证性健康及生殖健康。因此,很多国家相继推广100%安全套使用项目(100% condom use programme,100% CUP),在娱乐场所推广使用安全套,以减少HIV和性传播感染(sexually transmitted infection,STI)经商业性性行为传播。经过回访调查研究证明,安全套的使用在特殊人群、高危人群及正常人群中均大大降低了性传播疾病的罹患率及发病率,在前两者尤其明显,高达70%。

4.避孕环要定期"照相"

宫内节育器又称宫内避孕环,是最为简便、经济而又安全、有效的避孕方法之一。目前国内使用的节育器有很多种,如单环、混合环、T形环、节育长环等。宫内节育器避孕适合于所有育龄妇女,但如有以下情况者应不考虑选择这种方法:严重贫血、出血性疾病患者;各种传染性疾病的急性期;月经过多;急性生殖器官的炎症,如急性盆腔炎、阴道炎、重度宫颈炎;子宫脱垂Ⅱ～Ⅲ度;宫颈口过松。患有以上病症的妇女如选择避孕器避孕可加重病情,甚至不能产生避孕作用。医学上要求上环最好在月经干净3～7天之内,那时的子宫内膜很薄,不易受损引起出血。流产后的妇女最好在来过一次正常月经后上环;引产或分娩后的妇女以产后3个月以上上环为宜;剖宫产术后的产妇上环时间为产后半年。上环前后3天最好不要性交,以免引起生殖器官感染。有些妇女上环以后出现不规则阴道出血、经量增多、经期延长等现象,如症状轻微可不予治疗,多数症状在上环半年以后可自行缓解。症状明显者应看医生,上环后如出现明显的腰酸、腹坠,也应就诊找出原因予以纠正。放置宫内节育器后,并非一放了之,万事大吉。而应在放置后的1个月、3个月、6个月和12个月分别进行一次B超检查,以后每年检查一次,观察节育器位置是否正常,以及时避免由于节育器脱落或移位而导致妊娠。如无异常情况,金属节育器可放置10～15年,塑料、硅胶或其他类型节育器可放置4～5年。

5.药物避孕有禁忌

药物避孕是采用不同类型和不同剂型的药物来阻止妊娠,从而达到避孕目的。药物避孕的方法和避孕药的种类很多,临床上使用的女性人工合成甾体激素避孕药,常用的有短效避孕片如避孕片0号、1号、2号及复方18-炔诺孕酮等,长效避孕针如避孕针1号、复方甲地孕酮等,速效探亲药如毓婷、探亲避孕丸等。另外,还有皮下埋植剂、释药阴道避孕环、释药宫内节育器、贴皮剂等。避孕药的作用机理主要有两个方面:一方面是通过干扰下丘脑-垂体-卵巢性腺轴,抑制卵泡发育及排卵;另一方面是通过对生殖器官(特别是卵巢、子宫或子宫内膜、宫颈)的直接作用防止妊娠或着床。只要按规定用药,其避孕成功率可达99.95%。不同类型的避孕药都有一定的禁忌证,总体来说有以下几类妇女不宜服用:①严重的心血管疾病患者;②急慢性肝炎或肾炎患者;③血液病或血栓性疾病患者;④内分泌疾病如糖尿病、甲状腺功能亢进者;⑤恶性肿瘤、癌前病变、子宫或乳房肿块患者;⑥哺乳期妇女,因避孕药抑制乳汁分泌,并使其蛋白质、脂肪含量下降;⑦产后未满半年或月经未来潮者;⑧月经稀少或年龄大于45岁者;⑨年龄小于35岁的吸烟妇女;⑩患精神病生活不能自理者。值得提醒的是,在临床上,我们经常碰到有些生育期妇女没按规定服药,出现阴道不规则流血、妊娠、月经紊乱等症状,还怀疑是避孕药之过。其实避孕药特别是短效避孕药还是调理月经的一种常用药。希望采用药物避孕者一定要严格按照不同类型避孕药的规定使用,以免造成不必要的烦恼。

6.比林斯避孕法安全可靠又甜蜜

有不少夫妇因刻意追求"自然",拒绝使用常规、安全、可靠的避孕措施,结果往往破坏了"安全第一",导致意外怀孕。最近推广的一种极为自然、安全的避孕方法——比林斯法,可以用来代替常规避孕方法。比林斯法可让这些夫妇真正享受到自然、安全而又甜蜜的夫妻生活。比林斯法不是我们通常所说的安全期法,它的原理是:卵泡发育过程中,体内分泌的雌激素会影响宫颈黏液的分布,根据黏液的性质就可以间接地判断排卵期。因卵子只有2天左右的存活期时间,精子存活期稍长一些,所以如果能排除易孕的这几天,其余时间就是安全期了。具体操作大致是:对一般月经周期(即28～32天)的妇女而言,月经结束后,每次小便时可用手或纸感觉一下阴道的分泌物。如较干燥,即非排卵期,此期可持续2～4天。之后会发觉分泌物渐渐出现。在最初的2～3天内,它是黏稠的、淡黄的,这预示着排卵期即将到来。此后分泌物逐渐变得稀薄,直到有一天它薄而透明,弹力十足,拉动时有搅拌鸡蛋清的感觉,这就是排卵期,术语叫峰日。这天之后,黏液又变得厚稠,再逐渐减少直至消失,重新进入干燥期。一般说来,在有分泌物之前的干燥期里，可以隔天同房一次，而在峰日后的第 4 天直到下次月经前的 10 多天里，都可以放心地过性生活。比林斯法适用于任何人。应用此法必须遵守两个基本规则：①早期规则，包括月经期应避免同房；月经后的干燥期可隔日晚上同房，“宁早勿晚”；有黏液或出血时应避免同房，直到恢复干燥或基本无黏液的第 4 天晚上同房。②峰日规则，即峰日（关键日）当天及以后 3 天需禁欲。这是因为峰日提示排卵即在这一天或这天前后 24 小时，但也有人排卵发生在这天后 48 小时。值得注意的是，峰日不是黏液量最多，拉丝最佳或潮湿感最强的一天，而是有潮湿、滑润黏液的最后一天。峰日后黏液变得不滑润黏稠、无伸展性，甚至无黏液。因此，峰日后一天才能知道和确定峰日。

拓展阅读

避孕的误区

或许你已从朋友口中、互联网上了解避孕，那么，你确定你得到的都是十分准确的信息吗？这里，有一些常见的避孕误区，来看看吧！

●初次性交不会怀孕，因此不用避孕。精子可不会因为是第一次进入阴道，就放弃和卵细胞相遇的机会。尽管是第一次性交，也需要做好避孕准备。

●偶尔才会性交，不用避孕。如果不采取避孕，且男女双方都具有正常的生殖能力，性交的频率越高，怀孕的概率会相对加大。但这并不意味着低频率的性交就不会怀孕。如同上面所说，每个精子都希望和卵细胞相遇。因此，就算偶尔的性交，也可能怀孕。

●在安全期性交，不用避孕。有人认为，女性只要不处于排卵期，就不会怀孕。这也是对避孕的谬误，因为女性的安全期很不规律，这一点已在前面“安全期避孕法”里做了具体介绍。

●体外射精，是最有效且简便的避孕方式。不可否认，体外射精是一种避孕方式。但其失败率很高。

●性交后排尿，就可以避孕。赞同这个观点的人，显然对女性生殖系统没有正确的认识。要知道，尿液是从尿道口排出的，而性交的部位、精液进入的通道是阴道。女性的尿道和阴道，完全不是同一个开口。

以上是几个比较常见的关于避孕的误区，还有其他的错误观点，比如男性射精前再戴避孕套可以避孕、避孕是女性的责任等。

第四节　选择利用专业卫生服务

健康资源是指所有能促进人的生理、心理和社会认同感等方面完好的各种因素和条件的总和。根据资源的属性及其对人类健康作用的不同,健康资源可分为健康环境资源、健康服务资源和健康社会资源三大类:健康环境资源是指由大气、水、土壤、矿物等各种地理要素组成的有机整体,来源于自然界,是人类生存和健康必需的物质基础;健康服务资源是包括人、财、物、信息、技术教育等在内的医疗卫生服务资源,是人类社会发展到一定阶段的产物,是人类综合利用自然资源和人力资源所形成的人类智慧和经验的结晶;健康社会资源是指有利于人类健康的社会制度、法律、经济、文化、教育、人口、民族、职业等社会环境因素,是人类防治疾病、维护健康的宏观社会背景,是人作为“社会人”所需要的健康资源。这3类健康资源相互联系,相互作用,缺一不可。

根据健康资源的定义,这里我们所指的健康资源主要指的是健康服务资源及健康社会资源。常见易得方便的专业服务资源包括我们熟知的各个医院、诊所、疾控中心等医疗机构(诊断、治疗生殖相关疾病)、计划生育中心(婚前体检、常规体检等服务)、网上医疗信息等等。当然,在性暴力、性骚扰等特殊情况下,我们需要果断诉诸法律法规手段来寻求帮助。需要注意的是,现在的健康资源多种多样,不乏以次充好、浑水摸鱼者,在此我们应该以健康为守则,选择正规的健康服务资源,防止其他意外的发生。

谈到紧急获助的有效途径,大家首先想到的肯定是几个电话号码:“110”报警的电话,“119”火警的电话,“120”急救中心的电话,“122”交通事故时的电话,这几个服务基本涵盖了我们日常生活中可能遇到的意外危险。具体到生殖健康,每种不同的情况下我们应该选择不同的获助方式,并且应该选择多种获助方式,保证自己最大可能得到及时救助。

(一)性暴力、性骚扰等危险情况下

首先我们应该想到报警,但是在等待警方救助的同时,我们应该积极自救,无论是应用交流、协商等技巧,还是利用身边的物品工具等进行自救,都应该在保证自身生命安全的前提下进行,不可鲁莽硬斗。必要的时候,我们还需要诉诸法律的手段来保障自己的合法权益。

1.性暴力

性暴力为法律词汇,是指任何违背他人意愿的性接触,这些攻击包括武力强迫、威胁、威吓等。

2.约会暴力

约会暴力属于性暴力的一种。人们开始揭露一直暗藏于生活中除家庭暴力外最常见的性暴力，为什么这么说，与中国特殊的国情有关，这包括“男权主义”“处女情结”“羞耻”等传统观念。我们可以看一下后面的案例。

3.性虐待

性虐待是指异性之间发生性行为时，对对方施以虐待、折磨等暴虐行为或以言语侮辱，造成对方肉体或精神上的痛苦的行为。施虐者一般为男性。性虐待方式多种多样，以暴力方式为主。性虐待原因一般有以下两种：①施虐者或受虐者或者双方心理变态，以施虐或受虐的方式获得性的满足。②双方心理正常，但双方之间由于某种原因，如第三者插足、夫妻长期不合等，一方借此来发泄不满。性虐待是对人身的严重伤害，由于一般发生在夫妻之间，又具有隐蔽性的特点，往往是造成重大伤害之后，才被揭露出来。

案例：

2014年11月5日晚上11时许，家住从化的16岁女子小燕接到朋友阿明(18岁)的电话，阿明说想要和她一起出去聊天。虽然天色已晚，但是小燕念在朋友情谊上还是同意了。见到小燕出来，在家门口等候的阿明将小燕抱上摩托车，带到某小学门口，接上了朋友阿勇(15岁)和阿文(24岁)，4人同乘一辆摩托车来到阿文家中，边喝酒边聊天。

喝完酒后，阿明示意阿文和阿勇回避，二人借买烟之名出门，独留阿明和小燕在屋里。这时候，阿明开始动手动脚，但遭到小燕的强烈反对。阿明遂使用暴力，强行与小燕发生了关系。

过了一会儿，阿明走出房门，阿勇进入房间坐在小燕床边欲行不轨。小燕大哭起来，在屋外的阿文听到哭声，进来一手捂住小燕的嘴巴，一手压住小燕的双手，帮助阿勇完成了暴行。随后，阿文以“再哭就拿刀砍死你”对小燕进行威胁，对小燕再次施暴。

小燕的这场噩梦持续了近两个小时，直到次日凌晨1时，阿明才将小燕送回了家。

然而，因为害怕和羞耻，小燕事后并没有立即报警。正因为这样，噩梦再次降临。

11月6日晚上9时，距上次事件发生还不到24小时，尝到了“甜头”的阿明、阿勇和阿文决定再把小燕骗出来，于是阿明再次致电小燕。经过了前一天的噩梦，小燕当即拒绝。但阿明不死心，开着摩托车来到小燕家门口，并承诺绝对不会对小燕做出同样的事情。而信以为真的小燕再次出门。谁知阿明将她带到了一所小学附近的“断头路”，再次强迫与小燕发生关系。之后阿明打电话给阿文和阿勇，几人一起来到阿明的家中。在阿明家中，小燕趁阿明和阿勇出去喝酒的机会，试图逃跑，但被留守的阿文阻止，并再次遭到阿文的强暴。阿明和阿勇回到家后，3人又将小燕带到桥底，试图继续施暴。最后，小燕以去方便为借口，试图用手机拨打“110”报警，但被阿明发现并阻止。因担心被警察抓,阿明等人将小燕送到她家附近,便驾车离开了。

回到家门口,受尽百般屈辱的小燕马上打电话报警。17日,阿明、阿勇和阿文3人被公安机关抓获。

从化区法院经审理认为,3名被告人违背妇女意志,伙同他人以暴力、胁迫等手段轮流强行与妇女发生性关系,其行为已构成强奸罪。最后,被告人阿明和阿文分别被判处有期徒刑11年和10年8个月,剥夺政治权利3年;阿勇由于犯罪的时候未满18周岁,被判处有期徒刑4年。

约会强奸是一种熟人强奸形式。联合国的有关数据表明,80%的强奸都是熟人强奸,熟人强奸要比陌生人的强奸普遍得多。因为彼此比较熟悉,发生强奸的机会比陌生人之间多。此外,和平环境下治安有保证,所以陌生人强奸反而要少。但是为何熟人强奸很少有人提及,而且报案的女性也少呢?这主要是因为人们头脑中的"强奸原型"在作祟,人们普遍接受的是这样的场景:夜黑风高,蒙面大盗埋伏在阴暗的角落,突然袭击女性。假如两个人在谈恋爱,人们一般都抱有这样的想法,他们干什么是人家的私事儿,就是有点打骂现象也是爱的表现,而不会往强奸和暴力方面去想。

预防约会暴力、性侵害,不仅仅是针对女性而言,近些年,男性遭遇性侵害的事件报道也越来越多。要预防约会暴力、性侵害,首先,我们应该了解这些有关性侵害行为的相关知识,能够识别性暴力和性虐待的危险情况,然后分析可能导致冲突的原因,运用解决冲突的技巧,预防、终止约会暴力、性侵害。

大学生,特别是女生,应该提高警惕性,增强自我保护能力。女大学生在与异性的交往中,始终要保持应有的警惕性,在单独外出或单独做某件事时,要注意观察周围的环境及其情况变化,发现有不安全的情况,立即离开,以防不测。一般情况下,外出尽量结伴而行。在遇到暴力袭击时,要沉着冷静,奋起反抗。犯罪分子在实施犯罪的过程中,往往充满紧张情绪,表面上他们凶恶逞强,实质上却是纸老虎,因为法律和正义都不在他们一边。一旦遇到反抗,他们就会害怕,意志涣散,力量松懈。女生虽然体力弱,但只要面对强暴时敢于反抗,她的凛然正气将使不法分子为之退缩。如果在强暴面前逆来顺受,那么不法分子便会更加嚣张,为所欲为。所以,女大学生在性侵害面前的反抗是非常重要的,是进行自我防卫的正确选择。女大学生自我防卫可采取以下几种方法:

(1)当发现侵害的威胁来临时,大声呼救,采取一切可能的办法制造异常的大声响,把罪犯引向易暴露区域,并设法脱离险境。

(2)受到突然侵害一时无法摆脱时,可以用缓兵之计,尽可能迟缓侵害,从中寻找对方破绽进行反击或寻机逃脱魔爪。也可以装着弱小害怕的样子麻痹侵害者的警惕,趁其不备突然袭击其身体要害部位,从而达到脱身的目的。

(3)利用身体和身边物件进行防卫。头可以撞击对方的胸部、脸部,手可以打、抓、挠、掐,脚可踢、蹬、踩,牙齿还可以咬。有案例记载,某男企图强行对某女施以非礼时,某女突然咬下了某男的舌头,从而使自己免受其害,有效地进行了自我防卫。此外,身边的一切坚硬物体都可用来做防卫武器,大至桌、椅、木棍,小至发卡、发针,只要应用得手,都能对歹徒构成一定的威胁。

(4)在与不法分子搏斗中,尽可能把对方抓伤、咬伤,留下记号。如果已经被侵害,要尽快向学校派出所、保卫处报案,争取时间及时抓获罪犯,避免更多的女生受到侵害。

另外,上述介绍的方法都是“古老的防狼手段”,如今很多专门对付色狼的“武器”层出不穷,什么“防狼袜”“防狼喷雾”“防狼棒”,相信随着这些商品的热卖与其广告的影响,当今女性的警惕意识也得到了大大的提高,意识的提高比这些商品的真实效果更影响深刻,也更值得赞许。

(二)生殖疾病

得了生殖疾病应该立即到正规专业的医院接受治疗,不可胡乱投医问药,走旁门左道,以防止其他意外的发生。这方面的教训每天都在上演,打开电视,常会看到某人得病后寻得某偏方治疗后无效反而病情加重,甚至到医院时已无力回天的新闻。

(三)意外怀孕

如果意外怀孕,特别是年龄尚轻的女生,不要认为这是一件难于启齿的事,独自承受,甚至有些人自己使用流产药物或到小诊所实行流产手术。这样做是非常不安全的,而且没有保障。应该积极寻求家人及其他可靠之人的帮助,并在他们的帮助下到正规医院接受咨询及治疗,选择终止妊娠或继续妊娠。

第十九章　常见性传播疾病及其预防

学前思考题

1. 你知道哪几种性传播疾病？
2. 哪些性行为属于感染性传播疾病的高危行为？
3. “口交和肛交不会传播性传播疾病”，这种观点是否正确？
4. 你知道的能有效预防性传播疾病的措施有哪些？
5. 如果发现自己感染或可能感染性传播疾病，应该怎么办？

性传播疾病是一种危害极大的社会性疾病，既会损伤患者身心健康，又会危害下一代，并增加家庭和社会的不安因素和经济负担。大学生属于性活跃群体，了解常见性传播疾病，提高自我防范意识，掌握有效预防措施，可以帮助避免性传播疾病的感染。

第一节　常见的性传播疾病

性传播疾病(sexually transmitted disease，STD)指主要通过性接触、类似性行为及间接接触传播的一组传染性疾病。性传播疾病既会引起泌尿生殖器官病变，也会通过淋巴系统侵犯泌尿生殖器官所属的淋巴结，甚至通过血行播散侵犯全身各重要组织和器官。

一、几种常见的性传播疾病

我国传染病防治相关法规规定的 8 种 SDT 包括：淋病、梅毒、尖锐湿疣、非淋菌性尿道炎、生殖器疱疹、软下疳、性病性淋巴肉芽肿和艾滋病。现将 4 种经典性传播疾病做一简单介绍。

(一)梅毒

梅毒是 4 种经典性传播疾病中最重要的一种，是由梅毒螺旋体(TP)引起的慢性传染病，传染性强，危害极大，可累及全身各组织器官或通过胎盘引起死产、流产、早产，并可以遗传给后代，即胎传梅毒（先天梅毒）。

梅毒的唯一传染源是梅毒患者，其皮损、血液、精液、乳液和唾液中均有 TP 存在。传染方式为直接性接触传播、间接接触传播（注射血制品、输血、器官移植、共用针具等）、母婴垂直传播。

早期梅毒导致外生殖器和皮肤损害，主要表现为硬下疳和硬化性淋巴结炎。未经治疗可以进展，引起骨、眼、心血管系统、神经系统损害。详见表 19-1。

表 19-1　　梅毒的分期与主要表现

分期	主要表现
一期梅毒	硬下疳（不痛不痒）、硬化性淋巴结炎
二期梅毒	梅毒疹、扁平湿疣、梅毒性脱发、黏膜损害、骨关节损害、眼损害、神经损害、多发性硬化性淋巴结、内脏梅毒
三期梅毒	皮肤黏膜损害（结节性梅毒疹、梅毒性树胶肿）、骨梅毒、眼梅毒、心血管梅毒、神经梅毒

硬下疳由梅毒螺旋体在入侵部位引起，好发于外生殖器，男性多见于阴茎冠状沟、龟头、包皮及系带，女性多见于大阴唇、阴唇系带、会阴及宫颈。典型的硬下疳初期为小红斑，迅速发展成无痛性炎性丘疹，数天内扩大为硬结，表面坏死，形成单个直径为 1～2 cm 的无痛性溃疡，触之有软骨样硬度，表面有浆液性分泌物，内含大量 TP，传染性极强。

本病应该及早、足量、规范治疗，尽可能避免心血管梅毒、神经梅毒及严重并发症的发生。治疗后应定期随访，进行体格检查、血清学检查及影像学检查以观察疗效，至少坚持 3 年。

常用的驱梅药物首选青霉素类，血清浓度必须稳定维持 10 天以上方可彻底清除体内的 TP。过敏者可选用头孢曲松钠或者四环素类和大环内酯类替代治疗。

（二）淋病

淋病是由淋病奈瑟菌（NG）感染泌尿生殖系统导致的化脓性炎性疾病，也可侵犯直肠和咽部黏膜。

该病女性多无症状，容易发生诊断和治疗的延误而导致输卵管炎症、子宫内膜炎、慢性盆腔疼痛、异位妊娠及不孕等。男性早期出现尿频、尿急、尿痛，很快出现尿道口红肿，有稀薄黏液流出，24 小时分泌物增多，呈黄色脓性。

淋菌性肛门直肠炎主要见于男性同性恋者，轻者肛门瘙痒、灼烧感，排出黏液和脓性分泌物;重者里急后重,可排出大量脓性和血性分泌物。

淋菌性咽炎多见于口交者,表现为急性咽炎或急性扁桃体炎,可有咽干、咽痛、吞咽痛,偶伴发热和颈淋巴结肿大。

淋病的并发症可进一步危害健康:男性患者可并发尿道炎、前列腺炎、精囊炎、附睾炎,炎症反复发作形成瘢痕,可导致输尿管及输精管的狭窄或梗阻,甚至导致不育。淋菌性盆腔炎为女性主要的并发症,反复发作可导致宫外孕、不孕以及慢性下腹痛等。

本病治疗以抗生素为主,60 天内接触的性伴需进行 NG 评价及治疗,完全治愈前避免性接触。

(三)尖锐湿疣

尖锐湿疣是由人乳头瘤病毒(HPV)所致,常发生在肛门及外生殖器等部位,主要通过性行为传播。

本病好发于性活跃的青、中年。潜伏期一般为 1~8 个月,平均为 3 个月。初起表现为散在的淡红色小丘疹,质地柔软,尖端尖锐,后逐渐增大,可以为丘疹样、菜花样、乳头样、鸡冠样或蕈样状。多数患者无明显自觉症状,少数可有异物感、灼痛、刺痒或性交不适。

尖锐湿疣治疗以局部去除疣体为主(如激光、冷冻、电灼、微波等),辅助抗病毒和提高免疫功能药物,容易复发。

(四)软下疳

软下疳由杜克雷嗜血杆菌引起,是四大经典性病之一,表现为生殖器一个或多个急性溃疡,伴有疼痛,且伴有腹股沟淋巴结肿大、化脓及破溃。此病在亚热带地区好发,我国并不常见。

二、性传播疾病的传播途径

性传播疾病常见传播途径有:

1. 性接触传播

异性和同性性交是该病主要传播方式,占 95%以上。其他类似性行为(口交、肛交、手淫、接吻、触摸等)可增加感染概率。

2. 间接接触传播

通过接触被污染的衣物、公共物品和公用卫生器具等传染。

3. 血液和血液制品传播

输入受性病病原体污染的血液或血液制品,以及与静脉成瘾者共用注射用具而感染。

4. 母婴垂直传播

患病的母亲通过胎盘感染胎儿,分娩时胎儿通过产道时被感染或患病的母亲通过母乳喂养感染婴儿。

5.医源性传播

通过被污染的医疗器械、体格检查、注射、手术等方式感染他人。医务人员在医疗操作过程中防护不严而自身感染。

6.器官移植、人工授精等传播

第二节 性传播疾病的预防

近年来大学生性行为发生率越来越高,性病发病率也随之上升。研究发现,大学生预防 STD 的意识低下,自我保护意识差,安全套使用率低,仅使用安全套作为避孕手段而非避免 STD 的方法;多性伴现象严重;存在同性性行为和卖淫嫖娼现象。同性性行为成为了青年大学生感染艾滋病的重要传播途径,占全部病例的 64.8%。感染 STD 会对身体和心理造成严重伤害,男生性病后可出现阳痿、早泄、性欲低下、不射精等性功能障碍;对于女生,容易导致不孕、宫外孕、盆腔炎症、子宫颈癌等疾病。同时,STD 还会促进 AIDS 的传播。广大大学生们正处在人生的起步阶段,将成长为国家的中坚力量,前途无量,更应该提高对 STD 的认识并学会保护自己,预防感染 STD。

预防性传播疾病最基本的方法就是减少高风险性行为。"避免婚前性行为"是做到这一点的有效方法,因为一旦开始第一次性生活,多数人将放松在性交方面的克制。大学生们处在人生起步的阶段,未来有无限可能,谁都无法保证婚前的性伙伴将成为一生的伴侣。一旦发生婚前性行为,即意味着你将会经历至少一个性伴侣,性伴侣数量的增加将给性传播疾病的感染带来极大的风险。对于女生来讲,婚前性行为不仅带来了怀孕、堕胎、感染性传播疾病的风险,更可能为以后幸福的婚姻生活埋下隐患。爱她就要保护她,广大男生应当树立起担当意识,在你不能给予爱人法律上的承诺时,请不要随意给出"爱的承诺"。为爱"献身"、为爱"证明"都不该成为婚前性行为的借口。希望大学生们能够真正感悟爱的含义,愿你们拥有纯粹、纯真的爱情。

以上所说的更多的是依靠自我约束。然而在一些情况下,"防线"有破溃的风险,所以也希望大学生朋友们掌握安全性行为的要点,有效地保护自己和伴侣。有针对大学生群体的研究发现,多个性伴侣,未使用安全套,有过肛门性交,有过流产经历,与非固定性伴侣发生性关系,性态度开放,性传播疾病知识水平低下等都会增加感染 STD 的风险。

需要指出的是,性行为中需要注意的不仅仅是避孕,还应关注对 STD 的预防。口交、肛交等方式因不会导致怀孕,使得安全套的使用率大大减低,导致由此引发的艾滋病及其他性传播疾病风险明显升高。

学校、家庭和社会应对此给予关注，除短期教育外，还应采取长期干预措施，内容形式可丰富多彩。可以开设必修课、选修课及专题讲座，制作宣传展板和发放 STD 及 AIDS 宣传材料，观看电影动画，进行同伴教育(通过具有相同背景、相似经历或有共同语言的人们分享信息、观念和行为技能，来实现预期教育目标的教育形式)，采用“高校-社会”健康教育模式，构建高校大学生性传播疾病/AIDS 健康教育平台，使用新平台进行宣教等等。

目前国内的性教育网站的建设刚刚起步，大多是盈利性的，发展目标不甚明确，针对群体不全面，有些网站提供的信息正确性值得商榷。广大学生应该学会甄别优劣网站，避免被误导。推荐两个网站：一是中国性科学网站，隶属于中国性学会，教育对象为所有社会成员，内容以性生理和性健康为主。二是美国性教育网站 SIECUS。其页面整洁、目标明确，对性教育的研究讯息更新及时，可连接到其附属网站 Sex Ed Library，后者为性教育资料库，可供教育及学习使用。

作为大学生个体，该如何预防性传播疾病呢？大家都在初中的生物课课堂上学习过传染性疾病的控制策略，即控制传染源，切断传播途径，保护易感人群 3 个环节。针对性传播疾病，具体可以采取的方法有：避免接触病原体(STD 患者、病原体携带者、病原体污染的物品)，固定单一性伴侣，避免不洁性行为，使用安全套(肛交、口交也需要使用安全套)，不使用毒品，不买卖血液，避免不洁针头及注射器的使用，养成良好的个人卫生习惯(不共用剃须刀、牙刷、毛巾等)，使用公共卫生设施时注意个人防护。在此提醒意外怀孕的同学，请选择正规的医院就诊，切勿讳疾忌医或贪图便宜到非正规场所堕胎。

使用安全套是预防 STD 最简单易行的方法，广大大学生需了解避孕套的使用方法。

第五单元

安全应急与无偿献血

在社会生活中，人类会面临着很多的危险和意外，这些危险可能来自激烈的社会竞争和社会矛盾，也可能来自自然灾害、事故灾难、公共卫生事件等。另外，学生在从事实验室操作或进行实习、旅游、外出考察等社会实践中，也同样可能面临很多不确定的安全问题。因此，提高大学生的危机意识和自我保护意识，加强安全防范，培养自救和互救能力，是新时期大学生应该具备的基本能力。本单元通过对现场急救、安全避险等相关知识的介绍与学习，帮助大学生掌握处理突发事件和现场急救的方法，进而提高自我保护能力，避免危险和意外的发生。

第二十章　安全应急与避险

学前思考题

1.现场急救的原则和注意事项是什么？
2.心肺复苏的基本要点是什么？
3.熟悉创伤急救的四大技术。
4.熟悉突发自然灾害的避险技能。

我国是一个自然灾害事故多发的国家，洪水、地震、台风等自然灾害频繁发生。另外，我们在享受科技快速发展带来便利的同时，也面临很多不可预测的危险和意外。据统计，近几年来，我国平均每年因自然灾害、事故灾难、公共卫生事件和社会安全事件造成的非正常死亡人数超过20万，直接经济损失达数千亿元。面对突如其来的灾难和各种突发事件，如何采取有效措施安全避险，如何争分夺秒展开积极有效的自救与他救，尽最大能力挽救生命和减少伤害是我们应该掌握的一项基本技能。本章将围绕突发事件及防范、现场急救与避险等相关内容进行讨论。

第一节　现场急救的原则及注意事项

一、现场急救的概念、目的和原则

所谓现场急救，是指现场人员因意外伤害、自然灾害或急症，在患者或自身未获得医疗救助之前，为防止病情恶化或避险而采取的一系列急救措施。现场急救的目的是及时采取有效的措施和技术，最大限度地挽救患者的生命，降低致残率，减少死亡率，为安全转送至医院打好基础。

现场急救注重实践操作技能的训练，不涉及太多的专业理论知识，普及性、可行性较强，适用范围广泛。通过培训，可以提高公民的急救意识和自救互救能力，掌握自救互救技能，一旦发生突发意外或急症时，能够运用所学的医学知识，因地制宜，及时而正确地进行施救，减轻伤害，为进一步处理赢得宝贵时间，可以真正降低急危重患者的死亡率。

现场急救要求抢救者沉着、大胆、冷静，认真观察评估现场，理智科学地做出判断，确保自身及伤病员的安全。因地制宜，就地取材，充分利用现场一切可利用的人力和物力，并按照以下原则进行处理。

1.先复苏后固定

先复苏后固定，即在伤病员既有心跳呼吸骤停又有骨折时，应首先实施心肺复苏，待伤病员心跳呼吸恢复后，再进行骨折固定。

2.先止血后包扎

先止血后包扎是指伤病员既有大出血又有创伤时，为防止伤病员失血过多危及生命，首先给予止血处理，然后进行创伤包扎。

3.先重伤后轻伤

先重伤后轻伤是指施救时，对个体先抢救生命，再处理创伤；对群体患者，先抢救危重患者，再抢救轻症患者。

4.先救后送

既往现场急救对伤病员多是先送后救，致使很多伤病员失去了抢救时机，现在要求先现场抢救，待伤病员情况稍有好转再转送，同时在送往医院途中，继续观察病情变化，不要停止抢救措施。

5.急救与呼救并重

在实施急救之前，应当拨打“120”，并陈述清楚简要的情况，以求在抢救的同时尽快获得专业救护支持。尤其是在遇到成批伤病员且又有多人在现场的情况下，更应如此。

二、现场急救的注意事项

(1)进行现场急救的人员应该接受过急救培训，具有处理现场意外事件的能力。

(2)急救者应迅速对事故现场、意外发生的过程等进行了解和观察。在交通事故、煤气泄漏等现场，要采取措施，确保在安全的情况下进行施救。

(3)对伤病员进行快速的身体检查，主要包括意识、呼吸、脉搏及有无外伤、骨折等方面。

(4)救护者根据看、听、嗅、触等了解伤病员症状和体征，对伤情做出初步判断。

(5)充分发动和利用现场其他人员拨打急救电话，维持秩序，疏通道路，协助抢救和做一些辅助工作。

(6)尽快拨打"120"急救电话,应注意语言清晰、简单明了。说明现场的确切地点;伤病员最危重的情况,如昏倒、呼吸困难、大出血等;灾害事故、突发事件时,说明伤害的性质、严重程度、病员人数;现场所采取的救护措施;求助人的姓名与电话号码等。当发生火灾、治安事件、交通事故时,还需拨打火警电话"119"、治安报警电话"110"、交通事故报警电话"122"。

第二节 心肺复苏术

心肺复苏术(cardio pulmonary resuscitation,CPR)指当呼吸终止及心跳停顿时,合并使用人工呼吸及心外按压来进行急救的一种技术。心肺复苏包括基本生命支持、高级生命支持、延续生命支持 3 个程序。心肺复苏适用于由多种原因引起的呼吸、心搏骤停的伤病员,如各种心脏病、窒息、触电、溺水、挤压伤、中毒等。我们在这里介绍的内容是基本生命支持,又称徒手心肺复苏,主要是针对心跳、呼吸骤停所采用的急救措施,即用人工呼吸代替自主呼吸,以胸外心脏按压建立人工血液循环,包括以下 3 个方面的内容,也称"CAB"原则。

C:人工循环(circulation)。用胸外心脏按压,形成暂时的人工循环并诱发心脏的自主搏动。

A:开放气道(airway)。只有气道畅通才能保证氧气能进入肺内。

B:人工呼吸(breathing)。通过人工呼吸,使氧气进入肺内进行血氧交换。

一、心跳、呼吸骤停的表现

(1)意识突然丧失,患者昏倒于各种场合。

(2)面色苍白或发绀。

(3)瞳孔散大。

(4)部分患者可有短暂抽搐,随即全身肌肉松软。

二、心肺复苏步骤

(1)首先快速判断患者有无损伤,是否有反应。轻拍伤病员肩部,在伤病员耳边大声呼唤,如果对方没有任何反应,即可初步判断该伤病员意识丧失。

(2)高声呼救:向周围的人发出呼救,请求周围人帮助拨打急救电话和协助抢救。

(3)救护体位:将伤病员翻转成仰卧位(心肺复苏体位)放在坚实平坦的地面上,双上肢置于身体两侧,抢救者跪在患者身体右侧,位于其头部和胸部的中间位置。

(4)胸外心脏按压:①按压部位:胸骨中下 1/3 交界处。②按压方法:用左手掌根紧贴患者胸部，两手重叠，左手五指翘起，不接触胸壁，双臂伸直，肘关节固定不能弯曲，用上半身重量及肩臂肌力向下垂直用力按压30次，然后放松，均匀而有节律。成人按压深度至少为5 cm，频率至少为100次/分，如图20-1所示。

(5)打开气道：迅速清除患者口、鼻内的异物、呕吐物或脱落的义齿，用"仰头举颌法"打开气道(仰头举颌法：救护员用一手置于伤病员前额并下压，另一手中指和食指置于下颏，将下颌骨上提，使下颌角与耳垂的连线与地面垂直呈90°，如图20-2所示)。

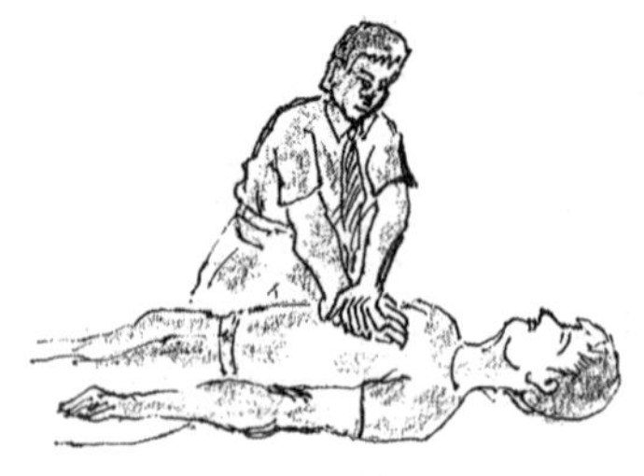

图20-1　心脏按压

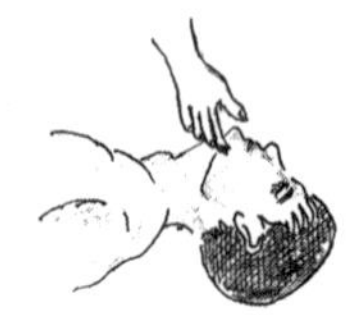

图20-2　仰头举颌法

(6)人工呼吸：首选口对口人工呼吸。救护员用一只手的拇指和食指捏紧伤病员的鼻翼，深吸一口气，用双唇包严患者的口周，缓慢持续将气体吹入，使伤病员胸廓隆起上抬，然后将手松开，以便气体排出体外，待胸廓下陷后再以同样的方法吹气，频率为10～12次/分。因口部外伤或牙关紧闭，无法进行口对口人工呼吸者，可改用口对鼻人工呼吸，先用手将患者口唇闭合，之后深吸气后向患者鼻孔吹气，其余同口对口人工呼吸。

(7)按压与吹气比例：按压30次吹气2次为1个循环。按压时救助者应注意观察伤病者的反应及面色变化，在施行心肺复苏法2分钟后以不超过10秒钟时间检查脉搏及呼吸，而后每隔4～5分钟检查1次，每次不超过5秒钟。

三、心肺复苏有效指征

(1)患者面色、口唇由发绀、苍白转为红润。

(2)恢复自主呼吸及摸到大动脉搏动。

(3)瞳孔由大变小，对光反射存在。

(4)意识恢复，可出现神经反射。

第三节　创伤救护的4项基本技术

创伤救护的4项基本技术包括止血、包扎、固定和转运。

一、出血与止血

出血是各种创伤中经常发生的一种表现，失血的速度和失血的量是影响伤病员健康和生命的重要因素。止血是针对患者出血而采取的急救措施。正常情况下，成人体内血液的重量占体重的7%～8%，如果一次失血量超过全身血量的20%，机体就会出现全身无力、头晕，甚至休克等症状，如果急性出血超过总血量的30%，就会有生命危险。因此，及时有效地止血，积极防止休克发生，是抢救急性出血患者生命的关键。

（一）出血的类别

1. 毛细血管出血

毛细血管出血呈点状或片状渗出，色鲜红，大多可以自行凝固。

2. 静脉出血

静脉出血时因压力较低，血液呈涌出状，速度稍慢，量中等，因含氧低而呈暗红色。

3. 动脉出血

动脉血管压力较高，出血时血液呈喷射状，色鲜红，速度快，量多。动脉破裂时，人在短时间内大量失血，将会危及生命。

（二）常用止血方法

根据出血部位、出血量的不同，可选择加压包扎止血法、手指压迫止血法或止血带止血法。

1. 加压包扎止血法

加压包扎止血法是用无菌纱布或干净柔软的敷料或手巾折叠后覆盖在出血的伤口上，再用绷带在上面施加一定压力包扎的止血方法。头部、躯体、四肢以及其他部位的出血均可使用，适用于一般性出血，如小的动脉、静脉出血以及毛细血管出血，为急救中最常用的止血方法。

2. 指压止血法

用手指在出血血管的近心端，将血管压在骨骼或其他组织上，以阻断血液外流。该方法可用于动脉出血。由于这会影响整个肢体组织的血液供应，应限制使用，每次施压时间不能超过10分钟。如出血不止，则需要在相应的动脉近端加压，再用止血带止血。

(1)头顶部出血。一侧头顶部出血，用食指或拇指压迫同侧耳前方颞浅动脉搏动点，如图20-3所示。

(2)颜面部出血。一侧颜面部出血，用食指或拇指压迫同侧面动脉搏动处。面动脉位于下颌骨下缘下额角前方约3 cm处，如图20-4所示。

(3)头部出血。前部头出血，压迫耳前下颌关节上方的颞动脉，如图20-5所示。后部头皮出血，压迫耳后突起下方稍外侧的耳后动脉。

图 20-3　头顶部止血

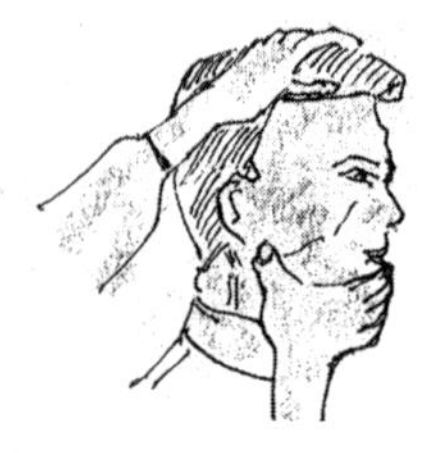
图 20-4　面动脉止血

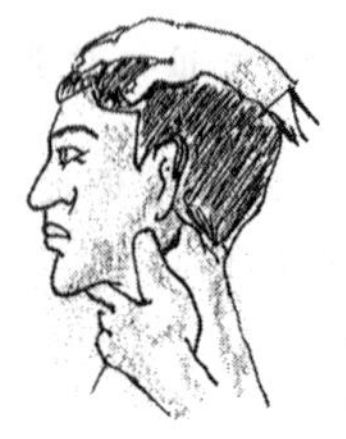
图 20-5　颞动脉止血

(4)头面部出血。一侧头面部出血，可用拇指或其他四指在颈总动脉搏动处，压向颈椎方向。颈总动脉在气管与胸锁乳突肌之间，如图 20-6 所示。

(5)肩腋部出血。用食指压迫同侧锁骨窝中部的锁骨下动脉搏动处，将其压向深处的第一肋骨，如图 20-7 所示。

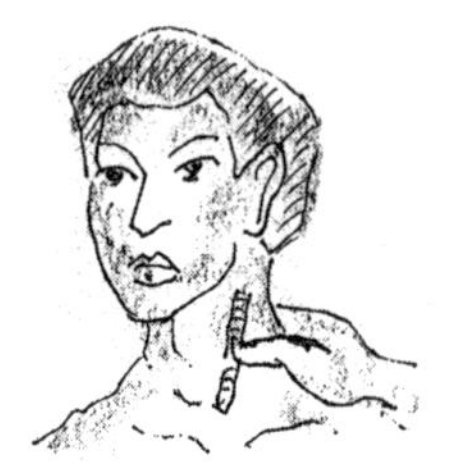
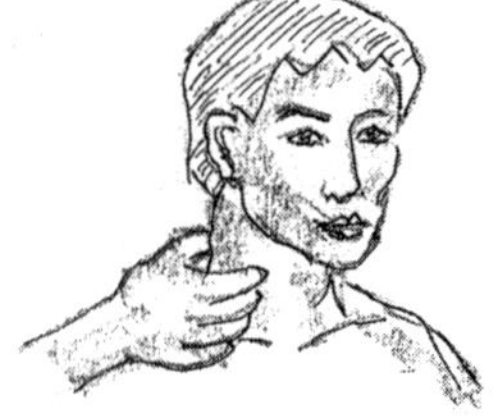
图 20-6　颈总动脉止血

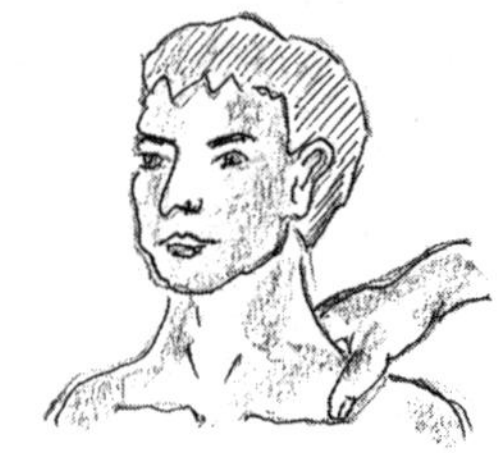
图 20-7　锁骨下动脉止血

(6)前臂出血。用拇指或其余四指压迫上臂内侧肱二头肌内侧沟处的肱动脉搏动点，如图 20-8 所示。

(7)手部出血。两手拇指分别压迫手横纹稍上处，内外侧各有一搏动点(尺、桡动脉)，如图 20-9 所示。

图 20-8　肱动脉止血

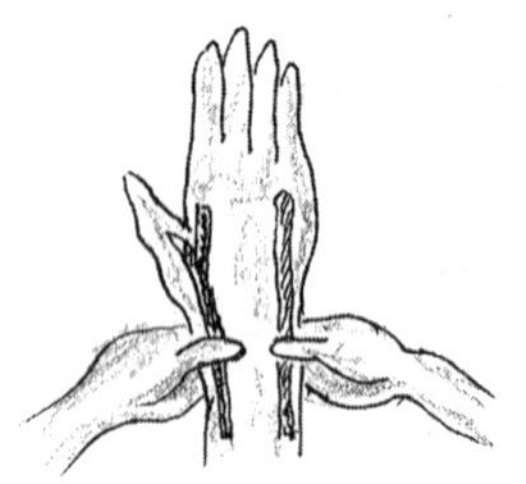
图 20-9　手部止血

(8)大腿以下出血。用双拇指重叠用力压迫大腿上端腹股沟中点稍下方股动脉搏动处，如图 20-10 所示。

(9)足部出血。用两手指分别压迫足背中部近踝关节处的足背动脉和足跟内侧与内踝之间的胫后动脉，如图 20-11 所示。

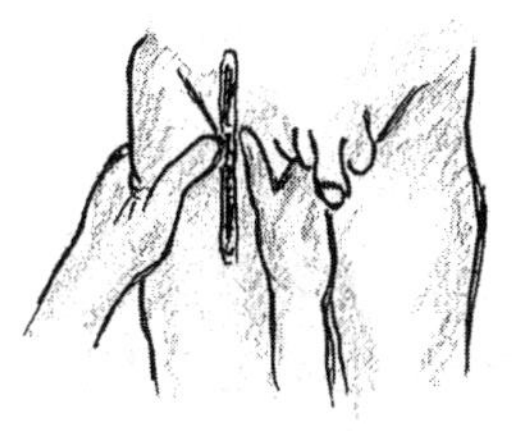

图 20-10 股动脉止血

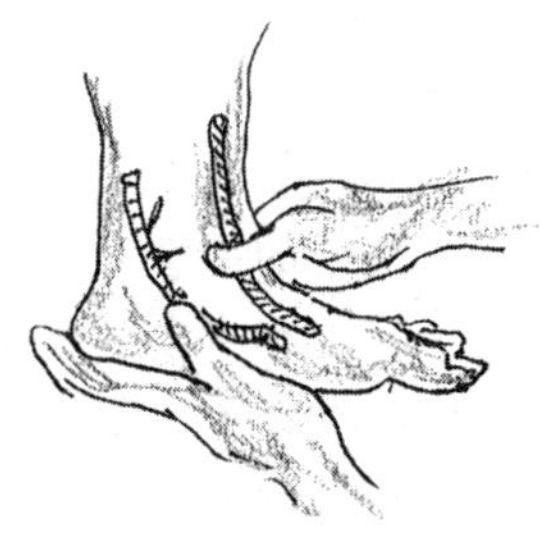

图 20-11 足部止血

3.止血带止血法

四肢大动脉损伤，或伤口大、出血量多采用其他止血方法仍不能止血时，方可选用止血带止血法。

(1)橡胶带止血法：用左手的拇、食、中指持止血带头端，将尾端绕肢体一周后压住止血带头端和手指，再绕肢体一周，用左手的食指、中指夹住尾端，抽出手指，即成一活结(见图 20-12)。

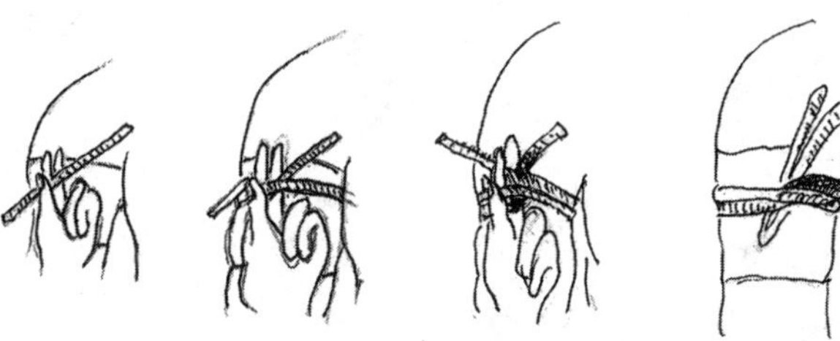

图 20-12 止血带止血法

(2)绞紧止血法：在无橡胶带的情况下，可用三角巾、绷带、手帕、绳索、纱布、布条等，绕肢体一圈打结(结应打在动脉走行的背侧)，再用小木棒绞紧到不出血为止。其步骤为一捏、二绞、三固定(见图 20-13)。

使用止血带注意事项：

(1)止血带应绑在伤口的近心端。上肢出血时，止血带应绑在上臂的上 1/3 处，切不可绑在中 1/3，以免损伤斜行于上臂后面中部的桡神经。下肢的止血带应缚在大腿中、下 1/3 交界处附近，因为这个部位的血管较邻近于骨骼，容易达到止血的目的。

(2)止血带不可直接接触皮肤，其间必须垫以衣服、三角巾或毛巾等，否则会损伤皮肤。垫物应平整，不可皱褶。止血带也可扎在衣服外面，把衣服当衬垫。

(3)止血带的松紧要适度。止血带的松紧度应以出血停止，远端摸不到脉搏为宜。过松达不到止血目的，过紧会损伤皮肤和神经。有时由于绑得不够紧，未能阻断动脉的血流,只压迫静脉,使静脉血液回流受阻,反而加重出血。

(4)使用止血带者应有明显标记,贴在绑止血带的附近、前额或胸前易发现部位,注明上止血带的时间。

(5)上止血带的持续时间一般不超过 2～3 小时(寒冷季节可延长到 4～5 小时)。原则上每 1 小时要放松 1 次,放松时间为 1～2 分钟,目的是为了使受绑的肢体远端组织暂时恢复血液供应,避免因长期缺血而坏死,也不至于因松解时间太长而失血过多。松解时动作要轻、慢,如有出血,可用指压法临时止血。如果出血停止,可改用加压包扎止血法,但仍应把止血带留置原处,并密切观察,再出血时立即绑上。

(6)松解后再上止血带时,应缚在较高位的平面。

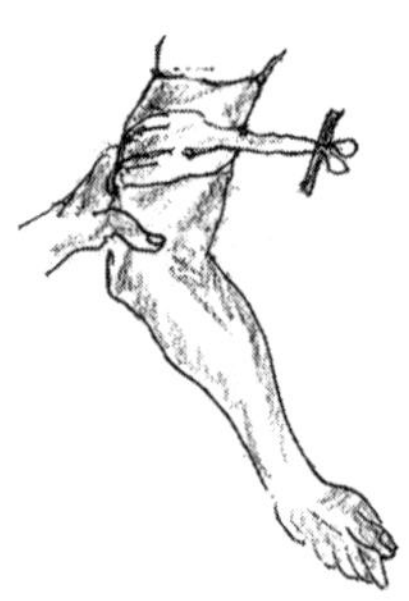

图 20-13　绞紧止血法

二、伤口包扎

包扎是各种外伤中最常用、最基本的急救技术之一,能起到压迫止血、保护伤口、防止感染、固定骨折和减少疼痛等作用。包扎时所用材料应尽量清洁干净,最常用的是绷带和三角巾,也可根据现场情况选用毛巾、手巾、被单或衣服等物品。包扎动作要轻、准,不要碰撞伤口,以免加剧伤患者的疼痛和出血。松紧度要适度,过紧会影响血液循环,过松则敷料易脱落或移动。手指、脚趾无创伤时应暴露在外,以便于观察血液循环情况(如水肿、发紫等)。

(一)绷带包扎法

1. 环形缠绕法

将绷带做环形缠绕,第一圈环绕时稍呈斜形,第二圈应与第一圈重叠,第三圈做环形。此方法常用于肢体粗细相等部位,如胸、四肢、腹部,如图 20-14 所示。

2. 螺旋反折法

先做螺旋状缠绕,待到渐粗的地方每圈把绷带反折一下,盖住前圈的 1/3～2/3处,由下而上缠绕。此方法多用于四肢包扎,如图 20-15 所示。

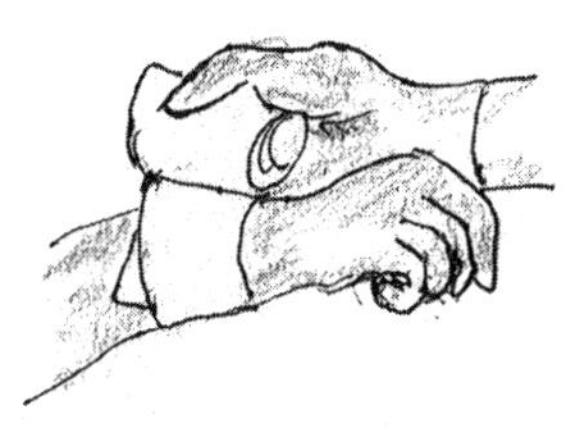

图 20-14　环形缠绕法

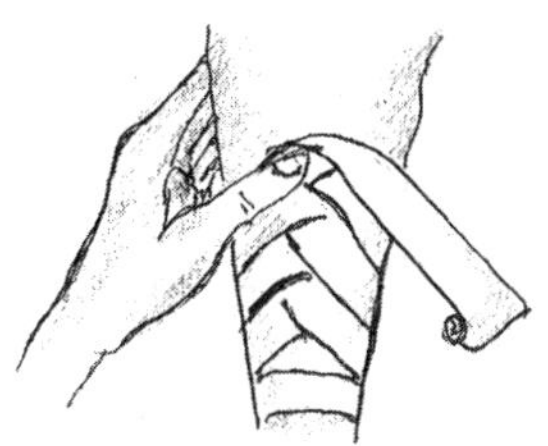

图 20-15　螺旋反折法

3."8"字形法

本包扎法是一圈向上，再一圈向下，每圈在正面和前一圈相交叉，并压盖前一圈的 1/2。此方法多用于肩、膝、踝等处的包扎，如图 20-16 所示。

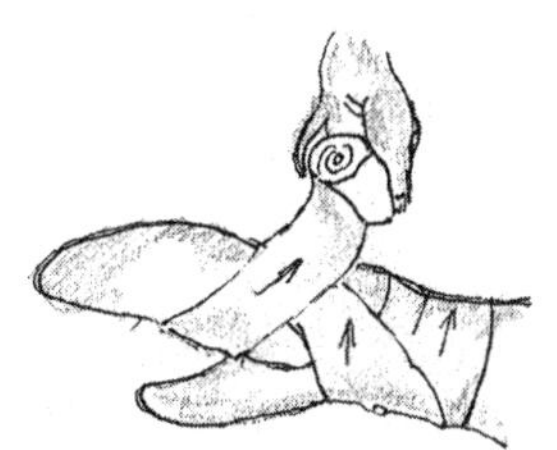

图 20-16　"8"字形包扎法

(二)三角巾包扎法

使用三角巾，注意边要固定，角要抓紧，中心伸展，敷料贴实。

1. 头顶帽式包扎法

将三角巾底边叠成两横指宽，边缘置于伤患者前额眉弓上部，顶角位于枕后，然后将底边经耳上向后紧压住顶角，在头后交叉，再经耳上到额部拉紧打结，最后将顶角向上反折嵌入底边并用胶布或别针固定，如图 20-17 所示。

2. 胸、背部包扎法

将三角巾折叠成燕尾式，燕尾夹角约 100°，铺于伤员胸前，夹角对准胸骨上凹，两燕尾角过肩于背后，将燕尾顶角系带围胸在背后打结，然后将一燕尾角绕横带上提与另一燕尾角打结，如图 20-18 所示。背部包扎时，把燕尾调到背部即可。

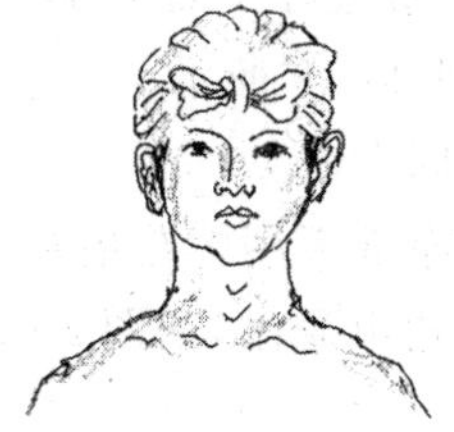

图 20-17　头顶帽式包扎法

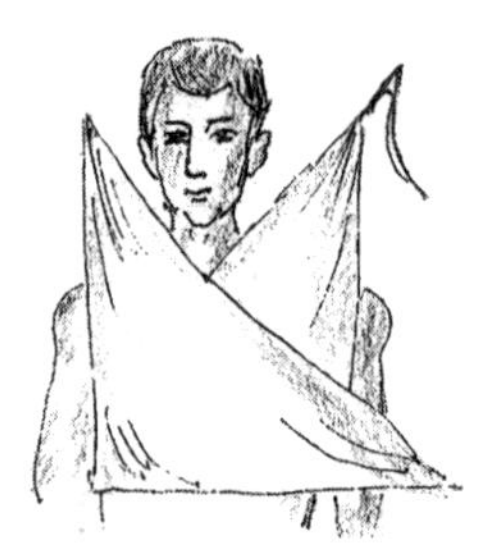
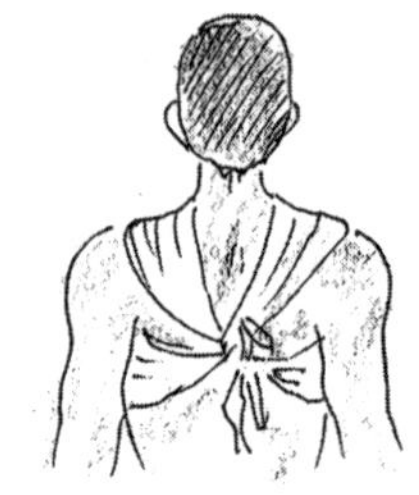

图 20-18 胸、背部包扎法

3.腹部包扎法

三角巾底边向上，顶角向下横放在腹部。两底角围绕到腰部后打结，顶角由两腿间拉向后面，于两底角连接处打结。

三、骨折固定

（一）注意事项

现场骨折固定可以减轻伤病员的疼痛，预防休克，减少出血和肿胀；避免骨折断端损伤周围的组织、神经、血管和皮肤；便于伤病员的搬运、转送。现场骨折固定应注意以下方面。

(1)首先应检查患者意识、呼吸、脉搏及处理严重出血。

(2)夹板的长度应能将骨折处上下两个关节同时加以固定，固定要牢固。在骨折和关节突出处要加衬垫，以加强固定和防止皮肤损伤。

(3)不要将开放性骨折送回伤口内，骨断端不要轻易拉动。

(4)暴露肢体末端以便观察末梢血液循环情况。

(5)伤肢固定后，应尽可能将伤肢抬高，以减轻肿胀。

(6)现场急救骨折固定时需就地取材，如木板、竹竿、树枝、木棍以及伤者健侧肢体等，均可起到固定的作用。

（二）骨折固定法

1.上臂骨折固定法

手臂屈曲，夹板放在上臂外侧，内垫棉花，用绷带包扎固定，然后用三角巾悬吊伤肢即可，如图 20-19 所示。

2.前臂骨折固定法

先将木板或厚纸板用棉花垫好，放在前臂前后侧，用布带将夹板包扎，肘关节屈曲 90°，再用三角巾悬吊，如图 20-20 所示。

图 20-19 上臂骨折固定法

图 20-20 前臂骨折固定法

3. 大腿骨折固定法

将伤肢拉直，夹板放在内、外侧，外侧夹板长度上至腋窝，下至脚跟，内侧夹板较短，放至大腿根部，关节处垫好棉花，然后用绷带或三角巾固定，如图 20-21 所示。如现场没有可用的固定材料，可将伤肢与健侧肢体并排摆正，用三角巾缠绕固定。小腿骨折固定与大腿骨折类似。

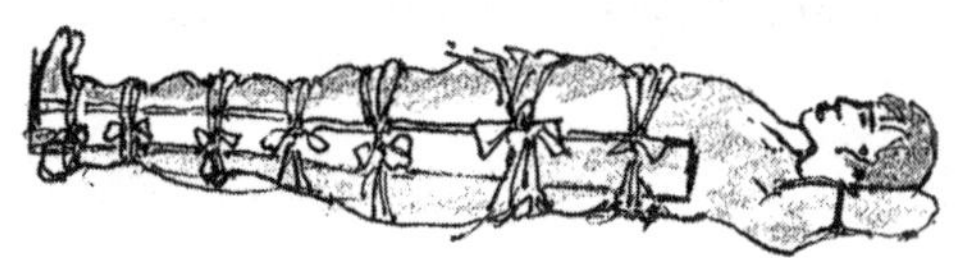

图 20-21 大腿骨折固定法

4. 脊椎骨折固定法

脊椎骨折往往病情严重，严禁不经固定而进行搬动。应在保持脊柱稳定的情况下，将患者平稳地移至硬板担架，最好用颈托固定头、颈部，并将头部、双肩、骨盆、双下肢及足部用绷带固定在硬担架上，以免运输途中颠簸、晃动，如图 20-22 所示。

图 20-22 脊椎骨折固定法

四、搬运

搬运的目的是使伤病员迅速脱离危险地带，避免再受伤害，尽快使伤员获得专业治疗，以最大限度地挽救生命，减轻伤残。外伤患者的搬运和运送是没受过急救知识训练人员最易忽视的问题，也最易出差错，常常因搬运方式方法不对加重伤者创伤，甚至导致患者终身残废或死亡。这里仅介绍一些搬运的一般原则。

(1) 昏迷患者，脑外伤、额面部损伤较重的患者，搬运过程中要采取侧卧位。

切勿仰卧,以免舌后坠堵塞呼吸道或血液、呕吐物等吸入呼吸道而发生窒息。

(2)胸部损伤患者应采取半坐位或侧卧位。采用侧卧位时,伤侧在下,健侧在上,以利于呼吸。

(3)开放性腹部伤患者,一般采用仰卧位。为了使患者在运送途中舒适,减少腹壁的张力,可用衣物将患者膝部垫高,使髋关节、膝关节都处于半屈曲位置。

(4)骨盆骨折的患者,采取仰卧位,髋膝半屈曲,两下肢略外展。

(5)脊柱骨折或疑有脊柱骨折的患者,在搬运过程中要使脊柱保持在伸直的姿势,不可使颈和躯干前屈和扭转。绝对禁止一人抬肩、一人抬脚的抬头抬足搬运方法,以免断骨刺伤脊髓,造成瘫痪。具体搬运方法为:①颈椎骨折患者搬动时,应四人及以上同时进行。一人专管头部牵引固定,使头部保持与躯干呈直线的位置,维持颈部不动,其余三人在患者同一侧,其中两人托躯干,一人抱下肢,四人同心协力,将患者放在硬担架上。患者取仰卧位,颈下放一小枕(或衣物),头颈两侧辅以沙袋、衣物等,防止头部左右摇摆。②胸、腰椎骨折患者,搬运时须三人,都在患者同一侧,一人托住肩和头部,一人托住腰和臀部,另一人抱住伸直并拢的两下肢,协同动作,将患者放在硬质担架上,并采取仰卧位。

第四节　常见意外伤害的急救措施

一、电击伤(触电)

电击伤是指人体直接接触电源时,电流通过人身体而产生对组织的损伤。随着家庭用电和工业用电日益增多,如不注意安全用电就可能造成触电事故。另外,自然界的雷击也是一种触电形式,其强大的电流瞬间能使人心脏和呼吸骤停,同时伴有体表的碳化,并造成严重烧伤。

(一)诊断要点

有触电现场或电击史。轻者可有头晕、肌肉痉挛或抽风,四肢发麻,面色苍白,呼吸心跳增快,或发生晕厥,一过性意识丧失,一般无阳性体征。重者触电后,心跳、呼吸立即停止,局部表现为电灼伤甚至烧焦,与正常组织分界清楚,往往累及深层肌肉甚至骨骼,伤及血管时可引起出血。

(二)急救措施

(1)立即切断电源。关闭电闸,或用木棍、竹竿等非导电物体将电线挑开。电源不明时,切记不要直接用手接触触电者。在确定伤病员不带电的安全情况下方可施救。在浴室或潮湿地方,施救者要穿绝缘胶鞋,戴胶皮手套或站在干燥木板上以保护自身安全。对高压触电,应立即通知有关部门停电,或迅速拉下开关,或由有经验的人采取特殊措施切断电源。

(2)当触电者脱离电源后,施救者应根据触电者的不同伤情,进行急救处理。如触电者神志清醒,但感心慌、呼吸急迫、面色苍白,此时应让触电者平躺休息,不要走动,并应严密观察脉搏、呼吸等变化。对轻度昏迷但有心跳呼吸者,可针刺或掐人中、十宣、涌泉等穴位,并尽快送医院救治。触电者心跳、呼吸均停止时,立即进行心肺复苏抢救。有条件者尽早在现场进行心脏电除颤。现场心肺复苏应进行半小时以上或直到专业医护人员到达现场为止,不要轻易放弃。对于电烧伤的病员,应就地取材进行简易包扎后,再送医院抢救。

二、溺水

溺水分为干性溺水和湿性溺水两种情况。前者当水进入呼吸道时,首先引起气道的机械性阻塞、反射性喉痉挛和声门紧闭,造成缺氧窒息;后者是水进入到肺内,阻碍气体交换,导致呼吸、心跳停止。淹溺的进程很快,一般 4～5 分钟或 6～7 分钟就可因呼吸、心跳停止而死亡。因此,要争分夺秒进行抢救。

溺水急救可根据溺水者的表现分为在水中和岸上两种情况下急救。

1.水中急救

抢救者需具有水中救护能力并在已经做好自我保护的情况下方可施救。如不懂得救护知识,不可强行下水救人,应留在岸上,借用救生圈、竹竿、绳子等在岸上援救溺水者。同时高声对外呼救,获得其他人员的帮助。

(1)尽量脱掉外衣、鞋子等,迅速游到落水者附近,从其后面靠近,不要被慌乱挣扎中的落水者抓住。

(2)从后面双手托住落水者的头部,两人均采用仰泳(以利于呼吸),尽力将溺水者的口鼻露出水面,将其带至安全处。

(3)若溺水者已沉入水底,应迅速潜入水底抢救,从侧面接近溺水者,托住其腋窝或下颌部。不要从正面接近溺水者,以免被抱住,发生意外。

2.岸上急救

(1)清理呼吸道:将溺水者救上岸后,将其头偏向一侧,撬开口腔,除去口、鼻内的泥沙、污物,用手指包纱布(手绢)将舌拉出口腔外,保持呼吸道通畅,防止舌回缩堵塞呼吸道引起窒息。

(2)控水:溺水者若有呼吸、心跳,可先控水。方法是施救者一腿跪地,另一腿屈膝,将溺水者的腹部置于屈膝的大腿上,将头部下垂,用手使劲按压其背部,使其呼吸道、消化道的水倒排出来。

(3)溺水者若呼吸、心跳停止,应立即进行心肺复苏术。

(4)现场急救有效,溺水者恢复心跳、呼吸,可用干毛巾擦遍全身,自四肢、躯干向心脏方向摩擦,以促进血液循环。

(5)不要轻易放弃抢救,特别是在低体温情况下,应抢救更长时间,直到专业医务人员到达现场。

(6)溺水者苏醒后应速送往医院,途中注意保暖。

三、中暑

中暑是指人体在高温环境下,受强阳光辐射及高温的作用,热平衡失调使体内热蓄积,致使体温调节中枢功能障碍,水、电解质代谢紊乱及神经系统功能损害的一组急性疾病。临床以高热、意识障碍、无汗为主要症状。根据中暑程度的不同可分为先兆中暑、轻症中暑和重症中暑。重症中暑又包括热射病、热痉挛和热衰竭3种类型。如果救治不及时,可能危及患者生命。

闷热的环境中,如高温车间;露天劳动时直接在烈日阳光下暴晒;缺乏空调、通风设备的公共场所;家庭房间内密不通风等情况下都容易中暑。

现场急救:

(1)迅速把伤病员移至阴凉通风处或有空调的房间,平卧休息。

(2)轻者饮淡盐水或淡茶水,可服用藿香正气水、十滴水、仁丹等。

(3)体温升高者,用凉水擦洗全身(除胸部),水的温度要逐步降低,在头部、腋窝、大腿根部可用冷水或冰袋敷之,以加快散热。

(4)对严重中暑者,应及时拨打急救电话,经降温处理后,及早转医院进行专业急救。

四、动物咬伤

狂犬病是被感染狂犬病病毒的动物(如狗、猫等)咬伤、抓伤、舔伤口或黏膜而引起的急性传染病。狂犬病病毒存在于这些动物的唾液中,病毒经伤口进入人体内。一旦发病,进展迅速,病死率几乎达百分之百。因此,应该给予高度重视。

(1)被犬、猫等宿主动物咬、抓伤后,均应按带毒动物咬伤处理。

(2)立即用肥皂水或清水彻底冲洗伤口至少20分钟。冲洗后用碘伏或75%酒精涂擦彻底消毒伤口。

(3)只要未伤及大血管,局部伤口不缝合、不包扎、不涂软膏、不用粉剂,以利于伤口排毒。如伤及头面部,伤口大而深,伤及大血管需要缝合包扎时,应在不妨碍引流,保证充分冲洗和消毒的前提下,做抗毒血清处理后再缝合。

(4)立即就近到狂犬病免疫预防门诊就医,根据暴露程度和严重程度采取必要的免疫措施。按照接种程序,及时、全程、足量接种狂犬病疫苗。受伤严重的还需要注射抗狂犬病血清或免疫球蛋白。

(5)接种期间要避免剧烈活动,忌用免疫抑制药物,不食用酒、咖啡、浓茶和辛辣刺激性食物。

(6)伤口较深,污染严重者酌情进行抗破伤风处理和使用抗生素等以控制狂犬病以外的其他感染。

第五节　突发自然灾害的避险

突发自然灾害是由自然因素或人为因素造成的意外事件,如火灾、地震、洪涝灾害、爆炸事故等,带有很大的偶然性、突发性和破坏性,严重的可造成人员伤亡。因此,正确认识灾害事故发生及发展的规律,掌握尽可能多的避险救灾方法,能有效减少危害,维护健康。

一、火灾

火灾是日常生活中严重威胁公共安全和人民群众生命财产的一种多发性灾害,火灾中产生的一氧化碳和热气流可导致人窒息死亡。因此,掌握火灾的逃生方法至关重要。

(1)火场逃生时必须冷静、果断,以保全生命为原则,不要贪图财物。

(2)动作要迅速。一旦听到火灾警报或意识到自己可能被烟火包围,要立即跑出房间,设法脱险,以免延误逃生良机。

(3)火灾发生时,切记不要乘坐电梯,以免因断电被困在电梯中而失去逃生机会。从步梯或其他安全通道逃生时,一定要往下跑,因为火势是自下往上蔓延的。

(4)冲出火场时,要弯腰前行或匍匐前进,尽可能将身体贴近地面,避免或减少吸入有毒气体。

(5)如果居住在楼上且离地不太高时,可用床单、窗帘等撕成条连接起来,固定在牢固物上,从窗户下降逃生。在确实无其他办法时,才可徒手抓住窗沿跳下。

(6)对于大面积的火场,虽然逃出了房间,但仍处于火势包围之中,不要惊慌,退到较为安全的空地,选择上风方向逃生。尽量减少呼吸,并注意避免房屋倒塌砸伤。

(7)当身上着火时,切不可带火奔跑,应设法把衣服脱掉,也可卧倒在地上打滚,把身上的火苗压灭,或想办法淋湿衣服或就近跳入水池。

作为大学生,平常就要有防火意识,当处在陌生的环境时,务必留心疏散通通、安全出口及楼梯方位等,以便关键时刻能尽快逃离现场。

二、地震

地震是一种破坏性和危害性都非常严重的突发自然灾害。地震避险可根据时间分为在地震中和地震后两种情况下的自救。

(一)地震过程中

(1)居住平房的人员,如果屋外有空旷野地,地震时可以最快的速度到室外避险或就地隐蔽在室内较安全的地方，但要尽量避开山脚、陡崖和陡峭的山坡。

(2)居住楼房的人员，地震时千万不要惊慌跳楼或外逃，应立即躲避在构架结实、能掩护身体、易于形成三角空间或空间较小的房间内，注意保护头部和脊柱，主震后立即撤离。

(3)如果地震发生在夜间，不要因寻找衣物或穿衣耽误时间，要争分夺秒向安全地带转移或就近隐蔽。

(4)凡逃出屋外的人员，不要在狭窄的小胡同或高大建筑物、危险高耸物、广告牌、高压线等附近逗留，不要停留在天桥、立交桥上面和下方。

(5)主震后，不要立即进入房内，防止强余震突袭而造成伤害。

(二)地震后

地震时如果被压埋在废墟下，可以根据自己所处的具体情况，寻找自救脱险的可行方法，尽力自救，尽快脱险。受伤较重或暂时不能脱险者，在妨碍呼吸的部位扒开一定的小空间，不要乱喊乱动消耗体力，设法保护机体，等待救援。发现有人救援时，可用喊叫或敲击物体的方法引起救援人员的注意。

三、洪涝灾害

(1)在可能发生洪涝灾害的紧急情况下，要头脑冷静，行动快速，果断放弃财物，迅速逃生。

(2)洪水来得太快来不及转移时，要立即爬上屋顶、楼房高层、大树、高墙，做暂时避险，等待援救。不可攀爬带电的电线杆、铁塔，也不要爬到泥坯房的屋顶。

(3)如果洪水不断上涨，受到洪水包围的情况下，一方面，要充分利用准备好的救生器材逃生，或者利用门板、木床、大型塑料泡沫等扎成木筏，做水上转移，但千万不要游泳逃生。另一方面，要尽快与当地政府取得联系，报告自己的方位和险情，积极寻求救援。

(4)发现高压线铁塔倾倒、电线低垂或电线杆折断，要远离绕行，防止触电。

(5)如已被卷入洪水中，一定要尽可能抓住固定的或能漂浮的东西，寻找机会逃生。

(6)在山区，如果连降大雨，很容易暴发山洪。遇到河道涨洪时，应避免渡河，以防被山洪冲走；还要注意防止山体滑坡、滚石、泥石流的伤害。

第二十一章　实验、实习场所的安全防范

学前思考题

如何防范实验、实习场所常见安全隐患？

对于大学生而言，实验、实习阶段是整个学习生涯不可或缺的重要内容，理论和实践的结合，会为以后的工作生涯奠定牢固的专业基础。但在实验、实习场所，也往往存在一些安全隐患，如仪器、设备、电、药品、化学制剂、致病微生物、实验动物等，在防范意识不足或操作不当时，可能造成一些意外事故的发生，不仅危害大学生的身体健康，也可能会使公共财产遭受损失。如何规避此阶段可能遇到的安全问题，是每一位大学生需要了解的。现就一些常见的安全问题试述如下。

一、常见安全问题

（一）火灾

火灾性事故具有普遍性，发生的原因主要有：

（1）环境存在安全隐患：供电线路老化，用电负荷过大。

（2）安全意识薄弱或失误：大功率用电设备或电器长时间处于通电状态，造成温度过高，引起自燃；用火疏忽忘记关灭等。

（3）违反安全规定：乱扔烟头，接触易燃物品引起。

（4）违反操作规定：对易燃易爆物品放置不当或操作不当。

（5）各种意外事故：危险化学品泄漏或热源引发爆炸引起火花，电器设备在开、关、短路时产生的火花引燃可燃物质，雷电导致通电线路、设备起火等。

（二）爆炸

爆炸多发生在存有易燃易爆物品和压力容器的实验、实习场所。引起爆炸的原因主要有：设备环境存在安全隐患，违反操作规程或操作不当，物品存放不当，易燃易爆物品受热或撞击等。

(三)电击伤

电击伤主要发生在电气实验室。发生原因主要有:实验室内电路老化、供电管理不规范、私拉电线等造成漏电,违反操作规程或操作不当,对人员造成伤害。

(四)机械损伤

机械损伤多发生在有高速旋转或冲击运动的实验室。其原因主要有:设备操作不当或违规操作,缺少防护,设备老化存在缺陷等。

(五)中毒危害

中毒多发生在存有化学药品、剧毒物质或具有毒气排放的实验、实习场所。常见的有:金属与类金属如铅、汞、锰、磷、砷、硫等,有机溶剂如苯、甲苯、三氯乙烯等,刺激性气体如氯气、氨气、氮氧化物、光气、氟化氢、二氧化硫等,窒息性气体如氮气、二氧化碳、一氧化碳、硫化氢、氰化氢等。其主要原因与环境存在安全隐患、物品存放不当、个人安全意识不足、防护欠缺、操作不慎或违规操作等有关。

(六)生物危害

生物危害常见于医学、生物学等实验场所。其主要原因有:吸入含病原体的气溶胶;经口导致病原体进入人体内,如以口吸吸管,液体溅洒入口,在实验室吃东西、饮水、吸烟,将污染的物品(如铅笔)或手指放入口腔(如咬指甲)等;病原体经皮下或黏膜透入,如含病原体的液体溢出或溅洒在损伤的皮肤或眼睛、鼻腔、口腔黏膜上,损伤的皮肤或黏膜接触污染的表面或污染物,以及通过由手到脸的动作造成传播(如戴眼镜等);被污染的针尖、刀片或碎玻璃片刺伤或割伤;被动物或昆虫咬伤或抓伤等。

(七)其他危害

其他危害包括异常天气如高气温、高气湿、高气流、强热辐射、低气温等,长时间较强噪声、振动刺激,非电离辐射如紫外线、红外线、射频辐射、激光等,电离辐射如X射线、β粒子等,长时间吸入粉尘等。

二、安全防范措施

(一)一般措施

(1)学校和实习单位加强安全教育,制定切实可行的各项安全规章制度,落实安全责任人,定期排查安全隐患。

(2)个人提高安全意识,遵守规章制度,严格按照规程操作,按规定接受规范安全技术培训并考核合格。

(二)根据不同专业实验、实习场所实施具体安全防护措施

(1)保持消防通道畅通,消防器材放置在便于取用的明显位置,指定专人管理,按要求定期检查更换。

(2)实验、实习场所内存放的一切易燃、易爆物品(如氢气、氮气、氧气等)必须

与火源、电源保持一定距离，不得随意堆放，禁止碰撞与敲击，严禁烟火。

(3)不得乱接乱拉电线，不得超负荷用电，不得有裸露的电线头，严禁用金属丝代替保险丝，电源开关箱内不得堆放物品。

(4)电器设备和线路、插头插座应经常检查，保持完好状态，发现可能引起火花、短路、发热和绝缘破损、老化等情况必须及时进行修理。电加热器、电烤箱等设备应做到人走电断。

(5)使用电烙铁，要放在非燃隔热的支架上，周围不应堆放可燃物，用后立即拔下电源插头。

(6)化学药品要分类存放，相互作用的药品不能混放，必须隔离存放。所有药品都必须有明确的标签，贮存室和柜必须保持整齐清洁。有特殊性质的药品必须按其特性要求存放。危险化学药品的存放区域应设置醒目的安全标志。

(7)剧毒物品必须严格按管理规定单独存放，做到“双人双锁”妥善保管，做好使用登记和消耗记录。

(8)生物安全防护措施包括：谨慎地处理血液和体液，将锐利器具放置于特殊的防穿透性容器中，用杀菌肥皂和酒精消毒手，在实验室不吃、喝和吸烟，食物不能储存于放置临床标本的冰箱中，用一次性塑料吸管，不用嘴吸吸管，每天清拭或消毒实验台面，在实验室要穿适当的工作服，戴一次性手套，戴口罩、眼罩等。

(9)接触放射人员必须遵守放射防护法规和规章制度，接受职业健康监护和个人剂量监测管理，并掌握放射防护知识和有关法规，备必要的防护用品。

第二十二章　无偿献血基本知识

学前思考题

1. 无偿献血的基本知识都有哪些？
2. 献血后应注意哪些事情？

一、人体血液的基本知识

血液是一种由血浆和血细胞组成的液体组织，在心血管系统内循环流动。体内任何器官的血流量不足，均可能造成严重的组织损伤甚至危及生命。正常成年人的血液总量相当于体重的 7％～8％，即每千克体重有 70～80 mL 血液。

血浆的主要成分是水、低分子物质、蛋白质、氧气、二氧化碳等。血浆中含水 90％以上，水的含量与维持循环血量相对恒定有密切关系。低分子物质约占血浆总量的 2％，包括多种电解质和小分子有机化合物，如营养物质、代谢产物和激素等。血浆蛋白是血浆中多种蛋白质的总称，其主要功能包括形成血浆胶体渗透压，作为低分子物质载体，参与生理性止血、抵抗病原体、营养功能等。

血细胞包括红细胞、白细胞和血小板 3 类细胞，它们均起源于造血干细胞。红细胞是血液中数量最多的血细胞，红细胞内的蛋白质主要是血红蛋白。红细胞的主要功能是运输氧气和二氧化碳，其运输氧气的功能是靠细胞内的血红蛋白来实现的。蛋白质和铁是合成血红蛋白的基本原料。红细胞在血液中的平均寿命约为 120 天。白细胞是一类有核的血细胞，根据其形态、功能和来源可分为粒细胞、单核细胞和淋巴细胞三大类，粒细胞又可分为中性粒细胞、嗜酸性粒细胞和嗜碱性粒细胞。各类白细胞均参与机体的防御功能，白细胞具有变形、游走、趋化和吞噬等特性，是机体防御功能的生理基础。血小板在生理性止血过程中起着非常重要的作用。血小板进入血液后，只在开始 2 天具有生理功能，其平均寿命为 7～14 天。

输血已经成为治疗某些疾病、抢救伤员生命和保证一些手术得以顺利进行的重要手段。随着医学和科学技术的进步，输血疗法已经从原来的单纯输全血，发展为成分输血，即把人血中的各种有效成分，如红细胞、粒细胞、血小板和血浆分别制备成高浓度或高纯度的制品再输入。这样既能提高疗效，减少不良反应，又能节约血源。

二、无偿献血基本知识

无偿献血是指公民向血站自愿、无报酬地提供自身血液的行为。临床用血以每年7%～10%的速度递增，我国开展无偿献血虽经努力，但远远满足不了实际需要。《中华人民共和国献血法》自1998年10月1日起施行。国家实行无偿献血制度，提倡18～55周岁的健康公民自愿献血。无偿献血是献血法确立的基本制度，也是每个公民应尽的光荣义务。

为鼓励更多的人无偿献血，宣传和促进全球血液安全规划的实施，世界卫生组织、红十字会与红新月会国际联合会、国际献血组织联合会、国际输血协会将2004年6月14日定为第一个“世界献血日”。之所以选中这一天，是因为6月14日是发现ABO血型系统的诺贝尔奖获得者卡尔·兰德斯坦纳的生日。

（一）献血者的一般要求

1. 年龄

国家提倡献血年龄为18～55周岁；既往无献血反应，符合健康检查要求的多次献血者主动要求再次献血的，年龄可延长至60周岁。

2. 体重

男大于等于50 kg，女大于等于45 kg。

3. 血压

收缩压大于等于90 mmHg，小于140 mmHg；舒张压大于等于60 mmHg，小于90 mmHg；脉压大于等于30 mmHg。

4. 脉搏

60～100次/分，高度耐力的运动员大于等于50次/分，节律整齐。

5. 体温

正常。

6. 一般健康状况

(1)皮肤、巩膜无黄染。皮肤无创面感染，无大面积皮肤病。

(2)四肢无重度及以上残疾，无严重功能障碍及关节无红肿。

(3)双臂静脉穿刺部位无皮肤损伤。无静脉注射药物痕迹。

（二）献血量及间隔时间

1. 献血量

(1)全血献血者每次可献全血400 mL，或者300 mL，或者200 mL。

(2)单采血小板献血者:每次可献1～2个治疗单位,或者1个治疗单位及不超过200 mL血浆。全年血小板和血浆采集总量不超过10 L。

2.献血间隔

(1)全血献血间隔:不少于6个月。

(2)单采血小板献血间隔:不少于2周,不大于24次/年。因特殊配型需要,由医生批准,最短间隔时间不少于1周。

(3)单采血小板后与全血献血间隔:不少于4周。

(4)全血献血后与单采血小板献血间隔:不少于3个月。

(三)有下列情况或疾病的不适宜或暂时不适宜献血

各系统急慢性非传染性疾病、精神疾病患者、各种恶性肿瘤及影响健康的良性肿瘤患者、传染性疾病患者、寄生虫及地方病患者、某些职业病患者、正在进行药物治疗和有危险行为的高危人群、免疫接种或者接受生物制品治疗者,具体情况可在现场咨询医务人员。

(四)献血前应注意的问题

为确保血液质量和减少献血者在献血过程中的不必要的反应,献血者在献血前一天和献血的当天,需注意以下一些问题。

(1)献血前一天晚上不要饮食过饱,献血的前两餐不要吃肉、鱼、蛋、牛奶、豆制品及油腻食物。要吃一些清淡饮食,以防止血液浑浊,影响血液质量。

(2)要保持献血前一晚的良好睡眠,献血前也不要空腹,以免在献血过程中出现头晕、心慌、出汗等一些反应。

(3)献血前两天如有感冒、发烧、咳嗽等应暂缓献血。

(4)准备献血前还可以阅读一些献血宣传资料,以解除和减轻思想负担,减少献血中不必要的反应。

(五)献血后应注意的问题

(1)拔针后应伸直前臂,或前臂伸直后稍稍上抬,用另一只手的食指和中指按压针眼处及上方5分钟止血。不要屈肘止血,因为屈肘会给手背静脉网回流心脏的血液增加一定的阻力,使血液回流受阻,从血管的针眼处溢出,而出现皮下瘀血;也不要捻动棉球,那样会使血管上的针眼刚黏合住又被揉开。献血者应在采血位置上或就近做稍事休息,不得急起,以防一过性脑缺血的发生。同时按压住针眼部的消毒棉球,以免针眼处渗血或皮下瘀血。

(2)献血后的当日,要注意穿刺针眼处的清洁卫生,洗澡以淋浴为好,不要以脏水或肥皂水进入或刺激针眼,以防感染。

(3)在献血后的1～2日,适当增加饮水量,注意增加一点高蛋白质和易消化的食物,切忌暴饮暴食。适当注意休息,不要进行剧烈的活动。个别出现倦怠感觉者,只要保证充足的睡眠,也会很快消失的。

(4)献血者献血后心情应是愉快的,因为自己做了一件无私奉献、有意义的事。献血是不会损害健康的,但是如果在献血后出现一些不良反应,应与采血单位取得联系,以便及时进行访视和处理。

(5)造血的主要原料是蛋白质、铁、维生素 B_{12} 和叶酸等,这些养料在普通饮食里都有,不必特别去多吃。献血后,适当地增加一些营养,吃些瘦肉、鸡蛋、豆制品、新鲜水果和蔬菜等,可促进血液成分恢复更快,但切忌暴饮暴食,亦不要饮酒。

(六)无偿献血者享有的权利

已履行无偿献血义务的公民本人临床需要用血时,不需支付血液采集、储存、分离、检验等费用,凭本人的"无偿献血证"在医疗机构用血,免交费用程序由地方规定。如无偿献血者因病在其他省用血,临床用血的费用先垫付然后向献血所在地献血办公室结算。

无偿献血者的配偶和直系亲属临床需要用血时,可以按照省、自治区、直辖市的规定免交或减交前款规定的费用。这主要是指献血者的配偶、直系亲属临床需要用血时,根据各省、自治区、直辖市用血的规定支付费用。

(七)合理献血有益身体健康

正常人总血量占体重的7%～8%,平时在血管内流动的血液只占总血量的70%～80%,其余部分储存在骨髓、肝、脾等"血库"内,以备应急时补充到血循环中。一般情况下,一次失血量不超过总血量的10%,不影响健康。例如:体重50 kg的人血液总量为3500～4000 mL,一次献血200 mL,仅占总血量的5%。献血后,血液中的水分和无机盐类在1～2小时内,由组织渗入血管而得到补充,对健康没有丝毫影响。因此,按规定献血,是不会影响身体健康的。

献血不但不影响健康,而且有下列几点好处:

(1)献血后会刺激造血器官即骨髓加速血细胞的生产,使造血机能更加旺盛,促进机体的新陈代谢,有利于健康。

(2)国内外专家研究显示,定期献血可以降低血液中重金属的含量,减轻解毒器官肝脏的负担,增强肝脏的功能。

(3)献血可以降低血脂和胆固醇的浓度,降低血液黏稠度,起到稀释血液,加快血流速度,改善心、脑等器官供血的作用。

(4)科学规律地献血,由于血脂降低,血流加速,血液中的脂肪、重金属等物质就不容易沉积黏附于血管壁,有利于预防血管弹性下降及硬化,可防治高血压病、血栓性疾病、心脑血管疾病和癌症等疾病。

参考文献

[1]冯俊,李玉明.大学生健康教育[M].成都:四川大学出版社,2015.

[2]穆亚宏,杨斌.大学生健康教育与健康促进[M].西安:西北工业大学出版社,2010.

[3]孙庆民.大学生健康教育[M].成都:电子科技大学出版社,2009.

[4]张开金,夏俊杰.健康管理理论与实践[M].南京:东南大学出版社,2011.

[5]卫民堂.决策理论与技术[M].西安:西安交通大学出版社,2000.

[6]朱启星.卫生学[M].8版.北京:人民卫生出版社,2013.

[7]中国营养学会.中国居民膳食指南2016[M].北京:人民卫生出版社,2016.

[8]厉曙光.营养与食品卫生学[M].上海:复旦大学出版社,2012.

[9]朱大年,王庭槐.生理学[M].8版.北京:人民卫生出版社,2013.

[10]张熙.现代睡眠医学[M].北京:人民军医出版社,2007.

[11]林志超,王皋华,张威.大学体育与健康教程(上)[M].北京:北京体育大学出版社,2005.

[12]高山高,张建军.大学生运动与健康[M].广州:世界图书出版广东有限公司,2013.

[13]季成叶.体质自我评价和健康运动处方[M].北京:北京体育大学出版社,2001.

[14]李迎新.实用传染病学[M].天津:天津科学技术出版社,2010.

[15]曹文元.传染病学[M].西安:第四军医大学出版社,2012.

[16]李兰娟.传染病高级教程[M].北京:人民军医出版社,2015.

[17]李兰娟,任红.传染病学[M].北京:人民卫生出版社,2017.

[18]万学红,卢雪峰.诊断学[M].8版.北京:人民卫生出版社,2016.

[19]葛均波,徐永健.内科学[M].8版.北京:人民卫生出版社,2013.

[20]陆菊明.内分泌系统常见疾病防治370问[M].北京:金盾出版社,1991.

[21]王吉耀.内科学[M].上海:复旦大学出版社,2005.

[22]王静.内科学[M].郑州:郑州大学出版社,2003.

[23]盛文化.青年人常见疾病及防治[M].济南:山东大学出版社,2011.

[24]赵学增,赵志刚.大众合理用药问答[M].北京:中国医药科技出版社,2004.

[25]张为烈.患者安全与合理用药[M].北京:人民军医出版社,2012.

[26]曾红媛,何进军,陈龙图.大学生心理健康教育[M].上海:复旦大学出版社,2013.

[27]郑冬冬.大学生心理健康[M].重庆:重庆大学出版社,2014.

[28]周家华,王金凤.大学生心理健康教育[M].北京:清华大学出版社,2007.

[29]胡佩诚.大学生心理健康[M].杭州:浙江大学出版社,2011.

[30]熊建圩,潘华.大学生心理健康教育[M].北京:北京理工大学出版社,2015.

[31]吴本荣,曾巧莲.大学生心理健康教育[M].上海:同济大学出版社,2012.

[32]韩培.大学生心理健康教育[M].广州:世界图书出版广东有限公司,2014.

[33]余小鸣.健康与成才[M].北京:高等教育出版社,2014.

[34]张学军.皮肤性病学[M].8版.北京:人民卫生出版社,2013.

[35]河南省红十字会.应急知识大学读本[M].郑州:河南科技出版社,2013.

[36]公民应急防灾知识读本编写组.公民应急防灾知识读本(学生版)[M].南昌:江西教育出版社,2007.

[37]王新伟,张劲松.现场急救[M].南京:江苏教育出版社,2009.

[38]李荣堂.公民现场急救指南[M].郑州:河南科学技术出版社,2008.

[39]北京急救中心编写组.现场急救课程[M].北京:解放军出版社,2005.

[40]梁子敬.现场急救学[M].郑州:河南科学技术出版社,2008.

[41]王临虹,周敏.生殖健康的由来与发展[J].继续医学教育,2007,21(17):7-9.

[42]曲连东,张永江.动物实验的生物安全与防护[M].北京:中国农业科学技术出版社,2007.

[43]王陇德,张春生.中华人民共和国献血法释义[M].北京:法律出版社,1998.

[44]孔燕,沈菲飞.健康素养内涵探析[J].医学与哲学(人文社会医学版),2009,30(5):17-19.

[45]卓晟珺,付伟.美国健康素养研究进展[J].中国健康教育,2014,30(10):925-927.

[46]孙浩林,傅华.健康素养研究进展[J].健康教育与健康促进,2010(3):225-229.

[47]李长宁，李英华. 健康素养促进工作现状及展望[J]. 中国健康教育，2015(2)：233-237.

[48]吴筱珍，陈云天. 运动处方的概念及相关研究[J]. 淮北师范大学学报（自然科学版），2012(2)：78-81.

[49]沈莉，常冬梅，李晏龙. 运动处方的制定[J]. 中国康复理论与实践，2009，15(11)：1012-1014.

[50]中华医学会肝病学分会. 慢性乙型肝炎防治指南（2015 年版）[J]. 中国肝病学杂志，2015，7(3)：1-18.

[51]中华人民共和国国务院办公厅. "十三五"全国结核病防治规划[J]. 中国实用乡村医生杂志，2017，24(5)：1-5.

[52]史敏，杨雪梅，贾经雪，等. 高校开展艾滋病健康教育的重要性[J]. 世界临床医学，2017，11(2)：124-126.

[53]谢雪玲. 从女大学生减肥误区谈如何进行科学有效减肥[J]. 考试周刊，2014(78)：90.

[54]杨飞. 浅述不良生活方式对学生健康的危害[J]. 魅力中国，2014(14)：212.

[55]段定吉，程莉，张萍，等. 在校大学生血脂等生化指标调查分析[J]. 中国卫生检验杂志，2014(13)：1945-1947.

[56]沙春羽. 科学分析我国女性犯罪与家庭暴力的关系[J]. 中国科技纵横，2012(8)：204.

[57]吴尚纯，李丽，邓姗.《避孕方法选用的医学标准》的第三次修订[J]. 中国计划生育学杂志，2012，20(2)：137.

[58]刘云嵘. 重视、促进和充分发挥男性在生殖健康中的作用[J]. 中国计划生育学杂志，2000(4)：147-149.

[59]刘云嵘，张立英，Iqbal H Shah，等. 男性暴力行为和经期性交与妻子妇科疾患的关联[J]. 中国计划生育学杂志，2004，12(12)：724-727.

[60]范光升. 避孕方法选择的原则[J]. 国际生殖健康/计划生育杂志，2009，28(1)：70-72.

[61]苏碧. 浅谈女大学生性侵害的原因和对策[J]. 广西师范大学学报（哲学社会科学版），1998(s1)：150-152.

[62]薛大奇. 我国梅毒防治面临的挑战及对策[J]. 中国性科学，2012，21(1)：15-16.

[63]苏莹. 内外合治软下疳二例[J]. 中国疗养医学，2016，25(10)：1116-1117.

[64]唐雪莲，曹宁校，乔学斌. 南京四所高校大学生性病、艾滋病知晓率现状调查[J]. 南京医科大学学报（社会科学版），2015(6)：444-447.

[65]马膴勤,丛黎明,潘晓红,等.大学生性病艾滋病关联性行为研究[J].中国公共卫生,2005,21(2):181-182.

[66]苏家文,刘铁.男性性病后对性功能影响的调查分析[J].中国性科学,2010,19(12):15-16.

[67]马膴勤,丛黎明,潘晓红,等.大学生性病感染影响因素研究[J].中国预防医学杂志,2007,8(5):550-553.

[68]姜宝法,王济川,郭秀英,等.性病患者安全套使用情况及自我效能的研究[J].中国艾滋病性病,2003,9(6):368-371.

[69]李芮,孙美玲.儿童青少年性病及艾滋病的预防[J].职业与健康,2003,19(6):10-11.

[70]苏云鹏,申元英,何梅,等.大学生艾滋病健康教育研究进展[J].中国性科学,2014(12):87-89.

[71]刘思甜.信息时代的中国性教育——对中国性教育网站的分析和发展建议[J].中国性科学,2017,26(9):139-142.

[72]古天明,杨开选.大学生预防性病/艾滋病同伴教育研究[J].泸州医学院学报,2008,31(2):203-205.

[73]薛海燕.福建省莆田市城乡社区居民艾滋病健康教育干预效果的研究[D].福州:福建医科大学,2014.

[74]徐里强.常熟市 MSM 人群特征、STD 及其影响因素检出情况的研究[D].苏州:苏州大学,2014.

[75]林海江.浙江省台州地区艾滋病相关危险行为网络与分子流行病学研究[D].上海:复旦大学,2011.

[76]许娟.四城市男男性行为人群性伴特征与艾滋病病毒/梅毒感染状况[D].北京:中国疾病预防控制中心,2010.

[77]罗媞.健康资源可持续发展研究[D].武汉:华中师范大学,2005.

[78]中华人民共和国卫生部,卫生部新闻办公室. 中国艾滋病疫情现状[R].2014.

[79]国家卫生和计划生育委员会宣传司,中国健康教育中心.2013 年中国居民健康素养监测报告[R].北京:国家卫生和计划生育委员会宣传司,2014.

[80]中华人民共和国国务院.艾滋病防治条例[S].2006:2.

[81]中华人民共和国国务院办公厅.中国遏制与防治艾滋病“十三五”行动计划[S].2017:1.

[82]黄秀丽.警惕约会暴力[N].北京日报,2003-11-26(13).

[83]百度百科.睾丸自我检查[EB/OL].(2014-12-08)[2017-08-01].http://baike.baidu.com/item/%E7%9D%BE%E4%B8%B8%E8%87%AA%E6%

88%91%E6%A3%80%E6%9F%A5/16306574? fr=aladdin.

[84]Fathalla M F. Reproductive health in the world:two decades of progress and the challenge ahead. Research in human reproduction: biannial report 1990-1991[R]. Geneva:WHO Special Program of Research. Development and Research Training in Human Reproduction,1992.

[85]Mehroof M B,Griffiths M D. Online gaming addiction:the role of sensation seeking,self-control,neuroticism,aggression,state anxiety,and trait anxiety [J]. Cyber Psychology,Behavior,and Social Networking,2005,13(3):313-316.